재개발·재건축
이론과
투자 중개실무

재개발·재건축 이론과 투자 중개실무

정쾌호 지음

매일경제신문사

도시정비사업은 초기에 '주택건설촉진법(1972)', '도시재개발법(1976)', '도시저소득주민의 주거환경개선을 위한 임시조치법(1989)'의 개별 법에 따라 각 사업이 시행되었다. 이는 관리의 비효율성, 체계적이지 못하다는 문제점 등으로 인해 2002년 '도시 및 주거환경정비법'으로 통합하게 되었고, 이후 사업의 종류도 간결하게 정리되어 현재는 주거환경개선사업, 재개발사업, 재건축사업으로 구성되어 있다.

도시에서 신규주택을 공급하는 여러 가지 사업이 있는데, 그중에서 기존의 노후화된 주택을 새로이 공급하고, 정비구역 내 토지등소유자들이 조합을 설립해서 사업을 진행하는 재개발사업과 재건축사업이 가장 활발히 이루어지고 있다. 이 사업구역은 대부분 주거지로써 선호하는 지역이고, 개발로 인한 프리미엄 상승 기대감으로 관심이 많다. 특히, 수도권을 중심으로 주택가격 급등으로 인해 공급의 필요성이 더욱 부각이 되는데, 공공기관(LH 등)이 참여해서 규제를 완화한 후 주택을 더 공급하고, 개발이익은 환수하는 공공재개발사업과 공공재건축사업도 시행하고 있다.

따라서 도시정비사업이 어떻게 진행되는지, 구역 내의 소유자나 세입자는 정비사업이 진행됨으로 인해 어떤 준비나 대응이 필요한지, 실수요자나 투자자로서는 어떤 것을 유의하고 접근해야 하는지 알아야 한다. 또한, 공인중개사는 정비구역 내 계약 시의 주의점이 무엇인지에 대한 전반적인 이해가 필요하다.

이 책은 재개발사업과 재건축사업과 관련해서 2개의 PART로 구성되어 있다.

첫 번째는 재개발과 재건축의 이론적인 부분으로 법적 근거, 사업을 이해하기 위한 개념정리, 사업진행절차, 주택의 공급방법, 이주비 등 이주대책, 정비구역의 해제, 새로 주목받는 공공재개발과 공공재건축 등으로 구성이 되어 있다.

두 번째는 재개발·재건축의 투자 실무 부분으로 투자 및 중개를 위한 핵심 포인트, 프리미엄의 이해, 세금, 계약서 작성, 투자와 관리 등으로 구성해서 독자들이 알고 싶은 부분을 쉽게 찾을 수 있도록 했다.

도시정비사업은 공공재개발·재건축이나 규제지역(투기과열지구, 조정대상지역)에 따른 법 개정 등 이슈가 많아 책 출판이 부담스럽고 어려웠다. 그렇지만 이 책을 통해서 도시정비사업에 관련되신 분들께 조금이나마 도움이 되고, 투자나 중개업을 하시는 분들께 실무지식을 전달하며, 중개현장에서의 시행착오를 줄일 수 있다면 큰 보람이 될 것이다.

이 책을 내기까지 많은 분의 도움이 있었다. 그중에서 석박사 지도교수이신 동의대학교 부동산대학원 강정규 원장님께 존경과 감사의 마음을 전한다. 그리고 출판할 수 있게 도와주신 김윤석 교수님, 심형석 교수님, ㈜두드림미디어의 한성주 대표님께도 감사의 인사를 드린다.

마지막으로 독자님들의 꿈과 도전을 응원 드린다.

정쾌호

PART 02 재개발 · 재건축 투자 실무

PART 01

재개발·재건축 이론

일러두기

본문 중 법은 '도시 및 주거환경정비법', 영은 '도시 및 주거환경정비법 시행령',
부칙은 '도시 및 주거환경정비법 부칙'을 말합니다.

법적
근거

1. 도시 및 주거환경정비법

매스컴이나 인터넷상에서 또는 부동산 투자에 관심 있는 사람들 사이에서 화두인 것 중에 하나가 재개발·재건축일 것이다. 재개발·재건축은 '도시 및 주거환경정비법'(이하 도정법)에 의해 진행되는 사업인데, 총 3가지 사업으로 분류된다. 재개발·재건축사업의 근간인 도정법부터 알아보도록 하자.

'도시 및 주거환경정비법' 목적

도시기능의 회복이 필요하거나 주거환경이 불량한 지역을 계획적으로 정비하고 노후·불량건축물을 효율적으로 개량하기 위해 필요사항을 규정함으로써, 도시환경을 개선하고 주거환경의 질을 높이는 데 이바지하는 것을 목적으로 한다.

> 도정법은 도시지역이 노후화되고 주거환경이 불량한 지역을 정비하기 위한 법으로서 2002년에 제정되었다(2002년 제정, 2003년 7월 1일 시행).

'도시 및 주거환경정비법' 사업의 종류

① 주거환경개선사업

도시저소득주민이 집단거주하는 지역으로서, 정비기반시설이 극히 열악하고 노후·불량건축물이 과도하게 밀집한 지역의 주거환경을 개선하거나 단독주택 및 다세대주택이 밀집한 지역에서 정비기반시설과 공동이용시설 확충을 통해서 주거환경을 보전·정비·개량하기 위한 사업을 말한다.

② 재개발사업

정비기반시설이 열악하고 노후·불량건축물이 밀집한 지역에서 주거환경을 개선하는 주택정비형사업과 상업지역·공업지역 등에서 도시기능의 회복 및 상권활성화 등을 위해 도시환경을 개선하기 위한 도시정비형사업으로 나뉜다.

③ 재건축사업

정비기반시설은 양호하나 노후·불량건축물에 해당하는 공동주택이 밀집한 지역에서 주거환경을 개선하기 위한 사업을 말한다.

재개발·재건축은 이처럼 도정법에 근거한 사업 중의 하나다. 도심지에서 주택을 공급하는 방법 중에서 많은 비중을 차지하고 있고, 실수요자가 내 집 마련을 하거나 투자자가 투자해서 수익을 창출할 수 있는 가능성이 가장 높은 사업이기에 관심이 집중되고 있다.

주거환경 개선사업	정비기반시설이 극히 열악하고 노후 · 불량건축물이 과도하게 밀집한 지역의 주거환경개선, 단독주택 및 다세대주택이 밀집한 지역에서 정비기반시설과 공동이용시설 확충을 통해 주거환경을 보전 · 정비 · 개량하기 위한 사업
재개발 사업	정비기반시설이 열악하고 노후·불량건축물이 밀집한 지역에서 주거환경개 선, 상업 · 공업지역 등에서 도시환경을 개선하기 위한 사업
재건축 사업	정비기반시설은 양호하나 노후·불량건축물에 해당하는 공동주택이 밀집한 지역의 주거환경을 개선하기 위한 사업

이들 사업을 간략히 요약하자면 다음과 같다.

주거환경개선사업은 관청의 주도로 사업이 시행되기 때문에 시간이 오래 걸리고, 입지가 좋지 않은 곳이 많아서 실수요자나 투자자가 선호하는 사업은 아니다. 주로 LH 등에서 시공하는데 감정평가를 한 다음 모두 이주시키고 사업을 진행한다. 또한, 이 사업에 포함된 또 다른 사업 방식(구 주거환경관리사업)은 지자체에서 기반시설과 공동이용시설(도로, 도서관 등)을 설치해주고, 주택 등 건축물은 소유자가 개량, 관리하는 것이다.

재개발사업은 기존 주거지역의 주택재개발사업과 상업·공업지역의 도시환경정비사업이 통합된 것으로, 분양자격(사업으로 인해 분양아파트를 받을 수 있는 자격요건)이 토지 또는 건축물만으로도 가능하기 때문에 소액으로 접근이 가능하다. 그러나 상업지역은 사업에 부정적인 조합원이 많아 진행이 잘 안된다. 이는 감정평가 시 소유 부동산이 시세 대비 낮게 평가되고(권리금 등 인정 안 됨) 사업기간이 이주부터 준공까지 4년가량이 소요되는데, 이 기간에는 영업할 수가 없기 때문에 사업에 반대하는 경우가 많다. 그래서 정비구역 투자 시 상업지역이 많은 곳에는 진입 시에 신중을 기해야 하지만, 사업이 잘 진행된다면 고층으로 공동주택을 올릴 수도 있어 사업성도 좋아 향후 시세차익도 누릴 수 있을 것이다.

재건축사업의 경우에는 분양자격이 건축물 및 그 부속 토지의 소유자로 되어 있다. 공동주택의 경우 대지지분이 있는 부동산을 매입해야 하며, 단독주택의 경우 건축물과 그 부속 토지를 함께 매입해야 한다. 재건축구역은 주로 주거지로 선호하는 지역이어서 사업 후에는 부동산 가치가 더 높아질 것이지만, 재건축구역의 진입을 위해서는 초기 투입 금액, 대지지분, 사업성 등의 분석이 필요하다. 그리고 재건축사업의 경우, 2017년 12월 31일까지 관리처분계획 인가를 신청하지 못했다면 초과이익환수제의 적용으로 초과수익금의 최대 50%까지를 환수하기 때문에 주의해야 한다(뒤에서 자세히 설명함).

2. 도정법의 연혁

① 각 사업이 개별 법에 의해서 진행되었다.

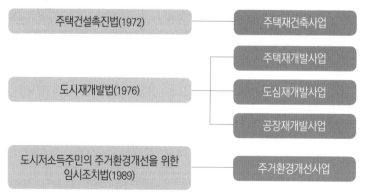

출처 : 저자 작성

② 2002년 도정법 제정으로 기존에 각 개별 법에 있던 사업이 하나의 법으로 묶이게 되었다. 주거환경개선사업, 주택재건축사업, 주택재개발사업, 도시환경정비사업(도심재개발+공장재개발)에서 주거환경관리사업과 가로주택정비사업이 추가되어 6개의 사업이 진행되었다.

③ 사업종류가 많고 사업형태가 비슷한 경우가 있어서 다음과 같이 법 개정이 이루어졌다. 주거환경개선사업과 주거환경관리사업은 주거환경개선사업으로, 주택재개발사업과 도시환경정비사업은 재개발사업으로, 가로주택정비사업은 '빈집 및 소규모주택 정비에 관한 특례법'으로 이전되어 2018년 2월부터 3개의 사업으로 개편되어 현재에 이르고 있다.

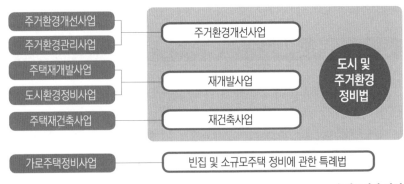

출처 : 저자 작성

3. 빈집 및 소규모주택정비사업

2018년 2월부터 '빈집 및 소규모주택 정비에 관한 특례법'이 시행되고 있는데, 이 사업은 도정법의 규정과 절차를 상당 부분 따르고 있다. 이 특례법은 빈집정비사업과 소규모주택정비사업으로 나누어진다. 소규모주택정비사업은 자율주택정비사업, 가로주택정비사업, 소규모재건축사업, 소규모재개발사업으로 구성되어 있다.

특히, 소규모 재건축사업과 가로주택정비사업은 도심지에서 현재 많이 진행되고 있어 관심을 가져볼 만하다.

'빈집 및 소규모주택 정비에 관한 특례법'(2018년 2월 시행)

① 빈집정비사업

　빈집을 개량 또는 철거하거나 효율적으로 관리 또는 활용하기 위한 사업

　- 빈집의 내부 공간을 칸막이로 구획하거나 벽지·천장재·바닥재 등을 설치하는 방법

　- 빈집을 철거하지 않고 개축·증축·대수선하거나 용도변경을 하는 방법

　- 빈집을 철거하는 방법

　- 빈집을 철거한 후 주택 등 건축물을 건축하거나 정비기반시설 및 공동이용시설 등을 설치하는 방법

② 소규모주택정비사업

　• **자율주택정비사업**

　단독주택, 다세대주택 및 연립주택을 스스로 개량 또는 건설하기 위한 사업으로, 노후·불량건축물의 수가 해당 사업시행구역의 전체 건축물 수의 2/3 이상이고, 기존주택의 호수 또는 세대수가 다음의 기준 미만일 것

　- 기존주택이 단독주택인 경우 : 10호

　- 기존주택이 연립주택 또는 다세대주택으로 구성된 경우 : 20세대

　- 기존주택이 단독주택과 연립주택 또는 다세대주택으로 구성되어 있는 경우 : 20채

- **가로주택정비사업**

 가로구역에서 종전의 가로를 유지하면서 소규모로 주거환경을 개선하기 위한 사업으로, 구역의 면적이 1만㎡ 미만(일정 요건충족 시 2만㎡ 미만), 노후·불량건축물의 수가 전체 건축물의 수의 2/3 이상이며, 기존주택의 호수 또는 세대수가 다음의 구분에 따른 기준 이상일 것

   - 기존주택이 모두 단독주택인 경우 : 10호
   - 기존주택이 모두 공동주택인 경우 : 20세대
   - 기존주택이 단독주택과 공동주택으로 구성된 경우 : 20채

- **소규모재건축사업**

 정비기반시설이 양호한 지역에서 소규모로 공동주택을 재건축하기 위한 사업으로, 면적이 1만㎡ 미만이고 노후·불량건축물 수가 2/3 이상이며 기존주택의 세대수가 200세대 미만일 것

- **소규모재개발사업**

 역세권 또는 준공업지역에서 소규모로 주거환경 또는 도시환경을 개선하기 위한 사업으로 철도역의 승강장 경계로부터 반경 350m 이내인 지역이나 준공업지역으로서 다음에서 규정한 기준을 모두 충족하는 지역

   - 해당 사업시행구역의 면적이 5,000m² 미만일 것
   - 노후·불량건축물의 수가 해당 사업시행구역의 전체 건축물 수의 2/3 이상일 것. 다만, 지역 여건 등을 고려해 100분의 25 범위에서 시·도조례로 정하는 비율로 증감할 수 있다.
   - 해당 사업시행구역이 국토교통부령으로 정하는 도로에 접할 것

개념
정리

1. 노후·불량건축물(법 제2조 제3호)

다음의 어느 하나에 해당하는 건축물을 말한다.

① 건축물이 훼손되거나 일부가 멸실되어 붕괴, 그 밖의 안전사고의 우려가 있는 건축물

② 내진성능이 확보되지 않은 건축물 중 중대한 기능적 결함 또는 부실 설계·시공으로 구조적 결함 등이 있어서 다음 사항에 해당하는 건축물

- 급수·배수·오수 설비 등의 설비 또는 지붕·외벽 등 마감의 노후화나 손상으로 그 기능을 유지하기 곤란할 것으로 우려되는 건축물

- 법 제12조 제4항에 따른 안전진단기관이 실시한 안전진단 결과 건축물의 내구성·내하력(耐荷力) 등이 국토교통부 장관이 정해서 고시하는 기준에 미치지 못할 것으로 예상되어 구조 안전의 확보가 곤란할 것으로 우려되는 건축물

③ 다음의 요건을 모두 충족하는 건축물로써 대통령령이 정한 바에 따라 서울특별시·광역시·특별자치시·도·특별자치도 또는 서울특

별시·광역시 및 특별자치시를 제외한 인구 50만 이상 대도시의
조례로 정하는 건축물

- 주변 토지의 이용 상황 등에 비추어 주거환경이 불량한 곳에 위
치할 것
- 건축물을 철거하고 새롭게 건설하는 경우 건설에 드는 비용과
비교해서 효용의 현저한 증가가 예상될 것
④ 도시미관을 저해하거나 노후화한 대통령령으로 정한 바에 따라
시·도조례로 정하는 건축물

2. 토지등소유자

재개발사업의 경우 정비구역에 위치한 토지 또는 건축물의 소유자
또는 그 지상권자다. 즉, 정비구역에 있는 토지나 건축물만 따로 소유해
도 '토지등소유자'가 되며 지상권자도 해당된다. 그러나 재건축사업의
경우에는 정비구역에 위치한 건축물 및 그 부속 토지의 소유자다. 즉,
건축물과 그 부속 토지를 같이 소유해야 된다는 의미다.

정비사업에서의 역할
- 정비계획의 입안제안
- 조합원의 구성요건
- 조합설립 동의자요건
- 재개발사업의 시행방식 전환 시 토지등소유자 4/5 이상 동의
- 사업시행계획 인가 시 사업시행자가 지정개발자인 경우, 토지등소
유자 과반수 동의
- 정비사업에 필요한 서류와 자료의 열람, 복사권
- 정비구역해제 연장 요청 시 토지등소유자 30/100 이상 동의(추진위

구성 안 된 구역) 등

3. 조합원

(1) 조합원 자격

정비사업(시장·군수 또는 주택공사 등이 시행하는 정비사업 제외)의 조합원은 토지
등소유자로 한다. 다만, 다음의 경우에는 그 여러 명을 대표하는 1명을
조합원으로 본다. 다만, '국가균형발전 특별법'에 따른 공공기관 지방이
전 및 혁신도시 활성화를 위한 시책 등에 따라 이전하는 공공기관이 소
유한 토지 또는 건축물을 양수한 경우 양수한 자(공유의 경우 대표자 1명을 말
한다)를 조합원으로 본다.

- 토지 또는 건축물의 소유권과 지상권이 여러 명의 공유에 속할 때
- 여러 명의 토지등소유자가 1세대에 속할 때
  - 동일한 세대별 주민등록표상에 등재되어 있지 않은 배우자 및 미
    혼인 19세 미만의 직계비속은 1세대로 본다.
  - 1세대로 구성된 여러 명의 토지등소유자가 조합설립 인가 후 세
    대를 분리해서 동일한 세대에 속하지 않은 때도 이혼 및 19세 이
    상 자녀의 분가(세대별 주민등록을 달리하고, 실거주지를 분가한 경우로 한정한
    다)를 제외하고는 1세대로 본다.
- 조합설립 인가(조합설립 인가 전에 신탁업자를 사업시행자로 지정한 경우에는 사업
  시행자의 지정을 말한다) 후 1명의 토지등소유자로부터 토지 또는 건축
  물의 소유권이나 지상권을 양수해서 여러 명이 소유하게 된 때

투기과열지구로 지정된 지역에서 재건축사업을 시행하는 경우에는
조합설립 인가 후, 재개발사업을 시행하는 경우에는 관리처분계획의
인가 후 해당 정비사업의 건축물 또는 토지를 양수(매매·증여, 그 밖의 권리의

변동을 수반하는 모든 행위를 포함하되, 상속·이혼으로 인한 양도·양수의 경우는 제외한다)한 자는 조합원이 될 수 없다. 다만, 예외에 해당할 경우에는 조합원이 될 수 있다(PART 02 재개발 · 재건축 투자 실무 CHAPTER 04 규제지역의 유의점 참고).

정비사업에서의 역할
- 재개발사업 시행 시 조합원 과반수 동의로 시장·군수 등과 공동시행
- 사업대행자 지정 시 조합원 과반수 동의
- 정관 변경 시 조합원 과반수 동의
- 조합임원의 해임 시 조합원 과반수 출석과 출석조합원 과반수 동의
- 총회 시 조합원 1/5 이상 요구로 소집
- 회계감사결과의 공람권 등

- 토지를 A와 B가 공동 매입했을 경우에도 A와 B 중에 대표자 1인만을 조합원으로 한다.
- 1세대(부모와 자식세대)가 각각 주택을 소유하고 있다고 했을 경우(남편 1채, 아내 1채, 아들 1채)에 전체를 하나의 조합원만으로 인정하겠다는 의미다. 따라서 남편이 조합원인 경우에 아들에게 조합의 자격이 주어지려면 19세 이상이라면 세대를 분리해야 된다는 뜻이다. 또한, 아내에게 조합원 자격이 주어지려면 이혼을 해야 한다는 의미다. 1세대는 조합원 자격을 1인에게만 준다.

(2) 조합원 자격 상실

◆ 재개발·재건축 조합원 자격 상실

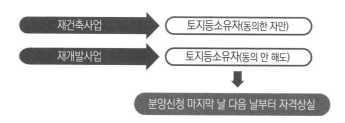

출처 : 저자 작성

　재건축사업의 경우에는 토지등소유자 중에서 재건축사업에 동의한 자만 조합원으로 인정하고, 동의하지 않은 자는 조합원으로 인정하지 않은 채 매도청구(개발이익이 포함된 가격)한다.

　재개발사업의 경우에는 재개발사업에 동의한 자와 비동의한 자 모두를 조합원으로 인정한다. 사업이 원활히 진행되어 사업시행이 인가되면 30~60일 이내로 분양신청을 하게 되는데(관리처분계획의 수립에 지장이 없을 경우 20일 범위 내에서 연장 가능) 이 기간 내에 분양신청을 하지 않은 조합원은 조합원의 자격을 박탈한다. 조합원 자격이 박탈된 비조합원은 분양신청기간 이후에는 총회에 참석할 수 없다.

 　조합원 자격에 대해서 재건축사업은 임의가입제, 재개발사업은 강제가입제다.

구분	재개발사업	재건축사업
대상 지역	정비기반시설이 열악하고 노후·불량 건축물이 밀집한 지역	정비기반시설이 양호하고 노후·불량 건축물이 밀집한 지역
조합설립 동의	토지등소유자 3/4 이상 및 토지면적 1/2 이상	전체 구분소유자 3/4 이상(동별 과반수 이상) 및 토지면적 3/4 이상 (동별 조건 없음)
조합원 자격	- 토지 소유자 - 건축물 소유자 - 지상권자	건축물과 그 부속 토지의 소유자
안전 진단	필요 없음.	필요함.
임대주택 의무	세대수 20/100 이하 의무건설	의무건설 없음.
매도청구	없음('공익사업을 위한 토지 등의 취득 및 보상에 관한 법률' 적용).	있음('민사소송법' 적용).
시공방식	도급제	도급제, 지분제
수익방식	비례율	비례율, 무상지분율

출처 : 저자 작성

(1) 대상 지역

재개발사업의 경우 정비기반시설이 열악하고 노후·불량건축물이 밀집한 지역이며, 재건축사업의 경우 정비기반시설이 양호한 지역이다. 정비기반시설이란 도로, 상·하수도, 공원, 공동구 등을 의미하며, 정비기반시설이 양호한 지역과 열악한 지역의 차이로 재개발사업과 재건축사업으로 구분된다. 보통 재개발은 단독주택단지, 재건축은 공동주택단지(아파트)에 해당된다고 여기기 쉽지만 정확한 답은 아니다. 경우에 따라 단독주택단지를 재건축으로 진행하는 구역도 있고(연산4, 구서4 재건축구역 등), 재개발구역 내 공동주택을 재개발사업으로 진행하기도 한다.

(2) 조합설립 동의요건

재개발사업의 경우 구역 내 전체 토지등소유자 3/4 이상 동의와 토지면적 1/2 이상 동의로 조합설립 동의요건이 성립된다. 재건축사업의 경우에는 구역의 전체 구분소유자의 3/4 이상과 토지면적 3/4 이상의 동의가 필요하고, 1동은 구분소유자의 과반수 이상의 동의만 받으면(토지면적 조건 없음) 된다. 다만, 주택단지가 아닌 지역이 정비구역에 포함된 때는 주택단지가 아닌 지역의 토지 또는 건축물 소유자의 3/4 이상 및 토지면적의 2/3 이상의 토지 소유자의 동의를 받아야 한다.

> 재건축의 경우 기존에는 입지가 좋은(학교나 전철역과의 인접성, 조망권 등) 단지의 동에서 반대가 많아 재건축 진행에 난항을 겪었으나 법 개정으로 1동의 재건축 동의요건이 수차례에 걸쳐 완화되었다.

(3) 조합원 자격

조합원 자격은 토지등소유자 중에서 일정 요건에 부합하지 않는 자를 제외하고 부여된다. 재개발의 경우 토지나 건축물 소유자 또는 지상권자일 때 조합원 자격이 주어지고, 재건축의 경우에는 건축물과 그 부속 토지를 모두 소유해야 조합원의 자격에 부합한다.

(4) 임대주택의 의무비율

재건축은 임대주택 의무비율이 없고, 재개발은 도정법상 임대주택 의무비율이 20/100 이하에서 각 시·도조례로 지정할 수 있게 되어 있다.

※ 임대주택 공급비율을 지방광역시에서는 5%(서울 10%) 이상으로 강화((2017년 8월 2일 정책)

→ 고시개정 이후 최초로 사업시행계획 인가 신청 조합부터 적용

(5) 수익방식

지분제(무상지분율)와 도급제(3.3㎡당 ○○○원)로 구분되는데, 요즘에는 도급제 방식으로 진행하는 구역이 많다. 도급제는 사업으로 인해 발생하

는 손익을 조합원이 부담하는 방식이다.

5. 도급제와 지분제의 차이점

구분	도급제	지분제
정의	사업에 필요한 공사비를 계약시점으로 책정해서 계약	시공사 책임으로 모든 사업을 수행하고 계약 시 조합원의 무상지분을 확정해서 계약
유형	공사도급방법	지분제(고정, 변동)
사업의 한도	- 시공사 : 공사에 필요한 직접비용 책임 - 조합 : 공사에 필요한 간접비, 부대비용 및 제세공과금 등 책임	- 시공사 : 공사에 필요한 모든 경비 책임 - 조합 : 조합원에게 부과되는 제세 공과금(취득세, 재산세 등)
공사비 조정	공사 중 일정률 이상의 물가상승 및 설계변경 수반 시 공사비 조정요구	사업 중 공사비 조정 없음.
공사의 진행	도급계약서에 의한 조정 및 협의체제가 잘되어 공사의 속도가 빠름.	사업규모 변동에 따른 시공사의 부담 가중요인으로 공사 진행 속도가 느림.
사업의 정산	사업으로 발생된 이익금은 100% 조합으로 귀속(추가사업비 부담 : 조합원 부담)	계약 시 확정된 지분 이외의 이익금은 100% 시공사로 귀속(추가사업비 부담 : 시공사 부담)

　　도급제와 지분제는 모두 시공사(건설사)와의 건설계약을 맺는 것으로 도급제는 3.3㎡당 ○○○원으로 계약하며, 지분제는 무상지분율의 개념으로 계약한다. 예컨대 지분제는 예전 주공아파트의 경우에 13평형에 주거한다면 20평형 아파트를, 22평형에 주거한다면 30평형을 제공하는 형태인 셈이다. 시공사에서 이 구역이 사업성이 좋다고 판단이 되면 지분제의 형태로 계약을 하고 그렇지 않으면 도급금액만 받고 건설하는 도급계약을 하는데, 현재는 도급계약을 하는 사례가 대다수다.

　　도급제의 경우에는 사업으로 발생된 이익금은 전부 조합으로 귀속되고 사업비가 추가되었다면 이 또한 조합원의 부담이다. 그러나 지분제의 경우에는 계약 시 확정된 지분 이외의 이익금은 전부 시공사로 귀속되며 추가 사업비도 시공사에서 부담한다. 또한, 도급제의 경우에 공사 중 일정률 이상의 물가상승 및 설계변경 수반 시 시공사에서 공사비 조정을 요구하지만, 지분제의 경우에는 사업 중에 공사비 조정은 이루어지지 않는다.

6. 재건축 매도청구

조합이 조합설립에 동의하지 않거나, 건축물 또는 토지만을 소유한 소유자 등의 건축물과 토지에 대해서 매도할 것을 청구할 수 있는 권리다.

(1) 행사요건

① 조합설립 인가 후 지체 없이 상대방에게 재건축 참가 여부를 최고
② 수령일로부터 2개월 이상의 회답기간 부여
③ 주택단지 안 조합원 자격이 없는 자, 제명 또는 탈퇴자
   (현금청산 대상자는 최고절차 적용하지 않음)

(2) 행사기간

① 회답기간 만료일로부터 2개월 이내(제척기간)
② 주택단지 안 나대지 또는 건축물만 소유한 자에 대해서는 조합설립등기일로부터 2개월 이내 행사(대법원 판결 2006다56572)

(3) 시가의 산정

재건축으로 인해서 발생할 것으로 예상되는 개발이익이 포함된 가격이다(대법원 판결 95다38172).

법 제64조(재건축사업에서의 매도청구)

① 재건축사업의 사업시행자는 사업시행계획 인가의 고시가 있은 날부터 30일 이내에 다음 각 호의 자에게 조합설립 또는 사업시행자의 지정에 관한 동의 여부를 회답할 것을 서면으로 촉구하여야 한다.
   1. 제35조 제3항부터 제5항까지에 따른 조합설립에 동의하지 아니한 자
   2. 제26조 제1항 및 제27조 제1항에 따라 시장·군수 등, 토지주택공사 등 또는 신탁업자의 사업 시행자 지정에 동의하지 아니한 자
② 제1항의 촉구를 받은 토지등소유자는 촉구를 받은 날부터 2개월 이내에 회답하여야 한다.
③ 제2항의 기간 내에 회답하지 아니한 경우 그 토지등소유자는 조합설립 또는 사업시행자의 지정에 동의하지 아니하겠다는 뜻을 회답한 것으로 본다.
④ 제2항의 기간이 지나면 사업시행자는 그 기간이 만료된 때부터 2개월 이내에 조합설립 또는 사업시행자 지정에 동의하지 아니하겠다는 뜻을 회답한 토지등소유자와 건축물 또는 토지만 소유한 자에게 건축물 또는 토지의 소유권과 그 밖의 권리를 매도할 것을 청구할 수 있다.

 매도청구는 재건축단지의 경우에 적용되는 것으로 조합설립에 동의하지 않으면 매도청구할 수 있다. 그 외에 건축물만 소유하고 있거나 토지만 소유한 경우에도 매도청구 대상이 된다(재건축의 조합원 자격은 토지와 건축물을 함께 소유하고 있어야 됨). 매도청구는 행사기간을 거쳐 재건축으로 인해서 발생할 것으로 예상되는 개발이익이 포함된 가격으로 한다.

7. 비례율

비례율은 사업완료 후의 아파트 등 총추산액에서 사업비를 뺀 금액을 종전 자산평가액으로 나눈 백분율이다.

$$\text{비례율} = \frac{(\text{사업완료 후 대지 및 건축시설의 총추산액}) - (\text{총사업비})}{(\text{종전 토지등소유자 총감정평가액})} \times 100$$

사업성을 판단하는 지표로서 비례율이 높은 구역은
- 조합원의 개인자산가액이 증가한다.
- 사업에 대한 참여와 의지가 높다.
- 수요자의 관심이 높다.
- 시공사도 사업성이 좋아 적극적으로 사업에 참여한다.

예를 들면 다음과 같다.

종전 자산가액 1,000억 원(구역 내 종전 토지 및 건축물의 총평가액)

공사비 1,000억 원(사업비)

종후 자산가액 2,200억 원(구역 내 사업 후 대지 및 건축물의 총추산액)

종전 자산가액이 1,000억 원이고 사업비가 1,000억 원이며, 사업 후 종후 자산가액이 2,000억 원이라면 비례율을 100%라고 한다. 조합자산 1,000억 원으로 1,000억 원의 사업비를 들여 사업을 했는데 종후 자산은 2,000억 원이 되었다는 의미다. 따라서 조합자산은 그대로인 1,000억 원(사업비 1,000억 원을 빼면)이다.

$$비례율 = \frac{2,000억\ 원 - 1,000억\ 원}{1,000억\ 원} \times 100 = 100\%$$

그런데 종전 자산가액이 1,000억 원이고 사업비가 1,000억 원이며 사업 후 종후 자산가액이 2,200억 원이 되었다면 비례율은 120%가 된다. 조합자산 1,000억 원으로 사업비 1,000억 원을 제하고 사업 후 자산이 1,200억 원이 된 것이다(200억 원이 수익으로 남았다).

$$비례율 = \frac{2,200억\ 원 - 1,000억\ 원}{1,000억\ 원} \times 100 = 120\%$$

- 종전 자산이란 정비구역 내의 모든 토지와 건축물 및 지상물을 감정평가사가 평가한 금액이다. 사업시행계획 인가 이후에 감정평가를 한다(사업시행계획 인가시점을 기준으로).
- 종후 자산이란 사업완료 후의 대지 및 건축물의 총수입으로 조합원분담금과 일반분양수익으로 이루어진다(조합원분양신청기간 마지막 날을 기준으로).

8. 권리가액

감정가에 비례율을 곱해서 나온 금액을 권리가액이라고 한다.

감정가 × 비례율 = 권리가액

A구역의 감정평가금액이 1억 원이고 비례율이 100%라면 1억 원×100% = 1억 원이다. 여기에서 나온 결괏값 1억 원을 권리가액이라고

한다. B구역의 감정평가금액이 1억 원이고 비례율이 120%라면 1억 원 ×120% = 1억 2,000만 원이 권리가액이다. 그러나 비례율이 90%라면 권리가액은 9,000만 원으로 줄어들게 된다.

비례율은 사업 초기에는 정확히 알 수 없고, 조합원분양신청 시에 어느 정도 윤곽이 드러나며(추정비례율), 일반분양이 완료되고 나면 거의 확정된다.

 비례율이 높아서 권리가액이 많다면 분담금이 줄어 이익으로 돌아온다. 투자하고자 하는 구역을 찾을 때 다른 조건이 비슷하다면 비례율이 높은 구역이 좋다. 따라서 투자 구역의 비례율을 반드시 알아야 한다.

9. 분담금

분담금은 조합원분양가에서 권리가액을 뺀 금액이다. 조합원분양가가 권리가액보다 많다면 그 차액만큼 분담금을 납부해야 되고, 조합원분양가가 권리가액보다 적다면 그 차액만큼 분담금을 환급받는다.

분담금 = 조합원분양가 − 권리가액

(1) 분담금을 납부하는 경우
감정평가금액이 1억 원인 소유자 甲이 있다. 이 구역의 비례율은 100%라고 했을 때 甲의 권리가액은 1억 원이다.

감정가 1억 원 × 비례율 100% = 권리가액 1억 원

甲은 사업 후 조합원분양가 2억 원의 아파트에 입주하기 위해서는 1억 원을 분담금으로 납부해야 한다.

> 조합원분양가 2억 원 – 甲의 권리가액 1억 원 = 분담금 1억 원

만약 비례율이 120%라면 甲은 8,000만 원만 분담금으로 납부하면 된다.

> 甲의 권리가액 = 감정가 1억 원×비례율 120% = 1억 2,000만 원
> (조합원분양가 2억 원 – 甲의 권리가액 1억 2,000만 원 = 분담금 8,000만 원)

(2) 분담금을 수령하는 경우

乙은 권리가액이 3억 원이다. 권리가액이 조합원분양가보다 더 크다면 乙은 그 차액만큼 돌려받게 된다. 乙의 권리가액은 3억 원이고 분양아파트 59㎡에 분양신청한 경우 조합원분양가가 2억 원이라면 乙은 1억 원만큼을 돌려받게 된다.

> 조합원분양가 2억 원 – 乙의 권리가액 3억 원 = 분담금 – 1억 원

- 재개발 투자 시 감정평가금액 플러스피(+ P = + 프리미엄)로 거래한다. 이때 비례율을 확인해서 권리가액이 얼마인지를 아는 것은 필수다. 비례율이 높다면 내 권리가액이 상승할 것이고, 그만큼 내 분담금도 줄어들 것이기 때문이다. 그러나 비례율이 낮거나 또는 낮아질 가능성이 있는 구역이라면 분담금이 증가하므로 투자에 신중을 기해야 한다.
- 재건축의 경우 비례율이 100% 이하인 경우도 다반사이므로 주의가 필요하다. 그러나 비례율이 100% 이하일 때 무조건 투자를 금지해야 하는 것은 아니다. 비례율이 낮더라도 조합원분양가가 낮거나 추후 일반분양가가 오를 가능성이 있다면 투자해도 된다.

예 Y : 종전 자산평가액 180,000,000원, 비례율 105%의 경우

① 종전 자산평가액	② 비례율	③ 권리가액(분양기준가액) ① × ②	타입별	④ 분양가	⑤ 조합원분담금 ④ − ③
180,000,000원	105%	189,000,000원	59A	201,000,000원	12,000,000원 분납
			75A	238,000,000원	49,000,000원 분납
			84A	265,000,000원	76,000,000원 분납

출처 : 저자 작성

Y의 권리가액 = 종전 자산평가액 × 비례율
(189,000,000원 = 180,000,000원 × 105%)

Y가 공동주택 59A를 신청한다면 59A의 조합원분양가는 201,000,000원이므로 Y의 권리가액을 제한 12,000,000원을 분담금으로 납부해야 한다.

Y의 분담금 = 조합원분양가 − Y의 권리가액
(12,000,000원 = 201,000,000원 − 189,000,000원)

만약 Y가 공동주택 75A를 신청한다면 Y는 49,000,000원을 분담금으로 납부해야 한다.

(49,000,000원 = 238,000,000원 − 189,000,000원)

같은 방식으로 Y가 84A를 신청한다면 Y는 76,000,000원을 분담금으로 납부해야 한다.

(76,000,000원 = 265,000,000원 − 189,000,000원)

일반적으로 재개발 감정평가 시 보통은 시세보다 감정평가금액이 적게 책정된다. 이럴 경우 사업에 반대하는 조합원(비상대책위원회)이 증가하므로 조합에서는 상당히 신중을 기한다. 여기서 주의 깊게 관찰해야 하는 것이 감정평가금액을 높게 평가하고 대신 비례율을 낮추는 경우다. 전체적인 사업구조상 권리가액은 증가시키기 어려우므로 감정평가금액을 올리고 그 비율만큼 비례율을 낮추어서 공개한다. 결국 권리가액 변동 없이 감정평가금액만 높게 보이는 것이다. 이에 대해 누구나 알 수 있는 사실이라고 반문할 수 있겠지만, 재개발구역 조합원의 연령대가 높고 사업구조를 이해하지 못하는 경우가 많아 실제로 이렇게 감정평가금액을 올리는 것(비례율을 낮춤)을 선호하는 조합원들이 많다.

감정평가금액 1억 원, 비례율 120%, 권리가액 1억 2,000만 원
감정평가금액 1억 2,000만 원, 비례율 100%, 권리가액 1억 2,000만 원

감정평가금액이 낮아서 조합원들의 반대가 심해질 것으로 판단될 경우에 감정평가금액을 1억 2,000만 원으로 올린다. 그리고 나서 비례율을 100%로 내린다. 결국 권리가액은 1억 2,000만 원으로 똑같다. 또한 조합원들에게는 중도금 무이자, 확장비 무료, 가전제품 무상지원 등의 혜택이 있는데 감정평가금액을 올리는 대신 이 혜택을 줄이는 조합들도 있다.

관리처분계획으로 본 사업성 분석

다음은 재개발구역의 관리처분계획에 대한 자료다(예시).

◆ 건축계획 – 면적 : 120,000㎡

구분	내용	비고
대지면적	93,000㎡	
건축면적	12,000㎡	
건폐율	13.48%	
연면적	350,000㎡	
용적률	256.9%	
층수	지하 3층·지상 35층	
용도	공동주택(아파트) 및 부대복리시설	

◆ 분양예정대지 및 공공시설 등의 면적

구분	명칭	면적(㎡)	비율(%)	비고
	총계	120,000	100.0	
분양예정 대지 및 공공시설 등의 면적	[택지]	96,000	80 ①	
	공동주택 용지	93,000	77.5	
	근린생활시설 용지	840	0.7	
	종교시설 용지	1,200	1.0	
	노유자시설 용지 등	960	0.8	
	[정비기반시설]	24,000	20	
	공원	8,200	6.8	
	공공공지	600	0.5	
	도로	14,000	11.7	
	정비기반시설(도로)	1,200	1.0	

출처 : 저자 작성

◆ 종전의 토지 및 건축물의 감정평가

(단위 : 천 원)

구분	총평가액			비고
	○○감정평가법인	××감정평가법인	산술평균	
토지	88,000,000	86,000,000	87,000,000	
건축물	40,000,000	40,000,000	40,000,000	
합계	128,000,000	126,000,000	127,000,000 ②	

구분	분양신청 및 현금청산자 평가액		비고
	분양대상자	현금청산자	
토지	72,000,000	17,000,000	
건축물	35,000,000	3,000,000	
합계	107,000,000 ③	20,000,000	

◆ 분양예정대지 및 건축물의 추산액

(단위 : 천 원)

구분	금액	비고
조합원아파트 분양수익금	250,000,000	
분양아파트 분양수익금	470,000,000	
부대복리시설(상가) 분양수익금	27,000,000	
근린생활시설 매각수익금	3,000,000	
임대아파트 매각수익금	13,000,000	
기타시설 용지	2,000,000	
합계	765,000,000 ④	

출처 : 저자 작성

◆ 총사업비

(단위 : 천 원)

항목		금액	비고
공사비	공사비	480,000,000	120,000(연면적/평)× 4,000 ⑥
	정비기반시설 공사비	6,000,000	(추정) 면적×250
보상비	손실보상, 이주비 등	50,000,000	
기타 사업비	학교시설 공사비 등	110,000,000	
예비비	예산초과금액 대비	10,000,000 ⑦	
합 계		656,000,000 ⑤	

출처 : 저자 작성

(1) 택지와 정비기반시설의 비율

정비기반시설의 면적이 크다면 실제 공동주택과 부대복리시설을 지을 택지면적이 줄어들어서 사업성이 떨어진다. 재개발대상구역의 전체 면적에서 정비기반시설의 면적이 20%를 차지하고, 실제로 공동주택과 부대복리시설을 지을 면적은 80%(96,000㎡)이다(①).

(2) 종전 토지등소유자 총감정평가액

종전의 토지 및 건축물의 감정평가금액은 두 군데의 감정평가법인에서 평가한 금액을 산술평균한 값인 127,000,000천 원이고(②) 이 금액에서 현금청산자의 평가금액을 배제한 107,000,000천 원이다(③).

(127,000,000천 원 - 20,000,000천 원 = 107,000,000천 원)

(3) 사업완료 후의 대지 및 건축시설의 총추산액

분양아파트 분양수익금과 조합원아파트 분양수익금 등을 합한 765,000,000천 원이다(④).

(4) 총사업비는 공사비와 기타사업비 등을 포함한 656,000,000천 원이다⑤

이 사업장의 비례율을 산정해보면 다음과 같다.

$$비례율 = \frac{(사업완료\ 후의\ 대지\ 및\ 건축시설의\ 총추산액) - (총사업비)}{(종전\ 토지등소유자\ 총감정평가액)} \times 100$$

$$비례율 = \frac{765,000,000천\ 원 - 656,000,000천\ 원}{107,000,000천\ 원} \times 100 = 101.8\%$$

비례율은 추정비례율로써 사업이 진행됨에 따라 증가할 수도 있고 감소할 수도 있다. 투자한 재개발구역의 비례율이 증가한다면 투자자 입장에서는 상당히 기쁜 소식일 것이다. 그러나 감소한다면 분담금을 추가로 납부해야 되므로 잘못된 투자일 수 있다. 그러면 비례율이 증가할 가능성이 많은 구역을 어떻게 찾을 수 있을까?

이 사업장의 경우 공사비가 평당 4,000,000원인데 인근 재개발구역의 공사비를 확인해볼 필요가 있다. 인근에 비해 공사비가 적게 책정되었다면 공사비가 추가로 증액되어서 비례율을 하락시킬 수 있다⑥.
- 예비비가 많이 책정되어 있다면 사업진행 중에 추가 비용이 발생하더라도 예비비에서 충당하면 되므로 비례율의 하락을 막을 수 있다. 일부 구역은 예비비가 책정되지 않는 곳도 있으니 잘 살펴봐야 한다⑦.
- 비례율이 상승하려면 종전 자산가격이나 사업비가 낮아지고 총수익이 높아져야 하는데, 종전 자산가격이나 사업비를 낮추기는 쉽지 않다. 그런데 총수익은 일반분양 시장이 호황이라면 높아질 수 있다. 관리처분계획 당시에는 시세에 맞게 일반분양가를 책정했지만, 이주 및 철거 후 일반분양 시에 주변 부동산 가격 상승으로 일반분양가를 올릴 수 있다면 비례율이 증가할 것이다. 따라서 관리처분계획 당시의 일반분양가를 얼마로 책정했는지를 확인해야 한다(관리처분계획 당시의 주변 아파트 시세와 일반분양 시의 주변 아파트시세에 차이가 있는지 확인한다).

◆ 조합원분양 세대수 : 1,000 / 일반분양 세대수 : 1,000

주택형(TYPE)	일반분양(원/3.3㎡당)	일반분양금액(천 원)	비고
59A	12,000,000	140,000,000	
84A	11,000,000	180,000,000	
101A	10,000,000	150,000,000	
평균 분양가	11,000,000		평균 평당 분양가
일반분양수입 합계		470,000,000	

출처 : 저자 작성

관리처분계획 당시에 일반분양가를 평균 3.3㎡당 11,000,000원으로 책정했다. 2년(이주 및 철거) 후에 일반분양을 하려는데 인근의 시세가 상승해서 일반분양가를 올릴 경우 비례율이 증가할 수 있다. 만약 일반분양가를 100만 원 더 올린다면 대략적으로 일반분양 세대수 1,000세대 ×50만 원×30평형(평균) = 15,000,000천 원이 총수입으로 늘어나게 된다(총수입 = 765,000,000천 원 + 15,000,000천 원 = 780,000,000천 원).

$$\text{비례율} = \frac{(\text{사업완료 후의 총추산액} + \text{늘어난 수입}) - (\text{총사업비})}{(\text{종전 토지등소유자 총감정평가액})} \times 100$$

$$\text{비례율} = \frac{780{,}000{,}000\text{천 원} - 656{,}000{,}000\text{천 원}}{107{,}000{,}000\text{천 원}} \times 100 = 115.8\%$$

이처럼 비례율이 101.8%에서 115.8%로 증가하게 될 경우, 증가된 비례율만큼 분담금이 줄어들게 되므로 큰 이익으로 돌아온다. 예를 들어, 감정평가금액이 1억 원인 조합원 J는 기존에는 비례율이 101.8% 이므로 권리가액은 101,800,000원이기 때문에 2억 원 아파트에 입주하려면 98,200,000원이 분담금으로 필요하다. 하지만 비례율이 115.8%로 올라간다면 권리가액이 115,800,000원이 되어 분담금으로 84,200,000원만 납부하면 된다.

재개발사업의 사업성을 높여주는 국·공유지 무상양도로 건설되는 임대주택

◆ 부산광역시 임대주택 건설비율

건설비율	전용면적 40m² 이하 규모 건설비율
10%(단, 정비구역 내 학교용지 확보 시 5%)	임대주택의 30% 이상
	주택 전체 세대수의 5% 이상

출처 : 저자 작성

임대주택의 건설비율이 높으면 사업성이 떨어진다(임대주택은 토지 값과 건축원가로 시에 매각한다). 그러나 무상양도를 받을 수 있는 국·공유지가 많다면 지목에 관계없이 그 국·공유지를 조합이 양도받은 후에 임대주택을 지을 수 있다. 양도받은 국·공유지의 지목이 도로, 구거, 전, 답 등이라도 임대주택을 짓게 되면 그 토지는 대지로 보기 때문에 이를 다시 시에 되판다면 조합에서는 큰 이익을 얻을 수 있다.

 재개발구역 내의 도로 등 정비기반시설은 재개발사업을 위해서 조합에 무상양도를 하고, 사업시에 정비기반시설을 설치하게 되는데 이는 다시 지자체에 무상귀속된다.

10. 재건축 안전진단

① 안전진단이란 재건축사업의 경우 사업 가능 여부를 판단하는 행정절차다.
- 정비예정구역별 정비계획의 수립시기가 도래한 때
- 정비계획의 입안을 제안하려는 자가 1/10 이상 동의로 안전진단 요청 시
- 정비예정구역을 지정하지 않은 지역에서 재건축사업을 시행하려는 자가 1/10 이상 동의로 안전진단 요청 시

- 내진성능이 확보되지 않은 건축물 중 중대한 기능적 결함 또는 부실 설계·시공으로 구조적 결함 등이 있는 건축물의 소유자로서 재건축사업을 시행하려는 자가 1/10 이상 동의로 안전진단 요청 시

② 현지조사 등을 통해서 해당 건축물의 구조안전성, 건축마감, 설비노후도 및 주거환경 적합성 등을 심사한 후 안전진단의 실시 여부를 결정해야 하며, '안전진단 실시'로 판정하는 경우에는 안전진단 기관을 지정해서 실시한다.

③ 안전진단에 소요되는 비용은 안전진단을 요청하는 자에게 부담하게 할 수 있다. 대부분의 시·도조례에서는 안전진단을 요청하는 자가 부담하는 것으로 되어 있다.

④ 정비계획의 입안권자는 안전진단의 결과와 도시계획 및 지역여건 등을 종합적으로 검토해서 정비계획의 입안 여부를 결정해야 한다.

⑤ 구조성, 건축마감 및 설비노후도, 주거환경 및 비용분석으로 구분해 평가한다.

재건축 안전진단 등급	
안전등급	시설물의 상태
A(우수)	문제점이 없는 최상의 상태
B(양호)	보조부재에 경미한 결함이 발생했으나 기능 발휘에는 지장이 없으며, 내구성 증진을 위해 일부 보수가 필요한 상태
C(보통)	주요부재에 경미한 결함 또는 보조부재에 광범위한 결함이 발생했으나 전체적인 시설물의 안전에는 지장이 없으며, 주요부재에 내구성, 기능성 저하 방지를 위한 보수가 필요하거나 보조부재에 간단한 보강이 필요한 상태
D(미흡)	주요부재에 결함이 발생해 긴급한 보수·보강이 필요하며 사용제한 여부를 결정해야 하는 상태
E(불량)	주요부재에 발생한 심각한 결함으로 인해 시설물의 안전에 위험이 있어 즉각 사용을 금지하고 보강 또는 개축을 해야 하는 상태

- A ~ E등급으로 분류하는데, A등급이 가장 안전하고 E등급으로 갈수록 안전성이 떨어진다는 의미다.
- A ~ C등급은 유지보수, D등급은 조건부 재건축, E등급은 재건축이다.

출처 : 국토교통부 보도자료

안전진단 가중치 등 조정(2018년 3월)

- 안전진단 평가항목별 가중치 조정

    구조적으로 안전함에도 불구하고 재건축사업이 추진되는 문제를 개선하기 위해 구조 안전성을 50%로 상향조정함.

- 조건부 재건축 판정을 받은 경우에는 공공기관의 적정성 검토를 거친 후 재건축 추진

- '시설물의 안전 및 유지관리에 관한 특별법'에 따른 안전진단 결과 D등급 이하로 분류될 경우 도정법상 안전진단 없이 재건축 추진이 가능

안전진단 기준 제정 및 운영경과

재건축 시장 과열에 따라 2003년 7월 '주택 재건축 판정을 위한 안전진단 기준'이 제정되었고, 시장 상황 등에 따라 가중치 등이 변화하고 있다.

항목	2003년 7월	2006년 5월	2009년 1월	2015년 5월	2018년 3월	2023년 1월
구조안정성	45%	50%	40%	20%	50%	30%
주거환경	10%	10%	15%	40%	15%	30%
설비노후도	30%	30%	30%	30%	25%	30%
비용편익	15%	10%	15%	10%	10%	10%

- 재건축 안전진단 합리화 방안(2022년 12월 8일 정책, 2023년 1월 시행)
    - 구조안정성 점수 비중을 30%로 낮추고 주거환경·설비노후도 점수 비중을 각각 30%로 높임.
    - 조건부 재건축의 범위 조정 및 공공기관 적정성 검토 개선

> 재건축단지에 '축 안전진단 D등급'이라는 현수막이 걸리는 경우가 있다. 아파트 안전진단등급이 D등급이라면 안전성에 문제가 있다는 의미인데, 이를 축하하는 이유는 D나 E등급을 받아야 재건축이 가능하기 때문이다.

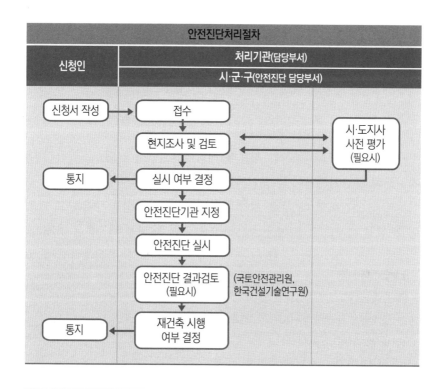

안전진단처리절차		
신청인	처리기관(담당부서)	
	시·군·구(안전진단 담당부서)	

신청서 작성 → 접수

현지조사 및 검토 ↔ 시·도지사 사전 평가 (필요시)

통지 ← 실시 여부 결정

안전진단기관 지정

안전진단 실시

안전진단 결과검토 (필요시) (국토안전관리원, 한국건설기술연구원)

통지 ← 재건축 시행 여부 결정

안전진단 통보서

수신 : ○○주공아파트 재건축정비사업 조합설립 추진위원회

(경유)

제목 : 재건축사업 안전진단 결과 및 사업시행결정 통보

1. 평소 시정발전에 많은 관심과 협조에 감사드리며, 귀 준비위원회의 무궁한 발전을 기원드립니다.

2. 귀 준비위원회에서 '도시 및 주거환경정비법' 제12조 제1항의 규정에 따라 우리 시 ○○동 963-3번지 상 ○○주공아파트 재건축사업을 위해 요청한 안전진단기관의 안전진단 결과 '조건부 재건축'으로 판정되었음을 알려드리며,

3. 우리 시에서 안전진단 결과와 도시계획 및 지역여건을 종합적으로 검토한 바, 재건축사업 시행을 결정하고 '도시 및 주거환경정비법' 제12조 제6항의 규정에 의거 도지사에게 결과서를 제출했음을 알려드리니 이후 사업추진에 참고하시기 바랍니다. 끝.

청산금(추가분담금) = 조합원 대지지분 × 무상지분율

재건축 투자 시 시공사와 지분제 계약을 하는 경우에는 조합원의 대지지분과 무상지분율이 몇 %인지를 알아야 한다. 예전에 5층 이하 주공아파트를 재건축할 때 주로 계약하던 방식인데, 13평을 소유하고 있으면 20평을 제공하고, 17평을 소유하고 있으면 24평을 제공하는 형태다.

조합원 대지지분

예 [1동 건물의 표제부] 토지 6,504㎡ ①
[전유부분 표제부] 철근콘크리트 84.60㎡
대지권비율 650,400분의 6,600 ②
66.0㎡×0.3025 = 19.96평(78.0%)

무상지분율 = 이익 연면적 / 총대지면적
총수입 − 총지출비용 = 개발이익
개발이익 / 분양가 = 개발이익 평수(무상지분면적)
(개발이익 평수 / 대지면적)×100 = 무상지분율 ③

(1) 조합원 대지지분

조합원 대지지분은 공동주택의 경우에 등기부등본을 발급받아서 확인할 수 있다. [1동 건물의 표제부]에는 그 재건축단지의 전체 토지면적이 나온다(6,504㎡)(①). [전유부분의 표제부]에는 전용면적과 대지권비율이 나온다. 전용면적 84.60㎡는 통상 30평형대 아파트를 의미하고, 대지권비율 66㎡는 이 아파트 대지의 지분이 얼마인지를 나타낸다(이 경우에 30평대 아파트의 대지지분은 66㎡이다)(②).

- 대지지분이 높아야 재건축사업의 사업성이 좋다. 대지지분이 높다는 것은 단지의 토지면적 대비 조합원수가 적다는 의미다.
- 대지지분은 아파트 단지별로 현저한 차이를 보인다.

(2) 무상지분율

무상지분율은 조합이익 연면적을 총대지면적으로 나눈 비율인데, 무상지분율이 높을수록 조합원들에게 돌아가는 혜택이 많다(대지지분이 66㎡이고 무상지분율이 100%라면 무상으로 신축 아파트 66㎡에 들어갈 수 있다는 것이고, 무상지분율이 130%라면 85.8㎡에 무상으로 들어갈 수 있다는 것이다)(③).

만약 이 재건축단지의 무상지분율이 150%라면 대지지분 66㎡의 150%가 조합원이 무상으로 들어갈 수 있는 아파트 면적이다.

따라서 아파트 면적 99㎡까지는 분담금 없이 입주가 가능하다는 의미다. 그러나 148㎡의 아파트에 입주를 희망한다면 그 차이만큼(49㎡ = 148㎡ - 99㎡)의 분담금을 납부해야 한다.

> 66㎡×150% = 99㎡
> 30평(99㎡) 신청 시 추가 분담금 = 0
> 45평(148㎡) 신청 시 추가 분담금 = 49㎡(15평)

지분제의 재건축구역에 투자 시에는 대지지분과 무상지분율을 파악해야 한다.

12. 재건축초과이익환수제

(1) 의미

개발이익환수제도는 개발사업의 시행이나 사회·경제적 요인에 의해 정상지가 상승분을 초과한 이익을 환수해서 주택가격의 안정과 사회적 형평을 도모하고, 국민경제의 건전한 발전과 사회통합에 이바지하기 위한 것이다. 재건축초과이익환수제는 '도시 및 주거환경정비법'에 의한 재건축사업 및 '빈집 및 소규모주택 정비에 관한 특례 법'에 따른 소규모재건축사업에 해당한다.

재건축초과이익환수제는 2006년에 시행되었으나 주택 시장 침체 등의 이유로 2013년부터 2017년까지 유예되었고, 2018년 1월부터 시행하고 있다. 2017년 12월 31일까지 관리처분계획 인가('빈집 및 소규모주택 정비에 관한 특례법'에 따른 소규모재건축은 사업시행계획 인가)를 신청하지 않은 구역이 해당된다.

(2) 재건축초과이익환수

① 관련 법률
'재건축초과이익 환수에 관한 법률'

② 재건축초과이익의 환수(법 제3조)
국토교통부 장관은 재건축사업에서 발생되는 재건축초과이익을 이 법에서 정하는 바에 의해서 재건축부담금으로 징수해야 한다.

③ 재건축부담금 면제(법 제3조의 2)
재건축부담금 부과대상 사업으로서 2017년 12월 31일까지 '도시

및 주거환경정비법'에 따른 관리처분계획의 인가 및 '빈집 및 소
규모주택 정비에 관한 특례법'에 따른 사업시행계획 인가를 신청
한 재건축사업에 대해서는 재건축부담금을 면제한다.

④ **징수금의 배분**(법 제4조)

징수된 재건축부담금은 국가에 50/100이, 해당 특별시·광역시·
도에 30/100이, 해당 특별자치시·특별자치도에 50/100이, 해당
시·군·구(자치구를 말한다)에 20/100분이 각각 귀속된다.

⑤ **납부의무자**(법 제6조)

조합이 원칙적 납부의무자고 조합이 해산된 경우 등은 조합원이 2
차 납부의무를 진다.

법 제6조(납부의무자)

① 재건축사업을 시행하기 위하여 조합은 이 법에서 정하는 바에 따라 재건축부담금을
납부할 의무가 있다. 다만, 종료시점 부과대상 주택을 공급받은 조합원(조합이 해산된
경우, 정비구역이 해제된 경우 또는 신탁이 종료된 경우에는 부과종료시점 당시의 조합원, '도
시 및 주거환경정비법' 제2조 제9호 나목에 따른 토지등소유자 또는 위탁자를 말한다)이 다음
각 호에 해당하는 경우에는 2차 납부의무를 진다.
 1. 조합이 해산된 경우
 2. 조합의 재산으로 그 조합에 부과되거나 그 조합이 납부할 재건축부담금·가산금 등
    에 충당하여도 부족한 경우
 2의 2. 정비구역이 해제된 경우
 3. 신탁이 종료된 경우
 4. 신탁업자가 해당 재건축사업의 신탁재산으로 납부할 재건축부담금·가산금 등에
    충당하여도 부족한 경우
② 신탁업자가 제1항에 따라 재건축부담금을 납부하는 경우에는 해당 재건축사업의 신
탁재산 범위에서 납부할 의무가 있다.
③ 제1항에 따라 재건축부담금을 납부하여야 할 의무가 있는 조합은 조합원별로 종전

자산을 평가한 가액 등 대통령령으로 정하는 사항을 고려하여 제14조에 따른 재건축부담금 예정액의 조합원별 납부액과 제15조에 따라 결정 및 부과하는 재건축부담금의 조합원별 분담기준 및 비율을 결정하여 이를 관리처분계획에 명시하여야 한다.
④ 제1항 단서에 따른 조합원의 2차 납부의무는 제12조에 따라 산정된 재건축부담금 중 제3항에 따른 관리처분계획상 분담비율을 적용하여 산정한 금액에 한정한다.
⑤ 재건축부담금의 납부의무의 승계, 연대납부의무에 관하여는 '국세기본법' 제23조부터 제25조까지, 제25조의 2 및 제38조부터 제41조까지의 규정을 준용한다.

⑥ **부과기준**(법 제7조)

재건축부담금의 부과기준은 종료시점 부과대상 주택의 가격 총액(이하 '종료시점 주택가액'이라 한다)에서 다음 각 호의 모든 금액을 공제한 금액으로 한다. 다만, 부과대상 주택 중 일반분양분의 종료시점 주택가액은 분양시점 분양가격의 총액과 제9조 제3항에 따라 산정한 종료시점까지 미분양된 일반분양분의 가액을 반영한 총액으로 한다.

- 개시시점 부과대상 주택의 가격 총액(이하 '개시시점 주택가액'이라 한다)
- 부과기간 동안의 개시시점 부과대상 주택의 정상주택가격상승분 총액
- 제11조의 규정에 의한 개발비용 등

⑦ **기준시점**(법 제8조)

부과개시시점은 원칙적으로 조합설립추진위원회가 승인된 날이다. 단, 부과개시시점부터 부과종료시점까지의 기간이 10년을 초과하는 경우에는 부과종료시점부터 역산해서 10년이 되는 날을 부과개시시점으로 한다.

법 제8조(기준시점 등)

① 부과개시시점은 재건축사업을 위하여 최초로 구성된 조합설립추진위원회(이하 '추진
위원회'라 한다)가 승인된 날로 한다. 다만, 부과대상이 되는 재건축사업의 전부 또는
일부가 다음 각 호의 어느 하나에 해당하는 경우에는 다음 각 호의 어느 하나에 해당
하는 날을 부과개시시점으로 한다.

  1. 2003년 7월 1일 이전에 조합설립 인가를 받은 재건축사업은 최초로 조합설립 인
    가를 받은 날

  2. 추진위원회 또는 재건축조합이 합병된 경우는 각각의 최초 추진위원회 승인일 또
    는 재건축조합인가일

  2의 2. '도시 및 주거환경정비법' 제26조 제1항에 따라 공공시행자가 공공재건축사업
      사업시행자로 최초 지정 승인된 날(추진위원회의 구성 승인이 없는 경우에 한정한다)

  3. '도시 및 주거환경정비법' 제27조 제1항 제3호에 따라 신탁업자가 사업시행자로
    최초 지정 승인된 날(추진위원회의 구성 승인이 없는 경우에 한정한다)

  4. 그 밖에 대통령령으로 정하는 날

② 제1항의 규정에도 불구하고 부과개시시점부터 부과종료시점까지의 기간이 10년을
초과하는 경우에는 부과종료시점부터 역산하여 10년이 되는 날을 부과개시시점으로
한다.

③ 부과종료시점은 해당 재건축사업의 준공인가일로 한다. 다만, 부과대상이 되는 재건
축사업의 전부 또는 일부가 다음 각 호의 어느 하나에 해당하는 경우에는 다음 각 호
의 어느 하나에 해당하게 된 날을 부과종료시점으로 한다.

  1. 관계법령에 의하여 재건축사업의 일부가 준공인가된 날

  2. 관계행정청의 인가 등을 받아 건축물의 사용을 개시한 날

  3. 그 밖에 대통령령으로 정한 날

⑧ **주택가액의 산정**(법 제9조 제1항)

개시시점 주택가액은 '부동산 가격공시에 관한 법률'에 따라 공시
된 부과대상 주택가격(공시된 주택가격이 없는 경우는 국토교통부 장관이 산정
한 부과개시시점 현재의 주택가격) 총액에 공시기준일부터 개시시점까지
의 정상주택가격상승분을 반영한 가액으로 한다.

⑨ **정상주택가격상승분의 산정**(법 제10조 제1항)

정상주택가격상승분은 개시시점 주택가액에 국토교통부 장관이 대통령령으로 정하는 바에 따라 고시하는 정기예금이자율과 종료시점까지의 해당 재건축사업장이 소재하는 특별자치시·특별자치도·시·군·구의 평균주택가격상승률 중 높은 비율을 곱해서 산정한다.

⑩ **개발비용 등의 산정**(법 제11조 제1항)

개발비용은 해당 재건축사업의 시행과 관련해 지출된 다음의 금액을 합산한다.
- 공사비, 설계감리비, 부대비용 및 그 밖의 경비
- 관계법령의 규정 또는 인가 등의 조건에 의해 납부의무자가 국가 또는 지방자치단체에 납부한 각종 세금과 공과금
- 관계법령의 규정 또는 인가 등의 조건에 의해 납부의무자가 공공시설 또는 토지 등을 국가 또는 지방자치단체에 제공하거나 기부한 경우에는 그 가액. 다만, 그 대가로 '국토의 계획 및 이용에 관한 법률', '도시 및 주거환경정비법' 및 '빈집 및 소규모 주택 정비에 관한 특례법'에 따라 용적률 등이 완화된 경우에는 합산하지 않는다.
- 그 밖에 대통령령으로 정하는 사항

⑪ **부과율**(법 제12조)

납부의무자가 납부해야 할 재건축부담금은 제7조에 따라 산정된 재건축초과이익을 해당 조합원수로 나눈 금액에 다음의 부과율을 적용해 계산한 금액을 그 부담금액으로 한다.
- 조합원 1인당 평균이익이 3,000만 원 이하 : 면제
- 조합원 1인당 평균이익이 3,000만 원 초과 5,000만 원 이하 : 3,000만 원을 초과하는 금액의 100분의 10 × 조합원수

- 조합원 1인당 평균이익이 5,000만 원 초과 7,000만 원 이하 : 200만 원 × 조합원수 + 5,000만 원을 초과하는 금액의 100분의 20 × 조합원수
- 조합원 1인당 평균이익이 7,000만 원 초과 9,000만 원 이하 : 600만 원 × 조합원수 + 7,000만 원을 초과하는 금액의 100분의 30 × 조합원수
- 조합원 1인당 평균이익이 9,000만 원 초과 1억 1,000만 원 이하 : 1,200만 원 × 조합원수 + 9,000만 원을 초과하는 금액의 100분의 40 × 조합원수
- 조합원 1인당 평균이익이 1억 1,000만 원 초과 : 2,000만 원 × 조합원수 + 1억 1,000만원을 초과하는 금액의 100분의 50 × 조합원수

초과 금액(조합원 1인당 평균이익)	부과 금액
3,000만 원 이하	면제
3,000만 원 초과 5,000만 원 이하	3,000만 원을 초과하는 금액의 10/100×조합원수
5,000만 원 초과 7,000만 원 이하	200만 원×조합원수+5,000만 원 초과 금액의 20/100×조합원수
7,000만 원 초과 9,000만 원 이하	600만 원×조합원수+7,000만 원 초과 금액의 30/100×조합원수
9,000만 원 초과 1억 1,000만 원 이하	1,200만 원×조합원수+9,000만 원 초과 금액의 40/100×조합원수
1억 1,000만 원 초과	2,000만 원×조합원수+1억 1,000만 원 초과 금액의 50/100×조합원수

출처 : 저자 작성

⑫ 재건축부담금의 결정 및 부과(법 제15조)

국토교통부 장관은 부과종료시점부터 5개월 이내에 재건축부담금을 결정·부과해야 한다. 다만, 납부의무자가 제16조 제1항의 규정에 따라 고지 전 심사를 청구한 경우에는 그 결과의 서면통지일부터 1개월 이내에 재건축부담금을 결정·부과해야 한다.

⑬ **고지 전 심사 청구**(법 제16조 제1항)

　재건축부담금을 통지받은 납무의무자는 부담금에 대해 이의가 있는 경우 사전 통지를 받은 날부터 50일 이내에 국토교통부 장관에게 심사(이하 '고지 전 심사'라고 한다)를 청구할 수 있다.

⑭ **납부**(법 제17조 제1항, 제2항)

　㉠ 재건축부담금의 납부의무자는 부과일부터 6개월 이내에 재건축부담금을 납부해야 한다.

　㉡ 재건축부담금은 현금에 의한 납부를 원칙으로 한다. 다만, 대통령령으로 정하는 납부대행기관을 통해 신용카드·직불카드 등(이하 '신용카드 등'이라고 한다)으로 납부하거나 해당 재건축사업으로 건설·공급되는 주택으로 납부(이하 '물납'이라고 한다)할 수 있다.

(3) 국토교통부에서 재건축부담금 개선내용 발표
(2022년 9월 29일, 법 개정 후 시행 예정)

① 부과기준

부과율		면제	10%	20%	30%	40%	50%
초과 이익	현행	3,000만 원 이하	3,000만 ~ 5,000만 원	5,000만 ~ 7,000만 원	7,000만~ 9,000만 원	9,000만~ 1억 1,000만 원	1억 1,000만 원 초과
	개선	1억 원 이하	1억~ 1억 7,000만 원	1억 7,000만~ 2억 4,000만 원	2억 4,000만~ 3억 1,000만 원	3억 1,000만~ 3억 8,000만 원	3억 8,000만 원 초과

② 부과시점

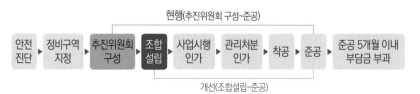

③ 1세대 1주택 장기보유자 감면
(최대 50%, 공공기여 인센티브, 1세대 1주택 고령자 납부 유예)

> **재건축초과이익 부담금 산정식**
>
> 재건축부담금 = [종료시점 주택가액 − (개시시점 주택가액 + 정상주택가격상승분 총액
> + 개발비용)] × 부과율

구분	적용내용
개시시점 주택가액	개시시점의 공시주택가격 총액에 공시기준일부터 개시시점까지의 정상주택가격상승분을 반영한 금액 * 과개시시점부터 부과종료시점까지 10년 초과 시 부과종료 시점부터 역산해서 10년이 되는 날을 부과시점으로 함.
정상주택가격상승분	개시시점 주택가액에 정기예금이자율과 평균주택가격상승률 중 높은 비율을 곱해서 산정한 금액
개발비용	공사비, 설계감리비, 세제공과금, 조합운영비 등 조합운영 및 주택건설 전반에 소요된 비용
종료시점 주택가액	조합원분양가격(준공시점 공시가격), 일반분양분 주택가격, 소형주택 인수가격을 합산한 금액
부과율	조합원 평균이익에 따라 0~50%까지 누진 적용 *조합원 1인당 3,000만 원까지 면제

※ 개시시점과 종료시점의 가격은 한국부동산원의 고시가격으로 한다.

출처 : 국토교통부 보도자료

13. 재건축사업의 신탁등기

구 '주택건설촉진법'에서 재건축조합은 비법인사단으로써 법인등기를 할 수 없었다. 재건축조합의 법인격이 인정되지 않았기 때문에 조합원들의 보존등기 또는 일반분양에 따른 소유권이전등기를 할 때, 절차가 복잡해서 시간이 많이 소요되었다. 따라서 이러한 단점을 보완하기 위해 신탁등기를 이용하게 되었다.

그러나 현행 '도시 및 주거환경정비법'에 따르면 조합은 법인으로 하고, 조합은 조합설립 인가를 받은 날부터 30일 이내에 등기함으로써 성립한다. 따라서 현재는 조합의 법인격이 인정되므로 신탁등기가 사업진행에 필수적인 것은 아니다. 그러나 다음과 같은 필요성에 의해서 대부분 재건축조합에서는 신탁등기를 한다.

신탁등기를 하는 이유
- 사업에 인접하는 곳의 토지가 필요해 교환을 원할 때 조합원 자산을 미리 받아 놓은 상태여야만 교환이 원활하기 때문
- 투기과열지구 등 전매하면 안 되는 상황에서 매매계약을 체결해 전매되는 것을 막기 위해서
- 조합원 개인 사정으로 인한 제삼자로부터 재산권을 제한하는 일을 미연에 방지하기 위해서
- 악성 조합원이나 비대위가 악의적으로 압류, 가압류 또는 근저당설정 등으로 조합의 업무를 방해하는 것을 막기 위해서
- 재산 출연 시점을 조합설립 인가일이 아닌 신탁등기일로 해서 법인세를 최대한 절감하기 위해서
- 조합이 체비지, 즉 일반분양분을 매도하려면 모든 사업부지의 소유권을 확보하거나 조합원 소유의 토지를 모두 신탁등기해야 주택도시보증공사(HUG)로부터 분양보증서를 받을 수 있기 때문

신탁등기 재산은 조합에서 임의로 처분할 수 없다. 형식적인 소유자는 조합이지만 실질적인 소유권은 조합원에게 있으므로 조합은 신탁목적 범위 내에서만 관리 및 처분이 가능하다.

 신탁등기를 해도 조합원들의 매매 등 권리행사에는 문제가 없다.

14. 조합원입주권과 분양권

(1) 조합원입주권

재개발·재건축구역에서 조합원이 새 집에 입주할 수 있는 권리를 말한다. 정비구역 내의 부동산을 조합원분양권이라고 하고, 정비사업의 진행단계에서 관리처분계획 인가일 이후부터 입주권이라는 용어를 사용한다. 조합원분양권과 입주권이라는 용어를 빈번하게 혼용한다.

출처 : 저자 작성

(2) 분양권

일반주택 수요자가 청약을 통해 새 집을 취득할 수 있는 권리다. '주택법'에 따른 사업계획의 승인을 받아 건설되는 주택, 지역주택조합 및 도정법에 따른 일반분양분을 말한다. 한국부동산원의 청약홈을 통해서 청약한다(https://www.applyhome.co.kr/co/coa/selectMainView.do).

(3) 조합원입주권(재개발·재건축)과 분양권의 장단점

① 초기 투자금은 조합원입주권이 분양권보다 많다. 조합원입주권은 조합원의 종전 자산에 프리미엄이 플러스되어 거래가 되고, 분양권은 전체 분양금의 계약금(통상 10%)에 프리미엄이 플러스되어 거래가 되므로 조합원입주권의 초기 투자 금액이 많다.

② 조합원입주권은 거래계약 후 조합사무실에 가서 명의 이전, 금융기관에서 이주비 대출 이전, 분양사무소에서 명의 이전 등 거래절차가 분양사무소에서 명의 이전만 하는 분양권보다 복잡하다.

③ 조합원입주권은 확장비 무상지원, 가전제품 지원, 이사비 지원 등 혜택이 많다.

④ 조합원입주권은 취득 시 취득세를 납부하고, 입주 시에 취득세를 추가로 납부해야 하지만, 분양권은 입주 시에만 납부하면 된다.

⑤ 조합원입주권은 층수 배정 시에 주로 선호하는 동과 선호하는 층을 우선배정한다.

⑥ 사업의 청산 시 이익이나 손실이 발생 시 조합원입주권은 권한과 책임이 따르지만, 분양권은 그에 따른 권한과 책임이 없다.

구분	조합원입주권	분양권	비고
투자금	많음.	적음.	입주권은 감정가+프리미엄, 분양권은 분양금액의 10%
거래절차	복잡함.	간단함.	입주권은 조합원명의변경, 대출승계 등
분양가	쌈.	비쌈.	조합원분양가가 일반분양가에 비해 5~20% 정도 저렴
혜택	많음.	적음.	입주권은 확장비 무료, 중도금 무이자, 가전제품 무상 지원, 이주비, 이사비 지원 등
취득세	많음.	적음.	• 입주권은 취득 시 부동산의 종류에 따라 1.1~4.6%, 입주 시에 분담금의 2.96~3.16% • 분양권은 주택으로 취득세 납부(1.1~3.5%)
층수 배정	우선권 있음.	우선권 없음.	재개발은 통상 5층 이상 조합원에게 배정
청산금 책임	있음.	없음.	사업성과에 따라서 조합원의 이익이나 손실 발생

출처 : 저자 작성

15. 기타 용어의 정의

① 기존무허가건축물(부산) : 1989년 3월 29일 이전에 발생한 무허가
건축물, 그 외의 무허가건축물은 신발생무허가건축물(서울은 특정무
허가건축물로 정의하고 1989년 1월 24일 당시의 무허가건축물 등을 말한다)

② 관리처분계획기준일 : '도시 및 주거환경정비법'에 따른 분양신청
기간이 만료되는 날

③ 효용지수 : 분양예정인 건축물을 층별·용도별로 파악해 감정평가
시에 고려하는 효용비율로서 이를 지수로 나타낸 것

④ 호수밀도 : 정비구역면적 1헥타르당 건축되어 있는 건축물의 동수

⑤ 주택접도율 : 구역 내 폭 4m 이상의 도로에 접한 건축물의 총수를
구역 내 건축물 총수로 나눈 백분율

⑥ 환지방식사업 : 정비계획에서 '도시개발법'의 환지에 관한 규정을
준용해 시행하는 사업

⑦ 정비기반시설 : 도로·상하수도·구거(도랑)·공원·공용주차장·공동
구, 그 밖에 주민의 생활에 필요한 열·가스 등의 공급시설로서 대
통령령으로 정하는 시설

⑧ 공동이용시설 : 주민이 공동으로 사용하는 놀이터·마을회관·공동
작업장 등

⑨ 대지 : 정비사업으로 조성된 토지

⑩ 사업시행자 : 정비사업을 시행하는 자

⑪ 토지주택공사 등 : 한국토지주택공사 또는 지방공사

사업진행
절차

| 계획 단계 | 기본계획 수립 | 주민공람 → 지방의회 의견청취 → 시·도계획위원회 심의 → 고시 |
| | 정비구역 지정 | 기초조사 → 입안 → 공고공람 → 시·도계획위원회 심의 → 지정 및 고시 → 주민설명회 개최 |

시행 단계	추진위원회 구성	토지등소유자 동의 → 추진위원회 구성 → 추진위원회 승인
	조합설립 인가	정관 작성 → 토지등소유자 동의 → 인가 신청 → 공람 → 인가 및 고시
	시공사 선정	
	사업시행계획 인가	사업시행계획서 작성 → 토지등소유자 동의 → 인가 및 고시
	조합원분양신청	
	관리처분계획 인가	관리처분계획 수립 → 공람 → 인가 → 고시

완료	착공 및 분양	착공준비 → 시공보증 → 착공 → 분양계획 작성 → 일반분양
	사업 완료	준공검사 → 인가 및 고시 → 확정 측량 및 토지 분할 → 관리처분 사항 통지 → 소유권이전고시 → 청산금징수·지급 → 등기촉탁
	조합 해산	청산법인 설립 → 서류 이관(조합 → 인허가권자)

출처 : 저자 작성

정비사업의 진행절차를 간략히 정리하면 다음과 같다.

먼저 정비구역 지정 후 추진위원회가 결성된다. 추진위원회는 위원장 포함 5인 이상, 토지등소유자의 과반수 동의로 승인신청을 한다. 추진위원회의 승인이 나면 정비사업전문관리업자 선정, 설계자의 선정, 조합설립 준비 및 토지등소유자 동의서 접수 등의 업무를 하게 되는데, 여러 업무 중 조합설립을 위한 동의서를 접수하는 것이 제일 큰 업무다. 도정법은 절차법이기 때문에 다음 절차인 조합설립으로 가기 위해서는 동의서를 더 접수해야 하기 때문이다.

추진위원회의 원활한 진행에 따라 조합이 설립되면, 이제 정비구역의 사업주체가 명확해졌다는 것이기에 사업에 박차를 가할 수 있다. 조합이 설립되면 시공사를 선정한다(서울은 사업시행계획 인가 이후에 시공사를 선정한다).

토지이용계획, 세입자대책 등의 사업시행계획을 세워 사업시행계획 인가를 받고 감정평가 및 조합원분양신청을 한다. 이후 시공사와 본 계약을 하고 분양설계 등을 갖춰서 관리처분계획 인가를 받는다.

관리처분계획 인가 이후에는 이주가 시작되고 철거를 한다. 철거가 끝나면 조합원 동·호수 추첨을 하고 추첨 후 남는 공동주택을 일반분양한다. 사업이 완료되면 준공검사 후 소유권이전고시를 하고 사업 후 청산금을 정산한 후 조합을 해산한다.

- 도정법은 이와 같은 절차로 진행되므로 '절차법'이라고도 한다. 조합이 설립되지 않은 상태로 사업시행계획 인가를 받을 수 없고, 사업시행계획 인가가 없는 상태로 관리처분계획 인가 또한 이루어질 수 없다.
- 도정법의 절차는 대한민국 어느 시·도에 가도 그대로 진행되므로 절차의 순서를 기억하면 투자에 큰 도움이 된다.

국토교통부 장관

도시 및 주거환경정비 기본방침을 10년 단위로 수립, 5년 단위로 타당성 검토

특별시장·광역시장·특별자치시장·특별자치도지사 또는 시장

도시 및 주거환경정비기본계획을 10년 단위로 수립

시장·군수 또는 구청장

정비계획 입안 → 30일 이상 주민공람 → 지빙의회 의견청취 → 구역 지정 신청

출처 : 저자 작성

(1) 도시·주거환경정비 기본방침

국토교통부 장관은 도시 및 주거환경정비 기본방침을 10년 단위로 수립해야 하고 5년마다 타당성 검토를 해야 한다. 특별시장·광역시장·특별자치시장·특별자치도지사 또는 시장은 기본계획을 10년 단위로 수립해야 하고, 시장·군수 또는 구청장은 정비계획을 입안하고 30일 이상 주민공람 후 지방의회의 의견청취를 거쳐서 구역 지정 신청을 한다.

법 제3조(도시·주거환경정비 기본방침)

국토교통부 장관은 도시 및 주거환경을 개선하기 위하여 10년마다 다음 각 호의 사항을 포함한 기본 방침을 정하고, 5년마다 타당성을 검토하여 그 결과를 기본방침에 반영하여야 한다.

1. 도시 및 주거환경정비를 위한 국가 정책 방향

2. 제4조 제1항에 따른 도시·주거환경정비기본계획의 수립 방향

3. 노후·불량 주거지 조사 및 개선계획의 수립

4. 도시 및 주거환경 개선에 필요한 재정지원계획

5. 그 밖에 도시 및 주거환경 개선을 위하여 필요한 사항으로서 대통령령으로 정하는 사항

(2) 도시·주거환경정비기본계획의 수립

특별시장·광역시장·특별자치시장·특별자치도지사 또는 시장은 관할 구역에 대해 도시·주거환경정비기본계획을 10년 단위로 수립해야 한다. 다만, 도지사가 대도시가 아닌 시로서 기본계획을 수립할 필요가 없다고 인정하는 시에 대해 기본계획을 수립하지 않을 수 있다.

특별시장·광역시장·특별자치시장·특별자치도지사 또는 시장은 기본계획에 대해 5년마다 타당성을 검토해서 그 결과를 기본계획에 반영해야 한다(법 제4조).

법 제5조(기본계획의 내용)

① 기본계획에는 다음 각 호의 사항이 포함되어야 한다.

1. 정비사업의 기본방향
2. 정비사업의 계획기간
3. 인구·건축물·토지이용·정비기반시설·지형 및 환경 등의 현황
4. 주거지 관리계획
5. 토지이용계획·정비기반시설계획·공동이용시설설치계획 및 교통계획
6. 녹지·조경·에너지공급·폐기물처리 등에 관한 환경계획
7. 사회복지시설 및 주민문화시설 등의 설치계획
8. 도시의 광역적 재정비를 위한 기본방향
9. 제16조에 따라 정비구역으로 지정할 예정인 구역(이하 '정비예정구역'이라고 한다)의 개략적 범위
10. 단계별 정비사업 추진계획(정비예정구역별 정비계획의 수립시기가 포함되어야 한다)
11. 건폐율·용적률 등에 관한 건축물의 밀도계획
12. 세입자에 대한 주거안정대책
13. 그 밖에 주거환경 등을 개선하기 위하여 필요한 사항으로서 대통령령으로 정하는 사항

② 기본계획에 다음 각 호의 사항을 포함하는 경우에는 제1항 제9호 및 제10호의 사항을 생략할 수 있다.

1. 생활권의 설정, 생활권별 기반시설 설치계획 및 주택수급계획
2. 생활권별 주거지의 정비·보전·관리의 방향

(3) 기본계획의 확정·고시 등(법 제7조)

기본계획의 수립권자(대도시의 시장이 아닌 시장은 제외한다)는 기본계획을 수립하거나 변경하려면 관계 행정기관의 장과 협의한 후 '국토의 계획 및 이용에 관한 법률'에 따른 지방도시계획위원회의 심의를 거쳐야 한다.

기본계획을 수립하거나 변경한 때는 지체 없이 이를 해당 지방자치단체의 공보에 고시하고 일반인이 열람할 수 있도록 해야 한다.

(4) 정비구역의 지정(법 제8조)

특별시장·광역시장·특별자치시장·특별자치도지사·시장 또는 군수(광역시의 군수는 제외하며, 이하 '정비구역의 지정권자'라고 한다)는 기본계획에 적합한 범위에서 노후·불량건축물이 밀집하는 등 대통령령으로 정하는 요건에 해당하는 구역에 대해 제16조에 따라 정비계획을 결정해 정비구역을 지정(변경지정을 포함한다)할 수 있다.

법 제9조(정비계획의 내용)

정비계획에는 다음 각 호의 사항이 포함되어야 한다.

1. 정비사업의 명칭
2. 정비구역 및 그 면적

2의 2. 토지등소유자별 분담금 추산액 및 산출근거

3. 도시·군계획시설의 설치에 관한 계획
4. 공동이용시설 설치계획
5. 건축물의 주용도·건폐율·용적률·높이에 관한 계획
6. 환경보전 및 재난방지에 관한 계획
7. 정비구역 주변의 교육환경 보호에 관한 계획
8. 세입자 주거대책
9. 정비사업시행 예정시기
10. 정비사업을 통하여 공공지원민간임대주택을 공급하거나 같은 조 제11호에 따른 주택임대관리 업자에게 임대 목적으로 주택을 위탁하려는 경우에는 다음 각 목의 사항. 다만, 나목과 다목의 사항은 건설하는 주택 전체 세대수에서 공공지원민간임대주

택 또는 임대할 목적으로 주택임대관리업자에게 위탁하려는 주택(이하 '임대관리 위탁주택')이 차지하는 비율이 100분의 20 이상, 임대기간이 8년 이상의 범위 등에서 대통령령으로 정하는 요건에 해당하는 경우로 한정한다.

   가. 공공지원민간임대주택 또는 임대관리 위탁주택에 관한 획지별 토지이용 계획

   나. 주거·상업·업무 등의 기능을 결합하는 등 복합적인 토지이용을 증진시키기 위하여 필요한 건축물의 용도에 관한 계획

   다. '국토의 계획 및 이용에 관한 법률' 제36조 제1항 제1호 가목에 따른 주거지역을 세분 또는 변경하는 계획과 용적률에 관한 사항

   라. 그 밖에 공공지원민간임대주택 또는 임대관리 위탁주택의 원활한 공급 등을 위하여 대통령령으로 정하는 사항

11. '국토의 계획 및 이용에 관한 법률' 제52조 제1항 각 호의 사항에 관한 계획(필요한 경우로 한정한다)

12. 그 밖에 정비사업의 시행을 위하여 필요한 사항으로서 대통령령으로 정하는 사항

(5) 정비계획의 입안 제안

토지등소유자는 정비계획의 입안권자에게 요건에 해당이 되면 정비계획의 입안을 제안할 수 있다.

법 제14조(정비계획의 입안 제안)

토지등소유자(제5호의 경우에는 제26조 제1항 제1호 및 제27조 제1항 제1호에 따라 사업시행자가 되려는 자를 말한다)는 다음 각 호의 어느 하나에 해당하는 경우에는 정비계획의 입안권자에게 정비계획의 입안을 제안할 수 있다.

1. 단계별 정비사업 추진계획상 정비예정구역별 정비계획의 입안시기가 지났음에도 불구하고 정비계획이 입안되지 아니하거나 같은 호에 따른 정비예정구역별 정비계획의 수립시기를 정하고 있지 아니한 경우

2. 토지등소유자가 제26조 제1항 제7호 및 제8호에 따라 토지주택공사 등을 사업시행자로 지정요청하려는 경우

3. 대도시가 아닌 시 또는 군으로서 시·도조례로 정하는 경우

4. 정비사업을 통하여 공공지원민간임대주택을 공급하거나 임대할 목적으로 주택을 주택

임대관리업자에게 위탁하려는 경우로서 제9조 제1항 제10호 각 목을 포함하는 정비계획의 입안을 요청하려는 경우
5. 제26조 제1항 제1호 및 제27조 제1항 제1호에 따라 정비사업을 시행하려는 경우
6. 토지등소유자(조합이 설립된 경우에는 조합원을 말한다)가 3분의 2 이상의 동의로 정비계획의 변경을 요청하는 경우
7. 토지등소유자가 공공재개발사업 또는 공공재건축사업을 추진하려는 경우

정비구역이 지정·고시될 경우

- 정비구역의 지정·고시가 있는 경우 지구단위계획구역 및 지구단위계획으로 결정·고시된 것으로 본다.
- 정비계획을 통한 토지의 효율적 활용을 위해 '국토의 계획 및 이용에 관한 법률'에 따른 건폐율·용적률 등의 완화규정은 제9조 제1항에 따른 정비계획에 준용한다. 이 경우 '지구단위계획구역'은 '정비구역'으로, '지구단위계획'은 '정비계획'으로 본다.
- 용적률이 완화되는 경우로서 사업시행자가 정비구역에 있는 대지의 가액 일부에 해당하는 금액을 현금으로 납부한 경우에는 대통령령으로 정하는 공공시설 또는 기반시설(이하 '공공시설 등')의 부지를 제공하거나 공공시설 등을 설치해서 제공한 것으로 본다.
- 정비구역에서 건축물의 건축, 공작물의 설치, 토지의 형질변경, 토석의 채취, 토지 분할, 물건을 쌓아놓는 행위 등 대통령령으로 정하는 행위를 하려는 자는 시장·군수 등의 허가를 받아야 한다.
- 권리산정 기준일이 된다(정비구역 지정고시가 있은 날 또는 시·도지사가 고시 전에 따로 정하는 날의 다음 날).
- 권리산정 기준일 이후부터는 토지등소유자가 증가하는 경우를 제한한다(지분 쪼개기 금지).
- 구역지정 공람공고일을 기준으로 이전에 전입한 세입자는 주거이전비 지급 대상이 된다.

📢 • 정비구역에서 건축 등을 시행할 경우 시장·군수 등의 허가를 받아야 된다. 실무에 서는 조합에 가서 신축, 증축으로 인해서 가액이 증가되었다면 증가된 가액 부분은 향후 종전 자산평가 시 포기한다는 각서를 제출하고 건축을 한다. 조합마다 처리하는 방식이 상이하므로 조합에 가서 확인해야 한다.
• 일반적으로 정비구역 지정고시가 시행되는 날이 권리산정 기준일이 되는데, 이 권리산정 기준일은 특히 지분 쪼개기의 금지일이기 때문에 중요하다. A와 B가 토지를 공유해서 200㎡를 매입했을 때 매입한 시점이 권리산정 기준일 이전이라면 A와 B는 각각 분양자격이 주어진다. 반면, 권리산정 기준일 이후에 매입했다면 분양자격은 A와 B를 합쳐서 하나만 주어진다.
• 따라서 권리산정 기준일 이후에 공유지분으로 매입한 토지는 토지 전부를 매입해야 분양자격이 주어진다.

2. 정비사업의 시행방법

(1) 정비사업의 시행방법(법 제23조)

① 주거환경개선사업은 다음의 어느 하나에 해당하는 방법 또는 이를 혼용하는 방법으로 한다.

법 제23조(정비사업의 시행방법)

1. 사업시행자가 정비구역에서 정비기반시설 및 공동이용시설을 새로 설치하거나 확대하고 토지등소유자가 스스로 주택을 보전·정비하거나 개량하는 방법
2. 사업시행자가 정비구역의 전부 또는 일부를 수용하여 주택을 건설한 후 토지등소유자에게 우선 공급하거나 대지를 토지등소유자 또는 토지등소유자 외의 자에게 공급하는 방법
3. 사업시행자가 환지로 공급하는 방법
4. 사업시행자가 정비구역에서 인가받은 관리처분계획에 따라 주택 및 부대시설·복리시설을 건설해서 공급하는 방법

---

② 재개발사업은 정비구역에서 인가받은 관리처분계획에 따라 건축물을 건설해 공급하거나 환지로 공급하는 방법으로 한다.

③ 재건축사업은 정비구역에서 인가받은 관리처분계획에 따라 주택, 부대시설·복리시설 및 오피스텔('건축법'에 따른 오피스텔을 말한다)을 건설하여 공급하는 방법으로 한다. 단, 오피스텔을 건설해 공급하는 경우에는 '국토의 계획 및 이용에 관한 법률'에 따른 준주거지역 및 상업지역에서만 건설할 수 있다. 이 경우 오피스텔의 연면적은 전체 건축물 연면적의 30/100 이하여야 한다.

(2) 사업시행자

① 주거환경개선사업(법 제24조)

시장·군수 등이 직접 시행하거나, 토지주택공사 등을 사업시행자로 지정해 시행하게 할 수 있다. 다만, 천재지변, 그 밖의 불가피한 사유로 건축물이 붕괴할 우려가 있어 긴급히 정비사업을 시행할 필요가 있다고 인정하는 경우에는 토지등소유자 및 세입자의 동의 없이 시행할 수 있다.

법 제24조(주거환경개선사업의 시행자)

① 법 제23조 제1항 제1호에 따른 방법으로 시행하는 주거환경개선사업은 시장·군수 등이 직접 시행하되, 토지주택공사 등을 사업시행자로 지정하여 시행하게 하려는 경우에는 제15조 제1항에 따른 공람공고일 현재 토지등소유자의 과반수의 동의를 받아야 한다.

② 법 제23조 제1항 제2호부터 제4호까지의 규정에 따른 방법으로 시행하는 주거환경개선사업은 시장·군수 등이 직접 시행하거나 다음 각 호에서 정한 자에게 시행하게 할 수 있다.

  1. 시장·군수 등이 다음 각 목의 어느 하나에 해당하는 자를 사업시행자로 지정하는 경우

    가. 토지주택공사 등

    나. 주거환경개선사업을 시행하기 위하여 국가, 지방자치단체, 토지주택공사 등 또는

'공공기관의 운영에 관한 법률' 제4조에 따른 공공기관이 총지분의 100분의 50
　　　을 초과하는 출자로 설립한 법인

　2. 시장·군수 등이 제1호에 해당하는 자와 다음 각 목의 어느 하나에 해당하는 자를 공
　　동시행자로 지정하는 경우

　　　가. '건설산업기본법' 제9조에 따른 건설업자

　　　나. '주택법' 제7조 제1항에 따라 건설업자로 보는 등록사업자

③ 제2항에 따라 시행하려는 경우에는 제15조 제1항에 따른 공람공고일 현재 해당 정비예
　정구역의 토지 또는 건축물의 소유자 또는 지상권자의 3분의 2 이상의 동의와 세입자(제
　15조 제1항에 따른 공람공고일 3개월 전부터 해당 정비예정구역에 3개월 이상 거주하고 있는 자
　를 말한다) 세대수의 과반수의 동의를 각각 받아야 한다. 다만, 세입자의 세대수가 토지
　등소유자의 2분의 1 이하인 경우 등 대통령령으로 정하는 사유가 있는 경우에는 세입
　자의 동의절차를 거치지 아니할 수 있다.

④ 시장·군수 등은 천재지변, 그 밖의 불가피한 사유로 건축물이 붕괴할 우려가 있어 긴급
　히 정비사업을 시행할 필요가 있다고 인정하는 경우에는 제1항 및 제3항에도 불구하고
　토지등소유자 및 세입자의 동의 없이 자신이 직접 시행하거나 토지주택공사 등을 사업
　시행자로 지정하여 시행하게 할 수 있다. 이 경우 시장·군수 등은 지체 없이 토지등소유
　자에게 긴급한 정비사업의 시행사유·방법 및 시기 등을 통보하여야 한다.

② 재개발사업(법 제25조 제1항)

法 제25조(재개발사업·재건축사업의 시행자)

1. 조합이 시행하거나 조합이 조합원의 과반수의 동의를 받아 시장·군수 등, 토지주택공
　사 등, 건설업자, 등록사업자 또는 대통령령으로 정하는 요건을 갖춘 자와 공동으로
　시행하는 방법

2. 토지등소유자가 20인 미만인 경우에는 토지등소유자가 시행하거나 토지등소유자가
　토지등소유자의 과반수의 동의를 받아 시장·군수 등, 토지주택공사 등, 건설업자, 등
　록사업자 또는 대통령령으로 정하는 요건을 갖춘 자와 공동으로 시행하는 방법

③ 재건축사업(법 제25조 제2항)

조합이 시행하거나 조합이 조합원의 과반수 동의를 받아 시장·군수 등, 토지주택공사 등, 건설업자 또는 등록사업자와 공동으로 시행할 수 있다.

(3) 재개발·재건축사업의 공공시행자

① 재개발사업과 재건축사업은 법 제25조(재개발·재건축사업의 시행자)에 따라 사업을 시행해야 하지만 천재지변, 법에서 정한 일정한 기간 내에 사업의 진척이 없거나 토지등소유자의 요청 등이 있는 경우에는 토지주택공사 등을 사업시행자로 지정해 정비사업을 시행하게 할 수 있다.

② 사업시행자를 지정할 때는 정비사업 시행구역 등 토지등소유자에게 알릴 필요가 있다. 대통령령으로 정하는 사항을 해당 지방자치단체의 공보에 고시해야 한다.

③ 시장·군수 등이 직접 정비사업을 시행하거나 토지주택공사 등을 사업시행자로 지정·고시할 때는 그 고시일 다음 날에 추진위원회의 구성승인 또는 조합설립 인가가 취소된 것으로 본다. 이 경우 시장·군수 등은 해당 지방자치단체의 공보에 해당 내용을 고시해야 한다.

법 제26조(재개발사업·재건축사업의 공공시행자)

① 시장·군수 등은 재개발사업 및 재건축사업이 다음 각 호의 어느 하나에 해당하는 때에는 제25조에도 불구하고 직접 정비사업을 시행하거나 토지주택공사 등(토지주택공사 등이 건설업자 또는 등록사업자와 공동으로 시행하는 경우를 포함한다)을 사업시행자로 지정하여 정비사업을 시행하게 할 수 있다.

1. 천재지변, '재난 및 안전관리 기본법' 제27조 또는 '시설물의 안전 및 유지관리에 관한 특별법' 제23조에 따른 사용제한·사용금지, 그 밖의 불가피한 사유로 긴급하게 정비사업을 시행할 필요가 있다고 인정하는 때

2. 제16조 제2항 전단에 따라 고시된 정비계획에서 정한 정비사업 시행예정일부터 2년 이내에 사업시행계획 인가를 신청하지 아니하거나 사업시행계획 인가를 신청한 내용이 위법 또는 부당하다고 인정하는 때(재건축사업의 경우는 제외한다)

3. 추진위원회가 시장·군수 등의 구성승인을 받은 날부터 3년 이내에 조합설립 인가를 신청하지 아니하거나 조합이 조합설립 인가를 받은 날부터 3년 이내에 사업시행계획 인가를 신청하지 아니한 때

4. 지방자치단체의 장이 시행하는 '국토의 계획 및 이용에 관한 법률' 제2조 제11호에 따른 도시·군계획사업과 병행하여 정비사업을 시행할 필요가 있다고 인정하는 때

5. 제59조 제1항에 따른 순환정비방식으로 정비사업을 시행할 필요가 있다고 인정하는 때

6. 제113조에 따라 사업시행계획 인가가 취소된 때

7. 해당 정비구역의 국·공유지 면적 또는 국·공유지와 토지주택공사 등이 소유한 토지를 합한 면적이 전체 토지면적의 2분의 1 이상으로서 토지등소유자의 과반수가 시장·군수 등 또는 토지주택공사 등을 사업시행자로 지정하는 것에 동의하는 때

8. 해당 정비구역의 토지면적 2분의 1 이상의 토지 소유자와 토지등소유자의 3분의 2 이상에 해당하는 자가 시장·군수 등 또는 토지주택공사 등을 사업시행자로 지정할 것을 요청하는 때

이 경우 제14조 제1항 제2호에 따라 토지등소유자가 정비계획의 입안을 제안한 경우 입안제안에 동의한 토지등소유자는 토지주택공사 등의 사업시행자 지정에 동의한 것으로 본다. 다만, 사업시행자의 지정 요청 전에 시장·군수 등 및 제47조에 따른 주민대표회의에 사업시행자의 지정에 대한 반대의 의사표시를 한 토지등소유자의 경우에는 그러하지 아니하다.

② 시장·군수 등은 제1항에 따라 직접 정비사업을 시행하거나 토지주택공사 등을 사업시행자로 지정하는 때에는 정비사업 시행구역 등 토지등소유자에게 알릴 필요가 있는 사항으로서 대통령령으로 정하는 사항을 해당 지방자치단체의 공보에 고시하여야 한다. 다만, 제1항 제1호의 경우에는 토지등소유자에게 지체 없이 정비사업의 시행 사유·시기 및 방법 등을 통보하여야 한다.

③ 제2항에 따라 시장·군수 등이 직접 정비사업을 시행하거나 토지주택공사 등을 사업시행자로 지정·고시한 때에는 그 고시일 다음 날에 추진위원회의 구성승인 또는 조합설립 인가가 취소된 것으로 본다. 이 경우 시장·군수 등은 해당 지방자치단체의 공보에 해당 내용을 고시하여야 한다.

정비구역 지정고시	• 위원장을 포함한 위원 5인 이상 • 토지등소유자 과반수 동의
추진위원회 구성(위원 5인 이상)	추진위원회의 기능 • 정비사업전문관리업자의 선정 및 변경 • 설계자의 선정 및 변경 • 개략적인 정비사업 시행계획서 작성 • 조합설립 인가를 받기 위한 준비업무 • 토지등소유자의 동의서 접수 • 조합설립을 위한 창립총회 개최 • 조합정관의 초안 작성
운영규정 작성	
승인신청(추진위원회)	
추진위원회 승인(시장·군수 등)	
추진위원회 운영	사업시행과정을 지원하는 공공지원을 하는 경우 추진위를 구성하지 않아도 됨.

출처 : 저자 작성

(1) 추진위원회 구성 및 기능

조합설립추진위원회는 위원장을 포함한 위원 5인 이상과 토지등소유자 과반수의 동의로 구성된다. 추진위원회는 정비사업전문관리업자의 선정 및 변경, 설계자의 선정및 변경, 개략적인 정비사업 시행계획서의 작성, 조합설립 인가를 받기 위한 준비업무, 조합정관의 초안 작성 등 여러 가지 업무를 수행한다. 그중 가장 크고 중요한 업무는 조합설립을 위한 동의서를 접수하는 것이다.

법 제31조(조합설립추진위원회의 구성·승인)

① 조합을 설립하려는 경우에는 제16조에 따른 정비구역 지정·고시 후 다음 각 호의 사항에 대하여 토지등소유자 과반수의 동의를 받아 조합설립을 위한 추진위원회를 구성하여 국토교통부령으로 정하는 방법과 절차에 따라 시장·군수 등의 승인을 받아야 한다.

1. 추진위원회 위원장을 포함한 5명 이상의 추진위원회 위원

2. 제34조 제1항에 따른 운영규정

② 제1항에 따라 추진위원회의 구성에 동의한 토지등소유자(이하 '추진위원회 동의자'라고 한

다)는 제35조 제1항부터 제5항까지의 규정에 따른 조합의 설립에 동의한 것으로 본다. 다만, 조합설립 인가를 신청하기 전에 시장·군수 등 및 추진위원회에 조합설립에 대한 반대의 의사표시를 한 추진위원회 동의자의 경우에는 그러하지 아니하다.

③ 제1항에 따른 토지등소유자의 동의를 받으려는 자는 대통령령으로 정하는 방법 및 절차에 따라야 한다. 이 경우 동의를 받기 전에 제2항의 내용을 설명·고지하여야 한다.

④ 정비사업에 대하여 제118조에 따른 공공지원을 하려는 경우에는 추진위원회를 구성하지 아니할 수 있다. 이 경우 조합설립 방법 및 절차 등에 필요한 사항은 대통령령으로 정한다.

법 제32조(추진위원회의 기능)

① 추진위원회는 다음 각 호의 업무를 수행할 수 있다.

1. 제102조에 따른 정비사업전문관리업자의 선정 및 변경
2. 설계자의 선정 및 변경
3. 개략적인 정비사업 시행계획서의 작성
4. 조합설립 인가를 받기 위한 준비업무
5. 그 밖에 조합설립을 추진하기 위하여 대통령령으로 정하는 업무

② 추진위원회가 정비사업전문관리업자를 선정하려는 경우에는 제31조에 따라 추진위원회 승인을 받은 후 제29조 제1항에 따른 경쟁입찰 또는 수의계약(2회 이상 경쟁입찰이 유찰된 경우로 한정한다)의 방법으로 선정하여야 한다.

③ 추진위원회는 제35조 제2항, 제3항 및 제5항에 따른 조합설립 인가를 신청하기 전에 대통령령으로 정하는 방법 및 절차에 따라 조합설립을 위한 창립총회를 개최하여야 한다.

④ 추진위원회가 제1항에 따라 수행하는 업무의 내용이 토지등소유자의 비용부담을 수반하거나 권리·의무에 변동을 발생시키는 경우로서 대통령령으로 정하는 사항에 대하여는 그 업무를 수행하기 전에 대통령령으로 정하는 비율 이상의 토지등소유자의 동의를 받아야 한다.

(2) 추진위원회의 조직 및 운영

추진위원회는 추진위원장 1명과 감사를 두어야 한다. 추진위원의 선출에 관한 선거관리를 '선거관리위원회법'에 따라 선거관리위원회에 위탁할 수 있으며, 추진위원회의 공정한 운영을 위해 운영규정을 정하

고 고시해야 한다. 추진위원회에서 수행한 업무는 조합이 포괄승계하며, 사용경비를 기재한 회계장부 및 관계 서류를 조합설립 인가일부터 30일 이내에 조합에 인계해야 한다.

법 제33조(추진위원회의 조직)

① 추진위원회는 추진위원회를 대표하는 추진위원장 1명과 감사를 두어야 한다.

② 추진위원의 선출에 관한 선거관리는 제41조 제3항을 준용한다. 이 경우 '조합'은 '추진위원회'로, '조합임원'은 '추진위원'으로 본다.

③ 토지등소유자는 제34조에 따른 추진위원회의 운영규정에 따라 추진위원회에 추진위원의 교체 및 해임을 요구할 수 있으며, 추진위원장이 사임, 해임, 임기만료, 그 밖에 불가피한 사유 등으로 직무를 수행할 수 없는 때부터 6개월 이상 선임되지 아니한 경우 그 업무의 대행에 관하여는 제41조 제5항 단서를 준용한다. 이 경우 '조합임원'은 '추진위원장'으로 본다.

④ 제3항에 따른 추진위원의 교체·해임 절차 등에 필요한 사항은 제34조 제1항에 따른 운영규정에 따른다.

⑤ 추진위원의 결격사유는 제43조 제1항부터 제3항까지를 준용한다. 이 경우 '조합'은 '추진위원회'로, '조합임원'은 '추진위원'으로 본다.

법 제34조(추진위원회의 운영)

① 국토교통부 장관은 추진위원회의 공정한 운영을 위하여 다음 각 호의 사항을 포함한 추진위원회의 운영규정을 정하여 고시하여야 한다.

　1. 추진위원의 선임방법 및 변경

　2. 추진위원의 권리·의무

　3. 추진위원회의 업무범위

　4. 추진위원회의 운영방법

　5. 토지등소유자의 운영경비 납부

　6. 추진위원회 운영자금의 차입

　7. 그 밖에 추진위원회의 운영에 필요한 사항으로서 대통령령으로 정하는 사항

② 추진위원회는 운영규정에 따라 운영하여야 하며, 토지등소유자는 운영에 필요한 경비

를 운영규정에 따라 납부하여야 한다.

③ 추진위원회는 수행한 업무를 제44조에 따른 총회에 보고하여야 하며, 그 업무와 관련된 권리·의무는 조합이 포괄승계한다.

④ 추진위원회는 사용경비를 기재한 회계장부 및 관계 서류를 조합설립 인가일부터 30일 이내에 조합에 인계하여야 한다.

⑤ 추진위원회의 운영에 필요한 사항은 대통령령으로 정한다.

• 추진위원회에서 추진위원장 및 추진위원들이 조합을 설립하면 이들 대부분은 조합 장과 조합임원이 된다.

• 국토교통부 고시 운영규정에는 추진위원회는 위원장 및 감사를 포함한 위원으로 구성하도록 하고, 위원의 수는 토지등소유자의 1/10 이상으로 하되 토지등소유자 가 50인 이하인 경우에는 5인으로 하며 100인을 초과하는 경우에는 토지등소유 자의 1/10 범위 안에서 100인 이상으로 할 수 있다.

정비사업 공공지원제도

정비사업을 진행하면서 정작 조합이나 조합임원들은 정비사업을 잘 모른다. 대부분의 조합임원들은 구역 내의 조합원일 뿐 전문적인 지식 을 갖추고 있거나 정비사업을 진행해본 경험이 거의 없기 때문이다. 그 러다 보니 사업이 지체가 되고 정비사업 전문관리업자 등에 의존할 수 밖에 없는 실정이다. 이런 미비점을 보완하는 차원에서 정비사업에 공 공지원제도가 시행되고 있지만 의무사항은 아니다. 하지만 향후 조합 에서 이 제도를 적극적으로 활용하면 정비사업을 진행하는 데 많은 도 움이 될 것이다.

① 공공지원제도의 개념

정비사업의 투명성 강화 및 효율성 제고를 위해 조합이 시행하는 정비사업에 대해서 정비구역 지정 이후부터 최초 관리처분계획 인가 때까지 사업시행 과정을 공공이 지원하는 제도다.

② **도입배경**
- 시민 중심의 정비사업으로 전환 필요
- 조합의 전문성 부족, 자금조달능력 미비, 정보공개 미흡
- 참여업체의 음성적 자금지원과 유착비리 발생
- 주민 갈등 및 분쟁 발생에 따른 사업 장기화로 사업비 증가

③ **도입 목적 및 적용 기간**
- 목적 : 합리적이고 투명하며 효율적인 정비사업 추진
- 적용 기간 : 정비구역 지정 후 추진위원회 구성 ~ 최초 관리처분 계획 인가 시까지

④ **지원 내용**
- 추진위원회·주민대표회의 구성
- 정비사업전문관리업자 선정
- 설계자·시공사 선정방법
- 세입자의 주거·이주 대책수립
- 관리처분계획수립
- 추진위원회 구성을 위한 위원 선출업무의 선거관리위원회 위탁
- 용역업체 선정방법
- 조합설립 준비업무
- 추진위원회·조합 운영과 정보공개 업무
- 추진위원회 구성을 생략하는 정비사업의 조합설립에 필요한 토지등소유자의 대표자 선출 등

공공융자

재개발, 재건축 추진위원회에서 업무를 추진하는 과정 중 비용이 발생하는데, 이 비용을 조달하는 데 어려움이 많다. 조합이 설립되고 시공사가 선정되면 시공사에서 대여금으로 비용을 충당하면 되지만, 그 전 단계에서는 자금문제로 사업추진에 어려움이 많았다. 그래서 재개발, 재건축 추진위원회에 공공융자를 시행한다. 이는 추진위원회 소요경비의 80% 이내로 융자를 해주는 제도다.

- 추진위원회의 운영자금, 설계비 등 용역비를 도시정비기금으로 융자
- 추진위원회 소요경비의 80% 이내
- 융자는 담보대출과 신용대출
- 담보대출은 담보 범위 내에서 필요경비의 80% 이내
- 신용대출은 건축연면적을 기준으로 필요경비의 80% 이내(최대 5억 원)에 추진위원장의 보증

- 담보대출 : 필요경비의 80% 이내(담보범위 내)
- 신용대출 : 필요경비의 80% 이내(추진위원장 1인 보증 필요)

융자금의 한도

◆ 건축연면적 기준으로 융자금액 최대한도 범위 내

구분	신용		
담보	20만㎡ 미만	20만㎡ 이상 ~ 30만㎡ 미만	30만㎡ 이상
담보범위	3억 원	4억 원	5억 원

출처 : 2021년 부산시 추진위원회 운영자금 융자계획 공고

- 신용대출의 경우 추진위원장의 보증을 요구하는데, 추진위원장이 보증을 서는 데 거부감을 가져 실효성이 떨어진다는 지적이 있다.
- 추진위원회에서는 정비사업전문관리업체 등 선정 시 입찰보증금을 받게 되는데 이 보증금을 업무비에 사용하고 시공사가 선정되면 갚는 형식을 취하는 경우가 많다.

4. 조합의 설립

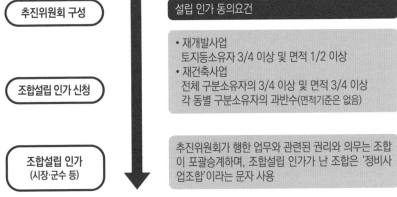

추진위원회 구성

조합설립 인가 신청

조합설립 인가
(시장·군수 등)

설립 인가 동의요건

- 재개발사업
  토지등소유자 3/4 이상 및 면적 1/2 이상
- 재건축사업
  전체 구분소유자의 3/4 이상 및 면적 3/4 이상
  각 동별 구분소유자의 과반수(면적기준은 없음)

추진위원회가 행한 업무와 관련된 권리와 의무는 조합이 포괄승계하며, 조합설립 인가가 난 조합은 '정비사업조합'이라는 문자 사용

출처 : 저자 작성

(1) 조합의 설립

조합설립 인가를 받기 위해서는 정관 등 서류를 첨부해서 재개발사업이라면 구역 내 토지등소유자의 3/4 이상 및 면적 1/2 이상의 동의를 받아야 하고, 재건축사업이라면 전체 구분소유자의 3/4 이상 및 면적 3/4 이상의 동의를 받으면 각 동은 구분소유자의 과반수의 동의를 받아야 한다. 다만, 주택단지가 아닌 지역이 정비구역에 포함된 때는 주택단지가 아닌 지역의 토지 또는 건축물 소유자의 3/4 이상 및 토지면적의 2/3 이상의 토지 소유자의 동의를 받아야 한다. 기존의 재건축사업은 구역 내 여러 동 중에서 1~2개 동의 반대로 인해 조합설립이 무산되는 경우가 많았다. 그 1~2개 동은 학교나 지하철과의 접근성이나 조망권이 좋다는 것을 이유로 반대했다(재건축 시에 동·호수 배정은 추첨으로 진행하기 때문에 1동에 거주하는 조합원이 다시 그 위치로 배정받는다는 보장이 없다). 그래서 여러 번에 걸쳐서 각 동별 동의요건이 완화되어 현재에 이르렀다.

조합이 설립되었다는 것은 곧 사업주체가 생겼음을 의미하며, 이는 사업진행에 탄력이 붙을 수 있음을 시사한다. 추진위원회의 임원들이 조합의 임원이 되는 경우가 대부분이고, 추진위원회에서 행한 업무와 관련된 권리와 의무는 모두 조합이 포괄승계한다. 조합설립 인가를 받은 날부터 30일 이내에 등기를 해야 하고, 조합은 '민법'의 사단법인에 관한 규정을 적용한다.

> **법 제35조(조합설립 인가 등)**
> ① 시장·군수 등, 토지주택공사 등 또는 지정개발자가 아닌 자가 정비사업을 시행하려는 경우에는 토지등소유자로 구성된 조합을 설립하여야 한다. 다만, 제25조 제1항 제2호에 따라 토지등소유자가 재개발사업을 시행하려는 경우에는 그러하지 아니하다.
> ② 재개발사업의 추진위원회(제31조 제4항에 따라 추진위원회를 구성하지 아니하는 경우에는 토지등소유자를 말한다)가 조합을 설립하려면 토지등소유자의 4분의 3 이상 및 토지면적의

2분의 1 이상의 토지 소유자의 동의를 받아 다음 각 호의 사항을 첨부하여 시장·군수 등의 인가를 받아야 한다.

1. 정관
2. 정비사업비와 관련된 자료 등 국토교통부령으로 정하는 서류
3. 그 밖에 시·도조례로 정하는 서류

③ 재건축사업의 추진위원회(제31조 제4항에 따라 추진위원회를 구성하지 아니하는 경우에는 토지등소유자를 말한다)가 조합을 설립하려는 때에는 주택단지의 공동주택의 각 동(복리시설의 경우에는 주택 단지의 복리시설 전체를 하나의 동으로 본다)별 구분소유자의 과반수 동의(공동주택의 각 동별 구분소유자가 5 이하인 경우는 제외한다)와 주택단지의 전체 구분소유자의 4분의 3 이상 및 토지면적의 4분의 3 이상의 토지 소유자의 동의를 받아 제2항 각 호의 사항을 첨부하여 시장·군수 등의 인가를 받아야 한다.

④ 제3항에도 불구하고 주택단지가 아닌 지역이 정비구역에 포함된 때에는 주택단지가 아닌 지역의 토지 또는 건축물 소유자의 4분의 3 이상 및 토지면적의 3분의 2 이상의 토지 소유자의 동의를 받아야 한다.

⑤ 제2항 및 제3항에 따라 설립된 조합이 인가받은 사항을 변경하고자 하는 때에는 총회에서 조합원의 3분의 2 이상의 찬성으로 의결하고, 제2항 각 호의 사항을 첨부하여 시장·군수 등의 인가를 받아야 한다. 다만, 대통령령으로 정하는 경미한 사항을 변경하려는 때에는 총회의 의결 없이 시장·군수 등에게 신고하고 변경할 수 있다.

⑥ 시장·군수 등은 제5항 단서에 따른 신고를 받은 날부터 20일 이내에 신고수리 여부를 신고인에게 통지하여야 한다.

⑦ 시장·군수 등이 제6항에서 정한 기간 내에 신고수리 여부 또는 민원 처리 관련 법령에 따른 처리 기간의 연장을 신고인에게 통지하지 아니하면 그 기간(민원 처리 관련 법령에 따라 처리기간이 연장 또는 재연장된 경우에는 해당 처리기간을 말한다)이 끝난 날의 다음 날에 신고를 수리한 것으로 본다.

⑧ 조합이 정비사업을 시행하는 경우 '주택법' 제54조를 적용할 때에는 조합을 같은 법 제2조 제10호에 따른 사업주체로 보며, 조합설립 인가일부터 같은 법 제4조에 따른 주택건설사업 등의 등록을 한 것으로 본다.

⑨ 제2항부터 제5항까지의 규정에 따른 토지등소유자에 대한 동의의 대상 및 절차, 조합설립 신청 및 인가 절차, 인가받은 사항의 변경 등에 필요한 사항은 대통령령으로 정한다.

⑩ 추진위원회는 조합설립에 필요한 동의를 받기 전에 추정분담금 등 대통령령으로 정하는 정보를 토지등소유자에게 제공하여야 한다.

(2) 토지등소유자의 동의방법(법 제36조)

동의(동의한 사항의 철회 또는 제26조 제1항 제8호 단서, 제31조 제2항 단서 및 제47조 제4항 단서에 따른 반대의 의사표시를 포함한다)는 서면동의서에 토지등소유자가 성명을 적고 지장(指章)을 날인하는 방법으로 하며, 주민등록증, 여권 등 신원을 확인할 수 있는 신분증명서의 사본을 첨부해야 한다.

(3) 토지등소유자의 동의서 재사용의 특례

조합설립 인가를 받은 후에 동의서 위조, 동의 철회, 동의율 미달 또는 동의자 수 산정방법에 관한 하자 등을 이유로 다툼이 있을 때, 다음의 경우 동의서의 유효성에 다툼이 있을 때는 기존에는 동의서를 다시 받아야 했기 때문에 시간과 비용이 낭비되었다. 이러한 이유로 2015년 조합설립동의서 재사용 특례조항이 신설되었다.

① 조합설립 인가의 무효 또는 취소소송 중에 일부 동의서를 추가 또는 보완해 조합설립변경 인가를 신청하는 때

② 법원의 판결로 조합설립 인가의 무효 또는 취소가 확정되어 조합설립 인가를 다시 신청하는 때

> 법 제37조(토지등소유자의 동의서 재사용의 특례)
> ① 조합설립 인가(변경 인가를 포함한다)를 받은 후에 동의서 위조, 동의 철회, 동의율 미달 또는 동의자수 산정방법에 관한 하자 등으로 다툼이 있는 경우로서 다음 각 호의 어느 하나에 해당하는 때에는 동의서의 유효성에 다툼이 없는 토지등소유자의 동의서를 다시 사용할 수 있다.
> 　1. 조합설립 인가의 무효 또는 취소소송 중에 일부 동의서를 추가 또는 보완하여 조합설립변경 인가를 신청하는 때
> 　2. 법원의 판결로 조합설립 인가의 무효 또는 취소가 확정되어 조합설립 인가를 다시 신청하는 때
> ② 조합(제1항 제2호의 경우에는 추진위원회를 말한다)이 제1항에 따른 토지등소유자의 동의서를 다시 사용하려면 다음 각 호의 요건을 충족하여야 한다.

1. 토지등소유자에게 기존 동의서를 다시 사용할 수 있다는 취지와 반대 의사표시의 절차 및 방법을 설명·고지할 것
2. 제1항 제2호의 경우에는 다음 각 목의 요건
    가. 조합설립 인가의 무효 또는 취소가 확정된 조합과 새롭게 설립하려는 조합이 추진하려는 정비사업의 목적과 방식이 동일할 것
    나. 조합설립 인가의 무효 또는 취소가 확정된 날부터 3년의 범위에서 대통령령으로 정하는 기간 내에 새로운 조합을 설립하기 위한 창립총회를 개최할 것
③ 제1항에 따른 토지등소유자의 동의서 재사용의 요건(정비사업의 내용 및 정비계획의 변경 범위 등을 포함한다), 방법 및 절차 등에 필요한 사항은 대통령령으로 정한다.

 조합설립 동의서 재사용 특례조항이 있음에도 불구하고 실제 구역에서는 동의서에 관해 소송의 빌미가 제공될 수 있어서 재사용하지 않고 다시 동의서를 받는 경우가 많다.

(4) 조합의 법인격 등(법 제38조)

① 조합은 법인으로 한다.
② 조합은 조합설립 인가를 받은 날부터 30일 이내에 주된 사무소의 소재지에서 대통령령으로 정하는 사항을 등기하는 때에 성립한다.
③ 조합은 명칭에 '정비사업조합'이라는 문자를 사용해야 한다.

(5) 정관의 작성

조합의 정관에는 법 제40조(정관의 기재사항)의 각 사항이 포함되어야 하며, 시·도지사는 제1항 각 호의 사항이 포함된 표준정관을 작성해서 보급할 수 있다. 조합이 정관을 변경하려는 경우에는 제35조 제2항부터 제5항(조합설립 동의요건 등)까지의 규정에도 불구하고 총회를 개최해서 조합원 과반수의 찬성으로 시장·군수 등의 인가를 받아야 한다. 다만, 대통령령으로 정하는 경미한 사항을 변경하려는 때는 이 법 또는 정관

으로 정하는 방법에 따라 변경하고 시장·군수 등에게 신고해야 한다(표

준정관 부록 수록).

법 제40조(정관의 기재사항 등)

① 조합의 정관에는 다음 각 호의 사항이 포함되어야 한다.

  1. 조합의 명칭 및 사무소의 소재지

  2. 조합원의 자격

  3. 조합원의 제명·탈퇴 및 교체

  4. 정비구역의 위치 및 면적

  5. 제41조에 따른 조합의 임원(이하 '조합임원')의 수 및 업무의 범위

  6. 조합임원의 권리·의무·보수·선임방법·변경 및 해임

  7. 대의원의 수, 선임방법, 선임절차 및 대의원회의 의결방법

  8. 조합의 비용부담 및 조합의 회계

  9. 정비사업의 시행연도 및 시행방법

  10. 총회의 소집 절차·시기 및 의결방법

  11. 총회의 개최 및 조합원의 총회소집 요구

  12. 제73조 제3항에 따른 이자 지급

  13. 정비사업비의 부담 시기 및 절차

  14. 정비사업이 종결된 때의 청산절차

  15. 청산금의 징수·지급의 방법 및 절차

  16. 시공자·설계자의 선정 및 계약서에 포함될 내용

  17. 정관의 변경절차

  18. 그 밖에 정비사업의 추진 및 조합의 운영을 위하여 필요한 사항으로서 대통령령으
     로 정하는 사항

② 시·도지사는 제1항 각 호의 사항이 포함된 표준정관을 작성하여 보급할 수 있다.

③ 조합이 정관을 변경하려는 경우에는 제35조 제2항부터 제5항까지의 규정에도 불구하
  고 총회를 개최하여 조합원 과반수의 찬성으로 시장·군수 등의 인가를 받아야 한다. 다
  만, 제1항 제2호, 제3호, 제4호, 제8호, 제13호 또는 제16호의 경우에는 조합원 3분의
  2 이상의 찬성으로 한다.

④ 제3항에도 불구하고 대통령령으로 정하는 경미한 사항을 변경하려는 때에는 이 법 또
  는 정관으로 정하는 방법에 따라 변경하고 시장·군수 등에게 신고하여야 한다.

⑤ 시장·군수 등은 제4항에 따른 신고를 받은 날부터 20일 이내에 신고수리 여부를 신고인에게 통지하여야 한다.

⑥ 시장·군수 등이 제5항에서 정한 기간 내에 신고수리 여부 또는 민원 처리 관련 법령에 따른 처리기간의 연장을 신고인에게 통지하지 아니하면 그 기간(민원 처리 관련 법령에 따라 처리기간이 연장 또는 재연장된 경우에는 해당 처리기간을 말한다)이 끝난 날의 다음 날에 신고를 수리한 것으로 본다.

(6) 조합의 임원

1) 임원의 구성 및 직무
① 구성 : 조합장 1인, 이사, 감사
② 임기 : 3년 이하의 범위, 연임 가능
③ 내용 :
  ㉠ 조합장은 조합을 대표하고 사무를 총괄하며 총회 또는 대의원회의 의장이 된다.
  ㉡ 조합장 또는 이사가 자기를 위하여 조합과 계약이나 소송을 할 때에는 감사가 조합을 대표한다.
  ㉢ 조합임원은 같은 목적의 정비사업을 하는 다른 조합의 임원 또는 직원을 겸할 수 없다.
  ㉣ 조합원 수가 100인 이상인 조합은 대의원회를 두어야 한다.
  ㉤ 조합장이 아닌 조합임원은 대의원이 될 수 없다.
  ㉥ 조합임원의 자격요건에 대해 표준정관 이외에는 별도의 규정이 없었다. 하지만 2019년 10월 24일 이후부터는 조합임원이나 조합장으로 선출되려면 다음의 조건 중 1개를 갖추어야 한다.
    • 선임일 직전 3년 동안 정비구역 내 거주기간이 1년 이상
    • 정비구역에 위치한 건축물 또는 토지를 5년 이상 소유

또한, 조합장으로 선출되면 선출일로부터 관리처분계획 인가를 받을 때까지 정비구역에 거주해야 한다.

법 제41조(조합의 임원)

① 조합은 다음 각 호의 어느 하나의 요건을 갖춘 조합장 1명과 이사, 감사를 임원으로 둔다. 이 경우 조합장은 선임일부터 제74조 제1항에 따른 관리처분계획 인가를 받을 때까지는 해당 정비구역에서 거주(영업을 하는 자의 경우 영업을 말한다)하여야 한다.
  1. 정비구역에서 거주하고 있는 자로서 선임일 직전 3년 동안 정비구역 내 거주 기간이 1년 이상일 것
  2. 정비구역에 위치한 건축물 또는 토지(재건축사업의 경우에는 건축물과 그 부속 토지를 말한다)를 5년 이상 소유하고 있을 것
② 조합의 이사와 감사의 수는 대통령령으로 정하는 범위에서 정관으로 정한다.
③ 조합은 총회 의결을 거쳐 조합임원의 선출에 관한 선거관리를 '선거관리위원회법' 제3조에 따라 선거관리위원회에 위탁할 수 있다.
④ 조합임원의 임기는 3년 이하의 범위에서 정관으로 정하되, 연임할 수 있다.
⑤ 조합임원의 선출방법 등은 정관으로 정한다. 다만, 시장·군수 등은 다음 각 호의 어느 하나에 해당하는 경우 시·도조례로 정하는 바에 따라 변호사·회계사·기술사 등으로서 대통령령으로 정하는 요건을 갖춘 자를 전문조합관리인으로 선정하여 조합임원의 업무를 대행하게 할 수 있다.
  1. 조합임원이 사임, 해임, 임기만료, 그 밖에 불가피한 사유 등으로 직무를 수행할 수 없는 때부터 6개월 이상 선임되지 아니한 경우
  2. 총회에서 조합원 과반수의 출석과 출석 조합원 과반수의 동의로 전문조합관리인의 선정을 요청하는 경우
⑥ 제5항에 따른 전문조합관리인의 선정절차, 업무집행 등에 필요한 사항은 대통령령으로 정한다.

법 제42조(조합임원의 직무 등)

① 조합장은 조합을 대표하고, 그 사무를 총괄하며, 총회 또는 제46조에 따른 대의원회의
의장이 된다.

② 제1항에 따라 조합장이 대의원회의 의장이 되는 경우에는 대의원으로 본다.

③ 조합장 또는 이사가 자기를 위하여 조합과 계약이나 소송을 할 때에는 감사가 조합을
대표한다.

④ 조합임원은 같은 목적의 정비사업을 하는 다른 조합의 임원 또는 직원을 겸할 수 없다.

2) 조합임원 등의 결격사유 및 해임(법 제43조)

① 다음의 어느 하나에 해당하는 자는 조합임원 또는 전문조합관리
인이 될 수 없다.

  ㉠ 미성년자·피성년후견인 또는 피한정후견인

  ㉡ 파산선고를 받고 복권되지 않은 사람

  ㉢ 금고 이상의 실형을 선고받고 그 집행이 종료(종료된 것으로 보는 경우
  를 포함한다)되거나 집행이 면제된 날부터 2년이 지나지 않은 사람

  ㉣ 금고 이상의 형의 집행유예를 받고 그 유예기간 중에 있는 사람

  ㉤ 이 법을 위반해 벌금 100만 원 이상의 형을 선고받고 10년이
  지나지 않은 사람

② 조합임원이 다음의 어느 하나에 해당하는 경우에는 당연 퇴임한다.

  ㉠ ①의 어느 하나에 해당하게 되거나 선임 당시 그에 해당하는
  사람임이 밝혀진 경우

  ㉡ 조합임원이 제41조 제1항(조합임원의 피선거권 자격요건)에 따른 자격
  요건을 갖추지 못한 경우

③ ②에 따라 퇴임된 임원이 퇴임 전에 관여한 행위는 그 효력을 잃
지 않는다.

④ 조합임원은 조합원 1/10 이상의 요구로 소집된 총회에서 조합원 과반수의 출석과 출석 조합원 과반수의 동의를 받아 해임할 수 있다. 이 경우 요구자 대표로 선출된 자가 해임 총회의 소집 및 진행을 할 때는 조합장의 권한을 대행한다.

⑤ 시장·군수 등이 전문조합관리인을 선정한 경우 전문조합관리인이 업무를 대행할 임원은 당연 퇴임한다.

3) 벌칙적용에 있어서 공무원 의제(법 제134조)

'형법' 제129조(수뢰, 사전수뢰), 제130조(제3자의 뇌물제공), 제131조(수뢰 후 부정처사, 사후수뢰), 제132조(알선수뢰)의 적용에 있어서 추진위원장, 조합임원, 청산인, 전문조합관리인 및 정비사업전문관리업자의 대표자, 직원 및 위탁지원자는 이를 공무원으로 본다.

 조합임원 등은 위의 '형법' 적용에 있어서 공무원으로 보기 때문에 처벌 시 형이 상당히 무겁다.

5. 시공사 선정

조합이 설립되고 나면 시공사 선정 입찰공고(입찰방법, 입찰자격 등)를 내고 현장설명회를 개최하며, 총회에서 투표로 시공사를 선정하게 된다(국토교통부 고시 정비사업의 시공사 선정기준).

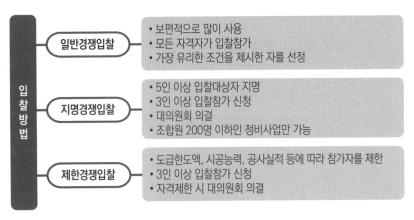

일반경쟁입찰	• 보편적으로 많이 사용 • 모든 자격자가 입찰참가 • 가장 유리한 조건을 제시한 자를 선정
지명경쟁입찰	• 5인 이상 입찰대상자 지명 • 3인 이상 입찰참가 신청 • 대의원회 의결 • 조합원 200명 이하인 정비사업만 가능
제한경쟁입찰	• 도급한도액, 시공능력, 공사실적 등에 따라 참가자를 제한 • 3인 이상 입찰참가 신청 • 자격제한 시 대의원회 의결

※ 2회 이상 유찰시 총회의 의결을 거쳐 수의계약할 수 있다.   출처 : 저자 작성

(1) 시공사 선정

조합이 건설업자 등을 시공자로 선정하고자 하는 경우에는 일반경쟁입찰, 제한경쟁입찰 또는 지명경쟁입찰의 방법으로 선정해야 하고, 미응찰 등의 사유로 2회 이상 유찰된 경우에는 총회의 의결을 거쳐 수의계약할 수 있다.

정비사업 협력업체 선정과정의 공공성·투명성 확보를 위해 일반경쟁입찰과 전자입찰제도가 도입되었다('건설산업기본법'에 따른 건설공사로서 추정가격이 6억 원을 초과하는 공사, '건설산업기본법'에 따른 전문공사로서 추정가격이 2억 원을 초과하는 공사, 추정가격 2억 원을 초과하는 물품 제조·구매 등). 또한, 시공사 선정과정에서 금품제공 등의 위법행위가 있었을 경우에는 과징금과 입찰참가를 제한하는 규정이 시행되고 있다.

◆ 도정법 시행령 [별표 5의 2] (신설 2018년 10월 2일)

건설업자 또는 용역업체 임직원의 부정제공 가액의 합	과징금	입찰참가 제한기간
3,000만 원 이상	20%	2년
1,000만 원 이상 ~ 3,000만 원 미만	15%	
500만 원 이상 ~ 1,000만 원 미만	10%	1년
500만 원 미만	5%	

법 제29조(계약의 방법 및 시공자 선정 등)

① 추진위원장 또는 사업시행자(청산인을 포함한다)는 이 법 또는 다른 법령에 특별한 규정이 있는 경우를 제외하고는 계약(공사, 용역, 물품구매 및 제조 등을 포함한다)을 체결하려면 일반경쟁에 부쳐야 한다. 다만, 계약규모, 재난의 발생 등 대통령령으로 정하는 경우에는 입찰 참가자를 지명(指名)하여 경쟁에 부치거나 수의계약(隨意契約)으로 할 수 있다.

② 제1항 본문에 따라 일반경쟁의 방법으로 계약을 체결하는 경우로서 대통령령으로 정하는 규모를 초과하는 계약은 '전자조달의 이용 및 촉진에 관한 법률' 제2조 제4호의 국가종합전자조달시스템을 이용하여야 한다.

③ 제1항 및 제2항에 따라 계약을 체결하는 경우 계약의 방법 및 절차 등에 필요한 사항은 국토교통부 장관이 정하여 고시한다.

④ 조합은 조합설립 인가를 받은 후 조합총회에서 제1항에 따라 경쟁입찰 또는 수의계약(2회 이상 경쟁입찰이 유찰된 경우로 한정한다)의 방법으로 건설업자 또는 등록사업자를 시공자로 선정하여야 한다. 다만, 대통령령으로 정하는 규모 이하의 정비사업은 조합총회에서 정관으로 정하는 바에 따라 선정할 수 있다.

⑤ 토지등소유자가 제25조 제1항 제2호에 따라 재개발사업을 시행하는 경우에는 제1항에도 불구하고 사업시행계획 인가를 받은 후 제2조 제11호 나목에 따른 규약에 따라 건설업자 또는 등록사업자를 시공자로 선정하여야 한다.

⑥ 시장·군수 등이 제26조 제1항 및 제27조 제1항에 따라 직접 정비사업을 시행하거나 토지주택공사 등 또는 지정개발자를 사업시행자로 지정한 경우 사업시행자는 제26조 제2항 및 제27조 제2항에 따른 사업시행자 지정·고시 후 제1항에 따른 경쟁입찰 또는 수의계약의 방법으로 건설업자 또는 등록사업자를 시공자로 선정하여야 한다.

⑦ 제6항에 따라 시공자를 선정하거나 제23조 제1항 제4호의 방법으로 시행하는 주거환경개선사업의 사업시행자가 시공자를 선정하는 경우 제47조에 따른 주민대표회의 또는 제48조에 따른 토지등소유자 전체회의는 대통령령으로 정하는 경쟁입찰 또는 수의계약(2회 이상 경쟁입찰이 유찰된 경우로 한정한다)의 방법으로 시공자를 추천할 수 있다.

⑧ 제7항에 따라 주민대표회의 또는 토지등소유자 전체회의가 시공자를 추천한 경우 사업시행자는 추천받은 자를 시공자로 선정하여야 한다. 이 경우 시공자와의 계약에 관해서는 '지방자치단체를 당사자로 하는 계약에 관한 법률' 제9조 또는 '공공기관의 운영에 관한 법률' 제39조를 적용하지 아니한다.

⑨ 사업시행자(사업대행자를 포함한다)는 제4항부터 제8항까지의 규정에 따라 선정된 시공자와 공사에 관한 계약을 체결할 때에는 기존 건축물의 철거 공사('석면안전관리법'에 따른 석면 조사·해체·제거를 포함한다)에 관한 사항을 포함시켜야 한다.

(2) 공사비의 검증 요청(법 제29조의 2)

① 재개발·재건축사업의 사업시행자(시장·군수 등 또는 토지주택공사 등이 단독 또는 공동으로 정비사업을 시행하는 경우는 제외한다)는 시공자와 계약 체결 후 다음의 어느 하나에 해당하는 때는 정비사업 지원기구에 공사비 검증을 요청해야 한다.

　㉠ 토지등소유자 또는 조합원 1/5 이상이 사업시행자에게 검증 의뢰를 요청하는 경우

　㉡ 공사비의 증액 비율(당초 계약금액 대비 누적 증액 규모의 비율로서 생산자물가상승률은 제외한다)이 다음의 어느 하나에 해당하는 경우

　　• 사업시행계획 인가 이전에 시공자를 선정한 경우 : 10/100 이상

　　• 사업시행계획 인가 이후에 시공자를 선정한 경우 : 5/100 이상

　㉢ ㉠ 또는 ㉡에 따른 공사비 검증이 완료된 이후 공사비의 증액 비율(검증 당시 계약금액 대비 누적 증액 규모의 비율로서 생산자물가상승률은 제외한다)이 3/100 이상인 경우

② ①에 따른 공사비 검증의 방법 및 절차, 검증 수수료, 그 밖에 필요한 사항은 국토교통부 장관이 정해서 고시한다.

- 일부 조합에서는 제한경쟁입찰의 방법으로 시공사 선정을 하는데 참가자의 조건을 까다롭게 해서 악의적으로 유찰시키는 경우도 있다. 2회 이상 유찰을 유도해 이해관계가 있는 업체와 수의계약을 하려는 의도일 것이다.
- 재개발사업의 성공 여부에 큰 영향을 미치는 요인 중 하나는 어느 시공사가 선정되느냐다. 1군 브랜드가 선정된 구역과 그렇지 않은 구역의 이미지 인식에도 차이가 있고 프리미엄의 형성에도 많은 차이가 있다. 그런데 시공사를 선정할 때 시공사가 입찰에 응하지 않는 구역도 있는데, 그렇다면 사업성이 떨어지는 경우일 가능성이 높다. 따라서 시공사가 좀처럼 선정되지 않는 구역의 투자는 신중할 필요가 있다.

(3) 시공자 선정 취소 명령 또는 과징금

① 시·도지사(해당 정비사업을 관할하는 시·도지사를 말한다)는 건설업자 또는 등록사업자가 다음 각 호의 어느 하나에 해당하는 경우, 사업시행자에게 건설업자 또는 등록사업자의 해당 정비사업에 대한 시공자 선정을 취소할 것을 명하거나 그 건설업자 또는 등록사업자에게 사업시행자와 시공자 사이의 계약서상 공사비의 20/100 이하에 해당하는 금액의 범위에서 과징금을 부과할 수 있다. 이 경우 시공자 선정 취소의 명을 받은 사업시행자는 시공자 선정을 취소해야 한다.

  ㉠ 건설업자 또는 등록사업자가 제132조(조합임원 등의 선임·선정 시 행위제한) 제1항 또는 제2항을 위반한 경우

  ㉡ 건설업자 또는 등록사업자가 제132조의 2(건설업자의 관리·감독 의무)를 위반해서 관리·감독 등 필요한 조치를 하지 않은 경우로 용역업체의 임직원(건설업자 또는 등록사업자가 고용한 개인을 포함한다)이 제132조 제1항을 위반한 경우

② 제1항에 따라 과징금을 부과하는 위반행위의 종류와 위반 정도 등에 따른 과징금의 금액 등에 필요한 사항은 대통령령으로 정한다.

③ 시·도지사는 제1항에 따라 과징금의 부과처분을 받은 자가 납부기한까지 과징금을 내지 않으면 '지방행정제재·부과금의 징수 등에 관한 법률'에 따라 징수한다.

6. 총회 등 의결기구

정비사업의 의사를 결정하는 의결기구는 총회, 대의원회, 주민대표회의가 있다. 각 의결기구에 따라서 결정해야 하는 사항이 다르다.

(1) 총회

① 총회의 소집(법 제44조)

조합에는 조합원으로 구성된 총회를 두고 총회를 소집하려는 자는 총회가 개최되기 7일 전까지 회의 목적·안건·일시 및 장소 등을 정하여 조합원에게 통지해야 한다. 총회는 조합장이 직권으로 소집하거나 조합원 1/5 이상(조합임원의 권리·의무·보수·선임방법·변경 및 해임에 관한 사항을 변경하기 위한 총회의 경우는 1/10 이상으로 한다) 또는 대의원 2/3 이상의 요구로 조합장이 소집한다. 조합임원의 사임, 해임 또는 임기만료 후 6개월 이상 조합임원이 선임되지 않은 경우, 시장·군수 등이 조합임원 선출을 위한 총회를 소집할 수 있다.

② 총회의 의결사항(법 제45조 제1항)

1. 정관의 변경(제40조 제4항에 따른 경미한 사항의 변경은 이 법 또는 정관에서 총회의결사항으로 정한 경우로 한정한다)
2. 자금의 차입과 그 방법·이자율 및 상환방법
3. 정비사업비의 세부 항목별 사용계획이 포함된 예산안 및 예산의 사용내역
4. 예산으로 정한 사항 외에 조합원에게 부담이 되는 계약
5. 시공자·설계자 및 감정평가법인 등(제74조 제4항에 따라 시장·군수 등이 선정·계약하는 감정평가법인 등은 제외한다)의 선정 및 변경
   다만, 감정평가법인 등 선정 및 변경은 총회의 의결을 거쳐 시장·군수 등에게 위탁할 수 있다.
6. 정비사업전문관리업자의 선정 및 변경
7. 조합임원의 선임 및 해임
8. 정비사업비의 조합원별 분담내역
9. 사업시행계획서의 작성 및 변경(제50조 제1항 본문에 따른 정비사업의 중지

또는 폐지에 관한 사항을 포함하며, 같은 항 단서에 따른 경미한 변경은 제외한다)

10. 관리처분계획의 수립 및 변경(제74조 제1항 각 호 외의 부분 단서에 따른 경미한 변경은 제외한다)

10의 2. 조합의 해산과 조합 해산 시의 회계보고

11. 청산금의 징수·지급(분할징수·분할지급을 포함한다)

12. 제93조(비용의 조달)에 따른 비용의 금액 및 징수방법

13. 그 밖에 조합원에게 경제적 부담을 주는 등 주요 사항을 결정하기 위해 대통령령 또는 정관으로 정하는 사항

③ **총회의 의결**(법 제45조 제3항, 제4항, 제7항, 제8항)

총회의 의결은 이 법 또는 정관에 다른 규정이 없으면 조합원 과반수의 출석과 출석조합원의 과반수 찬성으로 한다. 제1항 제9호(사업시행계획서의 작성 및 변경) 및 제10호(관리처분계획의 수립 및 변경)의 경우에는 조합원 과반수의 찬성으로 의결한다. 다만, 정비사업비가 10/100(생산자물가상승률분, 제73조에 따른 손실보상 금액은 제외한다) 이상 늘어나는 경우에는 조합원 2/3 이상의 찬성으로 의결해야 한다.

총회의 의결은 조합원의 10/100 이상이 직접 출석해야 한다. 다만, 창립총회, 사업시행계획서의 작성 및 변경, 관리처분계획의 수립 및 변경을 의결하는 총회 등 대통령령으로 정하는 총회는 조합원의 20/100 이상이 직접 출석해야 한다.

'재난 및 안전관리 기본법'에 따른 재난의 발생 등 대통령령으로 정하는 사유가 발생해서 시장·군수 등이 조합원의 직접 출석이 어렵다고 인정할 때는 전자적 방법('전자문서 및 전자거래 기본법'에 따른 정보처리시스템을 사용하거나 그 밖의 정보통신기술을 이용하는 방법을 말한다)으로 의결권을 행사할 수 있다.

(2) 대의원회(법 제46조)

① 대의원회 구성 및 의결사항

대의원은 조합원 중에서 선출하고 조합원의 수가 100명 이상인 조합은 대의원회를 두어야 하며 조합원의 1/10 이상으로 구성한다. 다만, 조합원의 1/10이 100명을 넘는 경우에는 조합원의 1/10 범위에서 100명 이상으로 구성할 수 있다. 조합장이 아닌 조합임원은 대의원이 될 수 없다. 대의원의 선임, 해임, 수는 정관에 따른다. 대의원회는 총회의 의결사항 중 대통령령으로 정하는 사항(영 제43조) 외에는 총회의 권한을 대행할 수 있다.

② 대의원회 소집 및 의결(영 제44조)

대의원회는 조합장이 필요하다고 인정할 때 소집한다. 다만, 다음 중 어느 하나에 해당할 경우 조합장은 해당일부터 14일 이내에 대의원회를 소집해야 한다.
㉠ 정관에 따라 소집청구가 있는 때
㉡ 대의원의 1/3 이상(정관으로 달리 정한 경우에는 그에 따른다)이 회의의 목적사항을 제시하며 청구할 때

대의원회의 소집은 집회 7일 전까지 그 회의의 목적·안건·일시 및 장소를 기재한 서면을 대의원에게 통지하는 방법에 따른다. 이 경우 정관에 따라 대의원회의 소집내용을 공고해야 한다. 대의원회는 재적대의원 과반수의 출석과 출석대의원 과반수의 찬성으로 의결한다. 다만, 그 이상의 범위에서 정관으로 달리 정하는 경우는 그에 따른다.

영 제43조(대의원회가 총회의 권한을 대행할 수 없는 사항)

1. 법 제45조 제1항 제1호에 따른 정관의 변경에 관한 사항(법 제40조 제4항에 따른 경미한 사항의 변경은 법 또는 정관에서 총회의결사항으로 정한 경우로 한정한다)

2. 법 제45조 제1항 제2호에 따른 자금의 차입과 그 방법·이자율 및 상환방법에 관한 사항

3. 법 제45조 제1항 제4호에 따른 예산으로 정한 사항 외에 조합원에게 부담이 되는 계약에 관한 사항

4. 법 제45조 제1항 제5호에 따른 시공자·설계자 또는 감정평가업자(법 제74조 제2항에 따라 시장·군수 등이 선정·계약하는 감정평가업자는 제외한다)의 선정 및 변경에 관한 사항

5. 법 제45조 제1항 제6호에 따른 정비사업전문관리업자의 선정 및 변경에 관한 사항

6. 법 제45조 제1항 제7호에 따른 조합임원의 선임 및 해임과 제42조 제1항 제2호에 따른 대의원의 선임 및 해임에 관한 사항. 다만, 정관으로 정하는 바에 따라 임기 중 궐위된 자(조합장은 제외한다)를 보궐선임하는 경우를 제외한다.

7. 법 제45조 제1항 제9호에 따른 사업시행계획서의 작성 및 변경에 관한 사항(법 제50조 제1항 본문에 따른 정비사업의 중지 또는 폐지에 관한 사항을 포함하며, 같은 항 단서에 따른 경미한 변경은 제외한다)

8. 법 제45조 제1항 제10호에 따른 관리처분계획의 수립 및 변경에 관한 사항(법 제74조 제1항 각 호 외의 부분 단서에 따른 경미한 변경은 제외한다)

9. 법 제45조 제2항에 따라 총회에 상정하여야 하는 사항

10. 제42조 제1항 제1호에 따른 조합의 합병 또는 해산에 관한 사항. 다만, 사업완료로 인한 해산의 경우는 제외한다.

11. 제42조 제1항 제3호에 따른 건설되는 건축물의 설계 개요의 변경에 관한 사항

12. 제42조 제1항 제4호에 따른 정비사업비의 변경에 관한 사항

영 제44조(대의원회)

① 대의원은 조합원 중에서 선출한다.

② 대의원의 선임 및 해임에 관하여는 정관으로 정하는 바에 따른다.

③ 대의원의 수는 법 제46조 제2항에 따른 범위에서 정관으로 정하는 바에 따른다.

④ 대의원회는 조합장이 필요하다고 인정하는 때에 소집한다. 다만, 다음 각 호의 어느 하나에 해당하는 때에는 조합장은 해당일부터 14일 이내에 대의원회를 소집하여야 한다.

1. 정관으로 정하는 바에 따라 소집청구가 있는 때
2. 대의원의 3분의 1 이상(정관으로 달리 정한 경우에는 그에 따른다)이 회의의 목적사항을 제시하여 청구하는 때

⑤ 제4항 각 호의 어느 하나에 따른 소집청구가 있는 경우로서 조합장이 제4항 각 호 외의 부분 단서에 따른 기간 내에 정당한 이유 없이 대의원회를 소집하지 아니한 때에는 감사가 지체 없이 이를 소집하여야 하며, 감사가 소집하지 아니하는 때에는 제4항 각 호에 따라 소집을 청구한 사람의 대표가 소집한다. 이 경우 미리 시장·군수 등의 승인을 받아야 한다.

⑥ 제5항에 따라 대의원회를 소집하는 경우에는 소집주체에 따라 감사 또는 제4항 각 호에 따라 소집을 청구한 사람의 대표가 의장의 직무를 대행한다.

⑦ 대의원회의 소집은 집회 7일 전까지 그 회의의 목적·안건·일시 및 장소를 기재한 서면을 대의원에게 통지하는 방법에 따른다. 이 경우 정관으로 정하는 바에 따라 대의원회의 소집내용을 공고하여야 한다.

⑧ 대의원회는 재적대의원 과반수의 출석과 출석대의원 과반수의 찬성으로 의결한다. 다만, 그 이상의 범위에서 정관으로 달리 정하는 경우에는 그에 따른다.

⑨ 대의원회는 제7항 전단에 따라 사전에 통지한 안건만 의결할 수 있다. 다만, 사전에 통지하지 아니한 안건으로서 대의원회의 회의에서 정관으로 정하는 바에 따라 채택된 안건의 경우에는 그러하지 아니하다.

⑩ 특정한 대의원의 이해와 관련된 사항에 대해서는 그 대의원은 의결권을 행사할 수 없다.

(3) 주민대표회의(법 제47조)

① 토지등소유자가 시장·군수 등 또는 토지주택공사 등의 사업시행을 원하는 경우에는 정비구역 지정·고시 후 주민대표기구(이하 '주민대표회의')를 구성해야 한다.

② 주민대표회의는 위원장을 포함해서 5명 이상 25명 이하로 구성한다.

③ 주민대표회의는 토지등소유자의 과반수의 동의를 받아 구성하며, 국토교통부령으로 정하는 방법 및 절차에 따라 시장·군수 등의 승인을 받아야 한다.

④ ③에 따라 주민대표회의의 구성에 동의한 자는 제26조 제1항 제
8호 후단(토지주택공사 등 사업시행자 지정)에 따른 사업시행자의 지정에
동의한 것으로 본다. 다만, 사업시행자의 지정 요청 전에 시장·군
수 등 및 주민대표회의에 사업시행자의 지정에 대한 반대 의사표
시를 한 토지등소유자의 경우는 동의하지 않은 것으로 본다.

⑤ 주민대표회의 또는 세입자(상가세입자를 포함한다)는 사업시행자가 다
음의 사항에 관해서 시행규정을 정한 때에 의견을 제시할 수 있다.
이 경우 사업시행자는 주민 대표회의 또는 세입자의 의견을 반영
하기 위해서 노력해야 한다.

  ㉠ 건축물의 철거

  ㉡ 주민의 이주(세입자의 퇴거에 관한 사항을 포함한다)

  ㉢ 토지 및 건축물의 보상(세입자에 대한 주거이전비 등 보상에 관한 사항을 포함한다)

  ㉣ 정비사업비의 부담

  ㉤ 세입자에 대한 임대주택의 공급 및 입주자격

  ㉥ 그 밖에 정비사업의 시행을 위해서 필요한 사항으로서 대통령
령으로 정하는 사항

⑥ 주민대표회의의 운영, 비용부담, 위원의 선임 방법 및 절차 등에
필요한 사항은 대통령령으로 정한다.

7. 사업시행계획 인가

사업시행계획 인가 전	총회의 의결
사업시행계획 인가 신청(시장·군수 등)	사업시행계획서 제출 • 토지이용계획 • 정비기반시설 및 공동이용시설의 설치계획 • 임시거주시설을 포함한 주민 이주대책 • 세입자의 주거 및 이주대책 • 임대주택의 건설계획 등
공람과 의견청취(14일 이상 공람)	
사업시행계획 인가(시장·군수 등)	
고시 지자체의 공보	60일 이내 인가 여부 결정

(1) 사업시행계획서 작성 및 제출

사업시행자는 정비사업을 시행할 때 사업시행계획서에 정관 등과 그 밖에 국토교통부령으로 정하는 서류를 첨부해서 시장·군수 등에게 제출하고 사업시행계획 인가를 받아야 한다. 인가받은 사항을 변경하거나 정비사업을 중지 또는 폐지하려는 경우도 같다. 다만, 대통령령으로 정하는 경미한 사항을 변경할 때는 시장·군수 등에게 신고해야 한다.

사업시행계획 인가를 신청하기 전에 미리 총회의 의결을 거쳐야 하며, 인가받은 사항을 변경하거나 정비사업을 중지 또는 폐지하려는 경우에도 또한 같다.

토지등소유자가 재개발사업을 시행하려는 경우에는 사업시행계획 인가를 신청하기 전에 사업시행계획서에 대해 토지등소유자의 3/4 이상 및 토지면적의 1/2 이상의 토지 소유자의 동의를 받아야 한다. 다만, 인가받은 사항을 변경하려는 경우에는 규약에 따라 토지등소유자의 과반수의 동의를 받아야 하며, 경미한 사항을 변경할 때는 토지등소유자의 동의를 받지 않아도 된다.

(2) 사업시행계획서 인가

사업시행계획 인가를 할 때는 대통령령으로 정하는 방법 및 절차에 따라 관계 서류의 사본을 14일 이상 일반인이 공람하게 해야 한다. 다만, 제50조 제1항 단서에 따라 경미한 사항을 변경할 때는 그러지 않아도 된다.

토지등소유자 또는 조합원, 그 밖에 정비사업과 관련해서 이해관계를 가지는 자는 공람기간 이내에 시장·군수 등에게 서면으로 의견을 제출할 수 있다. 제출된 의견을 심사해서 채택할 필요가 있다고 인정하는 때는 이를 채택하고, 그렇지 않은 경우에는 의견을 제출한 자에게 그 사유를 알려야 한다.

시장·군수 등은 특별한 사유가 없으면 사업시행계획서의 제출이 있은 날부터 60일 이내에 인가 여부를 결정해서 사업시행자에게 통보해야 한다.

시장·군수 등은 사업시행계획 인가(시장·군수 등이 사업시행계획서를 작성한 경우를 포함한다)를 하거나 정비사업을 변경·중지 또는 폐지하는 경우에는 국토교통부령으로 정하는 방법 및 절차에 따라 그 내용을 해당 지방자치단체의 공보에 고시해야 한다. 다만, 경미한 사항을 변경하려는 경우에는 고시하지 않는다.

사업시행계획 인가 시에는 다음이 기준이 된다.
- 조합원분양신청기간 공고 의무
- 세입자 임대주택 입주자격 확정
- 감정평가(종전 자산 등) 기준일

> 📢 사업시행계획 인가는 정비구역에서의 건축허가를 내포하기에, 조합원의 재개발 진행에 대한 기대심을 높이고 투자자들도 적극적으로 투자에 임하게 한다. 아직은 감정평가 진행 전이라 3.3㎡당 기준으로 가격이 책정되어 거래가 이루어진다. 단기적으로는 부동산 시세가 가장 높은 단계이며 이 단계 전에 부동산을 매입했다면 단기 수익을 보고 팔아도 되는 시점이다. 반대로 매입을 고려한다면 사업시행계획 인가 후 감정평가가 나올 때까지 기다리는 것이 좋다.

법 제50조(사업시행계획 인가)

① 사업시행자(제25조 제1항 및 제2항에 따른 공동시행의 경우를 포함하되, 사업시행자가 시장·군수 등인 경우는 제외한다)는 정비사업을 시행하려는 경우에는 제52조에 따른 사업시행계획서에 정관 등과 그 밖에 국토교통부령으로 정하는 서류를 첨부하여 시장·군수 등에게 제출하고 사업시행계획 인가를 받아야 하고, 인가받은 사항을 변경하거나 정비사업을 중지 또는 폐지하려는 경우에도 또한 같다. 다만, 대통령령으로 정하는 경미한 사항을 변경하려는 때에는 시장·군수 등에게 신고하여야 한다.

② 시장·군수 등은 제1항 단서에 따른 신고를 받은 날부터 20일 이내에 신고수리 여부를 신고인에게 통지하여야 한다.

③ 시장·군수 등이 제2항에서 정한 기간 내에 신고수리 여부 또는 민원 처리 관련 법령에 따른 처리기간의 연장을 신고인에게 통지하지 아니하면 그 기간(민원 처리 관련 법령에 따라 처리기간이 연장 또는 재연장된 경우에는 해당 처리기간을 말한다)이 끝난 날의 다음 날에 신고를 수리한 것으로 본다.

④ 시장·군수 등은 특별한 사유가 없으면 제1항에 따라 사업시행계획서의 제출이 있은 날부터 60일이내에 인가 여부를 결정하여 사업시행자에게 통보하여야 한다.

⑤ 사업시행자(시장·군수 등 또는 토지주택공사 등은 제외한다)는 사업시행계획 인가를 신청하기 전에 미리 총회의 의결을 거쳐야 하며, 인가받은 사항을 변경하거나 정비사업을 중지 또는 폐지하려는 경우에도 또한 같다. 다만, 제1항 단서에 따른 경미한 사항의 변경은 총회의 의결을 필요로 하지 아니한다.

법 제52조(사업시행계획서의 작성)

① 사업시행자는 정비계획에 따라 다음 각 호의 사항을 포함하는 사업시행계획서를 작성하여야 한다.

1. 토지이용계획(건축물배치계획을 포함한다)
2. 정비기반시설 및 공동이용시설의 설치계획
3. 임시거주시설을 포함한 주민이주대책
4. 세입자의 주거 및 이주 대책
5. 사업시행기간 동안 정비구역 내 가로등 설치, 폐쇄회로 텔레비전 설치 등 범죄예방대책
6. 제10조에 따른 임대주택의 건설계획(재건축사업의 경우는 제외한다)

(3) 재건축사업 등의 용적률 완화 및 국민주택규모 주택 건설비율(법 제54조)

① 사업시행자는 다음의 어느 하나에 해당하는 정비사업('도시재정비 촉
진을 위한 특별법'에 따른 재정비촉진지구에서 시행되는 재개발사업 및 재건축사업은
제외한다)을 시행하는 경우 정비계획으로 정하여진 용적률에도 불
구하고 지방도시계획위원회의 심의를 거쳐 '국토의 계획 및 이용
에 관한 법률'에 따른 용적률의 상한(이하 이 조에서 '법적상한용적률'이라
고 한다)까지 건축할 수 있다.

㉠ '수도권정비계획법'에 따른 과밀억제권역에서 시행하는 재개
발사업 및 재건축사업('국토의 계획 및 이용에 관한 법률'에 따른 주거지역
으로 한정한다)

㉡ ㉠ 외의 경우 시·도조례로 정하는 지역에서 시행하는 재개발
사업 및 재건축사업

② 사업시행자는 법적상한용적률에서 정비계획으로 정해진 용적률

을 뺀 용적률(이하 '초과 용적률'이라고 한다)의 다음에 따른 비율에 해당하는 면적에 국민주택규모 주택을 건설해야 한다. 다만, 제24조 제4항, 제26조 제1항 제1호 및 제27조 제1항 제1호(천재지변 등 긴급히 정비사업의 시행 필요)에 따른 정비사업을 시행하는 경우는 그러지 않는다.

- ㉠ 과밀억제권역에서 시행하는 재건축사업은 초과용적률의 30/100 이상 50/100 이하로서 시·도조례로 정하는 비율
- ㉡ 과밀억제권역에서 시행하는 재개발사업은 초과용적률의 50/100 이상 75/100 이하로서 시·도조례로 정하는 비율
- ㉢ 과밀억제권역 외의 지역에서 시행하는 재건축사업은 초과용적률의 50/100 이하로서 시·도조례로 정하는 비율
- ㉣ 과밀억제권역 외의 지역에서 시행하는 재개발사업은 초과용적률의 75/100 이하로서 시·도조례로 정하는 비율

(4) 국민주택규모 주택의 공급 및 인수(법 제55조)

① 사업시행자는 건설한 국민주택규모 주택을 국토교통부 장관, 시·도지사, 시장, 군수, 구청장 또는 토지주택공사 등(이하 '인수자'라고 한다)에 공급해야 한다.

② ①에 따른 국민주택규모 주택의 공급가격은 '공공주택 특별법'에 따라 국토교통부 장관이 고시하는 공공건설임대주택의 표준건축비로 하며, 부속 토지는 인수자에게 기부채납한 것으로 본다.

③ 사업시행자는 정비계획상 용적률을 초과해서 건축할 때는 사업시행계획 인가를 신청하기 전에 미리 ① 및 ②에 따른 국민주택규모 주택에 관한 사항을 인수자와 협의하여 사업시행계획서에 반영해야 한다.

④ ① 및 ②에 따른 국민주택규모 주택의 인수를 위한 절차와 방법 등에 필요한 사항은 대통령령으로 정할 수 있으며, 인수된 국민주

택규모 주택은 대통령령으로 정하는 장기공공임대주택으로 활용해야 한다. 다만, 토지등소유자의 부담 완화 등 대통령령으로 정하는 요건에 해당한다면 인수된 국민주택규모 주택을 장기공공임대주택이 아닌 임대주택으로 활용할 수 있다.

⑤ ②에도 불구하고 ④의 단서에 따른 임대주택의 인수자는 임대의 무기간에 따라 감정평가액의 50/100 이하의 범위에서 대통령령으로 정하는 가격으로 부속 토지를 인수해야 한다.

(5) 다른 법률의 인허가 의제(법 제57조)

사업시행자가 사업시행계획 인가를 받은 때(시장·군수 등이 직접 정비사업을 시행하는 경우에는 사업시행계획서를 작성한 때를 말한다)에는 다음의 각 호의 인가·허가·결정·승인·신고·등록·협의·동의·심사·지정 또는 해제(이하 '인허가 등'이라고 한다)가 있은 것으로 보며, 사업시행계획 인가의 고시가 있을 때는 다음의 관계 법률에 따른 인허가 등의 고시·공고 등이 있는 것으로 본다.

- '주택법'에 따른 사업계획의 승인
- '건축법'에 따른 건축허가
- '도로법'에 따른 도로의 점용허가
- '국유재산법'에 따른 사용허가
- '농지법'에 따른 농지전용허가 및 협의
- '수도법', '하수도법' 등
- 이하 생략

사업시행자는 정비사업에 대해 인허가 등의 의제를 받으려면 사업시행계획 인가를 신청할 때 해당 법률에서 정하는 관계 서류를 함께 제출해야 한다.

시장·군수 등은 사업시행계획 인가를 하거나 사업시행계획서를 작성하려는 경우, 의제되는 인허가 등에 해당하는 사항이 있는 때는 미리 관계 행정기관의 장과 협의해야 한다. 협의를 요청받은 관계 행정기관의 장은 요청받은 날부터 30일 이내에 의견을 제출해야 한다. 이 경우 관계 행정기관의 장이 30일 이내에 의견을 제출하지 않으면 협의된 것으로 본다.

시장·군수 등은 사업시행계획 인가(시장·군수 등이 사업시행계획서를 작성한 경우를 포함한다)를 하려는 경우 정비구역부터 200미터 이내에 교육시설이 설치되어 있는 때는 해당 지방자치단체의 교육감 또는 교육장과 협의해야 하며, 인가받은 사항을 변경하는 경우 또한 같다.

시장·군수 등은 천재지변이나 그 밖의 불가피한 사유로 긴급히 정비사업을 시행할 필요가 있다고 인정될 때는 관계 행정기관의 장 및 교육감 또는 교육장과 협의를 마치기 전에 사업시행계획 인가를 할 수 있다. 이 경우 협의를 마칠 때까지는 인허가 등을 받은 것으로 보지 않는다.

 사업시행계획 인가가 되었을 때는 '주택법'에 따른 사업계획의 승인, '건축법'에 따른 건축허가, '도로법'에 의한 도로의 점용허가 등이 난 것으로 본다.

(6) 사업시행계획 인가의 특례(법 제58조)

① 사업시행자는 일부 건축물의 존치 또는 리모델링('주택법' 또는 '건축법'에 따른 리모델링을 말한다. 이하 같다)에 관한 내용이 포함된 사업시행계획서를 작성해서 사업시행계획 인가를 신청할 수 있다.

② 시장·군수 등은 존치 또는 리모델링하는 건축물 및 건축물이 있는 토지가 '주택법' 및 '건축법'에 따른 다음의 건축 관련 기준에 적합하지 않더라도 대통령령으로 정하는 기준에 따라 사업시행계획인가를 할 수 있다.

㉠ '주택법'에 따른 주택단지의 범위

㉡ '주택법'에 따른 부대시설 및 복리시설의 설치기준

㉢ '건축법'에 따른 대지와 도로의 관계

② '건축법'에 따른 건축선의 지정

⑩ '건축법'에 따른 일조 등의 확보를 위한 건축물의 높이 제한

③ 사업시행자가 ①에 따라 사업시행계획서를 작성하려는 경우에는 존치 또는 리모델링하는 건축물 소유자의 동의('집합건물의 소유 및 관리에 관한 법률'에 따른 구분소유자가 있는 경우에는 구분소유자의 2/3 이상의 동의와 해당 건축물 연면적의 2/3 이상의 구분소유자의 동의로 한다)를 받아야 한다. 다만, 정비계획에서 존치 또는 리모델링하는 것으로 계획된 경우는 받지 않는다.

(7) 정비구역의 범죄예방(법 제130조)

① 시장·군수 등은 사업시행계획 인가를 한 경우 그 사실을 관할 경찰서장 및 관할 소방서장에게 통보하여야 한다.

② 시장·군수 등은 사업시행계획 인가를 한 경우 정비구역 내 주민 안전 등을 위해 다음의 사항을 관할 시·도 경찰청장 또는 경찰서장에게 요청할 수 있다.

㉠ 순찰 강화

㉡ 순찰초소의 설치 등 범죄 예방을 위해 필요한 시설의 설치 및 관리

㉢ 그 밖에 주민의 안전을 위해 필요하다고 인정하는 사항

③ 시장·군수 등은 사업시행계획 인가를 한 경우 정비구역 내 주민 안전 등을 위해 관할 시·도 소방본부장 또는 소방서장에게 화재예방 순찰을 강화하도록 요청할 수 있다.

재개발구역이 지정되면 주택의 수선, 개량을 잘 하지 않는다. 그래서 소유자나 세입자가 다른 곳으로 이사를 가게 되면 대부분 빈집으로 남아 우범화가 될 위험이 크다. 이를 예방하는 차원에서 경찰서장에게 순찰 강화 등을 요청한다.

(8) 계약의 해지

> **법 제70조(지상권 등 계약의 해지)**
> ① 정비사업의 시행으로 지상권·전세권 또는 임차권의 설정 목적을 달성할 수 없는 때에는 그권리자는 계약을 해지할 수 있다.
> ② 제1항에 따라 계약을 해지할 수 있는 자가 가지는 전세금·보증금, 그 밖의 계약상의 금전의 반환청구권은 사업시행자에게 행사할 수 있다.
> ③ 제2항에 따른 금전의 반환청구권의 행사로 해당 금전을 지급한 사업시행자는 해당 토지등소유자에게 구상할 수 있다.
> ④ 사업시행자는 제3항에 따른 구상이 되지 아니하는 때에는 해당 토지등소유자에게 귀속될 대지 또는 건축물을 압류할 수 있다. 이 경우 압류한 권리는 저당권과 동일한 효력을 가진다.
> ⑤ 제74조에 따라 관리처분계획의 인가를 받은 경우 지상권·전세권설정계약 또는 임대차계약의 계약기간은 '민법' 제280조, 제281조 및 제312조 제2항, '주택임대차보호법' 제4조 제1항, '상가건물 임대차보호법' 제9조 제1항을 적용하지 아니한다.

(9) 소유자의 확인이 곤란한 건축물 등에 대한 처분(법 제71조)

① 사업시행자는 다음에서 정하는 날 현재 건축물 또는 토지 소유자의 소재 확인이 현저히 곤란할 때는 전국적으로 배포되는 둘 이상의 일간신문에 2회 이상 공고한다. 공고한 날부터 30일 이상이 지났을 때는 그 소유자의 해당 건축물 또는 토지의 감정평가액에 해당하는 금액을 법원에 공탁하고 정비사업을 시행할 수 있다.

ㄱ 조합이 사업시행자가 되는 경우 : 조합설립 인가일

ㄴ 토지등소유자가 시행하는 재개발사업의 경우 : 사업시행계획 인가일

ㄷ 제26조 제1항(공공시행자)에 따라 시장·군수 등, 토지주택공사 등이 정비사업을 시행하는 경우 : 사업시행자 지정에 따른 고시일

ㄹ 제27조 제1항(지정개발자)에 따라 지정개발자를 사업시행자로 지정하는 경우 : 사업시행자 지정에 따른 고시일

② 재건축사업을 시행하는 경우 : 조합설립 인가일 현재 조합원 전체
의 공동소유인 토지 또는 건축물은 조합 소유의 토지 또는 건축물
로 본다.

③ ②에 따라 조합 소유로 보는 토지 또는 건축물의 처분에 관한 사
항은 관리처분계획에 명시해야 한다.

④ ①에 따른 토지 또는 건축물의 감정평가는 제74조 제4항 제1호(감
정평가 방법)를 준용한다.

8. 분양공고 및 분양신청

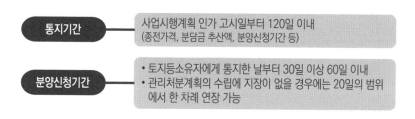

통지기간	사업시행계획 인가 고시일부터 120일 이내 (종전가격, 분담금 추산액, 분양신청기간 등)
분양신청기간	• 토지등소유자에게 통지한 날부터 30일 이상 60일 이내 • 관리처분계획의 수립에 지장이 없을 경우에는 20일의 범위 에서 한 차례 연장 가능

• **재건축의 경우**에는 조합설립에 동의하지 않으면 비조합원으로 간주해서 매도청구한다.
• **재개발의 경우**에는 조합설립에 동의하지 않아도 조합원으로 편입된다. 그러나 조합원분양신
청기간(평형 신청)에 분양신청을 하지 않으면 조합원의 지위가 상실된다(대법원 2011. 7. 28. 선
고 2008다91364).

출처 : 저자 작성

(1) 분양공고 및 분양신청

사업시행자는 사업시행계획 인가 고시일부터 120일 이내에 종전 가
격, 개략적인 분담금 내역 및 분양신청기간 등을 토지등소유자에게 통
지하고, 분양의 대상이 되는 대지 또는 건축물의 내역 등을 일간신문에
공고해야 한다. 분양신청기간은 그 통지한 날부터 30일 이상 60일 이
내로 해야 한다. 다만, 사업시행자는 관리처분계획의 수립에 지장이 없

다고 판단되면, 분양신청기간은 20일의 범위에서 연장할 수 있다. 대지 또는 건축물에 대한 분양을 받으려는 토지등소유자는 분양신청기간에 사업시행자에게 대지 또는 건축물에 대한 분양신청을 해야 한다.

◆ 분양공고 시 토지등소유자에게 통지할 사항

- 분양대상자별 종전 토지 또는 건축물의 명세 및 사업시행계획 인가 의 고시일을 기준으로 한 가격(사업시행계획 인가 전에 철거된 건축물은 시장· 군수 등에게 허가를 받은 날을 기준으로 한 가격)
- 분양대상자별 분담금의 추산액
- 분양신청기간
- 사업시행계획 인가의 내용
- 정비사업의 종류·명칭 및 정비구역의 위치·면적
- 분양신청기간 및 장소
- 분양대상 대지 또는 건축물의 내역
- 분양신청자격
- 분양신청방법
- 토지등소유자 외의 권리자 권리신고방법
- 분양을 신청하지 않은 자에 대한 조치
- 그 밖에 시·도조례로 정하는 사항

여기서 분양신청은 조합원들이 단순히 평형만을 신청하는 것을 의미한다. 동·호수 추첨은 관리처분계획 인가 이후부터 일반분양 이전까지 이루어진다.
- 분양신청기간의 연장과 관련해서 국토교통부에 따르면, 분양신청기간에 이어서만 연장할 수 있다. 즉 분양신청기간 이후에 따로 연장하는 것은 불가하다.
- 분양신청 시 어느 평형과 타입(Type)을 선택하느냐에 따라 형성되는 프리미엄이 달라지므로 신중해야 한다.

법 제72조(분양공고 및 분양신청)

① 사업시행자는 제50조 제9항에 따른 사업시행계획 인가의 고시가 있은 날(사업시행계획 인가 이후 시공자를 선정한 경우에는 시공자와 계약을 체결한 날)부터 120일 이내에 다음 각 호의 사항을 토지등소유자에게 통지하고, 분양의 대상이 되는 대지 또는 건축물의 내역 등 대통령령으로 정하는 사항을 해당 지역에서 발간되는 일간신문에 공고하여야 한다. 다만, 토지등소유자 1인이 시행하는 재개발사업의 경우에는 그러하지 아니하다.

   1. 분양대상자별 종전의 토지 또는 건축물의 명세 및 사업시행계획 인가의 고시가 있은 날을 기준으로 한 가격(사업시행계획 인가 전에 제81조 제3항에 따라 철거된 건축물은 시장·군수 등에게 허가를 받은 날을 기준으로 한 가격)

   2. 분양대상자별 분담금의 추산액

   3. 분양신청기간

   4. 그 밖에 대통령령으로 정하는 사항

② 제1항 제3호에 따른 분양신청기간은 통지한 날부터 30일 이상 60일 이내로 하여야 한다. 다만, 사업시행자는 제74조 제1항에 따른 관리처분계획의 수립에 지장이 없다고 판단하는 경우에는 분양신청기간을 20일의 범위에서 한 차례만 연장할 수 있다.

③ 대지 또는 건축물에 대한 분양을 받으려는 토지등소유자는 제2항에 따른 분양신청기간에 대통령령으로 정하는 방법 및 절차에 따라 사업시행자에게 대지 또는 건축물에 대한 분양신청을 하여야 한다.

④ 사업시행자는 제2항에 따른 분양신청기간 종료 후 제50조 제1항에 따른 사업시행계획 인가의 변경(경미한 사항의 변경은 제외한다)으로 세대수 또는 주택규모가 달라지는 경우 제1항부터 제3항까지의 규정에 따라 분양공고 등의 절차를 다시 거칠 수 있다.

⑤ 사업시행자는 정관 등으로 정하고 있거나 총회의 의결을 거친 경우 제4항에 따라 제73조 제1항 제1호 및 제2호에 해당하는 토지등소유자에게 분양신청을 다시 하게 할 수 있다.

⑥ 제3항부터 제5항까지의 규정에도 불구하고 투기과열지구의 정비사업에서 제74조에 따른 관리처분계획에 따라 같은 조 제1항 제2호 또는 제1항 제4호 가목의 분양대상자 및 그 세대에 속한 자는 분양대상자 선정일(조합원분양분의 분양대상자는 최초 관리처분계획 인가일을 말한다)부터 5년 이내에는 투기과열지구에서 제3항부터 제5항까지의 규정에 따른 분양신청을 할 수 없다. 다만, 상속, 결혼, 이혼으로 조합원 자격을 취득한 경우에는 분양신청을 할 수 있다.

⑦ 공공재개발사업 시행자는 제39조 제2항 제6호에 따라 건축물 또는 토지를 양수하려

는 경우 무분별한 분양신청을 방지하기 위하여 제1항 또는 제4항에 따른 분양공고 시 양수대상이 되는 건축물 또는 토지의 조건을 함께 공고하여야 한다.

제1항 4호의 시행령(영 제59조)
1. 사업시행계획 인가의 내용
2. 정비사업의 종류·명칭 및 정비구역의 위치·면적
3. 분양신청기간 및 장소
4. 분양대상 대지 또는 건축물의 내역
5. 분양신청자격
6. 분양신청방법
7. 토지등소유자 외의 권리자의 권리신고방법
8. 분양을 신청하지 아니한 자에 대한 조치
9. 그 밖에 시·도조례로 정하는 사항

(2) 분양신청을 하지 않은 자 등에 대한 조치(법 제73조)

- 분양신청을 하지 않은 자
- 분양신청기간 종료 이전에 분양신청을 철회한 자
- 분양신청을 할 수 없는 자
- 관리처분계획에 따라 분양대상에서 제외된 자
- 분양계약을 체결하지 아니한 자(정관)
- 조합원에게 재정적으로 불리한 영향을 미칠 소지가 있거나 조합에 막대한 손해를 입힌 경우, 조합총회에서 제명결의를 한 해당 소유권자(정관)

이와 같을 때는 관리처분계획이 인가·고시된 다음 날부터 90일 이내에 손실보상을 협의해야 한다. 사업시행자는 분양신청기간 종료일 다음 날부터 협의를 시작할 수 있다. 협의가 성립되지 않으면 그 기간의 만료일 다음 날부터 60일 이내에 수용재결 신청 또는 매도청구소송을 제기해야 한다. 사업시행자는 기간을 넘겨서 수용재결을 신청하거나 매도청구소송을 제기한 경우에는 해당 토지등소유자에게 지연일수에 따른 이자를 지급해야 한다. 이자는 15% 이내에서 산정한다.

- 6개월 이내 : 5%
- 6개월 초과 ~ 12개월 이내 : 10%
- 12개월 초과 : 15%

(3) 조합원분양신청의 철회

조합원분양신청을 했는데 어떤 사유로 철회할 경우에는 분양신청기간 만료일까지 해야 된다.

분양대상조합원인지 여부는 분양신청기간 만료일을 기준으로 해야 하는 점, 분양신청 철회기간을 제한하지 않을 경우 관리처분계획을 확정적으로 수립하기가 불가능한 점 등을 고려해야 하기 때문이다. 이는 곧 사업진행속도 저하 및 소수를 위한 다수의 희생이 수반되어야 하는 점에 따라 분양신청의 철회는 분양신청기간의 만료일까지만 가능하다(서울행정법원 2005구합24889).

- 분양신청기간에 분양신청을 하지 않으면 현금청산자가 된다. 이후 추가 분양신청은 없기에 반드시 기간 내에 해야 한다. 다만, 사업시행계획변경 인가 시(세대수 변경이나 주택규모가 달라지는 경우 정관이나 총회의 의결을 거쳐)에는 이전의 분양 신청을 무효화시키고 다시 조합원분양 신청을 한다.
- 경매로 재개발구역의 부동산에 입찰 시 분양자격 여부를 확인해야 한다. 또한 분양신청기간에 신청하지 않아서 현금청산자가 되었는지를 반드시 확인해야 한다.
- 소유자가 분양신청 후 소유권이전 시 매수자는 매도자의 지위를 그대로 승계받는다(매도자가 84㎡를 신청했다면 매수자는 그대로 84㎡를 승계받는 것이고, 재분양신청이 불가하며 다른 면적으로 바꿀 수 없다).
- 분양신청 마감일까지 분양자격을 맞추어서 분양신청 가능(면적 90㎡ 이상 : 서울, 60㎡

2018년 2월 이전에는 종전 자산 및 분담금 추산액에 대한 통지의무가 없어서 일부 조합에서는 이의 통지 없이 분양신청을 받고는 했다. 이 경우에 조합원 입장에서는 분양신청 평형을 결정하기가 쉽지 않고, 그렇다고 분양신청기간 내에 분양신청을 하지 않으면 현금청산자가 되니 현장에서는 상당한 혼란이 있었다. 그래서 2018년 2월 9일 이후로 최초로 사업시행계획 인가를 신청하는 구역부터는 종전 자산 및 분담금 추산액을 분양신청 전에 통지하게 되었다.

• 분양신청 전에 감정평가금액을 통보하지 않고 분양신청하는 것을 깜깜이 분양이라고 하는데, 이제는 사라지게 되었다.
• 최초 사업시행계획 인가 후 분양신청기간 내 분양신청을 했는데 설계변경으로 인해 사업시행계획 변경 인가를 받게 되었다면, 다시 분양신청을 해야 되는가? 법원은 다시 분양신청을 하지 않은 자에게는 분양자격이 없다고 판결했다. 하급심 판결이긴 하지만 사업시행계획 변경 인가 후 다시 분양신청을 할 경우에도 반드시 분양신청을 해야 한다.

감정평가는 사업시행계획 인가일을 기준으로 한다. 이때 최초 사업시행계획 인가일과 사업시행계획 변경 인가일 중 어느 것이 기준인가?

A재개발구역의 경우 2007년 8월 최초 사업시행계획 인가를 받아 사업을 진행했으나 2012년 10월에 사업비와 세대수를 늘려 사업시행계획 변경 인가를 받았다. 이에 현금청산자가 소송을 제기했다. 조합이 관리처분계획 인가를 받으면서 감정평가의 기준시점을 사업시행계획 변경 인가 시점으로 해야 하는데, 최초 사업시행계획 인가 시점으로 잡았

기 때문에 관리처분계획이 위법하다고 소를 제기했다. 이에 법원은 감정평가 기준일을 사업시행계획 변경 인가 시점으로 삼지 않고, 최초 사업시행계획 인가 시점으로 정한 관리처분계획은 위법하다고 판결했다.

그러나 대법원의 판결은 하급심 판결과 법제처의 유권해석을 뒤엎었다. "최종 사업시행계획이 최초 내용의 주요 부분을 실질적으로 변경한 사정만으로 최초 사업시행계획 인가일을 기준으로 평가한 종전 자산가격을 기초로 수립된 관리처분계획이 위법하지 않다"라고 일축했다.

결론은 감정평가의 시점을 최초 사업시행계획 인가일이나 사업시행계획 변경 인가일 중 어느 것으로 삼더라도 사업성에는 차이가 없다는 의미다. 예를 들어, 최초 사업시행계획 인가일에 나의 감정평가금액이 1억 원이고 비례율이 120%였다면 나의 권리가액은 1억 2,000만 원이다. 그리고 사업시행계획 변경 인가 시에 감정평가를 다시 해서 나의 감정평가금액이 1억 2,000만 원이 되었을 경우, 비례율이 100%로 떨어져서 나의 권리가액은 그대로 1억 2,000만 원이 된다. 그래서 감정평가를 최초 사업시행계획 인가일과 사업시행계획 변경 인가일 중 어느 것을 기준으로 해도 나에게 주어지는 권리가액은 같다는 것이다.

 사업시행계획 인가 후 조합원분양신청을 했는데, 설계의 변경 등에 의해 사업시행계획 변경 인가를 받는 경우에는 조합원분양신청을 다시 한다. 즉, 분양신청을 하지 않아서 현금청산자로 분류된 비조합원들도 다시 분양신청을 할 수 있다(이 경우 현금청산자의 물건도 살 수 있다).

9. 관리처분계획 인가

분양신청기간 종료

- 분양설계
- 분양대상자별 분양예정인 대지 또는 건축물의 추산액
- 분양대상자별 종전 토지 또는 건축물의 명세 및 사업시행 계획 인가 고시일을 기준으로 한 가격
- 정비사업비 추산액 및 조합원 분담규모 및 부담시기
- 기존 건축물의 철거 예정시기 등

관리처분계획 수립

관리처분계획 인가

- 30일 이상 토지등소유자에게 공람 후 의견청취
- 시장·군수 등은 관리처분계획 인가의 신청이 있은 날부터 30일 이내에 인가 여부를 결정해서 통보(단, 관리처분계획 의 타당성 검증을 요청할 경우에는 60일 이내에 인가 여부 결정)

기존 건축물 철거

토지, 건축물의 소유자 등의 사용·수익권이 조합으로 이전됨.

출처 : 저자 작성

(1) 관리처분계획 수립 및 인가

사업시행자는 분양설계, 분양대상자별 분양예정인 대지 또는 건축물의 추산액, 분양대상자별 종전 토지 또는 건축물 명세 등이 포함된 관리처분계획을 수립해서 30일 이상 토지등소유자에게 공람하고 의견을 청취한 후 시장·군수 등에게 인가 신청을 한다.

시장·군수 등은 관리처분계획 인가 신청이 있은 날부터 30일 이내에 인가 여부를 결정해 통보해준다.

관리처분계획 인가 시에는 조합원의 그 구역 부동산의 사용·수익권이 조합으로 이전된다. 관리처분계획 인가가 나면 조합에서는 통상 일괄로 명도소송을 진행한다. 빨리 이주해야 이자비용 등을 아낄 수 있고 사업진행에 속도를 가할 수 있기 때문이다. 재개발사업은 공익사업인 만큼 이주 시 조합원에게는 이주비와 이사비를, 세입자에게는 세입자 대책을 마련해준다. 이 대책들은 뒤편에서 서술하기로 한다.

집단대출(분양)의 중도금은 금융기관에서 대출 실행을 한다. 대출 시

에는 HUG(주택 도시보증공사)에서 보증을 해주어야 한다. 2016년 11월 3일 부동산 정책에서 재개발구역에서의 중도금 보증은 이주 후 철거가 끝나고 하겠다고 발표했다. 그래서 일반분양 시 철거가 되어야 하므로 일반분양 일정이 늦어지고 있다.

법 제74조(관리처분계획의 인가 등)

① 사업시행자는 제72조에 따른 분양신청기간이 종료된 때에는 분양신청의 현황을 기초로 다음 각 호의 사항이 포함된 관리처분계획을 수립하여 시장·군수 등의 인가를 받아야 하며, 관리처분계획을 변경·중지 또는 폐지하려는 경우에도 또한 같다. 다만, 대통령령으로 정하는 경미한 사항을 변경하려는 경우에는 시장·군수 등에게 신고하여야 한다.

1. 분양설계
2. 분양대상자의 주소 및 성명
3. 분양대상자별 분양예정인 대지 또는 건축물의 추산액(임대관리 위탁주택에 관한 내용을 포함한다)
4. 다음 각 목에 해당하는 보류지 등의 명세와 추산액 및 처분방법. 다만, 나목의 경우에는 제30조 제1항에 따라 선정된 임대사업자의 성명 및 주소(법인인 경우에는 법인의 명칭 및 소재지와 대표자의 성명 및 주소)를 포함한다.
   가. 일반분양분
   나. 공공지원민간임대주택
   다. 임대주택
   라. 그 밖에 부대시설·복리시설 등
5. 분양대상자별 종전의 토지 또는 건축물 명세 및 사업시행계획 인가 고시가 있은 날을 기준으로 한 가격(사업시행계획 인가 전에 제81조 제3항에 따라 철거된 건축물은 시장·군수 등에게 허가를 받은 날을 기준으로 한 가격)
6. 정비사업비의 추산액(재건축사업의 경우에는 '재건축초과이익 환수에 관한 법률'에 따른 재건축부담금에 관한 사항을 포함한다) 및 그에 따른 조합원 분담규모 및 분담시기
7. 분양대상자의 종전 토지 또는 건축물에 관한 소유권 외의 권리명세
8. 세입자별 손실보상을 위한 권리명세 및 그 평가액
9. 그 밖에 정비사업과 관련한 권리 등에 관하여 대통령령으로 정하는 사항

② 시장·군수 등은 제1항 각 호 외의 부분 단서에 따른 신고를 받은 날부터 20일 이내에

신고수리 여부를 신고인에게 통지하여야 한다.

③ 시장·군수 등이 제2항에서 정한 기간 내에 신고수리 여부 또는 민원 처리 관련 법령에 따른 처리 기간의 연장을 신고인에게 통지하지 아니하면 그 기간(민원 처리 관련 법령에 따라 처리기간이 연장 또는 재연장된 경우에는 해당 처리기간을 말한다)이 끝난 날의 다음 날에 신고를 수리한 것으로 본다.

④ (생략)

⑤ 조합은 제45조 제1항 제10호의 사항을 의결하기 위한 총회의 개최일부터 1개월 전에 제1항 제3호부터 제6호까지의 규정에 해당하는 사항을 각 조합원에게 문서로 통지하여야 한다.

⑥ 제1항에 따른 관리처분계획의 내용, 관리처분의 방법 등에 필요한 사항은 대통령령으로 정한다.

⑦ 제1항 각 호의 관리처분계획의 내용과 제4항부터 제6항까지의 규정은 시장·군수 등이 직접 수립하는 관리처분계획에 준용한다.

(2) 관리처분계획의 수립기준(법 제76조)

① 관리처분계획의 내용은 다음의 기준에 따른다.

  ㉠ 종전 토지 또는 건축물의 면적·이용 상황·환경, 그 밖의 사항을 종합적으로 고려해서 대지 또는 건축물이 균형 있게 분양신청자에게 배분되고 합리적으로 이용되도록 한다.

  ㉡ 지나치게 좁거나 넓은 토지 또는 건축물은 넓히거나 좁혀 대지 또는 건축물이 적정 규모가 되도록 한다.

  ㉢ 너무 좁은 토지 또는 건축물이나 정비구역 지정 후 분할된 토지를 취득한 자에게는 현금으로 청산할 수 있다.

  ㉣ 재해 또는 위생상의 위해를 방지하기 위해 토지의 규모를 조정할 특별한 필요가 있을 때는 너무 좁은 토지를 넓혀 토지를 갈음해 보상하거나 건축물의 일부와 그 건축물이 있는 대지의 공유지분을 교부할 수 있다.

  ㉤ 분양설계에 관한 계획은 제72조에 따른 분양신청기간이 만료

하는 날을 기준으로 수립한다.

② ①에 따른 관리처분계획의 수립기준 등에 필요한 사항은 대통령령으로 정한다.

(3) 건축물 등의 사용·수익의 중지 및 철거 등(법 제81조)

① 종전의 토지 또는 건축물의 소유자, 지상권자, 전세권자, 임차권자 등 권리자는 관리처분계획 인가의 고시가 있을 때 제86조(사업완료)에 따른 이전 고시가 있는 날까지 종전 토지 또는 건축물을 사용하거나 수익할 수 없다. 다만, 다음의 어느 하나에 해당하는 경우는 예외로 한다.

    ㉠ 사업시행자의 동의를 받은 경우

    ㉡ '공익사업을 위한 토지 등의 취득 및 보상에 관한 법률'에 따른 손실보상이 완료되지 않은 경우

② 사업시행자는 관리처분계획 인가를 받은 후 기존 건축물을 철거해야 한다.

③ 사업시행자는 다음의 어느 하나에 해당하는 경우에는 ②에도 불구하고, 기존 건축물 소유자의 동의 및 시장·군수 등의 허가를 받아 해당 건축물을 철거할 수 있다. 이 경우 건축물의 철거는 토지등소유자로서의 권리·의무에 영향을 주지 않는다.

    ㉠ '재난 및 안전관리 기본법'·'주택법'·'건축법' 등 관계 법령에서 정하는 기존 건축물의 붕괴 등 안전사고의 우려가 있는 경우

    ㉡ 폐공가(廢空家)의 밀집으로 범죄발생의 우려가 있는 경우

④ 시장·군수 등은 사업시행자가 ②에 따라 기존의 건축물을 철거하거나 철거를 위해서 점유자를 퇴거시키려는 경우 다음 각 호의 어느 하나에 해당하는 시기에는 건축물을 철거하거나 점유자를 퇴거시키는 것을 제한할 수 있다.

    ㉠ 일출 전과 일몰 후

ⓛ 호우, 대설, 폭풍해일, 지진해일, 태풍, 강풍, 풍랑, 한파 등으로 해당 지역에 중대한 재해발생이 예상되어 기상청장이 '기상법'에 따라 특보를 발표한 때

ⓒ '재난 및 안전관리 기본법'에 따른 재난이 발생한 때

ⓔ ⓐ부터 ⓒ까지의 규정에 준하는 시기로 시장·군수 등이 인정하는 시기

(4) 사업시행계획 인가 및 관리처분계획 인가 시기 조정(법 제75조)

① 특별시장·광역시장 또는 도지사는 정비사업의 시행으로 정비구역 주변지역에 주택이 현저하게 부족하거나 주택 시장이 불안정하게 되는 등 특별시·광역시 또는 도의 조례로 정하는 사유가 발생하는 경우는 '주거기본법'에 따른 시·도 주거정책심의위원회의 심의를 거쳐 사업시행계획 인가 또는 관리처분계획 인가 시기를 조정하도록 해당 시장, 군수 또는 구청장에게 요청할 수 있다. 이 경우 요청을 받은 시장, 군수 또는 구청장은 특별한 사유가 없으면 그 요청에 따라야 한다. 사업시행계획 인가 또는 관리처분계획 인가의 조정 시기는 인가를 신청한 날부터 1년을 넘을 수 없다.

② 특별자치시장 및 특별자치도지사는 정비사업의 시행으로 정비구역 주변 지역에 주택이 현저하게 부족하거나 주택 시장이 불안정하게 되는 등 특별자치시 및 특별자치도의 조례로 정하는 사유가 발생하는 경우는 '주거기본법'에 따른 시·도주거정책심의위원회의 심의를 거쳐 사업시행계획 인가 또는 관리처분계획 인가의 시기를 조정할 수 있다. 이 경우 사업시행계획 인가 또는 관리처분계획 인가의 조정시기는 인가를 신청한 날부터 1년을 넘을 수 없다.

③ ① 및 ②에 따른 사업시행계획 인가 또는 관리처분계획 인가의 시기 조정의 방법 및 절차 등에 필요한 사항은 특별시, 광역시, 특별

자치시·도 또는 특별자치도의 조례로 정한다.

(5) 관리처분계획 인가 시 '주택임대차보호법' 등 적용배제

관리처분계획 인가를 받은 경우는 지상권, 전세권설정계약 또는 임대차계약의 계약 기간에 대해 그 규정을 적용하지 않는다. 특히 '주택임대차보호법'과 '상가건물임대차보호법'은 '민법'의 특별법이지만, 도정법에 의한 재개발사업이 관리처분계획 인가가 났을 경우는 도정법이 우선한다(특별법 위의 상위법이 된다).

법 제70조 제5항(지상권 등 계약의 해지)

제74조에 따라 관리처분계획의 인가를 받은 경우 지상권·전세권설정계약 또는 임대차계약의 계약기간은 '민법' 제280조, 제281조 및 제312조 제2항, '주택임대차보호법' 제4조 제1항, '상가건물 임대차보호법' 제9조 제1항을 적용하지 않는다.

민법

제280조(존속기간을 약정한 지상권)

① 계약으로 지상권의 존속기간을 정하는 경우에는 그 기간은 다음 연한보다 단축하지 못한다.

　1. 석조, 석회조, 연와조 또는 이와 유사한 견고한 건물이나 수목의 소유를 목적으로 하는 때에는 30년

　2. 전호 이외의 건물의 소유를 목적으로 하는 때에는 15년

　3. 건물 이외의 공작물의 소유를 목적으로 하는 때에는 5년

② 전항의 기간보다 단축한 기간을 정한 때에는 전항의 기간까지 연장한다.

제281조(존속기간을 약정하지 아니한 지상권)

① 계약으로 지상권의 존속기간을 정하지 아니한 때에는 그 기간은 전조의 최단존속기간으로 한다.

② 지상권설정 당시에 공작물의 종류와 구조를 정하지 아니한 때에는 지상권은 전조 제2호의 건물의 소유를 목적으로 한 것으로 본다.

> **제312조(전세권의 존속기간)**
> ② 건물에 대한 전세권의 존속기간을 1년 미만으로 정한 때에는 이를 1년으로 한다.

> **'주택임대차보호법'**
> 제4조(임대차기간 등)
> ① 기간을 정하지 아니하거나 2년 미만으로 정한 임대차는 그 기간을 2년으로 본다.

> **'상가건물임대차보호법'**
> 제9조(임대차기간 등)
> ① 기간을 정하지 아니하거나 1년 미만으로 정한 임대차는 그 기간을 1년으로 본다.

- '주택임대차보호법'은 임대차계약기간과 관계없이 임차인이 원하면 임대차기간을 2년간 보장받을 수 있지만, 관리처분계획 인가를 받은 재개발구역에서는 이 2년의 임대차기간을 보장받을 수 없다는 뜻이다(지상권, 전세권, '상가건물 임대차보호법'의 보장기간도 마찬가지).
- 재개발구역 내 임대차의 경우에는 임차인에게 관리처분계획 인가 이후에는 '주택임대차보호법'에서 정한 기간을 보장할 수 없다는 내용을 인지시켜야 한다. 또한 '이주 요청 시 즉시 이사를 해야 하고 이사비 등을 청구할 수 없다'라는 내용을 특약으로 명시한다면, 대부분의 임차인은 이주 시에 적극 협조하게 된다.

(1) 조합원 동·호수 추첨

이주 후 철거가 완료되면 일반분양 1~2개월 전에 조합원 동·호수 추첨을 한다. 이전에 조합원분양신청기간에 분양신청한 평형대별로 추첨하는데 통상 5층 이상 로열층을 대상으로 한다. 조합원 동·호수 추첨을 하지 않는 자도 현금청산자가 되므로 동·호수 추첨일에 참석하지 못한다면 대리인을 선임하거나 조합에 위임해야 한다.

- 조합원 동·호수 추첨은 조합원분양 신청 시에 신청한 평형대별로 한다(59㎡형의 분양신청을 한 조합원들이 차례대로 나와서 동·호수를 뽑고, 그다음 84㎡형의 분양신청을 한 조합원들이 차례대로 나와서 뽑는다).
- 조합원 동·호수 추첨 시에는 경찰관 1명이 입회하고 대형카메라로 동시촬영해서 모든 조합원들이 잘 보일 수 있도록 한다.
- 조합원 동·호수 추첨은 초기에는 한 사람씩 나와서 수기로 뽑는 방식이었으나 시간이 오래 걸려 컴퓨터 전산을 이용한 자동추첨 형식을 선호한다.
- 그러나 컴퓨터로 추첨하는 방식은 원하지 않는 층(낮은 층, 서향 등)에 뽑힌 사람들이 컴퓨터조작 가능성을 제기하는 등의 문제로 다시 수기로 하는 구역도 있고, 공적기관인 한국지능정보사회진흥원에 의뢰해서 추첨하는 방식을 취하기도 한다.
- 조합원 동·호수 추첨 이후 남은 주택을 일반분양한다.

법 제79조(관리처분계획에 따른 처분 등)
① 정비사업의 시행으로 조성된 대지 및 건축물은 관리처분계획에 따라 처분 또는 관리하여야 한다.
② 사업시행자는 정비사업의 시행으로 건설된 건축물을 제74조에 따라 인가받은 관리처분계획에 따라 토지등소유자에게 공급하여야 한다.

(2) 일반분양

조합원에게 분양하고 남은 초과분에 대해 '주택공급에 관한 규칙'에 따라 일반분양한다. 모집공고는 일간신문 또는 해당 주택건설지역 거주자가 쉽게 접할 수 있는 일정한 장소에 게시·공고 한다.

 재개발구역에 부동산을 보유한 분양대상자는 그 구역의 일반분양 시 청약할 수 있는가? '주택공급에 관한 규칙'에 따르면 재개발구역에서 당첨자란 해당 관리처분계획 인가일 당시 입주대상자로 확정된 자를 말한다. 다시 말하면 관리처분계획 인가 전에 부동산을 구입한 경우 관리처분계획 인가가 도래했다면 당첨자로 보기 때문에 그 구역의 일반분양을 할 때 청약을 할 수 없다(부적격, 두 번 당첨된 것으로 처리됨). 따라서 관리처분계획 인가일 이후에 부동산을 매입했다면 그 구역의 일반분양 청약을 할 수 있다.

※ 투기과열지구 내에서 일반분양 또는 조합원분양에 당첨된 자는 5년간 투기과열지구에서 일반분양 또는 조합원분양에 재당첨 제한, 법 개정 이후 취득자에 적용(2017. 8. 2. 정책)

법 제79조 제4항(조합원 또는 토지등소유자 이외에게 분양)
④ 사업시행자는 제72조에 따른 분양신청을 받은 후 잔여분이 있는 경우에는 정관 등 또는 사업시행 계획으로 정하는 목적을 위하여 그 잔여분을 보류지(건축물을 포함한다)로 정하거나 조합원 또는 토지등소유자 이외의 자에게 분양할 수 있다. 이 경우 분양공고와 분양신청절차 등에 필요한 사항은 대통령령으로 정한다.

영 제67조(일반분양 신청절차 등)
법 제79조 제4항에 따라 조합원 외의 자에게 분양하는 경우의 공고, 신청절차, 공급조건·방법 및 절차 등은 '주택법' 제54조를 준용한다. 이 경우 '사업주체'는 '사업시행자(토지주택공사 등이 공동사업시행자인 경우에는 토지주택공사 등을 말한다)'로 본다.

11. 사업의 완료절차

공사완료	준공인가 신청(건축물·정비기반시설 등 설치 내역서 및 공사감리자의 의견서 첨부)
준공인가 및 공사완료 고시	• 준공인가증 교부 • 지방자치단체 공보에 고시
소유권이전 고시	소유권이전 고시가 있은 다음 날에 소유권을 취득한다.
조합해산 및 청산	이전 고시 후 조합해산 및 청산

출처 : 저자 작성

(1) 준공인가

공사가 완료되면 건축물·정비기반시설 등의 설치내역서 및 공사감리자의 의견서를 첨부해서 준공인가를 신청한다. 이를 검토·확인한 후 이상이 없으면 준공인가증을 교부한다. 조합은 관리처분계획에서 정한 사항을 분양받을 자에게 통지하고 대지 또는 건축물의 소유권을 이전(확정)해야 하며, 지방자치단체의 공보에 고시 후 시장·군수 등에게 보고해야 한다. 소유권이전 고시가 있은 다음 날에 소유권을 취득한다. 이전 고시 후 조합은 해산해야 한다.

> **법 제83조(정비사업의 준공인가)**
> ① 시장·군수 등이 아닌 사업시행자가 정비사업 공사를 완료한 때에는 대통령령으로 정하는 방법 및 절차에 따라 시장·군수 등의 준공인가를 받아야 한다.
> ② 제1항에 따라 준공인가 신청을 받은 시장·군수 등은 지체 없이 준공검사를 실시하여야 한다. 이 경우 시장·군수 등은 효율적인 준공검사를 위하여 필요한 때에는 관계 행정기관, 공공기관, 연구기관, 그 밖의 전문기관 또는 단체에게 준공검사의 실시를 의뢰할 수 있다.
> ③ 시장·군수 등은 제2항 전단 또는 후단에 따른 준공검사를 실시한 결과 정비사업이 인

가받은 사업시행계획대로 완료되었다고 인정되는 때에는 준공인가를 하고 공사의 완료를 해당 지방자치단체의 공보에 고시하여야 한다.

④ 시장·군수 등은 직접 시행하는 정비사업에 관한 공사가 완료된 때에는 그 완료를 해당 지방자치 단체의 공보에 고시하여야 한다.

⑤ 시장·군수 등은 제1항에 따른 준공인가를 하기 전이라도 완공된 건축물이 사용에 지장이 없는 등 대통령령으로 정하는 기준에 적합한 경우에는 입주예정자가 완공된 건축물을 사용할 수 있도록 사업시행자에게 허가할 수 있다. 다만, 시장·군수 등이 사업시행자인 경우에는 허가를 받지 아니하고 입주예정자가 완공된 건축물을 사용하게 할 수 있다.

⑥ 제3항 및 제4항에 따른 공사완료의 고시 절차 및 방법, 그 밖에 필요한 사항은 대통령령으로 정한다.

(2) 준공인가 등에 따른 정비구역의 해제(법 제84조)

① 정비구역의 지정은 준공인가의 고시가 있은 날(관리처분계획을 수립하는 경우에는 이전 고시가 있은 때를 말한다)의 다음 날에 해제된 것으로 본다. 이 경우 지방자치단체는 해당 지역을 '국토의 계획 및 이용에 관한 법률'에 따른 지구단위계획으로 관리해야 한다.

② ①에 따른 정비구역의 해제는 조합의 존속에 영향을 주지 않는다.

(3) 이전 고시 등(법 제86조)

① 사업시행자는 제83조 제3항 및 제4항(공사완료)에 따라 고시가 있을 때는 지체 없이 대지확정측량을 하고 토지의 분할절차를 거쳐 관리처분계획에서 정한 사항을 분양받을 자에게 통지하고 대지 또는 건축물의 소유권을 이전해야 한다. 다만, 정비사업의 효율적인 추진을 위해 필요한 경우는 해당 정비사업에 관한 공사가 전부 완료되기 전이라도 완공된 부분은 준공인가를 받아 대지 또는 건축물별로 분양받을 자에게 소유권을 이전할 수 있다.

② 사업시행자는 ①에 따라 대지 및 건축물의 소유권 이전 시 그 내

용을 해당 지방자치단체의 공보에 고시한 후 시장·군수 등에게 보고해야 한다. 이 경우 대지 또는 건축물을 분양받을 자는 고시일의 다음 날에 그 대지 또는 건축물의 소유권을 취득한다.

◆ 이전 고시의 효과

- 대지, 건축물에 대한 권리 확정 : 관리처분계획에 따라 소유권을 이전한 경우 종전 토지, 건축물에 설정된 지상권, 전세권, 저당권, 임차권, 가등기담보권, 가압류 등 등기된 권리 및 대항력을 갖춘 임차권은 소유권을 이전받은 대지 또는 건축물에 설정된 것으로 본다.
- 환지 또는 보류지 등으로 간주 : 토지등소유자(분양대상 조합원)에게 분양하는 대지 또는 건축물은 '도시개발법'에 따른 환지로, 보류지와 일반분양 대지 또는 건축물은 '도시개발법'에 따른 보류지 또는 체비지로 본다.
- 다른 등기의 제한 : 이전 고시가 있은 날부터 분양등기가 있을 때까지는 저당권 등의 다른 등기를 하지 못한다.
- 청산금의 지급·징수 : 종전에 소유하고 있던 토지 또는 건축물의 가격과 분양받은 대지 또는 건축물의 가격 사이에 차이가 있는 경우 시행자는 이전 고시 후에 그 차액에 상당하는 금액(청산금)을 분양자에게 징수 또는 지급해야 한다.
- 등기절차 : 사업시행자는 이전 고시가 있을 때 지체 없이 등기를 촉탁 또는 신청해야 한다.

이전 고시가 되면 이와 같은 효과가 있지만 핵심적인 효과는 다음과 같다. 조합설립 인가, 사업시행계획, 관리처분계획의 취소소송이나 무효확인의 소를 구할 수가 없다. 또한 현금청산자 등이 수용재결, 이의재결의 취소도 구할 수가 없다. 조합 입장에서는 이전 고시를 통해 정비사업과 관련된 불편한 상황들이 정리되는 것이다. 이전 고시는 고시 이전의 사업상 과실로 인해 고시 전 단계로 돌이키는 것이 불가능하다.

(4) 조합의 해산

① 조합장은 제86조 제2항에 따른 고시가 있은 날부터 1년 이내에 조합해산을 위한 총회를 소집해야 한다.

② 조합장이 제1항에 따른 기간 내에 총회를 소집하지 않은 경우 제44조 제2항에도 불구하고 조합원 5분의 1 이상의 요구로 소집된 총회에서 조합원 과반수의 출석과 출석 조합원 과반수의 동의를 받아 해산을 의결할 수 있다. 이 경우 요구자 대표로 선출된 자가 조합해산을 위한 총회의 소집 및 진행할 때는 조합장의 권한을 대행한다.

③ 시장·군수 등은 조합이 정당한 사유 없이 제1항 또는 제2항에 따라 해산을 의결하지 않은 경우 조합설립 인가를 취소할 수 있다.

④ 해산하는 조합에 청산인이 될 자가 없는 경우에는 '민법' 제83조에도 불구하고 시장·군수 등은 법원에 청산인의 선임을 청구할 수 있다.

(5) 청산

대지 또는 건축물을 분양받은 자가 종전에 소유하고 있던 토지 또는 건축물의 가격과 분양받은 대지 또는 건축물의 가격 사이에 차이가 있는 경우 사업시행자는 제86조 제2항(소유권 이전)에 따른 이전 고시 후에 그 차액에 상당하는 금액(이하 '청산금'이라고 한다)을 분양받은 자로부터 징수하거나 분양받은 자에게 지급해야 한다.

시장·군수 등인 사업시행자는 청산금을 납부할 자가 이를 납부하지 않은 경우 지방세 체납처분의 예에 따라 징수할 수 있으며, 시장·군수 등이 아닌 사업시행자는 시장·군수 등에게 청산금의 징수를 위탁할 수 있다.

청산금을 지급받을 자가 받을 수 없거나 받기를 거부한 때는 사업시행자는 그 청산금을 공탁할 수 있다.

청산금을 지급받을 권리 또는 이를 징수할 권리는 이전 고시일의 다음 날부터 5년간 행사하지 않으면 소멸한다.

법 제87조(대지 및 건축물에 대한 권리의 확정)

① 대지 또는 건축물을 분양받을 자에게 제86조 제2항에 따라 소유권을 이전한 경우 종전의 토지 또는 건축물에 설정된 지상권, 전세권, 저당권, 임차권, 가등기담보권, 가압류 등 등기된 권리 및 '주택임대차보호법' 제3조 제1항의 요건을 갖춘 임차권은 소유권을 이전받은 대지 또는 건축물에 설정된 것으로 본다.

② 제1항에 따라 취득하는 대지 또는 건축물 중 토지등소유자에게 분양하는 대지 또는 건축물은 '도시개발법' 제40조에 따라 행하여진 환지로 본다.

③ 제79조 제4항에 따른 보류지와 일반에게 분양하는 대지 또는 건축물은 '도시개발법' 제34조에 따른 보류지 또는 체비지로 본다.

법 제88조(등기절차 및 권리변동의 제한)

① 사업시행자는 제86조 제2항에 따른 이전고시가 있은 때에는 지체 없이 대지 및 건축물에 관한 등기를 지방법원지원 또는 등기소에 촉탁 또는 신청하여야 한다.

② 제1항의 등기에 필요한 사항은 대법원규칙으로 정한다.

③ 정비사업에 관하여 제86조 제2항에 따른 이전 고시가 있은 날부터 제1항에 따른 등기가 있을 때까지는 저당권 등의 다른 등기를 하지 못한다.

법 제89조(청산금 등)

① 대지 또는 건축물을 분양받은 자가 종전에 소유하고 있던 토지 또는 건축물의 가격과 분양받은 대지 또는 건축물의 가격 사이에 차이가 있는 경우 사업시행자는 제86조 제2항에 따른 이전 고시가 있은 후에 그 차액에 상당하는 금액(이하 '청산금'이라 한다)을 분양받은 자로부터 징수하거나 분양받은 자에게 지급하여야 한다.

② 제1항에도 불구하고 사업시행자는 정관 등에서 분할징수 및 분할지급을 정하고 있거나 총회의 의결을 거쳐 따로 정한 경우에는 관리처분계획 인가 후부터 제86조 제2항에 따른 이전 고시가 있은 날까지 일정 기간별로 분할징수하거나 분할지급할 수 있다.

③ 사업시행자는 제1항 및 제2항을 적용하기 위하여 종전에 소유하고 있던 토지 또는 건축물의 가격과 분양받은 대지 또는 건축물의 가격을 평가하는 경우 그 토지 또는 건축물의 규모·위치·용도·이용 상황·정비사업비 등을 참작하여 평가하여야 한다.

④ 제3항에 따른 가격평가의 방법 및 절차 등에 필요한 사항은 대통령령으로 정한다.

(6) 보류지와 체비지

① 보류지

- 분양대상이 누락, 착오 등 관리처분계획의 변경과 소송 등의 사유로 향후 추가 분양이 예상되는 경우
- 정비기반시설의 설치로 수용된 자의 우선매수청구권이 있는 경우
- 공동주택건립 세대수의 1/100 이내의 공동주택
- 상가 등 부대복리시설 총면적의 1/100 이내의 상가 등 부대복리시설

② 체비지

- 토지등소유자의 부동산, 보류지를 제외한 토지 및 건축물
- '주택공급에 관한 규칙'에 따라 일반에게 분양

공동주택세대수나 상가 등 면적의 1/100 이내에서 보류지로 지정해 둔다. 이는 분양신청 시에는 분양자격이 없었는데 소송으로 분양자격을 취득하는 등 추가 분양대상자가 생기는 경우를 대비하는 것이다.

(7) 정비기반시설의 귀속 및 국·공유지의 처분

1) 정비기반시설 및 토지 등의 귀속(법 제97조)

① 시장·군수 등 또는 토지주택공사 등이 정비사업의 시행으로 새로 정비기반 시설을 설치하거나 기존의 정비기반시설을 대체하는 정비기반시설을 설치한 경우에는 '국유재산법' 및 '공유재산 및 물품 관리법'에도 불구하고 종래의 정비기반시설은 사업시행자에게 무상으로 귀속되고, 새로 설치된 정비기반시설은 그 시설을 관리할 국가 또는 지방자치단체에 무상으로 귀속된다.

② 시장·군수 등 또는 토지주택공사 등이 아닌 사업시행자가 정비사업의 시행으로 새로 설치한 정비기반시설은 그 시설을 관리할 국가 또는 지방자치단체에 무상으로 귀속되고, 정비사업의 시행으로 용도가 폐지되는 국가 또는 지방자치단체 소유의 정비기반시설은 사업시행자가 새로 설치한 정비기반시설의 설치비용에 상당하는 범위에서 그에게 무상으로 양도된다.

2) 국유·공유재산의 처분(법 제98조)

① 시장·군수 등은 인가하려는 사업시행계획 또는 직접 작성하는 사업시행계획서에 국유·공유재산의 처분에 관한 내용이 포함되어 있는 때는 미리 관리청과 협의해야 한다. 이 경우 관리청이 불분명한 재산 중 도로·구거(도랑) 등은 국토교통부 장관을, 하천은 환경부 장관을, 그 외의 재산은 기획재정부 장관을 관리청으로 본다.

② ①에 따라 협의를 받은 관리청은 20일 이내에 의견을 제시해야 한다.

③ 정비구역의 국유·공유재산은 정비사업 외의 목적으로 매각되거나 양도될 수 없다.

④ 정비구역의 국유·공유재산은 '국유재산법' 또는 '공유재산 및 물

품 관리법'에 따른 국유재산종합계획 또는 공유재산관리계획과 '국유재산법' 및 '공유재산 및 물품 관리법'에 따른 계약의 방법에도 불구하고 사업시행자 또는 점유자 및 사용자에게 다른 사람에 우선해 수의계약으로 매각 또는 임대될 수 있다.

⑤ ④에 따라 다른 사람에 우선해 매각 또는 임대될 수 있는 국유·공유재산은 '국유재산법', '공유재산 및 물품 관리법' 및 그 밖에 국유·공유지의 관리와 처분에 관한 관계 법령에도 불구하고 사업시행계획 인가의 고시가 있은 날부터 종전의 용도가 폐지된 것으로 본다.

⑥ ④에 따라 정비사업을 목적으로 우선해 매각하는 국유·공유지는 사업시행계획 인가의 고시한 때를 기준으로 평가하며, 주거환경개선사업의 경우 매각가격은 평가금액의 80/100으로 한다. 다만, 사업시행계획 인가의 고시가 있은 날부터 3년 이내에 매매계약을 체결하지 아니한 국유·공유지는 '국유재산법' 또는 '공유재산 및 물품 관리법'에서 정한다.

정비사업은 이 절차대로 진행되고, 재건축사업의 경우에는 안전진단절차가 추가된다. 정비사업이 진행되는 데 완성까지 평균 10년 이상은 소요된다.

주택공급
방법

1. 주택공급

(1) 재개발사업

① 원칙 : 1주택 공급의 원칙
- 1세대 또는 1인이 하나 이상의 주택 또는 토지 소유 시
- 공유주택 소유 시

② 1주택 공급의 예외
근로자 숙소, 기숙사 용도의 주택 소유자와 국가, 지방자치단체 및 토지주택공사 등인 경우에는 소유한 주택수만큼 공급할 수 있다.

(2) 재건축사업

① 원칙
- 소유한 주택의 수만큼 공급
- 과밀억제권역에 위치한 재건축구역은 최대 3주택까지 공급

② 규제지역에서 1주택 공급

조정대상지역이나 투기과열지구에서는 1주택만 공급(단, 제74조 제1항 제5호에 따라 2주택을 공급 가능)

- 재개발사업의 경우에 1세대가 여러 채의 주택을 소유하고 있더라도 1주택만 공급하고, 1인이 여러 채의 주택을 소유하고 있더라도 1주택만 공급한다. 단, 근로자 숙소나 국가 소유인 경우에는 소유한 주택수만큼 공급할 수 있다.
- 1세대 또는 1인이 여러 채의 주택을 소유하고 있는 경우 조합설립 인가 전에 타인에게 매각하면 그 타인도 분양자격을 받을 수 있다.

법 제76조 제1항 제6호, 제7호(주택의 공급)

6. 1세대 또는 1명이 하나 이상의 주택 또는 토지를 소유한 경우 1주택을 공급하고, 같은 세대에 속하지 아니하는 2명 이상이 1주택 또는 1토지를 공유한 경우에는 1주택만 공급한다.

7. 제6호에도 불구하고 다음 각 목의 경우에는 각 목의 방법에 따라 주택을 공급할 수 있다.

   가. 2명 이상이 1토지를 공유한 경우로서 시·도조례로 주택공급을 따로 정하고 있는 경우에는 시·도조례로 정하는 바에 따라 주택을 공급할 수 있다.

   나. 다음 어느 하나에 해당하는 토지등소유자에게는 소유한 주택수만큼 공급할 수 있다.

   1) 과밀억제권역에 위치하지 아니한 재건축사업의 토지등소유자. 다만, 투기과열지구 또는 '주택법' 제63조의 2 제1항 제1호에 따라 지정된 조정대상지역에서 사업시행계획 인가(최초 사업시행계획 인가를 말한다)를 신청하는 재건축사업의 토지등소유자는 제외한다.

   2) 근로자(공무원인 근로자를 포함한다) 숙소, 기숙사 용도로 주택을 소유하고 있는 토지등소유자

   3) 국가, 지방자치단체 및 토지주택공사 등

   4) '국가균형발전 특별법' 제18조에 따른 공공기관지방이전 및 혁신도시 활성화를 위한 시책 등에 따라 이전하는 공공기관이 소유한 주택을 양수한 자. 제74조 제1항 제5호에 따른 가격의 범위 또는 종전 주택의 주거전용면적의 범위

에서 2주택을 공급할 수 있고, 이 중 1주택은 주거전용면적을 60m² 이하로 한다. 다만, 60m² 이하로 공급받은 1주택은 제86조 제2항에 따른 이전고시일 다음 날부터 3년이 지나기 전에는 주택을 전매(매매·증여나 그 밖에 권리의 변동을 수반하는 모든 행위를 포함하되 상속의 경우는 제외한다)하거나 전매를 알선할 수 없다.

라. 과밀억제권역에 위치한 재건축사업의 경우에는 토지등소유자가 소유한 주택수의 범위에서 3주택까지 공급할 수 있다. 다만, 투기과열지구 또는 '주택법' 제63조의2 제1항 제1호에 따라 지정된 조정대상지역에서 사업시행계획 인가(최초 사업시행계획 인가를 말한다)를 신청하는 재건축사업의 경우에는 그러하지 아니하다.

(3) 투기과열지구 내 재건축·재개발 조합원 지위 양도제한

재건축사업은 조합설립 인가 이후 주택양수 시, 재개발사업은 관리처분계획 인가 이후 양수 시 조합원 자격을 승계받지 못한다.

◆ 다음의 예외에 해당하는 경우 조합원 지위 승계 가능

1. 세대원(세대주가 포함된 세대의 구성원을 말한다. 이하 이 조에서 같다)의 근무상 또는 생업상의 사정이나 질병치료('의료법'에 따른 의료기관의 장이 1년 이상의 치료나 요양이 필요하다고 인정하는 경우로 한정한다), 취학, 결혼으로 세대원이 모두 해당 사업구역이 위치하지 않은 특별시, 광역시, 특별자치시, 특별자치도, 시 또는 군으로 이전하는 경우
2. 상속으로 취득한 주택으로 세대원 모두 이전하는 경우
3. 세대원 모두 해외로 이주하거나 세대원 모두 2년 이상 해외에 체류하려는 경우
4. 1세대 1주택자로서 양도하는 주택에 대한 소유기간 및 거주기간이 대통령령으로 정하는 기간 이상인 경우(10년 이상 소유 및 5년 이상 거주)
5. 제80조에 따른 지분형주택을 공급받기 위해서 건축물 또는 토지를 토지주택공사 등과 공유하려는 경우

6. 공공임대주택, '공공주택 특별법'에 따른 공공분양주택의 공급 및 대통령령으로 정하는 사업을 목적으로 건축물 또는 토지를 양수하려는 공공재개발사업 시행자에게 양도하려는 경우

7. 그 밖에 불가피한 사정으로 양도하는 경우로서 대통령령으로 정하는 다음의 경우

   ① 조합설립 인가일부터 3년 이상 사업시행계획 인가 신청이 없는 재건축사업의 건축물을 3년 이상 계속해서 소유하고 있는 자(소유기간을 산정할 때 소유자가 피상속인으로부터 상속받아 소유권을 취득한 경우에는 피상속인의 소유기간을 합산한다)가 사업시행계획 인가 신청 전에 양도하는 경우

   ② 사업시행계획 인가일부터 3년 이내에 착공하지 못한 재건축사업의 토지 또는 건축물을 3년 이상 계속해서 소유하고 있는 자가 착공 전에 양도하는 경우

   ③ 착공일부터 3년 이상 준공되지 않은 재개발·재건축사업의 토지를 3년 이상 계속해서 소유하고 있는 경우

   ④ 법률 제7056호 도시 및 주거환경정비법 일부 개정법률 부칙 제2항에 따른 토지등소유자로부터 상속, 이혼으로 인해 토지 또는 건축물을 소유한 자

   ⑤ 국가·지방자치단체 및 금융기관('주택법 시행령' 제71조 제1호 각 목의 금융기관을 말한다)에 대한 채무를 이행하지 못해 재개발·재건축사업의 토지 또는 건축물이 경매 또는 공매되는 경우

   ⑥ '주택법'에 따른 투기과열지구(이하 '투기과열지구'라고 한다)로 지정되기 전에 건축물 또는 토지를 양도하기 위한 계약(계약금 지급 내역 등으로 계약일을 확인할 수 있는 경우로 한정한다)을 체결하고, 투기과열지구로 지정된 날부터 60일 이내에 '부동산 거래신고 등에 관한 법률'에 따라 부동산 거래를 신고한 경우

2. 권리산정 기준일

(1) 권리산정 기준일

권리산정 기준일은 조합원 입주권을 받을 수 있는 권리가 발생한 날로서 원칙적으로는 정비구역의 지정·고시가 있은 날이다. 그러나 정비구역 지정·고시 전에 지분 쪼개기로 토지등소유자가 증가되었다면 투기가 성행하고 이로 인해 사업이 어려워져서 도시정비사업이 진행되기 쉽지 않을 것이다. 이런 경우에는 시·도지사가 지분 쪼개기가 이루어지기 전의 날을 권리산정 기준일로 지정할 수 있다. 지분 쪼개기는 조합원 입주권을 받을 수 있는 최소 부동산의 크기만큼 나누는 것을 말한다. 각 구역별로 권리산정 기준일은 정해져 있다.

법 제77조(주택 등 건축물을 분양받을 권리의 산정 기준일)

① 정비사업을 통하여 분양받을 건축물이 다음 각 호의 어느 하나에 해당하는 경우에는 제16조 제2항 전단에 따른 고시가 있는 날 또는 시·도지사가 투기를 억제하기 위하여 기본계획 수립 후 정비구역 지정·고시 전에 따로 정하는 날(이하 이 조에서 '기준일'이라고 한다)의 다음 날을 기준으로 건축물을 분양받을 권리를 산정한다.

1. 1필지의 토지가 여러 개의 필지로 분할되는 경우
2. 단독주택 또는 다가구주택이 다세대주택으로 전환되는 경우
3. 하나의 대지 범위에 속하는 동일인 소유의 토지와 주택 등 건축물을 토지와 주택 등 건축물로 각각 분리하여 소유하는 경우
4. 나대지에 건축물을 새로 건축하거나 기존 건축물을 철거하고 다세대주택, 그 밖의 공동주택을 건축하여 토지등소유자의 수가 증가하는 경우

② 시·도지사는 제1항에 따라 기준일을 따로 정하는 경우에는 기준일·지정사유·건축물을 분양받을 권리의 산정 기준 등을 해당 지방자치단체의 공보에 고시하여야 한다.

---

(2) 정비계획의 입안에 의한 권리산정 기준일

법 제77조 제2항에 의해 시·도지사는 권리산정 기준일을 따로 지정할 수 있는데, 부산광역시는 신규 정비구역지정요건 적정성 판단을 위한 사전타당성 검토심의결과(원안 의결, 조건부의결)를 자치구·군에 통보한 날이다(2020년 9월 14일).

> 권리산정 기준일을 쪼개기 금지 기준일이라고도 하는데, 권리산정 기준일 이전에 쪼개기가 되었다면 분양자격을 쪼갠 수만큼 모두 부여하지만 기준일 이후에 쪼개기가 되었다면 분양자격을 주지 않겠다는 것이다. 재개발의 경우에 단독주택 소유 시 단독주택의 건축물과 토지를 따로 소유하고 있다면 각각 분양자격이 주어진다. 이때 소유하는 각 시점이 권리산정 기준일 이후라면 분양자격을 개별적으로 부여하지 않는다. 권리산정 기준일 이전부터 건축물과 토지의 소유자가 따로 분리되어 있어야 각각에게 분양자격이 주어진다. 마찬가지로 토지의 분할이나 그 밖에 토지등소유자가 증가하는 경우 분양받을 권리는 권리산정 기준일을 기준으로 산정한다.

3. 분양대상

(1) 공동주택 분양대상

정비구역에 최소 어느 정도 규모의 토지나 주택을 소유하고 있어야 분양의 대상이 되는지, 무허가주택의 분양대상의 기준 날짜는 언제인지 등을 각 시·도 도정법 조례에서 정하고 있다. 재건축구역은 건물 및 그 부속 토지를 소유하고 있어야 분양대상이 되지만, 재개발사업은 건물이나 토지가 각각 분양대상이 된다. 각 시·도별로 분양대상을 다르게 적용하고 있으니 조례를 찾아서 분양대상조건을 확인해야 한다. 다음은 부산시 재개발구역의 분양대상이다.

◆ 부산 재개발구역 분양대상

구분	분양대상(부산)	비고
주택	모든 주택	면적기준 없음.
토지	- 유주택자 : 60㎡ 이상(총면적) - 무주택자 : 20㎡ 이상(한 필지) 권리산정 기준일 이전 분리, 지목이 도로이며 도로로 이용되고 있는 경우 제외	무주택자는 사업시행계획 인가 고시일 이후부터 공사완료 고시일까지 세대원 전원이 무주택인 경우에 한정
무허가건축물	- 기존 무허가 : 분양자격 있음. - 신발생 무허가 : 분양자격 없음.	기존 무허가 : 1989년 3월 29일 재산세납부내역, 항공사진 존재여부
주택 공유자	하나의 분양자격만 지급	
종전 토지 및 건축물가액	분양용 최소규모 공동주택 1가구의 추산액 이상인 자	
사업시행방식 전환	전환되기 전의 사업방식에 의해 환지를 지정받은 자	

출처 : 저자 작성

① 주택

주택의 면적은 관계가 없고 주택은 모두 분양대상이다. 건축물대장에 등재되어 있는 주택으로서 면적의 크기와 무관하게 분양자격이 주어진다. 주거전용면적이 새로이 분양하는 주택의 주거면적의 2배 이상이 되면 2주택 공급대상이 될 수도 있다(뒤편에서 상세히 설명). 구역 내의 주택은 면적이 5평이든, 50평이든 똑같이 분양자격이 주어진다.

② 토지

유주택자인 경우에는 그 구역 내의 토지 총면적이 60㎡(서울 90㎡) 이상인 경우에 분양대상(지목이나 현황 조건 없음)이다. 무주택자인 경우에는 그 구역 내에 1필지의 면적이 20㎡ 이상인 경우에 사업시행계획 인가 고시일 이후부터 공사완료 고시일까지 세대원 전원이 무주택인 경우에 분양대상이다. 단, 권리산정 기준일 이전부터 분리되어 있어야 하며, 지목이 도로이고 도로로 이용되고 있는 경우는 제외(서울은 무주택자의 토지 분양 자격요건은 삭제)한다.

- 구역 내에 두 필지가 있는데 면적이 1번지에 30㎡가 있고 35번지에 70㎡가 있다면 총면적의 합이 100㎡이므로 분양자격이 주어진다. 이 경우 소유주의 주택소유 여부는 관계가 없다.
- 구역 내의 1필지 면적이 30㎡만 소유하고 있는 경우에는 만약 이 소유주가 무주택자이고 소유한 토지가 도로가 아니라면 분양자격이 주어진다. 단, 이 경우 세대원 전원이 공사완료 고시일까지 무주택이어야 한다.
- 토지의 분양자격 면적은 시·도 '건축법'의 대지분할제한 면적 이상이어야 한다. 따라서 투자하고자 하는 시·도의 '건축법'을 확인해야 한다.

◆ '건축법'의 시별 건축물이 있는 대지의 분할제한

구분	서울	부산	대구	인천	광주	대전	울산
주거지역	90㎡	60㎡	90㎡	90㎡	60㎡	60㎡	90㎡
상업지역	150㎡	150㎡	150㎡	150㎡	150㎡	150㎡	150㎡
공업지역	200㎡	150㎡	200㎡	150㎡	150㎡	150㎡	200㎡
녹지지역	200㎡	200㎡	200㎡	200㎡	200㎡	200㎡	200㎡

③ 무허가건축물

무허가건축물은 기존(특정) 무허가건축물과 신발생 무허가건축물로 나누어지는데, 기존 무허가건축물만 분양자격이 주어진다(1989년 3월 29일 이전에 건축된 무허가건축물을 기존 무허가건축물이라 하고, 그 이후에 건축된 무허가건축물을 신발생 무허가건축물이라 한다. 서울은 1989년 1월 24일 현재 무허가건축물대장에 등재된 무허가건축물을 특정무허가 건축물이라 하고 분양대상이 된다).

- 기존 무허가건축물은 분양자격이 주어지는데 기준일 이전부터 건축물이 존재했다는 것은 어떻게 증명할 것인가? 기준일 이전에 재산세 등 세금 납부내역이 있든지, 기준일 이전에 촬영된 항공사진에 그 무허가건축물이 찍혀 있어야 한다. 특히 주의해야 할 것은 매매 시 매도인에게 재산세 영수증이나 항공사진 존재 확인서류를 받아 놓아야 한다는 것이다(재산세 영수증은 구청, 항공사진 존재서류는 시청 정비 관련 부서에서 발급받을 수 있다).
- 무허가건축물의 경우에는 그 부속 토지가 국·공유 재산이기에 변상금(사용료)의 미납이 있을 수 있으므로 완납 여부도 확인해야 한다.
- 타 시·도의 경우에 기존무허가건축물을 특정무허가건축물이라고도 한다.

◆ 기존(특정) 무허가건축물 기준일

기존(특정) 무허가건축물						
부산	서울	대구	인천	광주	대전	울산
1989. 3. 29	1989. 1. 24					

◆ 항공사진 판독신청서

부산광역시

수신 : 부산시 동구 초량동 ○○○-10번지 ○○○귀하

제목 : 항공사진 판독신청서에 대한 회신(접수번호 1000)

1. 평소 시정발전을 위해 적극 협조해주시는 귀하께 감사드립니다.
2. 귀하께서 판독 의뢰한 동구 초량동 ○○○-10번지 상 표시 건축물의 1989년 3월 존치 여부에 대해서 1988년 11월 29일 촬영 항공사진 판독 결과, 건축물이 존치하고 있음을 회신합니다. 끝.

◆ 변상금 납부독촉서

한국자산관리공사

수신 : 부산시 남구 용제당로 ○○○번길 25 (우암동) ○○○귀하

제목 : 국유재산 변상금 납부독촉 (우암동 ○○○-999)

1. 귀하의 건승을 기원합니다.
2. 귀하의 부산광역시 남구 우암동 소재의 국유재산에 대한 변상금을 다음과 같이 납부 안내했으나 현재까지 납부하지 않아 납부 독촉을 하오니 2017년 ○월 ○일까지 납 부해주시기 바랍니다. 만약, 납부기한 내에 납부하지 않을 경우 연체기간에 따라 연 12~15%의 연체이자가 가산됨은 물론, 귀하 소유재산의 압류 등 제반 법적 조치가 불가피함을 양지하시기 바랍니다.

변상금 내역 : 금 15,998,560원

④ 주택공유자

주택공유자는 하나의 분양자격을 갖는다(여러 명이 공유로 주택을 매입했 다면 하나의 분양자격만 주어진다).

주택공유자의 주택을 매입했다면 다른 공유자와 합쳐서 하나의 분양자격만 주어진 다. 그러나 토지의 경우에는 권리산정 기준일 이전에 분양자격기준 이상을 공유로 매입했다면 모두 분양자격이 주어진다.

⑤ 종전 토지 및 건축물의 가액이 분양용 최소 규모 공동주택 1가구의 추산액 이상인 자

예를 들어, 종전 토지가 15㎡인데 감정평가금액이 3억 원이고, 분양용 최소규모 1가구의 공동주택 가격이(59A타입) 2억 5,000만 원이라면, 이 토지면적의 기준을 충족하지 않더라도 감정평가금액이 공동주택가격보다 많으므로 분양자격이 주어진다. 상업지역 등에서 가능하다.

⑥ 전환되기 전의 사업방식에 의해 환지를 지정받은 자

주거환경개선사업으로 환지 대상자였는데 사업방식이 재개발사업으로 전환된 경우, 재개발사업의 분양대상자는 아니지만 전환되기 전의 환지대상자이므로 분양자격이 주어진다.

◆ 여러 명의 분양신청자를 1명의 분양대상자로 보는 경우

- 단독주택 또는 다가구주택이 권리산정 기준일 이후 다세대주택으로 전환된 경우
- 여러 명의 분양신청자가 하나의 세대인 경우(세대주와 동일한 세대별 주민등록표상에 등재되어 있지 않은 배우자 및 배우자와 동일한 세대를 이루고 있는 세대원을 포함)
- 1주택 또는 1필지의 토지를 여러 명이 소유하고 있는 경우[권리산정 기준일 이전에 공유지분으로 소유한 토지의 지분면적이 60㎡ 이상인 자는 그렇지 않다(서울은 90㎡).]
- 권리산정 기준일 이후에 1필지의 토지를 수 개의 필지로 분할한 경우
- 하나의 대지 범위에 속하는 동일인 소유의 토지와 주택을 권리산정 기준일 이후 토지와 주택으로 각각 분리해서 소유한 경우

부산시 도정법 조례
제37조(재개발사업의 분양대상 등)

① 영 제63조 제1항 제3호 단서에 따라 재개발사업으로 조성되는 대지 및 건축시설 중 공동주택의 분양대상자는 관리처분계획기준일 현재 다음 각 호의 어느 하나에 해당하는 자로 한다.

1. 종전 건축물 중 주택(기존무허가건축물로서 사실상 주거용으로 사용되고 있는 건축물을 포함한다)을 소유한 자

2. 분양신청자가 소유하고 있는 종전 토지의 총면적이 '부산광역시 건축 조례' 제39조의 규모 이상인 자. 다만, 법 제77조에 따른 권리산정 기준일 이전에 분할된 1필지 토지로서 그 면적이 $20m^2$ 이상인 토지(지목이 도로이며, 도로로 이용되고 있는 경우를 제외한다)이 소유자는 사업시행계획 인가 고시일 이후부터 법 제83조 제3항에 따른 공사완료 고시일까지 분양신청자를 포함한 세대원(세대주 및 세대주와 동일한 세대별 주민등록표상에 등재되어 있지 아니한 세대주의 배우자 및 배우자와 동일한 세대를 이루고 있는 세대원을 포함한다) 전원이 주택을 소유하고 있지 아니한 경우에 한정하여 분양대상자로 할 수 있다.

3. 분양신청자가 소유하고 있는 종전 토지 및 건축물의 가액이 분양용 최소규모 공동주택 1가구의 추산액 이상인 자

4. 사업시행방식이 전환되는 경우 전환되기 전의 사업방식에 의하여 환지를 지정받은 자. 이 경우 제1호부터 제3호까지의 규정은 적용하지 아니할 수 있다.

② 제1항에 따른 공동주택분양대상자 중 다음 각 호의 어느 하나에 해당하는 경우에는 여러 명의 분양신청자를 1명의 분양대상자로 본다.

1. 단독주택 또는 다가구주택이 법 제77조에 따른 권리산정 기준일 후 다세대주택으로 전환된 경우

2. 여러 명의 분양신청자가 하나의 세대인 경우. 이 경우 세대주와 동일한 세대별 주민등록표상에 등재되어 있지 아니한 세대주의 배우자 및 배우자와 동일한 세대를 이루고 있는 세대원을 포함한다.

3. 1주택 또는 1필지의 토지를 여러 명이 소유하고 있는 경우. 다만, 법 제77조에 따른 권리산정 기준일 이전에 공유지분으로 소유한 토지의 지분면적이 '부산광역시 건축 조례' 제39조에 따른 규모 이상인 자는 그러하지 아니하다.

4. 법 제77조에 따른 권리산정 기준일 후 1필지의 토지를 수개의 필지로 분할한 경우

5. 하나의 대지 범위에 속하는 동일인 소유의 토지와 주택을 법 제77조에 따른 권리산정 기준일 후 토지와 주택으로 각각 분리하여 소유한 경우

6. 법 제77조에 따른 권리산정 기준일 후 나대지에 건축물을 새로 건축하거나 기존 건축물을 철거하고 다세대주택, 그 밖의 공동주택을 건축하여 토지등소유자의 수가 증가하는 경우

③ 제1항 제2호에 따른 토지면적 및 같은 항 제3호에 따른 종전 토지 등의 가액을 산정함에 있어 다음 각 호의 어느 하나에 해당하는 토지는 포함하지 아니한다.

1. '건축법' 제2조 제1호에 따른 하나의 대지 범위에 속하는 토지가 여러 필지인 경우로서 법 제77조에 따른 권리산정 기준일 후에 그 토지의 일부를 취득하였거나 공유지분으로 취득한 경우

2. 하나의 건축물이 하나의 대지 범위에 속하는 토지를 점유하고 있는 경우로서 법 제77조에 따른 권리산정 기준일 후에 그 건축물과 토지를 분리하여 취득한 경우

3. 1필지의 토지를 법 제77조에 따른 권리산정 기준일 후 분할 취득하거나 공유지분으로 취득한 경우

④ 제1항부터 제3항까지의 규정에도 불구하고 사업시행방식이 전환되는 경우에는 환지면적의 크기, 공동환지 여부에 관계없이 환지를 지정받은 자 전부를 각각 분양대상자로 할 수 있다.

- 하나의 세대인 경우에 그 구역에 여러 채의 주택을 소유하고 있더라도 분양자격은 하나만 주어진다.
- 1주택 또는 1필지의 토지를 여러 명이 소유하는 경우에도 하나의 분양자격만 주어진다. 그러나 토지의 경우 권리산정 기준일 이전부터 공유지분으로 소유했다면 분양자격의 기준이 충족할 시 분양자격을 공유자 각각에게 제공하겠다는 것이다 (300㎡의 토지를 권리산정 기준일 이전부터 A, B, C가 1/3씩 공유하고 있었다면 A, B, C는 각각의 분양자격을 얻게 된다).

◆ 토지면적 및 종전 토지 등의 가액을 산정함에 있어서 포함하지 않는 경우

- 하나의 대지 범위에 속하는 토지가 여러 필지인 경우로서 권리산정 기준일 후에 그 토지의 일부를 취득했거나 공유지분으로 취득한 경우

- 하나의 건축물이 하나의 대지 범위에 속하는 토지를 점유하고 있는 경우로서 권리산정 기준일 후에 그 건축물과 토지를 분리해서 취득

한 경우

- 1필지의 토지를 권리산정 기준일 후 분할 취득하거나 공유지분으로 취득한 경우

📢 **토지의 분양자격 면적기준이 60㎡일 경우**

A가 재개발구역에 30㎡의 토지를 소유하고 있을 때는 분양자격이 없다. 그러나 분양신청 마감일까지 다른 토지를 매입해서 60㎡ 이상을 소유하게 된다면 분양자격이 주어진다(A 소유 토지 30㎡ + 다른 토지 매입 30㎡ = 60㎡). 그러나 다른 토지를 매입함에 있어서 이와 같이 권리산정 기준일 이후에 매입한 토지는 가액을 산정함에 있어서 합산하지 않겠다는 것이다. 즉, 종전 토지의 가액이 2억 원이라면 다른 토지를 매입해서 종전 토지가액을 증가시키려고 할 때도 이와 같은 경우에는 합산하지 않겠다는 것이다.

◆ 재개발사업의 분양대상

서울	1. 종전의 건축물 중 주택(주거용으로 사용하고 있는 특정무허가건축물 중 조합의 정관 등에서 정한 건축물을 포함한다)을 소유한 자 2. 분양신청자가 소유하고 있는 종전 토지의 총면적이 90㎡ 이상인 자 3. 분양신청자가 소유하고 있는 권리가액이 분양용 최소규모 공동주택 1가구의 추산액 이상인 자. 다만, 분양신청자가 동일한 세대인 경우의 권리가액은 세대원 전원의 가액을 합산하여 산정할 수 있다. 4. 사업시행방식전환의 경우에는 전환되기 전의 사업방식에 따라 환지를 지정받은 자 5. 재정비촉진계획에 따른 기반시설을 설치하게 되는 경우로서 종전의 주택(사실상 주거용으로 사용되고 있는 건축물을 포함한다)에 관한 보상을 받은 자 ● **단독주택 재건축사업의 분양대상** 1. 종전의 건축물 중 주택 및 그 부속 토지를 소유한 자 2. 분양신청자가 소유하고 있는 권리가액이 분양용 최소규모 공동주택 1가구의 추산액 이상인 자. 다만, 분양신청자가 동일한 세대인 경우의 권리가액은 세대원 전원의 가액을 합해서 산정할 수 있다.
인천	1. 같은 세대에 속하지 않는 2명 이상이 공람공고일 이전에 하나의 토지를 공유한 경우 각 공유지분의 규모에 따라 다음과 같이 주택을 공급한다. ① 토지면적 90㎡ 이상의 공유지분을 소유한 자에게는 각 1주택을 공급할 것 ② 토지면적 90㎡ 미만의 공유지분을 소유한 자가 2명 이상인 경우에는 해당 공유지분의 합이 토지면적 90㎡ 이상인 경우에 그 대표자에게 1주택을 공급할 것

인천	2. 공동주택의 분양대상자는 관리처분계획기준일 현재 다음의 기준에 적합해야 한다. 　① 사업시행계획 인가일을 기준으로 산정한 토지 및 건축물(기존 무허가건축물을 포함한다) 가액의 합(부족한 금액을 해당 토지등소유자가 부담하는 경우 그 부담하는 금액을 포함한다)이 공동주택의 단위 세대별 추산액 중 최저가액 이상일 것 　② 토지만을 소유하고 있는 경우 해당 토지면적의 합(국·공유지를 점유·사용하고 있는 소유자에게 우선 매각하는 경우 그 면적을 포함한다)이 90m² 이상일 것 　③ 둘 이상의 필지를 하나의 대지로 구획한 토지의 일부를 필지단위로 취득한 경우 취득시기(부동산 등기부상의 접수일자를 기준으로 한다)가 공람공고일 이전일 것 3. 2.에도 불구하고 다음의 어느 하나에 해당하는 토지등소유자에게는 공동주택을 공급할 수 있다. 　① 공람공고일 이전에 분할된 필지의 면적이 30㎡ 이상인 토지를 소유한 자로서 다음의 모든 요건에 저촉되지 않는 토지등소유자 　　㉠ 소유하고 있는 토지의 지목이 도로인 경우에는 해당 토지가 사실상의 도로가 아닐 것 　　㉡ 공람공고일부터 무주택세대주일 것 　② 재개발사업의 시행방식이 전환된 경우로서 종전의 사업시행방식에 따라 환지를 지정받은 토지등소유자
대전	1. 종전 건축물 중 주택(기존무허가건축물로서 사실상 주거용으로 사용되고 있는 건축물을 포함한다)을 소유한 자 2. 분양신청자가 소유하고 있는 종전 토지의 총면적이 '대전광역시 건축조례' 제39조 규모 이상인 자. 다만, 구역지정 공람공고일 이전에 분할된 1필지 토지로서 그 면적이 30㎡ 이상인 토지(지목이 도로이며 도로로 이용되고 있는 경우를 제외한다)의 소유자는 사업시행계획 인가 고시일 이후부터 공사완료 고시일까지 분양신청자를 포함한 세대원 전원이 주택을 소유하고 있지 않은 경우에 한해 분양대상자로 한다. 3. 분양신청자가 소유하고 있는 종전 토지 및 건축물의 가액이 분양용 최소규모 공동주택 1구의 추산액 이상인 자 4. 사업시행방식이 전환되는 경우 전환되기 전의 사업방식에 따라 환지를 지정받은 자 5. 직계존비속 세대원이 소유한 토지(지목이 도로이며 도로로 이용되고 있는 토지를 제외한다) 합산 면적이 '대전광역시 건축조례' 제39조 규모 이상인 경우
울산	1. 종전 건축물 중 주택(기존무허가건축물 및 사실상 주거용으로 사용되고 있는 건축물을 포함한다)을 소유한 자 2. 분양신청자가 소유하고 있는 종전 토지의 총면적이 '울산광역시 건축조례' 제50조 제1호의 규모 이상인 자. 다만, 권리산정 기준일 이전에 분할된 1필지의 토지로서 그 면적이 20㎡ 이상인 토지(지목이 도로이며 도로로 이용되고 있는 경우는 제외한다)의 소유자는 사업시행계획 인가 고시일 이후부터 공사완료 고시일까지 분양신청자를 포함한 세대원 모두가 주택을 소유하고 있지 않은 경우에 한해 분양대상자로 한다.

울산	3. 분양신청자가 소유하고 있는 권리가액이 분양용 최소규모 공동주택 1가구의 추산액 이상인 자(다만, 분양신청자가 동일한 세대인 경우의 권리가액은 세대원 모두의 가액을 합산해서 산정할 수 있다) 4. 사업시행방식전환의 경우에는 전환되기 전의 사업방식에 따라 환지를 지정받은 자
대구	1. 종전 건축물 중 주택(주거용으로 사용하는 기존무허가건축물을 포함한다)을 소유한 자 2. 분양신청자가 소유하고 있는 종전 토지의 총면적이 '대구광역시 건축조례' 제37조의 규모 이상인 자. 다만, 권리산정 기준일 이전에 분할된 1필지의 토지로서 그 면적이 20m² 이상인 토지(지목이 도로이며 도로로 이용되고 있는 토지를 제외한다) 소유자는 분양대상자로 할 수 있다. 3. 분양신청자가 소유하고 있는 권리가액이 분양용 최소규모 공동주택 1가구의 추산액 이상인 자. 다만, 분양신청자가 같은 세대인 경우의 권리가액은 세대원 모두의 가액을 합해서 산정할 수 있다. 4. 사업시행방식 전환의 경우, 전환되기 전의 사업방식에 따라 환지를 지정받은 자
광주	1. 종전 건축물 중 주택(기존무허가건축물 및 사실상 주거용으로 사용되고 있는 건축물을 포함한다)을 소유한 자 2. 분양신청자가 소유하고 있는 종전 토지의 총면적이 '광주광역시 건축조례' 제31조 제1호의 규모(용도지역 미구분) 이상인 자. 다만, 권리산정 기준일 전에 분할된 1필지의 토지로서 그 면적이 30㎡ 이상인 토지(지목이 도로이며 도로로 이용되고 있는 토지를 제외한다)의 소유자는 사업시행계획 인가 고시일 이후부터 공사완료 고시일까지 분양신청자를 포함한 세대원 전원이 주택을 소유하고 있지 않은 경우에 한해 분양대상자로 한다. 3. 분양신청자가 소유하고 있는 권리가액이 분양용 최소규모 공동주택 1가구의 추산액 이상인 자 4. 사업시행방식전환의 경우에는 전환되기 전의 사업방식에 의해서 환지를 지정받은 자
창원	공동주택의 분양대상자는 분양신청기간이 만료되는 날 현재 다음의 어느 하나에 해당하는 토지등소유자로 한다. 1. 종전 건축물 중 주택(주거용으로 사용하고 있는 특정무허가건축물 중 조합정관 등에서 정한 건축물을 포함한다)을 소유한 자 2. 종전 토지를 소유한 자 3. 점유연고권이 인정되는 국·공유지의 소유자

출처 : 저자 작성(각 시 조례 참고)

(2) 상가 등 부대복리시설 분양대상

상가 등 부대복리시설의 분양대상자는 분양신청자 중 관리처분계획 기준일 현재 다음의 순위 및 자격을 기준으로 정관 등이 정하는 바에 따른다. 상가 등 부대복리시설의 순위도 각 시·도별로 조례에서 달리 정하고 있다. 다음은 부산시의 상가 순위다.

① 제1순위
종전 건축물의 용도가 분양건축물 용도와 동일하거나 유사한 시설이며 종전 건축물에서 영업을 영위하기 위한 사업자등록(인·허가 또는 신고 등을 포함한다)을 마친 해당 건축물의 소유자로서 종전가액(공동주택을 분양받은 경우에는 그 분양가격을 제외한 가액을 말한다)이 분양건축물의 최소분양단위규모 추산액 이상인 자

② 제2순위
종전 건축물의 용도가 분양건축물 용도와 동일하거나 유사한 시설인 해당 건축물의 소유자로서 종전가액이 분양건축물의 최소분양단위규모 추산액 이상인 자

③ 제3순위
종전 건축물의 용도가 분양건축물 용도와 동일하거나 유사한 시설이며 종전 건축물에서 영업을 영위하기 위한 사업자등록을 마친 건축물의 소유자로서 종전가액이 분양건축물의 최소분양단위규모 추산액에 미달되나 공동주택을 분양받지 않은 자

④ 제4순위
종전 건축물의 용도가 분양건축물 용도와 동일하거나 유사한 시설인 건축물의 소유자로서 종전가액이 분양건축물의 최소분양단위규모 추산액에 미달되나 공동주택을 분양받지 않은 자

⑤ 제5순위

공동주택을 분양받지 않은 자로서 종전가액이 분양건축물의 최소
분양단위규모 추산액 이상인 자

⑥ 제6순위

공동주택을 분양받은 자로서 종전가액이 분양건축물의 최소분양
단위규모 추산액 이상인 자

⑦ 제7순위

그 밖에 분양을 희망하는 토지등소유자

상가의 경우 공동주택과 달리 분양대상의 순위를 1순위부터 7순위
까지로 나눈 후, 1순위부터 순차적으로 지정하되 앞 순위에서 먼저 선
정한 것을 제외한 나머지 상가 중 하나를 지정하는 방식을 취한다. 따라
서 상가의 분양을 희망하는 경우에는 순위 요건을 확인해서 높은 순위
가 될 수 있는 부동산을 매입해야 한다.

5순위의 경우 종전 건축물의 용도와 관계없이 감정평가금액이 높게
나왔다면 상가신청이 가능하다. 6순위와의 차이점은 공동주택을 분양
받았는지 여부에 있다.

- 1순위와 2순위의 차이는 사업자등록의 여부다. 1순위가 먼저 상가를 지정하므로
  사업자등록을 하는 것이 좋다. 3순위와 4순위의 차이도 같은 맥락이다.
- 만약 상가신청을 아무도 하지 않았을 경우 또는 신축 상가 수보다 상가신청자가 적
  을 경우 토지등소유자라면 누구나 상가를 신청할 수 있다(7순위).

◆ 부산 상가순위

순위	용도	사업자등록 (영업을 영위하기 위한)	종전가액이 최소분양단위규모 추산액
1	종전 건축물 동일 또는 유사	○	이상인 자
2	종전 건축물 동일 또는 유사	X	이상인 자
3	종전 건축물 동일 또는 유사	○	미달이나 공동주택을 분양받지 않은 자
4	종전 건축물 동일 또는 유사	X	미달이나 공동주택을 분양받지 않은 자
5	공동주택을 분양받지 않은 자로서 종전가액이 최소분양단위규모 추산액 이상인 자		
6	공동주택을 분양받은 자로서 종전가액이 최소분양단위규모 추산액 이상인 자		
7	그 밖에 분양을 희망하는 토지등소유자		

출처 : 저자 작성(부산시 조례 참고)

부산시 도정법 조례
제39조(상가 등 부대복리시설의 분양대상자)

법 제74조 제1항에 따라 사업시행자가 수립하는 관리처분계획 중 재개발사업의 상가 등 분양대상 부대복리시설의 분양대상자는 분양신청자 중 관리처분계획 기준일 현재 다음 각 호의 순위 및 자격을 기준으로 정관 등이 정하는 바에 따른다.

1. 제1순위 : 종전 건축물의 용도가 분양건축물 용도와 동일하거나 유사한 시설이며 종전 건축물에서 영업을 영위하기 위한 사업자등록(인·허가 또는 신고 등을 포함한다. 이하 이 항에서 같다)을 마친 해당 건축물의 소유자로서 종전가액(공동주택을 분양받은 경우에는 그 분양가격을 제외한 가액을 말한다. 이하 이 항에서 같다)이 분양건축물의 최소분양단위규모 추산액 이상인 자

2. 제2순위 : 종전 건축물의 용도가 분양건축물 용도와 동일하거나 유사한 시설인 해당 건축물의 소유자로서 종전가액이 분양건축물의 최소분양단위규모 추산액 이상인 자

3. 제3순위 : 종전 건축물의 용도가 분양건축물 용도와 동일하거나 유사한 시설이며 종전 건축물에서 영업을 영위하기 위한 사업자등록을 마친 건축물의 소유자로서 종전가액이 분양건축물의 최소분양단위규모추산액에 미달되나 공동주택을 분양받지 아니한 자

4. 제4순위 : 종전 건축물의 용도가 분양건축물 용도와 동일하거나 유사한 시설인 건축물의 소유자로서 종전가액이 분양건축물의 최소분양단위규모 추산액에 미달되나 공동주택을 분양받지 아니한 자

5. 제5순위 : 공동주택을 분양받지 않은 자로서 종전가액이 분양건축물의 최소분양단위규모 추산액 이상인 자

6. 제6순위 : 공동주택을 분양받은 자로서 종전가액이 분양건축물의 최소분양단위규모
추산액 이상인 자
7. 제7순위 : 그 밖에 분양을 희망하는 토지등소유자

◆ 상가 등 부대·복리시설 공급기준

서울	**제1순위** : 종전 건축물의 용도가 분양건축물 용도와 동일하거나 비슷한 시설이며 사업자등록(인허가 또는 신고 등을 포함한다. 이하 이 항에서 같다)을 하고 영업을 하는 건축물의 소유자로서 권리가액(공동주택을 분양받은 경우에는 그 분양가격을 제외한 가액을 말한다. 이하 이 항에서 같다)이 분양건축물의 최소분양단위규모 추산액 이상인 자 **제2순위** : 종전 건축물의 용도가 분양건축물 용도와 동일하거나 비슷한 시설인 건축물의 소유자로서 권리가액이 분양건축물의 최소분양단위규모 추산액 이상인 자 **제3순위** : 종전 건축물의 용도가 분양건축물 용도와 동일하거나 비슷한 시설이며 사업자등록을 필한 건축물의 소유자로서 권리가액이 분양건축물의 최소분양단위규모 추산액에 미달되나 공동주택을 분양받지 않은 자 **제4순위** : 종전 건축물의 용도가 분양건축물 용도와 동일하거나 비슷한 시설인 건축물의 소유자로서 권리가액이 분양건축물의 최소분양단위규모 추산액에 미달되나 공동주택을 분양받지 않은 자 **제5순위** : 공동주택을 분양받지 않은 자로서 권리가액이 분양건축물의 최소분양단위규모 추산액 이상인 자 **제6순위** : 공동주택을 분양받은 자로서 권리가액이 분양건축물의 최소분양단위규모 추산액 이상인 자
인천	**제1순위** : 종전 건축물의 용도가 분양건축물 용도와 동일하거나 유사한 시설이며 사업자등록(인허가 또는 신고 등을 포함한다. 이하 이 항에서 같다)을 얻은 해당 건축물의 소유자로서 종전가액(공동주택을 분양받은 경우 그 분양가격을 제외한 가액을 말한다. 이하 이 조에서 같다)이 분양건축물의 최소분양단위규모 추산액 이상인 자 **제2순위** : 종전 건축물의 용도가 분양건축물 용도와 동일하거나 유사한 시설인 해당 건축물의 소유자로서 종전가액이 분양건축물의 최소분양단위규모 추산액 이상인 자 **제3순위** : 종전 건축물의 용도가 분양건축물 용도와 동일하거나 유사한 시설이며 사업자등록을 얻은 해당 건축물의 소유자로서 종전가액이 분양건축물의 최소분양단위규모 추산액에 미달되나 공동주택을 분양받지 않은 자 **제4순위** : 종전 건축물의 용도가 분양건축물 용도와 동일하거나 유사한 시설인 해당 건축물의 소유자로서 종전가액이 분양건축물의 최소분양단위규모 추산액에 미달되나 공동주택을 분양받지 않은 자 **제5순위** : 공동주택을 분양받지 않은 자로서 종전가액이 분양건축물의 최소분양단위규모 추산액 이상인 자

인천	**제6순위** : 공동주택을 분양받은 자로서 종전가액이 분양건축물의 최소분양단위 규모 추산액 이상인 자 **제7순위** : 그 밖에 분양을 희망하는 토지등소유자·상가 등 분양대상 부대·복리 시설은 각 호의 순위별 분양대상자에게 관리처분계획기준일 현재 종전가액의 범위에서 분양하며, 분양시설의 단위규모 구획상 불가피한 경우에 한정해서 종 전가액의 130% 해당 가액 범위에서 분양할 수 있다.
대전	**제1순위** : 종전 건축물의 용도가 분양건축물 용도와 동일하거나 유사한 시설이 며 사업자등록(인허가 또는 신고 등을 포함한다. 이하 이 항에서 같다)을 하고 영업을 하는 건축물의 소유자로서 종전가액(공동주택을 분양받은 경우에는 그 분양가격을 제외한 가액을 말한다. 이하 이 항에서 같다)이 분양건축물의 최소분양단위규모 추 산액 이상인 자 **제2순위** : 종전 건축물의 용도가 분양건축물 용도와 동일하거나 유사한 시설인 해당 건축물의 소유자로서 종전가액이 분양건축물의 최소분양단위규모 추산액 이상인 자 **제3순위** : 종전 건축물의 용도가 분양건축물 용도와 동일하거나 유사한 시설이 며 사업자등록을 마친 해당 건축물의 소유자로서 종전가액이 분양건축물의 최 소분양단위규모 추산액에 미달되나 공동주택을 분양받지 않은 자 **제4순위** : 종전 건축물의 용도가 분양건축물 용도와 동일하거나 유사한 시설인 해당 건축물의 소유자로서 종전가액이 분양건축물의 최소분양단위규모 추산액 에 미달되나 공동주택을 분양받지 않은 자 **제5순위** : 공동주택을 분양받지 않은 자로서 종전가액이 분양건축물의 최소분 양단위규모 추산액 이상인 자 **제6순위** : 공동주택을 분양받은 자로서 종전가액이 분양건축물의 최소분양단위 규모 추산액 이상인 자 **제7순위** : 그 밖에 분양을 희망하는 토지등소유자
울산	**제1순위** : 종전 건축물의 용도가 분양건축물 용도와 동일하거나 유사한 시설이 며 사업자등록(인허가 또는 신고 등을 포함한다. 이하 이 항에서 같다)을 마친 해당 건 축물의 소유자로서 권리가액(공동주택을 분양받은 경우에는 그 분양가격을 제외한 가 액을 말한다. 이하 이 항에서 같다)이 분양건축물의 최소분양단위규모 추산액 이상 인 자 **제2순위** : 종전 건축물의 용도가 분양건축물 용도와 동일하거나 유사한 시설인 해당 건축물의 소유자로서 권리가액이 분양건축물의 최소분양단위규모 추산액 이상인 자 **제3순위** : 종전 건축물의 용도가 분양건축물 용도와 동일하거나 유사한 시설이 며 사업자등록을 마친 해당 건축물의 소유자로서 권리가액이 분양건축물의 최 소분양단위규모 추산액에 미달되나 공동주택을 분양받지 않은 자 **제4순위** : 종전 건축물의 용도가 분양건축물 용도와 동일하거나 유사한 시설인 해당 건축물의 소유자로서 권리가액이 분양건축물의 최소분양단위규모 추산액 에 미달되나 공동주택을 분양받지 않은 자 **제5순위** : 공동주택을 분양받지 않은 자로서 권리가액이 분양건축물의 최소분 양단위규모 추산액 이상인 자

울산	제6순위 : 공동주택을 분양받은 자로서 권리가액이 분양건축물의 최소분양단위규모 추산액 이상인 자 제7순위 : 그 밖에 분양을 희망하는 토지등소유자
대구	제1순위 : 종전 건축물의 용도가 분양건축물 용도와 동일하거나 비슷한 시설이며 사업자등록(인허가 또는 신고 등을 포함한다. 이하 이 조에서 같다)을 하고 영업을 하는 건축물의 소유자로서 권리가액(공동주택을 분양받은 경우에는 그 분양가격을 제외한 가액을 말한다. 이하 이 항에서 같다)이 분양건축물의 최소분양단위규모 추산액 이상인 자 제2순위 : 종전 건축물의 용도가 분양건축물 용도와 동일하거나 비슷한 시설인 건축물의 소유자로서 권리가액이 분양건축물의 최소분양단위규모 추산액 이상인 자 제3순위 : 종전 건축물의 용도가 분양건축물 용도와 동일하거나 비슷한 시설이며 사업자등록을 필한 건축물의 소유자로서 권리가액이 분양건축물의 최소분양단위규모 추산액에 미달되나 공동주택을 분양받지 않은 자 제4순위 : 종전 건축물의 용도가 분양건축물 용도와 동일하거나 비슷한 시설인 건축물의 소유자로서 권리가액이 분양건축물의 최소분양단위규모 추산액에 미달되나 공동주택을 분양받지 않은 자 제5순위 : 공동주택을 분양받지 않은 자로서 권리가액이 분양건축물의 최소분양단위규모 추산액 이상인 자 제6순위 : 공동주택을 분양받은 자로서 권리가액이 분양건축물의 최소분양단위규모 추산액 이상인 자 제7순위: 그 밖에 분양을 희망하는 토지등소유자
광주	제1순위 : 종전 건축물의 용도가 분양건축물 용도와 동일하거나 비슷한 시설로 사업자등록(인허가 또는 신고 등을 포함한다. 이하 이 항에서 같다)을 하고 영업을 하는 건축물의 소유자로서 권리가액(공동주택을 분양받은 경우에는 그 분양가격을 제외한 가액을 말한다. 이하 이 항에서 같다)이 분양건축물의 최소분양단위규모 추산액 이상인 자 제2순위 : 종전 건축물의 용도가 분양건축물 용도와 동일하거나 비슷한 시설의 건축물 소유자로서 권리가액이 분양건축물의 최소분양단위규모 추산액 이상인 자 제3순위 : 종전 건축물의 용도가 분양건축물 용도와 동일하거나 비슷한 시설로 사업자등록을 한 건축물의 소유자로서 권리가액이 분양건축물의 최소분양단위규모 추산액에 미달되나 공동주택을 분양받지 않은 자 제4순위 : 종전 건축물의 용도가 분양건축물 용도와 동일하거나 비슷한 시설의 건축물 소유자로서 권리가액이 분양건축물의 최소분양단위규모 추산액에 미달되나 공동주택을 분양받지 않은 자 제5순위 : 공동주택을 분양받지 않은 자로서 권리가액이 분양건축물의 최소분양단위규모 추산액 이상인 자 제6순위 : 공동주택을 분양받은 자로서 권리가액이 분양건축물의 최소분양단위규모 추산액 이상인 자 제7순위: 그 밖에 분양을 희망하는 토지등소유자
창원	제1순위 : 종전 건축물의 용도가 분양건축물 용도와 동일하거나 유사한 시설이며 사업자등록(인허가 또는 신고 등을 포함한다. 이하 이 항에서 같다)을 마친 건축물의 소유자로서 권리가액(공동주택을 분양받은 경우에는 그 분양가격을 제외한 가액을 말한다. 이하 이 항에서 같다)이 분양건축물의 최소분양단위규모 추산액 이상인 자

창원	제2순위 : 종전 건축물의 용도가 분양건축물 용도와 동일하거나 유사한 시설인 건축물의 소유자로서 권리가액이 분양건축물의 최소분양단위규모 추산액 이상인 자 제3순위 : 종전 건축물의 용도가 분양건축물 용도와 동일하거나 유사한 시설이며 사업자등록을 마친 건축물의 소유자로서 권리가액이 분양건축물의 최소분양단위규모 추산액에 미달되나 공동주택을 분양받지 않은 자 제4순위 : 종전 건축물의 용도가 분양건축물 용도와 동일하거나 유사한 시설인 건축물의 소유자로서 권리가액이 분양건축물의 최소분양단위규모 추산액에 미달되나 공동주택을 분양받지 않은 자 제5순위 : 공동주택을 분양받지 아니한 자로서 권리가액이 분양건축물의 최소분양단위규모 추산액 이상인 자 제6순위 : 공동주택을 분양받은 자로서 권리가액이 분양건축물의 최소분양단위규모 추산액 이상인 자 이 규정에도 불구하고 사업시행자는 총회의 의결을 거쳐 정관 등으로 따로 정하는 경우는 그에 따른다.

출처 : 저자 작성(각 시 조례 참고)

(3) 2주택 공급(소형주택을 확대하는 취지로 2013년 도입)

1세대 또는 1인이 하나 이상의 주택 또는 토지를 단독으로 소유했거나 공유로 소유했을 경우에도 1주택을 공급하는 것이 원칙이다. 그런데 종전 자산평가금액이 아주 큰 경우 1주택만 공급한다는 것은 불공평할 것으로 보인다. 따라서 종전 자산평가금액이 분양 주택 2개의 분양금액보다 더 크다면 2주택을 공급할 수 있다[예를 들어, 토지 200평의 감정평가금액이 6억 원일 때, 59㎡ 분양주택의 가격이 2억 원이고 84㎡의 가격이 3억 원인 경우(합 5억 원)에는 59㎡ 1주택과 84㎡ 1주택을 지급할 수 있다].

또한, 기존 주택 주거전용면적이 분양주택 2개의 주거전용면적보다 더 크다면 2주택을 공급할 수 있다[기존 주택의 주거전용면적의 합계가 150㎡라면 분양주택 59㎡ 1주택과 84㎡ 1주택(합 143㎡)을 제공할 수 있다]. 단, 2개의 주택 공급에 있어서 1개의 주택은 주거전용면적 60㎡ 이하로 공급해야 하며 60㎡ 이하로 공급받은 1주택은 소유권이전 고시일 다음 날부터 3년 동안은 주택을 매매하거나 이것의 전매를 알선할 수 없다.

법 제76조 제1항 제7호 라목(관리처분계획의 수립기준)

가격의 범위 또는 종전 주택의 주거전용면적의 범위에서 2주택을 공급할 수 있고, 이 중 1주택은 주거전용면적을 60㎡ 이하로 한다. 다만, 60㎡ 이하로 공급받은 1주택은 소유 권이전 고시일 다음 날부터 3년이 지나기 전에는 주택을 전매(매매·증여나 그 밖에 권리의 변동을 수반하는 모든 행위를 포함하되 상속의 경우는 제외한다)하거나 전매를 알선할 수 없다.

단서를 위반해서 주택을 전매하거나 전매를 알선한 자는 도정법 제 136조(벌칙)에 의해 3년 이하의 징역 또는 3,000만 원 이하의 벌금에 처 한다.

◆ 종전가액의 범위로 2주택 공급의 예

조합원분양가 59㎡(2억 원), 84㎡(3억 원), 110㎡(4억 원)	
종전가액	**2주택 공급 가능**
4억 원 이상	59㎡ + 59㎡
5억 원 이상	59㎡ + 59㎡ 또는 59㎡ + 84㎡
6억 원 이상	59㎡ + 59㎡ 또는 59㎡ + 84㎡ 또는 59㎡ + 110㎡

◆ 주거전용면적의 범위로 2주택 공급의 예

주거전용면적	2주택 공급 가능
120㎡ 이상	59㎡ + 59㎡
145㎡ 이상	59㎡ + 59㎡ 또는 59㎡ + 84㎡
170㎡ 이상	59㎡ + 59㎡ 또는 59㎡ + 84㎡ 또는 59㎡ + 110㎡

출처 : 저자 작성

- 2주택 공급은 의무조항이 아닌 선택조항이므로 모든 구역에서 2주택을 공급하는 것은 아니기 때문에 조합에서 2주택 공급 여부를 확인해야 한다. 사업성이 떨어지 는 조합의 경우 2주택을 공급하지 않을 수 있다.
- 2주택 공급 시에 분양가를 조합원분양가로 책정을 하지만, 일부 조합에서는 60㎡ 이하의 1주택은 일반분양가로 책정하는 경우도 있다.

- 2주택을 공급받았어도 아파트 준공 이전에는 각각 나누어서 매매할 수 없고 묶어서 한꺼번에 매매해야 한다. 60㎡ 이하로 받은 1주택은 소유권이전 고시 3년 이후에 매매가 가능하다.
- 60㎡ 이하로 받은 1주택은 소유권이전 고시일 다음 날부터 3년 이내에는 전매할 수 없다. 소유권이전 고시일이 입주일이나 준공일이 아님에 주의해야 한다. 대다수의 경우 준공일로부터 수개월 후 소유권이전 고시를 받을 수 있다.
- 실거래에서는 가격의 범위로 2주택을 공급받는 부동산보다는 주거전용 면적의 범위로 2주택을 공급받는 부동산이 선호된다(가격의 범위로 2주택을 공급받는 부동산의 경우 많은 투자금이 필요하기 때문이다).

일반건축물대장(甲)

고유번호	민원접수번호	명칭	
2647010100-1-○○○○○	20150529-○○○○		
대지 위치	지번	도로명 주소	
부산광역시 연제구 거제동	000-0		
※대지면적	연면적	※지역	※지구
	170.43㎡		
건축면적	용적률산정용 연면적	주구조	주용도
91.42㎡	170.43㎡	조적조(벽돌)	
※건폐율	※용적률	높이	지붕
91.42㎡	170.43㎡		

◆ 건축물 현황

구분	층별	구조	용도	면적(㎡)
주1	1층	조적조(벽돌)	단독주택	91.42
주1	2층	조적조(벽돌)	단독주택	79.01

- 이하 여백-

건축물대장에서 주거전용면적의 합(170.43㎡)이 분양주택 84.9㎡ 1개와 59.9㎡ 1개의 합(144.8㎡)보다 크므로 2주택을 받을 수 있다.

분양자격의 예(부산시 기준)

예 1 공유로 소유 시 분양대상 자격(권리산정 기준일 : 2010년 5월 30일)

| A : 130㎡ | B : 50㎡ | C : 60㎡ | D : 80㎡ | E : 180㎡ |

- 1필지의 토지(500㎡)를 5명이 공유해서 2007년 5월부터 소유하고 있을 때 A, B, C, D, E의 분양자격 여부는?

  권리산정 기준일(2010년 5월 30일) 이전에 분리되었고(2007년 5월) 면적이 60㎡ 이상인 A, C, D, E는 분양자격이 있다. B는 면적이 60㎡ 미만으로 분양자격이 안 된다.

- A가 2015년에 F, G에게 1/2지분씩 매매했을 경우 F, G는 분양자격에 부합하는가?

  F와 G는 면적의 기준은 충족하나 권리산정 기준일 이후에 분리되었기에, 공유의 형태로 하나의 분양자격만 주어진다.

- B가 분양자격을 받기 위한 방법은?

  B는 60㎡ 미만으로 분양자격이 되지 않고 현금청산 대상자가 된다. 그러나 조합원분양신청 전에 10㎡ 이상을 사서(권리산정 기준일 이전에 분리된 토지) 60㎡ 이상의 조건을 맞춘다면 분양자격을 얻을 수 있다.

A : 30㎡	B : 19㎡	C : 20㎡	D : 60㎡	E : 40㎡
A : 30㎡	B : 15㎡	C : 60㎡	D : 60㎡	E : 30㎡

- **A, B, C, D, E의 분양자격 여부는?**

  A, C, D, E의 경우는 총필지의 합계가 60㎡ 이상이므로(A : 60㎡, C : 80㎡, D : 120㎡, E : 70㎡) 분양자격이 주어진다. 그러나 B는 34㎡이므로 분양자격을 받을 수 없다.

- **B는 무주택자이며 B의 토지는 도로가 아니다. 그렇다면 사업시행계획 인가부터 공사완료 고시일까지 세대원 전원이 무주택자인 경우 B는 분양대상자인가?**

  1필지의 면적이 20㎡ 이상이며 도로가 아닌 토지의 소유자로서 무주택자인 경우에 세대원 전원이 사업시행계획 인가부터 공사완료 고시일까지 무주택의 요건을 갖춘다면 분양자격이 주어진다. 하지만 B의 경우에는 1필지의 면적이 20㎡에 못 미치므로(19㎡) 분양자격이 없다. 또한 B의 1필지 면적이 20㎡ 이상이더라도 공유지분이라 분양자격에 해당되지 않는다. B의 경우에는 총필지(현재 34㎡)의 합을 60㎡ 이상으로 맞춤으로써 분양자격을 받을 수 있을 것이다.

 서울시는 합산기준일이 기존에는 2003년 12월 30일이었으나 2010년 7월 조례 개정으로 권리산정 기준일로 변경되었다.

예3 도로인 경우 분양자격 여부(소유자는 무주택자이고 공사완료 고시일까지 세대원 전원이 무주택의 요건을 갖춘다는 가정)

1번	2번
A필지 지목 : 도로 현황 : 도로 면적 : 30㎡	B필지 지목 : 도로 현황 : 대지 면적 : 30㎡

3번	4번
C필지 지목 : 도로 현황 : 도로, 대지 면적 : 30㎡	D필지 지목 : 도로 현황 : 도로, 대지 면적 : 70㎡

- 1번의 경우 1필지의 면적이 30㎡로(무주택자 기준 20㎡) 면적의 기준은 충족하나, 지목이 도로이고 도로로 이용되고 있는 경우로서 분양자격이 없다.

- 2번의 경우 1필지의 면적이 30㎡로(무주택자 기준 20㎡) 면적의 기준은 충족하고 지목은 도로이지만, 현황이 대지로 이용되고 있는 경우로서 분양자격이 있다.

- 3번의 경우 1번과 마찬가지로 지목이 도로이고, 현황이 도로로 이용되고 있으므로 분양자격이 없다.

- 4번의 경우 면적이 60㎡를 초과하므로 무주택 여부, 도로의 여부와 무관하게 분양자격이 있다.

예4 **단독주택의 분양자격 여부**(권리산정 기준일 이전부터 소유한 것으로 가정, 부산의 경우
토지는 60㎡ 이상 소유 시 분양자격)

- **1번의 경우** : A와 B가 각각 주택을 소유하고 토지를 공유하는 경우의 분양자격 여부는 A와 B 모두 분양자격이 주어진다. 주택은 면적에 관계없이 분양자격이 주어지며, A와 B는 각각 주택을 소유하고 있으므로 분양자격이 된다.

- **2번의 경우** : A가 주택을 소유하고 있고 A, B가 토지를 지분으로 공유하고 있는 경우 분양자격 여부는 A는 주택을 소유하고 있으므로(2주택이라도 1주택만 공급된다) 분양자격이 주어지며, B의 경우 면적이 60㎡ 이상이므로 분양자격이 주어진다.

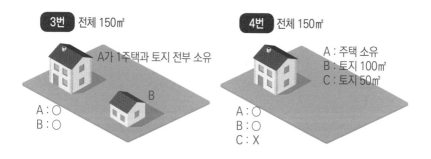

- **3번의 경우** : A와 B가 각각 주택을 소유하고 있고, A가 토지 전부

를 소유하고 있는 경우의 분양자격 여부는 A와 B는 주택을 각각 소유하고 있으므로 토지의 소유 여부와 관계없이 각각 분양자격이 수어진다.

- **4번의 경우 :** A는 주택을, B와 C는 토지를 소유하고 있는 경우의 분양자격 여부는 A는 주택을 소유하고 있으므로 분양자격이 주어진다. B는 토지의 면적이 기준면적을 초과하므로 분양자격이 주어지지만, C의 경우는 주택도 없고 토지의 면적이 기준면적에 미치지 못하므로 분양자격이 없다.

이주비 등
이주대책

1. 이주비

- 감정평가금액의 40 ~ 60%(지역과 정비구역에 따라 다름)
- 현재 조합원에게 지급
- 상가, 나대지, 도로를 소유하고 있는 조합원은?

이주비는 통상 조합원의 감정평가금액의 40~60% 선에서 무이자로 융자해주는 것으로 보면 된다. 재개발사업의 진행으로 아파트 신축 기간 동안 구역 밖으로 이사해야 되는데 자금에 여유가 없는 조합원들은 나갈 수가 없다. 그래서 이주비를 지급하는 것이다. 이주비는 통상 감정평가금액의 40~60% 선에서 주어지는데 70%를 무이자로 지급하는 조합도 있고, 70%를 지급하는데 60%까지는 무이자로 지급하고 나머지 10%는 유이자로 지급하는 곳도 있다.

그렇다면 상가를 소유한 조합원들에게는 이주비가 주어지는가? 예전에는 상가 소유자는 이주의 필요성이 없다고 판단해서 지급하지 않았으나, 현재는 조합원들 간 형평성 문제로 대부분 지급하는 추세다. 그러나 사업성이 떨어지는 구역의 조합에서는 지급하지 않는 곳도 있다.

나대지나 도로의 경우도 마찬가지다.

정비계획에서 사업시행계획서의 내용에 임시거주시설을 포함한 이주대책과 세입자의 주거 및 이주대책이 있어야 하고, 재개발사업의 시행자는 사업시행으로 이주하는 상가세입자가 사용할 수 있도록 정비구역 또는 정비구역 인근에 임시상가를 설치할 수 있다.

법 제65조('공익사업을 위한 토지 등의 취득 및 보상에 관한 법률'의 준용)

① 정비구역에서 정비사업의 시행을 위한 토지 또는 건축물의 소유권과 그 밖의 권리에 대한 수용 또는 사용은 이 법에 규정된 사항을 제외하고는 '공익사업을 위한 토지 등의 취득 및 보상에 관한 법률'을 준용한다. 다만, 정비사업의 시행에 따른 손실보상의 기준 및 절차는 대통령령으로 정할 수 있다.

② 제1항에 따라 '공익사업을 위한 토지 등의 취득 및 보상에 관한 법률'을 준용하는 경우 사업시행계획 인가 고시(시장·군수 등이 직접 정비사업을 시행하는 경우에는 제50조 제9항에 따른 사업시행계획서의 고시를 말한다. 이하 이 조에서 같다)가 있은 때에는 같은 법 제20조 제1항 및 제22조 제1항에 따른 사업인정 및 그 고시가 있은 것으로 본다.

③ 제1항에 따른 수용 또는 사용에 대한 재결의 신청은 '공익사업을 위한 토지 등의 취득 및 보상에 관한 법률' 제23조 및 같은 법 제28조 제1항에도 불구하고 사업시행계획 인가(사업시행계획 변경 인가를 포함한다)를 할 때 정한 사업시행기간 이내에 하여야 한다.

④ 대지 또는 건축물을 현물보상하는 경우에는 '공익사업을 위한 토지 등의 취득 및 보상에 관한 법률' 제42조에도 불구하고 제83조에 따른 준공인가 이후에도 할 수 있다.

◆ 이주비 상환에 대한 정관 예

① 조합원이 대여받은 이주비의 원리금 상환은 입주일 또는 입주기간 만료일 중 빠른 날로 하며, 이주비 원리금을 상환하지 않은 조합원에 대해서는 입주를 허용하지 아니한다. 다만, 조합원이 원할 경우 이주비의 일부 또는 전부를 조기 상환할 수 있다.

② 乙은 이주비를 대여받은 甲의 조합원이 권리의 일부 또는 전부를 양도할 경우, 기존 조합원의 대여 조건에 따라 이주비를 승계해

주어야 한다. 이 경우 甲은 조합원명의변경절차 이행 전에 이주비 승계 사실을 확인해서 乙의 채권 확보에 지장이 없도록 주의의무를 다해야 한다.

 이주비는 대여해주는 것으로 입주 시에 상환해야 한다. 다만, 무이자로 지급된다는 것이다. 이주비를 지급받으면 등기부에 근저당이 설정된다.

2. 이사비

- 보통 100~300만 원(1,500만 원 이상도 있음), 조합마다 다름.
- 현재의 점유자에게 지급하는 것이 원칙
- 공가의 경우도 지급하는가?
- 선택적 분리과세

이사비는 공익사업 시행지구에 편입되는 주거용 건축물의 거주자가 해당 공익사업시행지구 밖으로 이사하는 경우에 지급되는 동산 이전비다. 부산의 경우 보통 100~300만 원 정도이나 1,500만 원 이상을 지급하는 곳도 있다.

현재의 점유자에게 지급하는 것이 원칙이나 지금은 대부분 주택소유자에게 지급한다. 그 주택에 임차인이 거주하는 경우 임차인과 주인 간 월차임 연체 등의 문제가 남아 있을 수 있다. 따라서 주인에게 이사비를 지급하고, 임차인과의 남은 정산이 있다면 정산하고 나머지를 임차인에게 지급하게 한다. 그러나 주인이 이사비를 세입자에게 주어야 하는데도 실행하지 않는 경우가 다반사다.

선택적 분리과세는 무조건 분리과세를 제외한 기타소득의 합계금액이 300만 원 이하일 때 종합소득신고 시 합산할 것인지, 아니면 분리과

세로 납세의무를 종결 지을 것인지를 납세자가 결정하는 것을 말한다[
기타소득은 5억 원 이하 22%(5억 원 초과 33%), 종합소득신고 시 6~45%].

- 이사비가 지급되었음에도 세입자에게 전달되지 않아 이주가 원활하지 않는 구역은
  이사비 이외에 동산이전비를 따로 책정해서 지급하는 경우도 있다.
- 주택은 존재하나 아무도 살지 않는 공가의 경우는 이사비를 지급하는가? 조합에서
  각 집마다 방문해서 실태를 조사하고, 이사비 지급 여부를 결정하는 것이 원칙이
  다. 하지만 현실적으로 업무과다, 이사비를 지급하지 않는 조합원들과의 마찰 등으
  로 대부분 조합에서 공가도 지급하는 형태를 보인다.

동산이전비(이사비) 기준

[별표4] '공익사업을 위한 토지 등의 취득 및 보상에 관한 법률 시행규칙'

주택연면적 기준	이사비			비고
	임금	차량운임	포장비	
33㎡ 미만	3명분	1대분	(임금+차량운임)×0.15	1. 임금은 '통계법' 제3조 제3호에 따른 통계작성기관이 같은 법 제18조에 따른 승인을 받아 작성·공표한 공사부문 보통 인부의 임금을 기준으로 한다. 2. 차량운임은 한국교통연구원이 발표하는 최대 적재량이 5톤인 화물자동차의 1일 8시간 운임을 기준으로 한다. 3. 한 주택에서 여러 세대가 거주하는 경우 주택연면적 기준은 세대별 점유면적에 따라 각 세대별로 계산·적용한다.
33㎡ 이상~ 49.5㎡ 미만	4명분	2대분		
49.5㎡ 이상~ 66㎡ 미만	5명분	2.5대분		
66㎡ 이상~ 99㎡ 미만	6명분	3대분		
99㎡ 이상	8명분	4대분		

- 도시근로자의 가구인원수별 월평균 가계지출비로 산정(4개월분)
- 구역지정 공람공고일 현재, 해당 정비구역에 거주하는 세입자 대상
- 보상대상자의 인정시점은 정비구역 지정을 위한 공람공고일로 본다.
- 보상내용은 사업시행계획 인가 고시일을 기준으로 한다.

재개발구역 공람공고일 3개월 이전부터 전입한 세입자로서 철거, 협의 이주까지 해당 구역에 거주하는 경우, 도시근로자의 가구원수별 월평균 가계지출비 4개월분을 지급한다. 보상내용은 사업시행계획 인가 고시일을 기준으로 한다.

'통계법'에 따른 통계작성기관이 조사·발표하는 가계조사통계의 도시근로자가구의 가구원수별 월평균 명목 가계지출비(월평균 가계지출비)를 기준으로 산정한다.

- 가구원수가 5인인 경우에는 5인 이상 기준의 월평균 가계지출비 적용
- 가구원수가 6인 이상인 경우에는 5인 이상 기준의 월평균 가계지출비에 5인을 초과하는 가구원수에 다음의 산식에 의해서 산정한 1인당 평균비용을 곱한 금액을 더한 금액으로 산정

> 1인당 평균비용 = (5인 이상 기준 도시근로자가구 월평균 가계지출비− 2인 기준의
> 도시근로자가구 월평균 가계지출비)÷3

 6인 이상 시 추가금액[1인당 평균비용 = 3,326,413원(4개월 기준)]

◆ 2021년 2분기 기준

(단위 : 원)

구분	2021년 2분기	
	1개월	4개월
1인	2,248,610	8,994,440
2인	3,207,570	12,830,280
3인	4,581,090	18,324,360
4인	5,716,963	22,867,852
5인 이상	5,702,380	22,809,520

출처 : 저자 작성

- 국가통계포털 ⇒ 주제별 통계 ⇒ 소득·소비·자산 ⇒ 가계소득지출 ⇒ 가계동향조사(신분류) ⇒ 도시(명목) ⇒ 가구원수별 가구당 월평균 가계수지(도시, 1인 이상) ⇒ 가계지출(근로자)
- 해당 정비구역 지정 이전에 전입한 세입자가 사업기간 중에 해당 구역의 다른 주택으로 이사했다면 주거이전비를 지급하는가? 해당 정비구역 내에서만 이사했다면 주거이전비를 지급한다. 그러나 정비구역에 거주하다가 사업기간 중에 1년을 구역 밖의 주택으로 이사해서 살다가 다시 해당 구역으로 들어와서 살고 있는 세입자에게는 주거이전비를 지급하지 않는다.
- 조합원이 구역 내 세입자인 경우 주거이전비를 받을 수 없다(대법원 2017두 40068 주거이전비 등).

세입자 대책

구역지정 공람공고일 3개월 이전부터 이주 시까지 거주한 세입자 대상
주거이전비 + 임대아파트 배정

주거이전비 대상요건	임대아파트 대상요건
- 근거법령 : '공익사업을 위한 토지 등의 취득 및 보상에 관한 법률 시행규칙' - 임대차계약에 의한 전입신고+실거주 - 무주택 요건은 아님	- 근거법령 : '도시 및 주거환경정비법 시행령' - 세대원 전원이 무주택자에 한해 배정

출처 : 저자 작성

◆ 임대주택 공급방법(부산)

임대주택 자격 순위

1. 구역지정 공람공고일 3개월 전부터 계속하여 해당 정비구역에 거주하고 있는 세입자와 분양받을 자격이 있는 토지등소유자로서 분양신청을 포기한 자
2. 해당 정비구역 외의 재개발정비구역 안의 세입자로서 구역지정 공람공고일 3개월 전부터 계속하여 해당 정비구역 안에 거주하고 있는 자
3. 입주자모집공고일 현재, 혼인기간이 5년 이내인 무주택 세대주

* 각 순위 안에서도 2000년 이후 출산으로 자녀가 3명 이상이 된 사람을 우선으로 한다.

- 재개발 임대아파트에 입주하면서 주거이전비 포기각서를 작성한 경우(대법원 판결 2011두3685)

이주단지 입주에 따른 주거이전비 포기각서를 제출한 후 사업시행자가 제공한 임대아파트에 입주한 다음, 별도로 주거이전비를 청구한 사안에서 사업시행자는 주택재개발사업으로 철거되는 주택에 거주하던 甲에게 임시수용시설 제공 또는 임시수용에 상응하는 조치를 취할 의무를 부담한다. 한편, 甲이 '공익사업을 위한 토지 등의 취득 및 보상에 관한 법률 시행규칙' 제54조 제2항에 규정된 주거이전비 지급요건에 해당하는 세입자의 경우, 임시수용시설인 임대아파트에 거주하게 하는 것과 별도로 주거이전비를 지급할 의무가 있다. 또한, 甲이 임대아파트에 입주하면서 주거이전비를 포기한다는 취지의 포기각서를 제출했다고 하더라도 포기각서의 내용은 강행규정인 '공익사업을 위한 토지 등의 취득 및 보상에 관한 법률 시행규칙' 제54조 제2항에 위배되어 무효라고 판시했다.

 구역지정 3개월 전부터 거주한 세입자는 주거이전비도 받고 임대아파트에 입주할 자격도 된다.

◆ LH 임대아파트 모집공고

대신 롯데캐슬 재개발 임대주택 입주자모집(10년 공공임대)

알려드립니다

- 이 주택은 '도시 및 주거환경정비법'에 따라 민간 재개발사업에서 발생되는 임대주택 중 국토교통부 장관이 우리 공사를 인수자로 지정해서 통보한 주택을 매입해 임대하는 주택입니다.
- 이 주택의 입주자모집공고일은 2015년 4월 14일 화요일입니다.
- 금회 공급되는 주택의 당첨자(우선공급 및 일반공급)는 계약체결 여부에 관계없이 당첨자로 전산관리기관에 명단 통보되어 전산관리됩니다.
- 일반공급 당첨자는 계약체결 여부와 관계없이 당첨자로 관리되며, 당첨된 자의 세대에 속한 자는 당첨일로부터 3년간 다른 분양주택(분양전환되는 임내수백 포함)의 입주사 및 입주예약자로 선정될 수 없습니다.
- 이 공고문은 LH 홈페이지(www.lh.or.kr)에서도 확인하실 수 있습니다.
- 신청접수 시 유의사항 및 제한사항 등 본 입주자 모집공고의 내용을 충분히 숙지하시고 본인의 자격사항을 직접 확인한 후 신청하시기 바라며, 부적격당첨으로 인한 불이익을 당하는 일이 없도록 하시기 바랍니다.
- 이 주택은 인터넷 청약이 불가하며 방문청약만 가능합니다.

공급현황 및 공급대상

공급위치, 공급규모 및 공급호수

단지명	위치	공급규모 및 공급호수
대신 롯데캐슬	부산광역시 서구 서대신동3가 650번지 일원	총 10개동 753호 중 임대 1개동 69호

공급대상

공급형별(㎡)		공급호수	세대당 주택면적(㎡)					계약면적(계)	최고층수	해당동
			공급면적			그 밖의 공용면적				
			주거 전용	주거 공용	계	지하 주차장	기타 공용			
33		26	33.2024	13.9475	47.1499	17.7232	0.8174	65.6905	14	107
59	A	13	59.8826	24.2063	84.0889	31.9649	1.4743	117.5281	14	107
	B	30	59.8839	22.8965	82.7804	31.9656	1.4743	116.2203	16	107

※ 금회 공급되는 주택은 전 세대 비확장형이며, 주택규모 표시방법은 법정계량단위인

m²(㎡)로 표기했음(㎡를 평으로 환산하는 방법 : ㎡ × 0.3025).

※ 금회 공급되는 주택 중 59㎡형은 A, B타입 공급형별 구분 없이 일괄해서 신청·접수함.

※ 주거전용면적은 주거의 용도로만 쓰이는 면적이며, 주거공용면적은 계단, 복도, 현관 등 공동주택의 지상층에 있는 공용면적이고, 그 밖의 공용면적은 주거공용면적을 제외한 지하층 등의 공용면적임.

※ 층수는 해당 주택형의 최상층 층수이며, 본 주택은 계단식이며, 난방방식은 개별난방임.

※ 유의사항 및 제한사항 등 본 입주자 모집공고의 내용을 충분히 숙지하셔서 본인의 자격사항을 직접 확인한 후 신청하시기 바라며, 부적격당첨으로 인한 불이익을 당하는 일이 없도록 하시기 바랍니다.

임대기간 : 10년

- 이 주택의 임대기간은 10년이며, 임대기간 종료 후 분양 전환되는 주택임.
- 이 주택의 임대차계약기간은 2년이며, 계속 거주를 희망하는 경우에는 '민간임대주택에 관한 법률' 등 관계법령에서 정한 입주자요건을 충족하는 자에 한해서 2년 단위로 임대차계약을 갱신함

임대조건

공급형별(㎡)		기본 임대조건(원)				전환 보증금 추가납부 한도액	전환 임대조건(원)	
		임대보증금			월 임대료		최대 전환 시 임대조건	
		합계	계약금(계약 시)	잔금(입주 시)			최대 보증금	최저 임대료
33		8,315,000	1,600,000	6,715,000	303,630	8,000,000	16,315,000	263,630
59	A	35,681,000	7,100,000	28,581,000	469,210	35,000,000	70,681,000	294,210
	B	34,998,000	6,900,000	28,098,000	464,790	34,000,000	68,998,000	294,790

※ 상기 임대조건은 최초 임대차기간(2년차)의 임대조건이며, 임대보증금 및 월 임대료는 주택규모별로 층·향·측 세대 구분에 따른 차등이 없고, 임대차계약 갱신 시 임대보증금 및 월 임대료는 관계법령이 정한 범위 내에서 인상될 수 있음.

출처 : LH청약센터

4. 영업손실보상

다음에 모두 해당하는 경우 보상대상이 된다. 영업손실을 보상하는 경우 보상대상자의 인정시점은 제13조 제1항(정비구역의 지정을 위한 주민공람)에 따른 공람공고일로 본다.

(1) 사업인정고시일 등 전부터 적법한 장소(무허가건축물 등, 불법형질변경토지, 그 밖에 다른 법령에서 물건을 쌓아놓는 행위가 금지되는 장소가 아닌 곳을 말한다)에서 인적·물적시설을 갖추고 계속적으로 행하고 있는 영업이어야 한다. 다만, 무허가건축물 등에서 임차인이 영업하는 경우에는 그 임차인이 사업인정고시일 등 1년 이전부터 '부가가치세법'에 따른 사업자 등록을 하고 영업하는 것을 말한다.

(2) 영업을 행함에 있어서 관계법령에 의한 허가 등을 필요로 하는 경우에는 사업인정고시일 등 전에 허가 등을 받아 그 내용대로 행하고 있는 영업이어야 한다.

① **휴업기간 4개월 이내**
  - 휴업기간의 영업이익
  - 영업장소 이전 후 발생하는 영업이익 감소액
  - 휴업기간 중의 영업용 자산에 관한 감가상각비·유지관리비
  - 휴업기간 중에도 정상적으로 근무해야 하는 최소인원 인건비 등 고정비
  - 영업시설·원재료·제품 및 상품의 이전에 소요되는 비용 및 이전에 따른 감손 상당액
  - 이전광고비 및 개업비 등 영업장소를 이전함으로 인해 소요되는 부대비용

② 실제 휴업기간 2년을 초과할 수 없는 경우

- 당해 공익사업을 위한 영업의 금지 또는 제한으로 4개월 이상의 기간 동안 영업을 할 수 없는 경우
- 영업시설의 규모가 크거나 이전에 고도의 정밀성을 요구하는 등 영업의 고유한 특성으로 인해서 4개월 이내에 다른 곳으로 이전하는 것이 어렵다고 객관적으로 인정되는 경우

영 제54조(손실보상 등)

① 제13조 제1항에 따른 공람공고일부터 계약체결일 또는 수용재결일까지 계속하여 거주하고 있지 아니한 건축물의 소유자는 '공익사업을 위한 토지 등의 취득 및 보상에 관한 법률 시행령' 제40조 제5항 제2호에 따라 이주대책대상자에서 제외한다. 다만, 같은 호 단서(같은 호 마목은 제외한다)에 해당하는 경우에는 그러하지 아니하다.

② 정비사업으로 인한 영업의 폐지 또는 휴업에 대하여 손실을 평가하는 경우 영업의 휴업기간은 4개월 이내로 한다. 다만, 다음 각 호의 어느 하나에 해당하는 경우에는 실제 휴업기간으로 하되, 그 휴업기간은 2년을 초과할 수 없다.

1. 해당 정비사업을 위한 영업의 금지 또는 제한으로 인하여 4개월 이상의 기간 동안 영업을 할 수 없는 경우
2. 영업시설의 규모가 크거나 이전에 고도의 정밀성을 요구하는 등 해당 영업의 고유한 특수성으로 인하여 4개월 이내에 다른 장소로 이전하는 것이 어렵다고 객관적으로 인정되는 경우

③ 제2항에 따라 영업손실을 보상하는 경우 보상대상자의 인정시점은 제13조 제1항에 따른 공람공고일로 본다.

영업시설의 보상 시에 감정평가사가 방문해서 시설물 등을 감정평가한다. 반드시 감정평가 결과대로 보상하는 것은 아니고, 그 결과를 토대로 협의하게 되어 있다. 협상력을 발휘하면 더 나은 보상을 받을 수도 있다. 보통은 4개월 이내의 보상에 해당하고 2년의 보상을 받는 경우는 드물다.

③ 보상절차

보상계획 열람공고 ⇒ 평가법인 선정 및 추천 ⇒ 감정평가 및 보상금 산성 ⇒ 손실보상협의 ⇒ 재결 신청(시청) ⇒ 재결신청서 열람공고(구청) ⇒ 보상감정평가 ⇒ 수용 재결심의(시청) ⇒ 재결된 보상금 공탁 ⇒ 소유권이전

④ 보상금액

'공익사업을 위한 토지 등의 취득 및 보상에 관한 법률'에 의거 3인 이상의 평가법인이 평가한 금액을 산술평균, 협의 후 계약체결 시 전액 현금으로 지급한다.

◆ 각 시별 임대주택 모집순위

서울	1. 해당 정비구역에 거주하는 세입자로서 세대별 주민등록표에 등재된 날을 기준으로 영 제13조에 따른 정비구역의 지정을 위한 공람공고일 3개월 전부터 사업시행계획 인가로 인해서 이주하는 날까지 계속 거주하고 있는 무주택세대주(다만, 신발생무허가건축물에 거주하는 세입자는 제외한다) 및 해당 정비구역에 거주하는 토지등소유자로서 최소분양주택가액의 4분의 1보다 권리가액이 적은 자 중 해당 정비사업으로 인해 무주택자가 되는 세대주 2. 해당 정비구역의 주택을 공급받을 자격을 가진 분양대상 토지등소유자로서 분양신청을 포기한 자(철거되는 주택 이외의 다른 주택을 소유하지 않은 자로 한정한다) 3. 소속 대학의 장(총장 또는 학장)의 추천에 따라 선정된 저소득가구의 대학생(제8조 제1항 제2호에 따라 임대주택을 계획한 해당구역으로 한정한다) 4. 해당 정비구역 이외의 재개발구역 안의 세입자로서 제1호 또는 토지등소유자로서 제2호에 해당하는 입주자격을 가진 자 5. 해당 정비구역에 인접하여 시행하는 도시계획사업(법·영·시행규칙 및 이 조례에 따른 정비사업을 제외한다)으로 철거되는 주택의 소유자 또는 무주택세대주로서 구청장이 추천해서 시장이 선정한 자 6. 그 밖에 규칙으로 정하는 자
인천	1. 해당 정비구역 안에 거주하는 세입자로서 공람공고일 3개월 전부터 계속해서 거주하고 있는 무주택 세대주 또는 해당 정비구역 안에 거주하는 토지등소유자로서 최소분양주택가액보다 권리가액이 적은 자 중 해당 정비사업에 따라 무주택자가 되는 자 2. 해당 정비구역 안의 주택공급대상 토지등소유자로서 주택분양에 관한 권리를 포기한 자(철거되는 주택 이외의 다른 주택을 소유하지 않은 자에 한한다)

인천	3. 해당 정비구역의 공람공고일 3개월 전부터 계속하여 다른 재개발사업을 위한 정비구역 안에 거주하는 세입자 4. '국토의 계획 및 이용에 관한 법률' 제2조 제11호에 따른 도시계획사업에 따라 주거지를 상실하게 된 무주택세대주
대전	제1순위 : 정비구역지정 공람공고일 3개월 전부터 계속해서 해당 정비구역 내에 거주하고 있는 세입자 제2순위 : 해당 정비구역 내에 주택을 공급받을 자격을 가진 분양대상 토지등소유자로서 분양신청을 포기한 자 제3순위 : 해당 정비구역 외의 재개발 정비구역 내의 세입자로서 제1순위 해당하는 자 제4순위 : 제1순위부터 제3순위까지 규정 외의 자로서 구청장이 선정한 자
울산	1. 기존 무허가건축물 소유자 2. 해당 정비구역에 인접해 시행하는 도시계획사업(이 법에 따른 정비사업은 제외한다)으로 철거되는 주택의 소유자 또는 무주택세대주로서 구청장 등이 선정한 자
대구	1. 해당 정비구역 안에 거주하는 세입자로서 세대별 주민등록표에 실린 날을 기준으로 법 제15조 제1항에 따른 정비구역의 지정을 위한 공람공고일 3개월 전부터 사업시행계획 인가로 인해서 이주하는 날까지 계속 거주하고 있는 무주택세대주. 다만, 신발생무허가건축물에 거주하는 세입자는 제외한다. 2. 해당 정비구역 안의 주택을 공급받을 자격을 가진 분양대상 토지등소유자로서 분양신청을 포기한 자 3. 해당 정비구역 이외의 재개발구역 내 세입자로서 제1호 또는 토지등소유자로서 제2호에 해당하는 입주자격을 가진 자 4. 해당 정비구역 이외의 지역에서 시행하는 도시계획사업(이 법에 따른 정비사업을 제외한다)으로 철거되는 주택의 소유자 또는 무주택세대주로서 구청장이 선정한 자와 같은 순위 안에서 경쟁이 있는 때는 해당 정비구역 안에서 거주한 기간이 오래된 순서로 공급한다.
광주	1. 해당 정비구역에 거주하는 세입자로서 세대별 주민등록표상 등재일을 기준으로 정비구역지정을 위한 공람공고일(시행방식이 전환되는 경우에는 사업시행방식 전환을 위한 공람공고일을 말한다) 3월 이전부터 사업시행계획 인가를 받은 후 재개발사업의 시행으로 이주하는 날까지 계속 해당 정비구역에 거주하고 있는 무주택세대주. 다만, 신발생 무허가건축물에 거주하는 세입자를 제외한다. 2. 해당 정비구역 안의 주택을 공급받을 자격을 가진 분양대상 토지등소유자로서 분양신청을 포기한 자(철거되는 주택 이외의 다른 주택을 소유하지 않은 사람에 한한다) 3. 해당 정비구역 이외의 재개발구역 안의 세입자로서 제1호에 해당하는 입주자격을 가진 무주택 세대주 4. 해당 정비구역에 인접하여 시행하는 도시계획사업('도시 및 주거환경정비법'에 따른 정비사업을 제외한다)으로 철거되는 주택의 소유자 또는 무주택세대주로서 구청장이 추천해서 시장이 선정한 자. 같은 순위 안에서 경쟁이 있는 때는 해당 정비구역에서 거주한 기간이 오래된 순으로 공급한다.

창원	1. 해당 정비구역 안에 거주하는 세입자로서 세대별 주민등록표에 등재된 날을 기준으로 영 제13조에 따른 정비구역의 지정을 위한 공람공고일 3개월 전부터 사업시행계획 인가로 인해 이주하는 날까지 계속 거주하고 있는 무주택세대주. 다만, 신발생무허가건축물에 거주하는 세입자는 제외한다. 2. 해당 정비구역 안의 주택을 공급받을 자격을 가진 분양대상 토지등소유자로서 분양신청을 포기한 자(철거되는 주택 이외의 다른 주택을 소유하지 않은 자에 한정한다) 3. 소속 대학의 장(총장 또는 학장)의 추천에 따라 선정된 저소득가구의 대학생(제8조 제2호에 따라 임대주택을 계획한 해당구역에 한함) 4. 해당 정비구역 이외의 재개발구역 안의 세입자로서 제1호 또는 토지등소유자로서 제2호에 해당하는 입주자격을 가진 자 5. 해당 정비구역에 인접해서 시행하는 도시계획사업(이 법에 따른 정비사업을 제외한다)으로 철거되는 주택 소유자 또는 무주택세대주로서 시장이 추천·선정한 자 6. 그 밖에 시장이 추천하는 자

출처 : 저자 작성(각 시 조례 참고)

정비구역의
해제

정비(예정)구역이 지정된 이후 사업추진이 일정기간 내에 진행이 되지 않으면 구역을 해제해야 하며, 정비사업으로 토지등소유자에게 과도한 부담이 예상되는 경우는 지정권자가 직권으로 구역을 해제할 수 있다.

1. 정비구역 해제

다음의 경우에는 정비구역을 해제해야 한다.
① 정비예정구역에 대해서 기본계획에서 정비구역 지정 예정일부터 3년이 되는 날까지 정비구역을 지정하지 않거나 정비구역의 지정을 신청하지 않는 경우
② 조합이 시행하는 경우
  - 토지등소유자가 정비구역으로 지정·고시된 날부터 2년이 되는 날까지 추진위원회의 승인을 신청하지 않는 경우
  - 토지등소유자가 정비구역으로 지정·고시된 날부터 3년이 되는 날까지 조합설립 인가를 신청하지 않은 경우
  - 추진위원회가 추진위원회 승인일부터 2년이 되는 날까지 조합

설립 인가를 신청하지 않는 경우
- 조합이 조합설립 인가를 받은 날부터 3년이 되는 날까지 사업시행계획 인가를 신청하지 않는 경우
③ 토지등소유자가 시행하는 재개발사업으로 토지등소유자가 정비구역으로 지정·고시된 날부터 5년이 되는 날까지 사업시행계획 인가를 신청하지 않는 경우, 구청장 등은 이 요건에 해당하는 경우는 특별시장·광역시장에게 정비구역 등의 해제를 요청해야 한다.

정비구역 등을 해제 하는 경우에 특별자치시장, 특별자치도지사, 시장, 군수 또는 구청장 등은 30일 이상 주민에게 공람해서 의견을 구하고 지방의회의 의견을 들어야 한다. 지방의회는 해제에 관한 계획을 통지한 날부터 60일 이내에 의견을 제시해야 하며, 의견제시 없이 60일이 지난 경우 이의가 없는 것으로 본다. 또한 정비구역의 지정권자는 지방도시계획위원회의 심의를 거쳐야 한다.

정비구역 등을 해제하는 경우는 그 사실을 해당 지방자치단체의 공보에 고시하고, 국토교통부 장관에게 통보해야 하며, 관계 서류를 일반인이 열람할 수 있게 해야 한다.

◆ 정비구역의 해제

구분	해제 기준
정비예정구역	– 기본계획에서 정한 정비구역 지정 예정일부터 3년이 되는 날까지 정비구역을 지정하지 않거나 정비구역 지정을 신청하지 않는 경우
재개발·재건축 사업	– 기본계획에서 정한 정비구역 지정 예정일부터 3년이 되는 날까지 정비구역을 지정하지 않거나 정비구역 지정을 신청하지 않는 경우 – 정비구역 지정·고시된 날부터 2년이 되는 날까지 조합설립 추진위원회의 승인을 신청하지 않는 경우 – 정비구역 지정·고시된 날부터 3년이 되는 날까지 조합설립 인가를 신청하지 않는 경우(공공지원 시행에 따라 추진위원회를 구성하지 않는 경우로 한정)
	– 추진위원회 승인일부터 2년이 되는 날까지 조합설립 인가를 미신청 – 조합설립 인가를 받은 날부터 3년이 되는 날까지 사업시행계획 인가 미신청
토지등소유자가 시행하는 재개발사업	– 토지등소유자가 시행하는 경우로서 정비구역 지정·고시된 날부터 5년이 되는 날까지 사업시행계획 인가를 신청하지 않는 경우

* 도정법 제20조(정비구역의 해제)에 의해서 일정기간 진척이 없는 정비구역에 대해서 해제를 하는 규정이지만, 이 규정은 2012년 2월 1일 이후에 구역지정을 받은 곳만 적용이 되었다. 2016년 도정법에 의해 2012년 2월 1일 전에 추진위원회 승인을 받은 구역들은 4년의 유예기간을 거쳐 2020년 3월 2일까지 조합설립 인가를 신청하지 못하면 자동적으로 구역이 해제된다.

출처 : 저자 작성

법 제20조(정비구역 등의 해제)

① 정비구역의 지정권자는 다음 각 호의 어느 하나에 해당하는 경우에는 정비구역 등을 해제하여야 한다.

1. 정비예정구역에 대하여 기본계획에서 정한 정비구역 지정 예정일부터 3년이 되는 날까지 특별자치시장, 특별자치도지사, 시장 또는 군수가 정비구역을 지정하지 아니하거나 구청장 등이 정비구역의 지정을 신청하지 아니하는 경우

2. 재개발사업·재건축사업[제35조에 따른 조합(이하 '조합'이라고 한다)이 시행하는 경우로 한정한다]이 다음 각 목의 어느 하나에 해당하는 경우

   가. 토지등소유자가 정비구역으로 지정·고시된 날부터 2년이 되는 날까지 제31조에 따른 조합설립추진위원회(이하 '추진위원회'라고 한다)의 승인을 신청하지 아니하는 경우

   나. 토지등소유자가 정비구역으로 지정·고시된 날부터 3년이 되는 날까지 제35조에 따른 조합설립 인가(이하 '조합설립 인가'라고 한다)를 신청하지 아니하는 경우

(제31조 제4항에 따라 추진위원회를 구성하지 아니하는 경우로 한정한다)

    다. 추진위원회가 추진위원회 승인일부터 2년이 되는 날까지 조합설립 인가를 신청하지 아니 하는 경우

    라. 조합이 조합설립 인가를 받은 날부터 3년이 되는 날까지 제50조에 따른 사업시행계획 인가(이하 '사업시행계획 인가'라고 한다)를 신청하지 아니하는 경우

  3. 토지등소유자가 시행하는 재개발사업으로서 토지등소유자가 정비구역으로 지정·고시된 날부터 5년이 되는 날까지 사업시행계획 인가를 신청하지 아니하는 경우

② 구청장 등은 제1항 각 호의 어느 하나에 해당하는 경우에는 특별시장·광역시장에게 정비구역 등의 해제를 요청하여야 한다.

③ 특별자치시장, 특별자치도지사, 시장, 군수 또는 구청장 등이 다음 각 호의 어느 하나에 해당하는 경우에는 30일 이상 주민에게 공람하여 의견을 들어야 한다.

  1. 제1항에 따라 정비구역 등을 해제하는 경우

  2. 제2항에 따라 정비구역 등의 해제를 요청하는 경우

④ 특별자치시장, 특별자치도지사, 시장, 군수 또는 구청장 등은 제3항에 따른 주민공람을 하는 경우에는 지방의회의 의견을 들어야 한다. 이 경우 지방의회는 특별자치시장, 특별자치도지사, 시장, 군수 또는 구청장 등이 정비구역 등의 해제에 관한 계획을 통지한 날부터 60일 이내에 의견을 제시하여야 하며, 의견제시 없이 60일이 지난 경우 이의가 없는 것으로 본다.

⑤ 정비구역의 지정권자는 제1항부터 제4항까지의 규정에 따라 정비구역 등의 해제를 요청받거나 정비구역 등을 해제하려면 지방도시계획위원회의 심의를 거쳐야 한다. 다만, '도시재정비 촉진을 위한 특별법' 제5조에 따른 재정비촉진지구에서는 같은 법 제34조에 따른 도시재정비위원회(이하 '도시재정비위원회'라고 한다)의 심의를 거쳐 정비구역 등을 해제하여야 한다.

2. 정비구역 해제의 연장(법 제20조 제6항)

2년의 범위에서 연장해 정비구역 등을 해제하지 않을 수 있다.

- 토지등소유자, 30/100 이상의 동의로 연장 요청
- 정비구역 등의 존치가 필요하다고 인정하는 경우

3. 정비구역 등의 직권해제(법 제21조)

(1) 직권해제

지방도시계획위원회의 심의를 거쳐 직권해제할 수 있다.

① 정비사업의 시행으로 토지등소유자에게 과도한 부담이 발생할 것으로 예상되는 경우

② 정비구역 등의 추진 상황으로 봐서 지정 목적을 달성할 수 없다고 인정되는 경우

③ 토지등소유자, 30/100 이상이 정비구역 등의 해제를 요청하는 경우

④ 주거환경개선사업의 정비구역이 지정·고시된 날부터 10년 이상 지나고, 추진상황으로 봐서 지정 목적을 달성할 수 없다고 인정되는 경우로서 토지등소유자의 과반수가 정비구역의 해제에 동의하는 경우

⑤ 추진위원회 구성 또는 조합 설립에 동의한 토지등소유자의 1/2 이상 2/3 이하의 범위에서 시·도조례로 정하는 비율 이상의 동의로 정비구역의 해제를 요청하는 경우(사업시행계획 인가를 신청하지 않은 경우로 한정한다)

⑥ 추진위원회가 구성되거나 조합이 설립된 정비구역에서 토지등소유자 과반수의 동의로 정비구역의 해제를 요청하는 경우(사업시행계획 인가를 신청하지 않은 경우로 한정한다)

(2) 비용 보조

정비구역 등을 해제해서 추진위원회 구성승인 또는 조합설립 인가가 취소되는 경우, 정비구역의 지정권자는 해당 추진위원회 또는 조합이 사용한 비용의 일부를 대통령령으로 정하는 범위에서 시·도조례로 정하는 대로 보조할 수 있다.

영 제17조(추진위원회 및 조합 비용의 보조)

① 법 제21조 제3항에서 "대통령령으로 정하는 범위"란 다음 각 호의 비용을 말한다.

1. 정비사업전문관리 용역비

2. 설계 용역비

3. 감정평가비용

4. 그 밖에 해당 법 제31조에 따른 조합설립추진위원회(이하 '추진위원회'라고 한다) 및 조합이 법 제32조, 제44조 및 제45조에 따른 업무를 수행하기 위하여 사용한 비용으로서 시·도조례로 정하는 비용

② 제1항에 따른 비용의 보조 비율 및 보조 방법 등에 필요한 사항은 시·도조례로 정한다.

부산시 조례 제7조(직권해제 등)

① 시장은 법 제21조 제1항 제1호 및 제2호에 따라 정비구역 또는 정비예정구역(이하 '정비구역 등'이라고 한다)의 지정을 해제하려는 경우에는 사업추진에 대한 주민의사, 사업성, 추진현황, 추진위원회 또는 조합이 사용한 비용과 추정 분담금에 관한 사항 등을 종합적으로 고려하여야 한다.

② 법 제21조 제1항 제1호의 "정비사업의 시행으로 토지등소유자에게 과도한 부담이 발생할 것으로 예상되는 경우"란 제18조 제2항에 따라 구축된 정보시스템에서 정비계획 등으로 산정된 추정비례율(표준값을 말한다)이 80% 미만인 경우로서 구청장의 조사 결과 정비사업의 시행을 원하는 토지등소유자가 50% 미만인 경우를 말한다. 다만, 추정비례율 산정자료가 없는 경우에는 구청장의 조사결과로 산정된 추정비례율을 적용할 수 있다.

③ 법 제21조 제1항 제2호의 "정비구역 등의 추진 상황으로 보아 지정 목적을 달성할 수 없다고 인정되는 경우"란 다음 각 호의 어느 하나에 해당하는 경우를 말한다.

1. 정비예정구역으로서 다음 각 목의 어느 하나에 해당하는 경우

가. 정비구역 지정요건이 충족되지 않는 경우

나. 도시계획시설 결정 및 관계법령에 따른 행위제한 등이 해제되거나 만료되어 사실상 정비구역 지정이 어려운 경우

2. 추진위원장 또는 조합장이 장기간 직무를 수행할 수 없는 경우 또는 주민 갈등, 정비사업비 부족 등으로 추진위원회 또는 조합운영이 사실상 중단되는 경우 등 정비사업 추진이 어렵다고 인정되는 경우

3. 법 제23조 제1항 제2호에 따른 방법으로 시행하고 있는 주거환경개선사업은 정비구

역이 지정·고시된 날부터 10년 이상 경과하고, 사업시행자가 지정되지 아니한 경우
로서 토지등소유자의 100분의 30 이상이 정비구역 등의 해제를 요청하는 경우

4. 정비구역 해제의 효력

- 해제 시 정비사업전문관리 용역비, 설계 용역비, 감정평가비용 등
  사용 비용의 일부를 보조할 수 있다.
- 정비구역이 해제되면 용도지역 등은 정비구역 지정 이전 상태로
  환원된다.
- 해제된 정비구역을 주거환경개선구역으로 지정할 수 있다.

법 제22조(정비구역 등 해제의 효력)
① 제20조 및 제21조에 따라 정비구역 등이 해제된 경우에는 정비계획으로 변경된 용도지
  역, 정비기반시설 등은 정비구역 지정 이전의 상태로 환원된 것으로 본다. 다만, 제21조
  제1항 제4호의 경우 정비구역의 지정권자는 정비기반시설의 설치 등 해당 정비사업의
  추진 상황에 따라 환원되는 범위를 제한할 수 있다.
② 제20조 및 제21조에 따라 정비구역 등(재개발사업 및 재건축사업을 시행하려는 경우로 한정
  한다. 이하 이 항에서 같다)이 해제된 경우 정비구역의 지정권자는 해제된 정비구역 등을
  제23조 제1항 제1호의 방법으로 시행하는 주거환경개선구역(주거환경개선사업을 시행하
  는 정비구역을 말한다. 이하 같다)으로 지정할 수 있다. 이 경우 주거환경개선구역으로 지
  정된 구역은 제7조에 따른 기본계획에 반영된 것으로 본다.
③ 제20조 제7항 및 제21조 제2항에 따라 정비구역 등이 해제·고시된 경우 추진위원회 구
  성승인 또는 조합설립 인가는 취소된 것으로 보고, 시장·군수 등은 해당 지방자치단체
  의 공보에 그 내용을 고시하여야 한다.

재개발 투자 시에 무허가주택이나 도로 등 투자금이 적은 부동산을 대상으로 하는데, 만약 그 구역이 정비구역에서 해제가 되면 낭패를 볼 수 있다. 특히, 도로의 경우 활용할 수 없고 처분도 어렵다. 따라서 재개발 투자 시 그 구역의 조합을 방문해서 현재 진행상황을 조사해야 한다. 가능하다면 사업시행계획 인가 이후에 또는 최소한 조합설립 이후에 투자하는 것이 좀 더 안전하다.

공공재개발사업 및 공공재건축사업

2020년 8월 4일 주택공급확대 방안으로 공공재개발사업과 공공재건축사업이 도입되었다. 공공(LH·SH 등)이 참여해서 도시규제 완화를 통해 주택을 기존 세대수보다 2배 이상 공급하며 개발이익은 기부채납으로 환수하는 정책이다. 비경제적인 건축행위 및 투기 수요의 유입을 방지하고, 합리적인 사업계획을 수립하기 위해서 공공재개발사업을 추진하려는 구역을 공공재개발사업 예정구역으로 지정할 수 있다.

1. 공공재개발사업 예정구역의 지정·고시(법 제101조의 2)

① 정비구역의 지정권자는 비경제적인 건축행위 및 투기 수요의 유입을 방지하고, 합리적인 사업계획을 수립하기 위해서 공공재개발사업을 추진하려는 구역을 공공재개발사업 예정구역으로 지정할 수 있다. 이 경우 공공재개발사업 예정구역의 지정·고시에 관한 절차는 제16조(정비계획의 결정 및 정비구역의 지정고시)를 준용한다.

② 정비계획의 입안권자 또는 토지주택공사 등은 정비구역의 지정권자에게 공공재개발사업 예정구역의 지정을 신청할 수 있다. 이 경

우 토지주택공사 등은 정비계획의 입안권자를 통해 신청해야 한다.

③ 공공재개발사업 예정구역에서 제19조 제7항 각 호(건축물의 건축, 토지의 분할)의 어느 하나에 해당하는 행위 또는 같은 조 제8항(지역주택조합 조합원모집)의 행위를 하려는 자는 시장·군수 등의 허가를 받아야 한다. 허가받은 사항을 변경하려는 때도 또한 같다.

④ 공공재개발사업 예정구역 내에 분양받을 건축물이 제77조 제1항 각 호의 어느 하나에 해당하는 경우에는 제77조(권리산정 기준일)에도 불구하고, 공공재개발사업 예정구역 지정·고시가 있은 날 또는 시·도지사가 투기를 억제하기 위해 공공재개발사업 예정구역 지정·고시 전에 따로 정하는 날의 다음 날을 기준으로 건축물을 분양받을 권리를 산정한다. 이 경우 시·도지사가 건축물을 분양받을 권리일을 따로 정하는 경우에는 제77조 제2항을 준용한다.

2. 공공재개발사업을 위한 정비구역 지정 등(법 제101조의 3)

① 정비구역의 지정권자는 제8조 제1항(정비구역지정요건 등)에도 불구하고 기본계획을 수립하거나 변경하지 않고 공공재개발사업을 위한 정비계획을 결정해서 정비구역을 지정할 수 있다.

② 정비계획의 입안권자는 공공재개발사업의 추진을 전제로 정비계획을 작성해서 정비구역의 지정권자에게 공공재개발사업을 위한 정비구역의 지정을 신청할 수 있다. 이 경우 공공재개발사업을 시행하려는 공공재개발사업 시행자는 정비계획의 입안권자에게 공공재개발사업을 위한 정비계획의 수립을 제안할 수 있다.

3.　공공재개발사업 정비(예정)구역 해제

① 정비구역의 지정권자는 공공재개발사업 예정구역이 지정·고시
된 날부터 2년이 되는 날까지 공공재개발사업 예정구역이 공공재
개발사업을 위한 정비구역으로 지정되지 않거나, 공공재개발사업
시행자가 지정되지 않으면 그 2년이 되는 날의 다음 날에 공공재
개발사업 예정구역 지정을 해제해야 한다.

② 정비계획의 지정권자는 공공재개발사업을 위한 정비구역을 지정·
고시한 날부터 1년이 되는 날까지 공공재개발사업 시행자가 지정
되지 않으면 그 1년이 되는 날의 다음 날에 공공재개발사업을 위
한 정비구역의 지정을 해제해야 한다.

③ 정비구역의 지정권자는 1회에 한해서 1년의 범위에서 공공재개
발사업 정비(예정)구역 지정을 연장할 수 있다.

4　정비구역 지정을 위한 특례(법 제101조의 4)

① 지방도시계획위원회 또는 도시재정비위원회는 공공재개발사업
예정구역 또는 공공재개발사업·공공재건축사업을 위한 정비구역
의 지정에 필요한 사항을 심의하기 위해 분과위원회를 둘 수 있
다. 이 경우 분과위원회의 심의는 지방도시계획위원회 또는 도시
재정비위원회의 심의로 본다.

② 정비구역의 지정권자가 공공재개발사업 또는 공공재건축사업을
위한 정비구역의 지정·변경을 고시한 때는 기본계획의 수립·변
경, '도시재정비 촉진을 위한 특별법'에 따른 재정비촉진지구의 지
정·변경 및 재정비촉진계획의 결정·변경이 고시된 것으로 본다.

5. 공공재개발사업에서의 용적률 완화 및 주택건설비율(법 제101조의 5)

① 공공재개발사업 시행자는 공공재개발사업('도시재정비촉진을 위한 특별법'에 따른 재정비촉진지구에서 시행되는 공공재개발사업을 포함한다)을 시행하는 경우 '국토의 계획 및 이용에 관한 법률' 제78조 및 조례에도 불구하고, 지방도시계획위원회 및 도시재정비위원회의 심의를 거쳐 법적상한용적률의 100분의 120(이하 '법적상한초과용적률'이라고 한다)까지 건축할 수 있다.

② 공공재개발사업 시행자는 제54조(재건축사업 등의 용적률 완화 및 국민주택 규모 주택 건설비용)에도 불구하고, 법적상한초과용적률에서 정비계획으로 정해진 용적률을 뺀 용적률의 100분의 20 이상 100분의 50 이하로 시·도조례로 정하는 비율에 해당하는 면적의 국민주택규모 주택을 건설해서 인수자에게 공급해야 한다. 다만, 제24조 제4항, 제26조 제1항 제1호 및 제27조 제1항 제1호(긴급한 정비사업시행 등)에 따른 정비사업을 시행하는 경우는 그러지 않아도 된다.

③ ②에 따른 국민주택규모 주택의 공급 및 인수방법에 관해서는 제55조(국민주택규모 주택의 공급 및 인수)를 준용한다.

6. 공공재건축사업에서의 용적률 완화 및 주택건설비율(법 제101조의 6)

① 공공재건축사업을 위한 정비구역에 대해서는 해당 정비구역의 지정·고시가 있은 날부터 '국토의 계획 및 이용에 관한 법률'에 따라 주거지역을 세분해서 정하는 지역 중 대통령령으로 정하는 지역으로 결정·고시된 것으로 봤을 때 해당 지역에 적용되는 용적률 상한까지 용적률을 정할 수 있다. 다만, 다음의 어느 하나에 해당하는 경우는 그러지 않는다.

㉠ 해당 정비구역이 '개발제한구역의 지정 및 관리에 관한 특별조치법'에 따라 결정된 개발제한구역인 경우

㉡ 시장·군수 등이 공공재건축사업을 위해 필요하다고 인정해서 해당 정비구역의 일부분을 종전 용도지역으로 그대로 유지하거나 동일면적의 범위에서 위치를 변경하는 내용으로 정비계획을 수립한 경우

㉢ 시장·군수 등이 제9조 제1항 제10호 다목(주거지역세분 등)의 사항을 포함하는 정비계획을 수립한 경우

② 공공재건축사업 시행자는 공공재건축사업('도시재정비 촉진을 위한 특별법' 제2조 제1호에 따른 재정비촉진지구에서 시행되는 공공재건축사업을 포함한다)을 시행하는 경우 제54조 제4항(국민주택규모 주택건설비율)에도 불구하고 제1항에 따라 완화된 용적률에서 정비계획으로 정해진 용적률을 뺀 용적률의 100분의 40 이상 100분의 70 이하로서 주택증가 규모, 공공재건축사업을 위한 정비구역의 재정적 여건 등을 고려해서 시·도조례로 정하는 비율에 해당하는 면적에 국민주택규모 주택을 건설해서 인수자에게 공급해야 한다.

③ ②에 따른 주택의 공급가격은 '공공주택 특별법' 제50조의 4에 따라 국토교통부 장관이 고시하는 공공건설임대주택의 표준건축비로 하고, ④의 단서에 따라 분양을 목적으로 인수한 주택의 공급가격은 '주택법'에 따라 국토교통부 장관이 고시하는 기본형 건축비로 한다. 이 경우 부속 토지는 인수자에게 기부채납한 것으로 본다.

④ ②에 따른 국민주택규모 주택의 공급 및 인수방법에 관해서는 제55조를 준용한다. 다만, 인수자는 공공재건축사업 시행자로부터 공급받은 주택 중 대통령령으로 정하는 비율에 해당하는 주택에 대해서는 '공공주택 특별법'에 따라 분양할 수 있다.

⑤ ③의 후단에도 불구하고 ④의 단서에 따른 분양주택의 인수자는

감정평가액의 100분의 50 이상의 범위에서 대통령령으로 정하는 가격으로 부속 토지를 인수해야 한다.

7. 사업시행계획 통합심의(법 제101조의 7)

정비구역의 지정권자는 공공재개발사업 또는 공공재건축사업의 사업시행계획 인가와 관련된 다음의 사항을 통합해서 검토 및 심의(이하 '통합심의'라고 한다)할 수 있다.

① '건축법'에 따른 건축물의 건축 및 특별건축구역의 지정 등에 관한 사항
② '경관법'에 따른 경관 심의에 관한 사항
③ '교육환경 보호에 관한 법률'에 따른 교육환경평가
④ '국토의 계획 및 이용에 관한 법률'에 따른 도시·군관리계획에 관한 사항
⑤ '도시교통정비 촉진법'에 따른 교통영향평가에 관한 사항
⑥ '자연재해대책법'에 따른 재해영향평가 등에 관한 사항
⑦ '환경영향평가법'에 따른 환경영향평가 등에 관한 사항
⑧ 그 밖에 국토교통부 장관, 시·도지사 또는 시장·군수 등이 필요하다고 인정해서 통합심의에 부치는 사항

자료의
복사·열람 등

1. 자료의 복사·열람

① 추진위원장 또는 사업시행자는 다음의 서류 및 관련 자료가 작성
되거나 변경 시 15일 이내에 인터넷과 그 밖의 방법을 병행해서
공개해야 한다.

  ㉠ 설계자, 시공자, 철거업자 및 정비사업전문관리업자 등 용역업
  체의 선정계약서

  ㉡ 총회 및 대의원회의 의사록

  ㉢ 사업시행계획서

  ㉣ 관리처분계획서

  ㉤ 회계감사보고서

  ㉥ 월별 자금의 입출금 세부내역

  ㉦ 청산인의 업무처리 현황 등

② 추진위원회 위원장 또는 사업시행자는 공개 및 열람·복사 등을 하
는 경우는 주민등록번호를 제외하고 공개해야 한다.

③ 정비사업 시행에 관한 서류와 관련 자료를 조합원, 토지등소유자가
열람·복사 요청을 한 경우, 추진위원회 위원장이나 사업시행자는 15

일 이내에 그 요청에 따라야 한다. 복사비용은 청구인이 부담한다.

④ 청구인은 제공받은 서류와 자료를 사용 목적 외 용도로 이용·활용해서는 안 된다.

⑤ 개인정보보호를 위한 조치

전화번호 공개는 청구 목적, 청구인 자격 및 제공받는 자의 수를 제한한다.

    ㉠ 청구 목적 : 추진위원회(조합) 해산동의서 징구 등 공익과 개인의 권리구제를 위해 필요하다고 인정되는 목적의 경우로 한정한다.

    ㉡ 청구 자격 : 실태조사 신청인(대표), 해산동의서 징구 희망자(대표) 등 청구 목적의 이행에 필요하다고 인정하는 자로 한정한다.

    ㉢ 정보를 제공받는 자 : 전화번호 포함 명부를 제공받는 자는 구역별 토지등소유자 또는 구역면적 등을 감안해서 그 수를 제한한다(구역면적 5만㎡당 3인 정도).

    ㉣ 기타의 청구 목적이나 청구인의 경우 청구 목적 등을 감안해서 전화번호를 포함한 일부 개인정보는 목적범위 안에서 제한한다.

⑥ 구청장에 의한 공개방안

추진 주체가 토지등소유자의 열람·복사 요청에 불응 또는 지연 시

    ㉠ 토지등소유자의 공개요청에 불응하는 추진 주체에 대해서는 우선 관련 자료의 유무를 확인하고 이행명령 등 필요한 조치를 취한다.

    ㉡ 이행명령을 이행하지 않는 추진 주체는 고발 등 행정조치를 취한다.

    ㉢ 전화번호의 경우 자치구가 전화번호가 포함된 명부를 취득·보유하고 있는 경우에는 그 명부를, 없을 경우에는 추진위원회(조합) 설립동의서, 서면결의서 등에 기재된 전화번호 등 개인정보를 근거로 명부를 작성해서 제공한다.

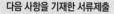

- 공개 범위 : 토지등소유자의 요청이 있을 경우 주민등록번호를 제외한 모든 정보를 제공(조합원 명부, 토지등소유자 명부, 추진위원회(조합)설립동의서, 별도로 작성한 전화번호 포함 명부 등 정비사업의 시행에 관한 서류 및 관련 자료 모두 포함)
- 신청 방법 : 사용 목적 등을 기재한 서면 또는 전자문서로 요청

정보공개절차

1단계

토지등소유자(조합원)명부 관련 자료 열람·복사 요청 (청구인 → 추진 주체)

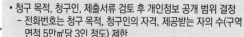
다음 사항을 기재한 서류제출
- 제공받은 서류와 자료의 사용 목적
- 개인정보 포함 청구 시
  - 개인정보를 제공받는 자
  - 개인정보 이용 목적
  - 청구하는 개인정보의 항목
  - 개인정보의 보유 및 이용기간

2단계

청구 목적, 청구인, 제출서류 검토 후 공개 범위 결정 (추진 주체)

- 청구 목적, 청구인, 제출서류 검토 후 개인정보 공개 범위 결정
  - 전화번호는 청구 목적, 청구인의 자격, 제공받는 자의 수(구역 면적 5만㎡당 3인 정도) 제한
- 해산동의서 징구자의 과다로 인한 혼란 방지

3단계

정보 공개 (추진 주체→청구인)

- 비용납부(청구인), 신청일로부터 15일 이내 공개
- 복사물의 경우 일련번호 기재, 경고 문구 스탬프 날인
- '개인정보 보호법'에 의한 조치
  - 개인정보를 제공받은 자에게 이용 목적, 이용 방법, 그 밖에 필요한 제한 조치
  - 개인정보의 안정성 확보를 위해 필요한 조치 요청
- 제공받은 목적 외 개인정보의 이용 및 제삼자 제공 시 '개인정보 보호법' 제71조에 의한 처벌 및 반납절차 등 안내
- 필요시 제공받는 자의 각서 징구, 안내문 제공 및 수령확인서 징구

4단계

공개 후 개인정보 공개에 따른 조치(추진 주체)

개인정보 이용 또는 제공의 법적 근거, 목적 및 범위 등을 관보 또는 인터넷 홈페이지 등에 게재('개인정보보호법' 제18조 제4항)

2. 벌칙적용에 있어서 공무원 의제

'형법' 제129조(수뢰, 사전수뢰), 제130조(제삼자의 뇌물제공), 제131조(수뢰 후 부정처사, 사후수뢰), 제132조(알선수뢰)의 적용에 있어서 추진위원장, 조합 임원, 청산인, 전문조합관리인 및 정비사업전문관리업자의 대표자, 직 원 및 위탁지원자는 이를 공무원으로 본다.

(1) 5년 이하의 징역 또는 5,000만 원 이하의 벌금
- 토지등소유자의 서면동의서를 위조한 자
- 추진위원, 조합임원의 선임 또는 계약 체결과 관련해 금품, 향응 또 는 그 밖의 재산상 이익을 제공하거나, 제공의사를 표시하거나, 제 공을 약속하는 행위를 하거나, 제공받거나, 제공의사 표시를 승낙 한 자

(2) 3년 이하의 징역 또는 3,000만 원 이하의 벌금
- 계약의 방법을 위반해서 계약을 체결한 추진위원장, 전문조합관리 인 또는 조합임원
- 규정을 위반해서 시공자를 선정한 자 및 시공자로 선정된 자
- 규정을 위반해서 시공자와 공사에 관한 계약을 체결한 자
- 시장·군수 등의 추진위원회 승인을 받지 않고 정비사업전문관리업 자를 선정한 자
- 계약의 방법을 위반해서 정비사업전문관리업자를 선정한 추진위원 장(전문조합관리인을 포함한다)
- 토지등소유자의 서면동의서를 매도하거나 매수한 자
- 거짓 또는 부정한 방법으로 조합원 자격을 취득한 자와 조합원 자 격을 취득하게 해준 토지등소유자 및 조합의 임직원(전문 조합관리인을 포함한다)

- 조합원자격 규정을 회피해서 분양주택을 이전 또는 공급받을 목적으로 건축물 또는 토지의 양도·양수 사실을 은폐한 자
- 2주택 공급의 주택전매제한기간을 위반해서 주택을 전매하거나 전매를 알선한 자

(3) 2년 이하의 징역 또는 2,000만 원 이하의 벌금

- 안전진단 결과보고서를 거짓으로 작성한 자
- 제19조 제1항(행위제한)을 위반해서 허가 또는 변경허가를 받지 않거나 거짓, 그 밖의 부정한 방법으로 허가 또는 변경허가를 받아 행위를 한 자
- 추진위원회 또는 주민대표회의의 승인을 받지 않고 업무를 수행하거나 주민대표회의를 구성·운영한 자
- 승인받은 추진위원회 또는 주민대표회의가 구성되어 있음에도 임의로 추진위원회 또는 주민대표회의를 구성해서 이 법에 따른 정비사업을 추진한 자
- 조합이 설립되었는데도 추진위원회를 계속 운영한 자
- 총회의 의결을 거치지 않고 법 제45조 제1항 각 호의 사업(같은 항 제13호 중 정관으로 정하는 사항은 제외한다)을 임의로 추진한 조합임원(전문조합관리인을 포함한다)
- 이하 생략

(4) 1년 이하의 징역 또는 1,000만 원 이하의 벌금

- 제19조(행위 제한) 제8항을 위반해서 '주택법'에 따른 지역주택조합의 조합원을 모집한 자
- 추진위원회의 회계장부 및 관계 서류를 조합에 인계하지 않은 추진위원장(전문 조합관리인을 포함한다)
- 준공인가를 받지 아니하고 건축물 등을 사용한 자와 시장·군수 등

의 사용허가를 받지 않고 건축물을 사용한 자

- 다른 사람에게 자기의 성명 또는 상호를 사용해서 이 법에서 정한 업무를 수행하게 하거나 등록증을 대여한 정비사업전문관리업자
- 이하 생략

(5) 과태료

점검반의 현장조사를 거부·기피 또는 방해한 자에게는 1,000만 원의 과태료를 부과한다. 공람, 고시, 보고, 자료제출을 게을리한 자 등은 500만 원 이하의 과태료를 부과한다.

(6) 양벌규정

법인의 대표자나 법인 또는 개인의 대리인, 사용인, 그 밖의 종업원이 그 법인 또는 개인의 업무에 관해서 제135조부터 제138조(벌칙)까지의 어느 하나에 해당하는 위반행위를 하면, 그 행위자를 벌하는 외에 그 법인 또는 개인에게도 해당 조문의 벌금에 처한다. 다만, 법인 또는 개인이 그 위반행위를 방지하기 위해 해당 업무에 상당한 주의와 감독을 게을리하지 않은 경우는 처벌하지 않는다.

(7) 금품·향응 수수행위 등에 대한 신고포상금

시·도지사 또는 대도시의 시장은 제132조(조합임원 등의 선임·선정 및 계약 체결 시 행위제한) 제1항 각 호의 행위사실을 신고한 자에게 시·도조례로 정하는 바에 따라 포상금을 지급할 수 있다.

3. 도시·주거환경정비기금의 설치

정비사업의 원활한 수행을 위해서 도시·주거환경정비기금(정비기금)을 설치해야 한다.

(1) 정비기금의 재원조성
- 재산세 중 일정금액
- 개발부담금, 재건축부담금 중 지자체 귀속분
- 정비구역 안의 국·공유지 매각대금 중 일정금액
- 시·도지사, 시장, 군수 또는 구청장에게 공급된 주택의 임대보증금 및 임대료 등

(2) 정비기금의 용도
- 기본계획의 수립
- 안전진단 및 정비계획의 수립
- 추진위 운영자금 대여
- 임대주택의 건설·관리
- 임차인의 주거안정 지원
- '재건축초과이익 환수에 관한 법률'에 따른 재건축부담금의 부과·징수
- 주택개량의 지원 등

(3) 정비기금운용심의회(부산광역시 조례의 경우)
- 위원장 1명을 포함한 11명 이내의 위원
- 위원장은 정비기금 업무담당 실·국장
- 임기는 2년, 연임 1번 가능
- 재적위원 과반수의 출석으로 개의, 출석위원 과반수의 찬성으로 의결

(4) 융자금리 등(부산광역시 조례의 경우)

- 금액의 범위, 대상 등은 기금심의회의 심의를 거쳐 세대별 또는 사업구역별로 시장이 따로 그 기준을 정할 수 있다.
- 금리는 지정된 금고의 1년 만기 정기예금 이자율 기준
- 상환은 5년 이내(특별한 사유 시 2년 연장)
- 협약을 통해 금융기관이 정비사업에 따른 자금을 대출하게 할 수 있다. 이 경우 자금의 대출이자 중 일부를 정비기금으로 보전할 수 있다.

4. 정비사업전문관리업

(1) 정비사업전문관리업의 등록기준

① 자본금 : 10억 원(법인 5억 원) 이상
② 인력 : 상근인력을 5인 이상 확보
  ㉠ 건축사 또는 도시계획 및 건축분야 기술사와 이와 동등하다고 인정되는 특급기술인으로서 특급기술인의 자격을 갖춘 후 건축 및 도시계획 관련 업무에 3년 이상 종사한 자
  ㉡ 감정평가사·공인회계사 또는 변호사
  ㉢ 법무사 또는 세무사
  ㉣ 정비사업 관련 업무에 3년 이상 종사한 자로서 공인중개사, 행정사, 정부기관 등 기관 근무자, 정비사업 관련 분야의 석사 이상의 학위소지자 등의 어느 하나에 해당하는 자

📢 ㉠, ㉡은 각각 1인 이상 확보, ㉣은 인력이 2인을 초과하는 경우에는 2인으로 본다.

(2) 정비사업전문관리업의 업무

- 조합설립의 동의 및 정비사업의 동의에 관한 업무의 대행
- 조합설립 인가의 신청에 관한 업무의 대행
- 사업성 검토 및 정비사업의 시행계획서의 작성
- 설계자 및 시공자 선정에 관한 업무의 지원
- 사업시행계획 인가의 신청에 관한 업무의 대행
- 관리처분계획의 수립에 관한 업무의 대행

(3) 정비사업전문관리업자의 업무제한

- 건축물의 철거
- 정비사업의 설계
- 정비사업의 시공
- 정비사업의 회계감사
- 안전진단업무(시행령)

(4) 정비사업전문관리업자와 위탁자의 관계

'민법' 중 위임에 관한 규정을 준용한다.

(5) 정비사업전문관리업자의 등록취소

- 거짓, 그 밖의 부정한 방법으로 등록한 때
- 등록기준을 미달하게 된 때
- 고의 또는 과실로 조합에게 계약금액의 3분의 1 이상의 재산상 손실을 끼친 때
- 다른 사람에게 자기의 성명 또는 상호를 사용해서 업무 수행을 하거나 등록증을 대여한 때
- 보고·자료 제출을 하지 않거나 거짓으로 한 때 또는 조사·검사를 거부·방해 또는 기피한 때 등

역대 정부의
부동산 정책

부동산 가격의 흐름과 투자 결정에 가장 큰 영향을 미치는 것은 정부 정책이다. 부동산 정책은 시장 상황에 따라 규제와 규제완화(활성화)를 반복해오고 있는데, 역대 정부의 부동산 정책을 간략히 살펴보고 향후 전개될 정책을 이해하고자 한다.

1. 박정희 정부

이농화정책으로 인한 인구의 도시집중화 및 부동산 가격급등으로 인한 규제

경제개발계획에 맞춰 부동산 정책을 펼치는데 산업화로 인해 노동력의 필요성이 증가하고, 이농화정책으로 농민들이 도심지 부근으로 이동하게 되었다. 이로 인해 도시의 주택부족문제로 땅값이 폭등해서 양도세 50% 부과 등 부동산 규제정책들이 나타났다.

2. 전두환 정부

초기는 경기부양책, 중반 이후에는 규제책

경기침체기에 시작한 정부는 초기에는 경기부양책, 중반 이후에는 규제책으로 정책을 변경했다. 국민주택 선매청약저축제도 등 분양제도, 토지거래신고제, 주택채권입찰제 등 여러 정책들이 시행되었다.

3. 노태우 정부

토지공개념 도입 등 강력한 규제정책

서울의 꾸준한 인구 유입에 따른 주택부족으로, 1989년 분당을 포함한 1기 신도시에 주택 200만 호를 건설하는 계획과 개발이익환수, 토지초과이득세 등 토지공개념의 도입으로 강력하고 직접적인 개입정책을 시행했다.

4. 김영삼 정부

부동산 가격 안정세에 따른 부분적 대책

이전 정부의 강력한 규제정책으로 인해 전반적인 부동산 가격의 급등은 없었으며, 전세가격 상승에 대한 대책 등 부분적인 부동산 가격 안정화 정책을 폈다. 김영삼 정부의 핵심 정책은 1996년에 실시한 부동산 실명제다.

5. 김대중 정부

외환위기로 인한 대대적인 규제완화

외환위기와 함께 집권한 정부는 경제활성화가 가장 큰 목표였다. 수도권 민간택지에 대한 분양가 자율화, '주택건설촉진법'('주택법'으로 개정됨), 부동산 관련 업종을 선년 대외에 개방하는 등 대대적인 규제완화 정책을 폈다. 이로 인해 후반기에는 주택가격이 급등했다.

6. 노무현 정부

강력한 규제정책

김대중 정부의 규제완화 정책에 따른 주택가격 상승기에 시작한 이 정부는 양도세 중과, 주택거래신고제, 분양가상한제 등의 강력한 규제정책으로 일관했다. 이러한 정책에도 불구하고 주택공급물량축소의 정책이 수도권 중심으로 이루어져 주택가격이 더욱더 상승하게 되었다.

7. 이명박 정부

경제활성화를 위한 규제완화

수도권의 보금자리주택 공급을 확대하고, 지방의 미분양해소 등 경제활성화에 주력했다. 지방 미분양주택 양도세 한시적 면제, 투기과열/투기지역 해제 등 규제완화 정책에 집중했다.

서민, 중산층의 주거안정과 경기부양을 위한 규제완화

LTV 70%, DTI 60%를 전 금융권으로 완화 적용, 취득세율 인하 등으로 대출을 통한 주택구입이 용이하게 했다. 한편 기준금리 사상 최저와 맞물려서 부동산 가격급등과 가계부채가 1,300조 원 이상으로 급속히 증가하게 되었다. 이에 정권 후반기에는 가계부채 관리방안을 마련했고, 더불어 청약 시장의 참여조건을 강화했다.

2016. 8. 25. 정책
집단대출보증건수를 기존 HUG와 HF에서 제한 없이 보증했는데 7월 1일 이후 입주자 모집 공고분부터는 인당 통합 4건까지 강화되었고, 10월 1일 이후 입주자모집 공고분부터는 통합 2건까지만 보증해주는 것으로 강화되었다. 또한 대출보증도 100%가 아닌 90%까지로 했기 때문에 금융기관에서는 대출심사를 더 까다롭게 적용했다.

2016. 11. 3. 정책
서울, 경기도, 세종시, 부산시에 조정지역을 선정해서 청약조건을 강화했다. 조정지역에서는 세대주가 아닌 자, 5년 이내 당첨자, 2주택 이상의 소유자에게는 1순위자격을 제한했고, 전매제한기간은 서울의 경우 1년 6개월~소유권이전등기 시까지로 강화했다. 또한 재당첨 제한기간도 면적과 과밀억제권역 여부에 따라 1~5년으로 제한했다.

2016. 11. 24. 가계부채 후속정책
집단대출의 중도금뿐만 아니라 잔금대출도 규제하게 되는데, 거치기간을 없애고 대출 시 여신 심사 가이드라인을 도입해서 잔금납부 능력이 없는 자는 청약을 못하도록 유도했다.

문재인 정부는 2017년 6월 19일 '주택 시장의 안정적 관리를 위한 선별적 맞춤형 대응방안'의 정책을 시작으로, 2022년까지 규제를 지향하는 정책을 지속적으로 내놨다.

2017. 6. 19. 정책

- 조정대상지역을 기존 37개 지역에 3개 지역을 추가해서 총 40개 지역으로 선정
- 기존 조정대상지역에 투기과열지구 및 투기지역 지정

> 조정대상지역 : 서울 전 지역, 경기도 7개 시, 부산 7개 구, 세종시
>
> 투기과열지구 : 서울 전 지역, 경기도 과천시, 세종시
>
> 투기지역 : 서울 11개 구, 세종시

- 전매제한기간을 소유권이전등기 시까지로 강화(서울 전 지역)
- 조정지역에서의 LTV와 DTI를 10%p씩 강화(LTV 70%~60%, DTI 60%~50%)
- 재건축 조합원 주택공급수를 최대 3주택에서 1주택(예외 2주택)으로 강화
- 관계기관 합동 불법행위 점검 무기한 실시 및 실거래가 허위신고에 대한 신고제도 활성화(리니언시, 파파라치)

2017. 8. 2. 정책

- 민간택지 분양가상한제 적용요건 개선
- 재건축초과이익환수제 추가유예 없이 시행
- 투기과열지구 내 재개발 등 조합원분양권 전매 제한
- 투기과열지구 내 재건축 조합원 지위양도 제한
- 재개발사업 시 임대주택 공급의무비율 강화
- 투기과열지구 내 5년간 재당첨 제한
- 투기과열지역은 도시재생 뉴딜사업에서 제외
- 조정대상지역에서 2주택 이상자의 양도세 중과 및 장기보유특별공제 배제
- 1세대 1주택 양도세 비과세 요건 강화(2년 거주)
- 분양권 전매 시 양도세 강화(보유기간 관계없이 50%)
- 투기지역 내 주택담보대출 차주당 1건에서 세대당 1건으로 강화

- 투기과열지구 및 투기지역은 LTV·DTI 각각 40% 적용
- 중도금 대출보증건수 제한(인당 2건 이하, 세대당 2건 이하, 조정대상지역은 세대당 1건)
- 투기과열지구 내에서 3억 원 이상 주택거래 시 자금조달계획 및 입주계획 신고 의무화
- 불법전매 처벌규정강화(3년 이하의 징역 또는 1억 원 이하의 벌금)
- 조정대상지역 및 투기과열지구의 청약 1순위 자격을 청약통장 가입 후 2년, 납입횟수 24회 이상으로 강화(국민주택)
- 지방민간택지 전매제한 기간설정('주택법' 개정)
- 오피스텔 분양 및 관리개선(조정대상지역에서의 전매제한기간 설정 및 거주자 우선 분양)

2017. 9. 5(8. 2 후속정책)
- 투기과열지구 추가 지정(성남시 분당구, 대구시 수성구)
- 민간택지 분양가상한제 적용요건 개선

구분	기존 기준	변경 기준(안)
주택가격(①)	3개월 아파트 매매가격상승률이 10% 이상	3개월 주택 매매가격상승률이 물가상승률의 2배 초과
분양가격(②)	없음.	12개월 평균 분양가격상승률이 물가상승률의 2배 초과
청약경쟁률(③)	연속 3개월간 20 : 1 초과	직전 2개월간 일반 5 : 1 초과 또는 국민주택규모 10 : 1 초과
거래량(④)	3개월 아파트거래량이 전년 동기 대비 200% 이상 증가	3개월 주택거래량이 전년 동기 대비 20% 이상 증가
최종 판단	① 또는 ③ 또는 ④	①+[② 또는 ③ 또는④]

2018. 8. 27. 정책
- 수도권 30만 호 이상의 추가 공급이 가능한 30여 곳의 공공택지 추가개발
- 서울 동작구, 종로구 등 4곳 투기지역 지정, 광명·하남 투기과열지구 지정, 구리·안양 동안·광교 조정대상지역 지정, 부산시 기장군(일광면 제외) 조정대상지역 해제

2018. 9. 13. 정책
- 주택공시가격 현실화
- 투기 및 투기과열지구 내 민간임대 매입자금 기금 대출관리 강화
- 2주택 이상 보유자 전세대출 보증제한
- 주택임대차정보시스템(RHMS)을 통한 임대 시장 투명성 강화
- 주택청약 시 분양권·입주권 소유자는 무주택자에서 제외

- 분양가상한제 주택 전매제한 강화
- 투기과열지구 3억 원 이상 주택의 자금조달계획서에 기존 주택 보유현황 및 현금증여 등 신고사항 추가
- 실거래 신고기간 단축 및 실거래 무효·취소·해제 시 신고 의무화
- 등록임대주택 세입자 정보제공 강화
- 미분양 관리지역 지정기준 조정
- 수도권에 양질의 공공택지 30만 호 공급 등

2018. 12. 28. 정책
- 조정대상지역 조정을 통한 시장 안정 기조 강화
- 경기 수원 팔달구, 용인 수지구·기흥구 조정대상지역 지정
- 부산시 부산진구, 남구, 연제구, 기장군 4개 지역 조정대상지역 해제

2019. 8. 12. 정책
- 민간택지 분양가상한제 적용지역 지정요건 완화
- 재개발·재건축사업 등도 '최초 입주자모집공고 신청분'부터 적용
- 수도권 분양가상한제 주택 전매제한기간 확대(최대 10년)
- 소비자 보호를 위한 분양가상한제 실효성 강화 및 후분양 기준 강화

2019. 10. 1. 정책
- 투기지역·투기과열지구의 개인사업자 주택담보대출 LTV 규제(주택매매업자, 주택임대업·주택매매업의 법인에 대해 LTV 40% 규제)
- 고가주택(시가 9억 원 초과) 보유 1주택자에 대해 공적보증 제한
- 재개발·재건축사업의 분양가상한제는 시행령 시행 전 관리처분계획 인가를 받았거나 인가 신청을 하고 시행령 시행 후 6개월까지 입주자 모집공고를 신청 시 적용 제외

2019. 12. 16. 정책
- 시가 9억 원 초과 LTV 강화
- 초고가(시가 15억 원 초과) 주택담보대출 금지
- 주택임대업 개인사업자에 대한 RTI 강화(1.5배 이상)
- 전세자금대출 후 시가 9억 원 초과 주택을 매입하거나 2주택 이상 보유할 경우 전세 대출 회수

- 종부세 세율 상향
- 1세대 1주택자 장기보유특별공제에 거주기간 요건 추가(2021년 양도부터 적용)
- 조정대상지역 일시적 2주택자 전입요건 추가 및 중복보유 허용기간 단축
- 조정대상지역 다주택자 양도소득세 중과 시 주택수에 분양권도 포함(2021년 양도부터 적용)
- 자금조달계획서 제출대상을 투기과열지구·조정대상지역 3억 원 이상 주택 및 비규제지역 6억 원 이상 주택 취득 시로 확대
- 주택청약의 공급질서 교란행위 및 불법 전매 적발 시 10년간 청약 금지
- 가로주택정비사업의 가로구역 면적확대(1만㎡ → 요건 충족 시 2만㎡)

2020. 2. 20. 정책
- 조정대상지역의 주택담보대출 LTV 규제강화
- 조정대상지역 내 1주택 세대의 주택담보대출 시 2년 내 기존주택 처분 및 신규주택 전입

2020. 5. 11. 정책
- 수도권·지방광역시는 소유권이전등기 시까지 분양권 전매행위 제한(주택법 시행령 개정 후 입주자모집 공고하는 단지부터 적용)

2020. 6. 7. 정책
- 투기과열지구·조정대상지역 내에서 거래가액과 무관하게 자금조달계획서 제출
- 전 규제지역 내 주택구입을 위한 담보대출 시 주택가격과 관계없이 6개월 내 전입의무
- 전세대출을 받은 후 투기지역·투기과열지구 내 3억 원 초과 아파트를 구입하는 경우 전세대출 즉시 회수
- 모든 지역 주택매매·임대사업자에 대해서 주택담보대출 금지
- 법인 보유주택에 대해 종부세 최고단일세율 적용(3%, 4%)
- 법인 주택 양도 시 추가세율을 20% 인상

2020. 7. 10. 정책
- 생애최초 특별공급 비율을 확대하고 국민주택분만 아니라 민영주택에 도입
- 생애최초 주택의 취득세 감면
- 다주택자 대상 종부세 중과세율 인상
- 2년 미만 단기 보유 양도소득세율 인상(70%, 60%)

– 다주택자, 법인 취득세율 인상(8%, 12%)
– 단기 임대(4년) 및 아파트 장기일반 매입임대(8년) 폐지

2020. 8. 4. 정책

– 공공 참여 시 도시규제 완화를 통해 주택을 공급하는 공공참여형 고밀재건축 도입
– 정비 예정 및 해제구역에서의 공공재개발 허용

2020. 11. 19. 정책

조정대상지역 신규지정(경기도 김포시, 부산시 해운대·수영·동래·연제·남구, 대구시 수성구)

2020. 12. 17. 정책

– 조정대상지역 신규지정(부산 9곳, 대구 7곳, 광주 5곳, 울산 2곳 및 파주·천안·전주·창원·포항)
– 투기과열지구 신규지정(창원시 의창구)
– 조정대상지역 해제(인천중구·양주시·안성시 일부 읍면)

2021. 2. 4. 정책

– 2025년까지 전국 대도시에 약 83만 호 주택 공급부지 확보(도심 공공주택 복합사업, 공공 직접시행 정비사업, 도시재생을 통한 주택공급, 공공택지 신규지정, 소규모 정비확대, 비주택 리모델링, 신축 매입)
※ 조정대상지역
  – 세제 강화 : 다주택자 양도세 중과·장기보유특별공제 배제, 조정대상지역 내 2주택 이상 보유자 종부세 추가과세 등
  – 금융규제 강화 : LTV(9억 원 이하 50%, 초과 30%) 적용, 주택구입 시 실거주목적 외 주택담보대출 원칙 금지 등
  – 청약규제 강화 등
※ 투기과열지구
  – 정비사업 규제 강화 : 조합원 지위 양도 및 분양권 전매제한 등
  – 금융규제 강화 : LTV(9억 원 이하 40%, 초과 20%) 적용, 주택구입 시 실거주목적 외 주택담보대출 원칙 금지 등
  – 청약규제 강화 등

10. 윤석열 정부

2022. 8. 16. 정책
– 향후 5년간 270만 호 주택공급 등 국민 주거안정 실현방안 발표

2022. 9. 21. 정책
– 지방 광역시·도 조정대상지역 전면 해제(세종 제외) 9. 26 효력 발생
– 수도권은 인천 투기과열지구 해제, 경기 외곽 5곳 조정대상지역 해제
– 세종 투기지역·투기과열지구 해제

2022. 11. 10. 정책
– 규제지역 서울 및 연접 4곳 외 모두 해제 11.14. 효력 발생
– 서울, 서울과 연접한 과천, 성남(분당·수정), 하남, 광명을 제외한 모든 지역 해제

2022. 12. 8. 정책
– 재건축 안전진단 합리화 방안
– 주거환경 평가 비중 대폭 강화, 조건부 재건축 범위 축소

2023. 1. 3. 정책
– 서울 강남, 서초, 송파, 용산(4개구) 제외한 규제지역 해제 및 분양가 상한제 적용지역 해제
– 분양권 전매제한 완화
– 중도금대출 보증 분양가 기준 폐지
– 1주택 청약 당첨자 기존주택 처분 의무 폐지

PART
02

재개발·재건축
투자 실무

투자 실무
핵심포인트

1. 3.3m²당 1,000만 원인 33m² 물건 vs 3.3m²당 800만 원인 66m² 물건

부동산 투자 시 몇 가지 매물 중에서 본인의 재정상태나 투자 기간을 고려해서 물건을 선택하게 된다. 같은 조건이면 싸게 사고 싶은 것은 누구나 같은 마음일 것이다. 그런데 재개발구역에서 감정평가가 나오기 전에 물건을 구입하는 것은 일반적인 매매방식과는 차이가 있다. 보통 부동산을 거래할 때는 3.3m²당 가격이 저렴한 물건을 사면 그만이지만, 재개발구역에서의 거래는 감정평가액을 예측한 다음 프리미엄이 어느 정도인지를 추정해서 거래해야 한다.

비슷한 물건을 3.3m²당 가격도 똑같이 주고 샀더라도 프리미엄을 추정해보면 물건의 크기에 따라서 차이가 날 때가 있다. 심지어 3.3m²당 가격을 더 비싸게 주고 샀지만, 프리미엄이 더 저렴해지는 경우도 있다.

예를 들어, 재개발구역에 건축연도, 건축구조, 현재 상태, 입지 등의 조건이 모두 동일한 두 물건이 있다고 가정해보자. 그럴 때, 3.3m²당 1,000만 원인 33m² 물건을 사는 것이 유리할까? 3.3m²당 800만 원인 66m² 물건을 사는 것이 유리할까?

감정평가 시 두 물건 모두 3.3m²당 500만 원으로 평가되었다고 가정해보자. 33m² 물건은 3.3m²당 1,000만 원이고 66m² 물건은 3.3m²당 800만 원이지만, 프리미엄은 후자가 6,000만 원으로 1,000만 원 더 비싸다.

◆ 매물 비교

구분	33m², 3.3m²당 1,000만 원 물건	66m², 3.3m²당 800만 원 물건
매매가	1억 원	1억 6,000만 원
감정평가액	5,000만 원(33m²×500만 원)	1억 원(66m²×500만 원)
프리미엄	5,000만 원(매매가 - 감정평가액)	6,000만 원(매매가 - 감정평가액)

출처 : 저자 작성

 작은 평수인 경우에는 3.3m²당 가격을 평수가 큰 매물보다 더 주고 매수했더라도 프리미엄이 더 낮을 수 있다. 다만, 큰 평형의 주택을 신청한다면 감정평가금액이 큰 것이 유리할 수 있다.

2. 프리미엄 1억 원을 주고 매수해도 될까?

정비구역 내 물건에는 프리미엄이 형성된다. 만약 1억 원의 프리미엄에 거래가 성사되었다면, 매수인은 얼마만큼의 수익을 볼 수 있을까? 해당 정비구역의 최대 프리미엄이 얼마인지를 알면, 매수인의 수익을 가늠해볼 수 있다. 최대 프리미엄은 다음 4항목의 합(①+②+③+④)과 같다.

① 조합원분양가와 일반분양가의 차이
② 비례율 혜택
③ 조합원에게 주어지는 혜택(확장비 무료, 이사비, 가전제품, 중도금 무이자 등)
④ 준공시점에서 일반분양가와 시세 차이

다음 조건의 물건을 프리미엄 1억 원을 주고 매수해도 괜찮을까?

84A 아파트

감정가 : 1억 원

비례율 : 105%

확장비(무료) : 1,500만 원

이사비 : 200만 원

가전제품 : 500만 원

중도금 무이자 : 1,300만 원

조합원분양가 : 4억 2,000만 원(3.3m²당 1,200만 원)

일반분양가 : 5억 2,500만 원(3.3m²당 1,500만 원)

준공시점 시세 : 6억 원

➡ 풀이

① 일반분양가와 조합원분양가 차이 : 1.05억 원

② 비례율 혜택 : 500만 원(감정가 1억 원의 5%, 감정가 + 프리미엄으로 거래 시)

③ 조합원 혜택 : 3,500만 원[확장비(1,500만 원) + 이사비(200만 원) + 가전제품(500만 원) + 중도금 무이자(1,300만 원)]

④ 일반분양가와 준공시점 시세 차이 : 7,500만 원

합계 : 2억 2,000만 원(① + ② + ③ + ④)

항목		가격(단위 : 원)
일반분양가와 조합원분양가의 차이		105,000,000
비례율 혜택		5,000,000
조합원 특별혜택	확장비 무료	15,000,000
	이사비	2,000,000
	가전제품	5,000,000
	중도금 무이자	13,000,000
일반분양가와 준공시점 시세 차이		75,000,000
그 외 기타 혜택		0
합계		220,000,000

출처 : 저자 작성

이 구역의 최대 프리미엄은 2억 2,000만 원이다. 매수인이 해당 물건을 프리미엄 1억 원을 주고 매수하더라도 추후 1억 2,000만 원의 수익을 기대할 수 있다.

※ 추후 비례율이 변동한다거나, 입주시점의 시세가 오르고 내림에 따라 프리미엄도 바뀐다.

3. 프리미엄이 1억 원일 때, 신축 아파트의 매입가는 얼마일까?

프리미엄 1억 원을 주고 조합원입주권을 매입할 경우, 신축 아파트의 구입가는 얼마인지 알아보자. 기본적으로는 조합원분양가에 프리미엄을 더하면, 신축 아파트의 매입 가격이 나온다. 예를 들어, 조합원분양가가 4억 원이면 신축 아파트를 5억 원에 사는 셈이다. 그러나 정비구역에는 비례율이란 것이 있다. 비례율은 사업 시 예상되는 손익의 비율이다. 비례율이 100%라면 손익이 0이 되고, 110%라면 10%만큼의 이익, 90%라면 10%만큼의 손실이 발생한다.

또한, 감정가에 비례율을 곱한 것을 '권리가'라고 하는데, 비례율이 100%라면 감정가와 권리가가 같아지고, 비례율이 110%라면 권리가가 감정가보다 10% 높아진다. 권리가가 높아지면 조합원분담금을 납부할 때 높아진 금액만큼 적게 납부하면 된다. 반대로 권리가가 낮아지면 분담금을 추가로 더 납부해야 된다. 예를 들어, 감정가가 2억 원인 조합원이 분양가가 4억 원인 신축 아파트에 입주하기 위해서는 2억 원의 분담금을 납부해야 하는데, 만약 비례율이 110%라면 감정가의 10%만큼인 2,000만 원을 적게 납부하면 된다. 다음과 예제와 같은 물건이 있다고 가정했을 때, 신축 아파트 매입가는 얼마가 될지 알아보자.

조합원분담금 = 조합원분양가 − 권리가
권리가 = 감정가 × 비례율

다음 신축 아파트 매입가는 얼마인가?

조합원입주권 매입가 : 3억 원(감정가 2억 원 + 프리미엄 1억 원)

감정가 : 2억 원

비례율 : 110%

프리미엄 : 1억 원

조합원분양가 : 4억 원

일반분양가 : 5억 원

준공 후 예상 시세 : 6억 원

👉 풀이

조합원분담금은 조합원분양가에서 권리가액을 뺀 차액이 된다. 즉, 권리가액이 2억 2,000만 원이므로 1억 8,000만 원의 추가분담금을 내면 된다(4억 원 – 2억 2,000만 원 = 1억 8,000만 원). 따라서 매수인은 입주권 가격 3억 원에 조합원분담금 1억 8,000만 원을 합한 총 4억 8,000만 원에 신축 아파트를 매입하게 되는 것이다.

권리가 : 2억 원 ×110% = 2억 2,000만 원

조합원분담금 : 4억 원 – 2억 2,000만 원 = 1억 8,000만 원

신축 아파트 매입가 : 입주권 가격 + 조합원분담금 = 3억 원 + 1억 8,000만 원
= 4억 8,000만 원

결국 매수인은 신축 아파트를 4억 8,000만 원에 매입하게 됨으로써 일반분양가보다는 2,000만 원 싸게, 준공 후 예상 시세보다는 1억 2,000만 원 싸게 구입한 것이 된다.

일반분양가 대비 : 5억 원 – 4억 8,000만 원 = 2,000만 원

준공 후 예상 시세 대비 : 6억 원 – 4억 8,000만 원 = 1억 2,000만 원

출처 : 저자 작성

비례율이 높은 구역은 권리가액 또한 높아 분담금을 적게 납부하므로 투자하기 적합하다.

※ 비례율은 일반분양이 끝나기 전까지는 추정비례율로서 확정되었다고 보기 어렵다. 일반분양 시 미분양이 발생하면 비례율은 낮아지고, 반면, 일반분양 시 부동산 경기가 호경기라서 일반분양가격을 관리처분계획 당시보다 올려서 분양이 마감되면 비례율은 높아지게 된다.

재개발구역 내에 있는 A주택을 거래한 후 사업이 진행되어 분양 공고가 통지되었다. 분양사무소에 분양 신청을 하러 갔는데, 분양자격이 안 된다는 소리를 들었다. 현금청산대상자라고 하는데, 어떤 경우일까?

최초 매도인인 S씨는 정비구역 내에 A주택과 B주택을 보유하고 있었다. 조합원당 하나의 입주권이 나오기 때문에 A주택과 B주택은 따로 따로 입주권이 나오는 것이 아니라 하나의 입주권만 나온다. 그런데 S씨는 A주택만 거래한 것이다.

매수인은 분양자격을 목적으로 주택을 거래했는데, 분양자격이 안 된다고 하니 큰 문제가 발생한 것이다. 거래를 한 공인중개사 입장에서도 해결하기도 쉽지 않고 손해배상까지 해주어야 할 가능성이 높다. 따라서 매도인에게 지금 거래하는 부동산 외에도 해당 정비구역에 다른 부동산이 없는지를 꼭 확인해야 하고, 이를 특약 사항으로 명시해야 한다. 또한, 조합에 문의해서 A주택만으로도 분양자격이 되는지를 확인해야 한다.

특약사항

매도인은 구역 내 조합원 자격과 관련된 다른 부동산이 없음을 확인하고, 허위고지에 대한 책임은 본인이 지기로 한다.

정비구역에서는 기본적으로 1명이 여러 채의 주택을 소유하고 있다고 하더라도 분양자격은 하나만 주어진다(조정대상지역이 아닌 재건축구역은 소유 주택수만큼 분양자격이 부여됨). 따라서 매도인뿐만 아니라 조합에도 확인해서 문제가 없는 거래를 해야 한다. 조정대상지역이나 투기과열지구에서의 거래에 대해서는 뒤에 별도로 설명한다.

※ 1세대나 1명이 그 정비구역 내에 주택 또는 토지를 여러 개 소유하고 있는 경우에 1주택만 공급한다. 다만, 조합설립 인가 전에 세대가 분리된 타인에게 매각하면 각각 분양자격이 주어진다. 같은 세대에 속하지 않는 2명 이상이 1주택 또는 1토지를 공유한 경우에는 1주택만(공유) 공급한다.

5.　국·공유지 점유자는 불하받는 것이 좋은가?

불하는 국가 또는 공공단체의 재산을 개인에게 팔아넘기는 것을 말하는 것으로, 점유하고 있던 개인에게 우선권이 주어진다. 정비구역이 아닌 경우에는 불하받지 않고 사용료만 납부하고 사용해도 되고, 불하를 받아서 본인 소유로 소유권을 이전해도 된다. 그러나 정비구역에서는 구역 안에 있는 토지를 전부 이용해서 건축해야 하므로 통상 조합이 인수한다. 불하받을 자격이 있는 조합원에게 먼저 우선권을 주고(나중에 조합에서 인수), 불하를 원하지 않으면 조합에서 매수한다.

국·공유지를 점유한 조합원은 국·공유지 불하 여부를 결정해야 한다. 국·공유지는 감정평가해서 매각 가격이 결정되고, 불하받게 되면 기존 종전가액에 합산된다(불하받고자 할 경우 현재까지 미납된 국·공유지 사용료를 모두 납부해야 함). 불하를 원하지 않을 경우는 조합에서 일괄 매수하게 된다.

국유재산은 '국유재산법', 공유재산은 '공유재산 및 물품 관리법'에서 규정하고 있는데, 불하받는 면적은 200㎡를 초과해서는 안 되고, 사유지와 국·공유지를 함께 점유·사용할 시 사유지를 포함한 국·공유지의 면적이 200㎡를 초과해서는 안 된다.

국·공유지 처분 시에는 2개 이상의 감정평가기관의 감정평가를 받아 산술평균한 금액으로 결정된다. 국·공유지를 불하받으면 국유재산은 15년 이내, 공유재산은 20년 이내로 연부·연납을 한다.

- 매각가격은 사업시행계획 인가 고시일을 기준으로 한다.
- 신청 시 구비 서류 : 점유 조합원 인감도장 및 인감증명서, 국·공유 지 점유 사실을 확인할 수 있는 서류 각 1부가 필요하다(대부계약서, 매 매추진조서, 변상금 납부서, 점용료 납부서 사본 등).

우선권이 있는 조합원은 불하를 받을지 말지를 결정해야 하는데, 다음 경우는 불하받는 것이 좋다. 불하받는 토지의 매수가격이 1억 원이라고 가정한다.

◆ 비례율이 높은 구역인 경우

예를 들어, 비례율이 130%라고 할 경우, 불하받으면 권리가가 1억 3,000만 원이 되어 위험 없이 3,000만 원이라는 이익을 얻게 된다.

> 1억 원 × 130%(비례율) = 1억 3,000만 원(권리가)

반면, 비례율이 낮다면 권리가액이 낮아지기 때문에 불하받지 않는 편이 더 유리하다.

◆ 분양 최소면적에 미달할 경우

소유하고 있는 토지가 분양 최소면적에 미달할 경우는 분양받을 수 없다. 이 경우 인접한 토지가 국·공유지고 불하받을 수 있어 분양 최소면적을 충족한다면 분양대상자가 될 것이므로 불하받는 것이 유리하다.

◆ 종전 자산가격을 높일 필요가 있을 경우

분양 아파트 중 가장 인기가 많은 40평형 아파트를 신청하려는 경우 아파트 수량보다 신청자가 너 많나면 일부 신청자를 탈락시켜야 된다. 그런데 조합에서는 탈락시킬 때 종전 자산을 기준으로 탈락을 시키는 경우가 많다. 이럴 때는 불하받아서 종전 자산가격을 높일 필요가 있다. 만약 종전 자산이 2억 원이라면, 종전 자산에 불하받은 자산가격을 합치면 종전 자산가격이 높아져서 아파트 신청에 유리할 것이다.

> 2억 원(기존 종전 자산) + 1억 원(불하받은 자산) = 3억 원(종전 자산 합계)

구분		불하받을 경우
비례율	높다	유리
	낮다	불리
토지면적을 넓힐 필요가 있을 때		유리
감정가를 높일 필요가 있을 때		유리

출처 : 저자 작성

 예전에는 공시지가로 싸게 불하받는 것이 가능했지만, 현재는 시가를 기준으로 불하가 나오므로 단순히 불하받는 것은 의미가 없고, 비례율이 아주 높은 구역이나 종전 자산가격을 높일 필요가 있을 경우 불하받으면 유리하다.

법 제98조(국유·공유재산의 처분 등)
① 시장·군수 등은 제50조 및 제52조에 따라 인가하려는 사업시행계획 또는 직접 작성하는 사업시행계획서에 국유·공유재산의 처분에 관한 내용이 포함되어 있는 때에는 미리 관리청과 협의하여야 한다. 이 경우 관리청이 불분명한 재산 중 도로·구거(도랑) 등은 국토교통부 장관을, 하천은 환경부 장관을, 그 외의 재산은 기획재정부 장관을 관리청으로 본다.
② 제1항에 따라 협의를 받은 관리청은 20일 이내에 의견을 제시하여야 한다.
③ 정비구역의 국유·공유재산은 정비사업 외의 목적으로 매각되거나 양도될 수 없다.

④ 정비구역의 국유·공유재산은 '국유재산법' 제9조 또는 '공유재산 및 물품 관리법' 제10조에 따른 국유재산종합계획 또는 공유재산관리계획과 '국유재산법' 제43조 및 '공유재산 및 물품 관리법' 제29조에 따른 계약의 방법에도 불구하고 사업시행자 또는 점유자 및 사용자에게 다른 사람에 우선하여 수의계약으로 매각 또는 임대될 수 있다.

⑤ 제4항에 따라 다른 사람에 우선하여 매각 또는 임대될 수 있는 국유·공유재산은 '국유재산법', '공유재산 및 물품 관리법' 및 그 밖에 국·공유지의 관리와 처분에 관한 관계 법령에도 불구하고 사업시행계획 인가의 고시가 있은 날부터 종전의 용도가 폐지된 것으로 본다.

⑥ 제4항에 따라 정비사업을 목적으로 우선하여 매각하는 국·공유지는 사업시행계획 인가의 고시가 있은 날을 기준으로 평가하며, 주거환경개선사업의 경우 매각가격은 평가금액의 100분의 80으로 한다. 다만, 사업시행계획 인가의 고시가 있은 날부터 3년 이내에 매매계약을 체결하지 아니한 국·공유지는 '국유재산법' 또는 '공유재산 및 물품 관리법'에서 정한다.

6.   조합원입주권 소유자는 그 구역의 일반분양 시 청약할 수 있는가?

정비구역 내 조합원의 물건을 매입해서 소유하고 있는데, 사업이 정상적으로 진행되어서 관리처분계획 인가와 이주·철거가 끝나고 일반분양을 하게 되었다. 과연 조합원입주권 소유자는 일반분양 시 청약이 가능할까?

일반분양에 관해서는 '주택공급에 관한 규칙'에 따르게 되어 있는데, 이 규칙에 따르면 재개발·재건축구역은 관리처분계획 인가 당시 입주대상자로 확정된 자를 당첨자로 규정하고 있다. 즉, 관리처분계획 인가 당시 분양자격이 되는 물건의 소유자는 이미 당첨자로 규정되었기 때문에 일반분양에 청약할 수 없다. 그러나 관리처분계획 인가 이후 조합원입주권 매수자는 일반분양 청약이 가능하다.

- 관리처분계획 인가 이후에 조합원입주권을 매입한 경우 그 구역의 일반 청약도 가능
- 관리처분계획 인가 이전에 매입해서 관리처분계획 인가일이 도래 해 입주대상자로 확정된 자는 일반 청약 불가능('주택공급에 관한 규칙' 제2조 제7호에 의해 당첨자로 관리)

지역주택조합에서는 사업계획승인일 당시 입주대상자로 확정된 자를 당첨자로 관리하고 있다.

 관리처분계획 인가 이후에 매입했을 때는 그 구역의 일반분양에 청약이 가능하다. 그러나 관리처분계획 인가 전에 매입했다가 관리처분계획 인가일이 도래했고 계속 보유 중이라면 일반분양 시 청약이 불가능하다.

'주택공급에 관한 규칙'
제2조(정의) 이 규칙에서 사용하는 용어의 뜻은 다음과 같다.
7. "당첨자"란 다음 각 목의 어느 하나에 해당하는 사람을 말한다. 다만, 분양전환되지 않는 공공임대주택('공공주택 특별법' 제2조 제1호 가목에 따른 공공임대주택을 말한다. 이하 같다)의 입주자로 선정된 자는 제외하며, 법 제65조 제2항에 따라 당첨 또는 공급 계약이 취소되거나 그 공급신청이 무효로 된 자는 당첨자로 본다.
나. 제3조 제2항 제7호 가목에 따른 주택에 대하여 해당 관리처분계획 인가일 당시 입 주대상자로 확정된 자
제3조(적용대상)
7. 다음 각 목의 주택 : 제22조, 제57조
　가. '도시 및 주거환경정비법'에 따른 정비사업(주거환경개선사업은 제외한다) 또는 '빈 집 및 소규모주택 정비에 관한 특례법'에 따른 가로주택정비사업, 소규모재건축 사업으로 건설되는 주택으로서 '도시 및 주거환경정비법' 제74조에 따른 관리처 분계획 또는 '빈집 및 소규모주택 정비에 관한 특례법' 제29조에 따른 사업시행 계획에 따라 토지등소유자 또는 조합원에게 공급하는 주택

CHAPTER
02

프리미엄의 이해

1. 프리미엄

재개발 투자 시 감정평가금액에 프리미엄을 더해서 거래를 한다. 프리미엄은 쉽게 이야기하자면 조합원들에게 돌아가는 혜택이라고 볼 수 있다. 재개발구역별로 프리미엄이 상이하게 형성되며, 적정 프리미엄이 얼마인지를 안다면 재개발 성공 투자의 길이 성큼 앞으로 다가온 것이다. 그렇다면 조합원들에게 주어지는 혜택은 어떤 것이 있는가?

(1) 감정평가금액 2억 원, 84㎡ A타입(34평형), 비례율 110%인 부동산에 투자 시

① 조합원분양가와 일반분양가의 차이가 있다.

재개발구역은 조합원들에게 먼저 분양하고 나머지를 일반분양하는데, 조합원들에게는 340,000,000원에 분양하고 일반분양은 410,000,000원에 분양하는 것이다(차이 7,000만 원).

② 확장비가 무료인 경우가 많다.

조합원들에게는 확장비가 무료이며 일반분양은 대부분의 경우 옵션으로 진행하는데, 이 비용이 조합원들에게 주어지는 혜택이다

(84A의 경우 1,500만 원 정도).

③ 가전제품 무상지원이 있다[세탁기, 냉장고, TV 등(500만 원 정도)].
일부 구역에서는 시스템에어컨 등을 포함해서 1,500만 원 정도를
지원하는 곳도 있다.

④ 비례율 혜택이다.
감정가 2억 원에 비례율 110%라면 권리가액은 2억 2,000만 원이
다. 분담금 납부 시에 조합원분양가 - 권리가액으로 한다. 비례율
이 100%라면 권리가액 2억 원으로 분담금을 1억 4,000만 원을
납부해야 되는데(1억 4,000만 원= 3억 4,000만 원 - 2억 원), 이 구역은 비례
율이 110%이므로 권리가액 2억 2,000만 원이 되어 분담금을 1
억 2,000만 원만 납부하면 된다. 따라서 비례율 10%인 2,000만
원이 혜택으로 돌아온다.

⑤ 조합원들에게는 로열층(5층 이상)을 분양받게 하고, 중도금 무이자,
이사비 등의 혜택이 주어진다.

7,000만 원(분양가 차이) + 1,500만 원(확장비 무료) + 500만 원(가전제품 무상지원)
+ 2,000만 원(비례율 혜택) + 기타(로열층, 이사비 등) = 프리미엄 1억 1,000만 원

※ 감정가에 프리미엄 1억 1,000만 원을 주고 사는 것은 일반분양권
을 프리미엄 전혀 없이 사는 것과 같다.

(2) 조합원들에게 주어지는 혜택

◆ 감정가 2억 원 84A(34평형)타입, 비례율 110%인 경우

(단위 : 천 원)

항목	입주권	분양권	차액
분양가	340,000	410,000	70,000
비례율	20,000	0	20,000
확장비	15,000	0	15,000
가전옵션	5,000	0	5,000
중도금 무이자, 로얄층 배정, 이사비 등			
합계	-	-	110,000

출처 : 저자 작성

- 향후 아파트 완공 후 시세가 5억 원이라면 일반분양 후 프리미엄이 최대 9,000만 원까지 오를 수 있다(4억 1,000만 원에 일반분양했으므로 5억 원까지 상승한다고 했을 때).
- 조합원혜택 1억 1,000만 원에 완공 후 시세차익까지 합하면 이 구역의 조합원 부동산은 최대 2억 원까지 프리미엄이 형성될 수 있다.
- 조합원입주권을 매입 시 프리미엄을 2억 원(조합원혜택 1억 1,000만 원 + 완공까지 시세 상승분 9,000만 원)까지 주고 사는 것은 아파트 완공 후에 5억 원짜리 아파트를 사는 것과 같다(정확히는 확장비 혜택을 제외한 금액을 완공 시까지의 프리미엄으로 해야 한다. 매매 시에 확장비를 별도로 받지 않기 때문이다).
- 이 구역의 경우에는 감정가 + 프리미엄 1억 1,000만 원을 주고 사면 일반분양권에 당첨된 것과 같은 것이며, 프리미엄을 2억 원 주고 사면 완공 시 아파트 시세만큼 지불하는 것이므로 2억 원 이상의 프리미엄을 주고 사서는 안 된다.

해당 구역의 최대 프리미엄	
완공 후 시세와 일반분양가 차이	90,000,000원
조합원분양가와 일반분양가 차이	70,000,000원
비례율 혜택	20,000,000원
확장비 무료	15,000,000원
전자제품 무상지원	5,000,000원
합계	200,000,000원

※ 엑셀(마이크로소프트사의 오피스프로그램)을 활용해 이 내용을 토대로 프로그램화해놓으면 프리미엄이나 수익률을 쉽게 계산할 수 있다.

◆ **프리미엄 총액**(분양평형 34)

(단위 : 원)

구분	조합원입주권	일반분양권	차이
감정평가	200,000,000	0	0
비례율	110%	0	20,000,000
분양가	340,000,000	410,000,000	70,000,000
확장비	15,000,000	0	15,000,000
전자제품 등	5,000,000	0	5,000,000
중도금 무이자, 이사비 등	0	0	0
합계			110,000,000

출처 : 저자 작성

2. 수익률

(1) 수익구조

예를 들어, 투자하는 재개발 주택이 4억 원이고 아파트 공사 후 신축 아파트에 입주하기 위해서 추가로 납부해야 하는 분담금이 2억 원인데 아파트 완공 후 시세가 7억 원으로 예상된다면 어떨까? 완공 후 시세가 7억 원이므로 1억 원의 수익을 낼 수 있다.

> 나의 투자금 : 4억 원 + 2억 원 = 6억 원

　재개발·재건축 투자의 기본구조는 이와 같지만, 세부적으로 공부를 하면 큰 투자 수익을 얻을 수 있고, 1년에 1~2건 정도의 소액 투자만으로도 직장인의 일반적인 연봉 정도의 수익을 꾸준히 창출할 수 있는 매력적인 종목이다. 그러나 투자는 수익도 중요하지만 수익률의 개념으로 이해해야 한다. 단순히 1억 원의 수익을 가정할 때 2억 원을 투자한 것인지, 1억 원을 투자한 것인지가 중요하다는 뜻이다. 또한 그 기간이 1년간의 수익인지, 5년간의 수익인지에 따라 수익률의 차이가 발생한다. 따라서 수익률이 높은 재개발 물건의 투자가 곧 핵심이다.

예1 **관리처분계획 인가 후 감정가 2억 원**(이주비 60%)**, 84A**(34평형)**, 비례율 110%, 조합원분양가 3억 4,000만 원, 프리미엄 1억 원을 주고 매입한 경우에 투자 수익률은?**

① 감정평가금액이 2억 원이면 2억 원을 다 주어야 하지만, 이주비가 60%(1억 2,000만 원)이므로 실투자금은 8,000만 원

② 프리미엄 1억 원을 주었으므로 실투자금은 1억 원

③ 취득세, 중개보수, 법무사수수료 등의 필요경비가 400만 원

④ 조합원분양을 했다면 조합원분담금의 10%인 1,200만 원(조합원분담금 1억 2,000만 원 =조합원분양가 3억 4,000만 원 - 권리가 2억 2,000만 원)

📢 이주비는 조합원 이주 시에 무이자로 빌려주는 것으로 보통 감정가의 40~60% 선이다.

　①~④의 투자금을 합해 보면 1억 9,600만 원(8,000만 원 + 1억 원 + 400만 원 + 1,200만 원)이다. 투자 기간은 아파트 완공 때까지 기다린다고 보면 약 4년(이주 + 철거 + 공사)이 걸리고, 준공 후 아파트 시세를 5억 원으로 봤

을 때 1억 원의 수익이 발생한다(총수익 2억 원 중에서 프리미엄으로 1억 원을 지불하고 매입). 따라서 1억 9,600만 원을 투자해서 4년 후에 1억 원의 수익을 내는 것이다.

$$\frac{\text{1억 원(수익)}}{\text{1억 9,600만 원(투자금)}} \div 4\text{(투자 기간)} \times 100 = 12.75\%\text{(수익률)}$$

📢 이렇게 투자 수익률을 구하는 것이다. 여러 구역의 물건 중에서 투자 수익률을 구해서 그중에서 가장 높은 수익의 물건에 투자하는 것이 핵심이다.

(2) 수익률이 12.75%라면 여러분은 투자하겠는가?

저마다의 기대수익률이 다르기 때문에 투자 여부는 순전히 개인의 성향에 의존하게 된다. 어떤 투자자는 연 12%가 넘는 상품을 무조건 투자해야 한다고 판단할 수도 있고, 또 다른 투자자는 위험성을 고려해서 연 20%가 넘어야 투자한다는 생각을 할 수 있다는 것이다.

◆ 감정가 2억 원 84A(34평형), 비례율 110%, 조합원분양가 3억 4,000만 원, 이주비 60%, 최대 프리미엄 2억 원(완공 후 아파트 시세 5억 원)인 경우

(단위 : 천 원)

항목	금액	비고	실투자금
감정평가액	200,000	이주비 60%	80,000
프리미엄	100,000		100,000
분양계약금	12,000	분담금 1억 2,000만 원의 10%	12,000
취득세 등	4,000		4,000
합계			196,000
투자 기간	4년	총수익	100,000
투자 수익률	100,000/196,000/4×100=12.75%		

출처 : 저자 작성

◆ 수익률이란?

수익(收益)은 이익을 얻는 것으로, 매도금액에서 매수금액을 뺀 매매 차익을 말한다. 수익률은 수익을 매수금액으로 나누고 100을 곱해서 %로 환산한 값이다. 수익률은 투자 기간이 서로 다른 경우에 비교가 불가능하기 때문에 통상 1년을 기준으로 표시(연 수익률)한다.

$$\frac{\text{매도금액} - \text{매수금액}}{\text{매수금액}} \times 100$$

※ 투자 대상 물건 중에서 높은 수익률의 물건을 선택하는 노력이 필요하다.

감정
평가

1. 감정평가 방법

　감정평가는 정비사업에서 중요한 역할을 한다. 종전 자산평가, 종후 자산평가, 국·공유지평가, 보상평가 등 많은 감정평가가 이루어지는데, 투자자의 입장에서는 특히 종전 자산평가가 중요하다. 투자 시 감정평가 이전이라면 거래가 3.3㎡당 가격을 책정해서 이루어진다. 여기서 문제는 투자한 물건은 얼마의 프리미엄을 주고 산 것인지 알 수 없다는 점이다. 그러나 감정평가가 어느 정도 나오는지 추정할 수 있다면, 프리미엄을 얼마나 지불하고 매입했는지 알 수 있을 것이다. 또한, 감정평가가 많이 나오는 물건을 찾을 수 있어서 더 많은 투자 수익을 올릴 수 있다.

　감정평가금액을 추정하려고 하면 감정평가가 어떤 법률과 규칙에 의해서 평가되는지를 알아야 할 것이다. 따라서 감정평가를 공부해야 하는데, 그 공부가 쉽지 않으며 공부를 마쳤더라도 정비사업구역별 사업성 등의 차이로 인해 일률적인 감정평가가 나오지 않으므로 어려움이 있다. 그럼에도 감정평가의 법률과 규칙을 안다면 감정평가에 대한 추정이 일정 부분 가능하기에 꼭 알아두어야 한다.

(1) 감정평가 관련 법률

'감정평가 및 감정평가사에 관한 법률', '공익사업을 위한 토지 등의 취득 및 보상에 관한 법률', '감정평가에 관한 규칙'

① 종전 자산의 감정평가

종전 자산의 감정평가는 사업시행계획 인가 고시가 있은 날의 현황을 기준으로 감정평가하되, 다음의 사항을 준수해야 한다.

- 조합원별 조합출자 자산의 상대적 가치비율 산정의 기준이 되므로 대상 물건의 유형·위치·규모 등에 따라 감정평가액의 균형이 유지되도록 해야 한다.
- 해당 정비구역의 지정에 따른 공법상 제한을 받지 않은 상태를 기준으로 감정평가한다.
- 해당 정비사업의 시행을 직접 목적으로 해서 용도지역이나 용도지구 등의 토지이용계획이 변경된 경우에는 변경되기 전의 용도지역이나 용도지구 등을 기준으로 감정평가한다.

② 종후 자산의 감정평가

- 분양신청기간 만료일이나 의뢰인이 제시하는 날을 기준으로 하며, 대상 물건의 유형·위치·규모 등에 따라 감정평가액의 균형이 유지되도록 해야 한다.
- 종후 자산은 인근지역이나 동일수급권 안의 유사지역에 있는 유사물건의 분양사례·거래사례·평가선례 및 수요성, 총사업비 원가 등을 고려해서 감정평가를 한다.

③ 국·공유재산의 처분을 위한 감정평가

사업시행계획 인가 고시가 있은 날의 현황을 기준으로 감정평가한다.

④ 매도청구에 따른 감정평가

재건축사업구역 안의 토지 등에 대한 매도청구에 따른 감정평가는 법원에서 제시하는 날을 기준으로 한다. 다만, 기준시점에 현실화·구체화되지 않은 개발이익이나 조합원의 비용부담을 전제로 한 개발이익은 배제해서 감정평가한다.

구분	종전 자산평가	종후 자산평가	보상평가
가격시점	사업시행계획 인가 고시일	평가 당시(분양예정시점)	협의 당시 또는 재결 당시
평가대상	사업구역 내 전체 토지 및 건축물 등	건축예정 아파트 및 상가	청산대상자 토지, 건물, 구축물, 영업권 등
평가방법	- 토지 : 표준지공시지가 기준 - 건물 : 원가법 - 집합건물 : 거래사례 비교법	거래사례, 분양자료, 사업 원가 등을 참조해서 종합 평가	종전 자산평가와 동일(단, 표준지는 사업시행계획 인가 고시일 이전)

(2) 감정평가의 방법

감정평가(분양대상자별 분양예정인 대지 또는 건축물의 추산액, 분양대상자별 종전의 토지 또는 건축물 명세 및 사업시행계획 인가 고시가 있은 날을 기준으로 한 가격, 세입자별 손실보상을 위한 권리명세 및 그 평가액)는 '감정평가 및 감정평가사에 관한 법률'에 따른 감정평가법인 등 중에서 다음의 구분에 따른 감정평가법인 등이 평가한 금액을 산술평균해서 산정한다. 단, 관리처분계획을 변경·중지 또는 폐지를 하려는 경우는 사업시행자 및 토지등소유자 전원이 합의해서 이를 산정할 수 있다.

- 주거환경개선사업 또는 재개발사업 : 시장·군수 등이 선정·계약한 2인 이상의 감정평가법인 등
- 재건축사업 : 시장·군수 등이 선정·계약한 1인 이상의 감정평가법인 등과 조합총회의 의결로 선정·계약한 1인 이상의 감정평가법인 등

법 제74조(관리처분계획의 인가 등)

④ 정비사업에서 제1항 제3호·제5호 및 제8호에 따라 재산 또는 권리를 평가할 때에는 다음 각 호의 방법에 따른다.

1. '감정평가 및 감정평가사에 관한 법률'에 따른 감정평가법인 등 중 다음 각 목의 구분에 따른 감정평가법인 등이 평가한 금액을 산술평균하여 산정한다. 다만, 관리처분계획을 변경·중지 또는 폐지하려는 경우 분양예정 대상인 대지 또는 건축물의 추산액과 종전의 토지 또는 건축물의 가격은 사업시행자 및 토지등소유자 전원이 합의하여 산정할 수 있다.

   가. 주거환경개선사업 또는 재개발사업 : 시장·군수 등이 선정·계약한 2인 이상의 감정평가법인 등

   나. 재건축사업 : 시장·군수 등이 선정·계약한 1인 이상의 감정평가법인 등과 조합총회의 의결로 선정·계약한 1인 이상의 감정평가법인 등

2. 시장·군수 등은 제1호에 따라 감정평가법인 등을 선정·계약하는 경우 감정평가법인 등의 업무수행능력, 소속 감정평가사의 수, 감정평가 실적, 법규 준수 여부, 평가계획의 적정성 등을 고려하여 객관적이고 투명한 절차에 따라 선정하여야 한다. 이 경우 감정평가법인 등의 선정·절차 및 방법 등에 필요한 사항은 시·도조례로 정한다.

3. 사업시행자는 제1호에 따라 감정평가를 하려는 경우 시장·군수 등에게 감정평가법인 등의 선정·계약을 요청하고 감정평가에 필요한 비용을 미리 예치하여야 한다. 시장·군수 등은 감정평가가 끝난 경우 예치된 금액에서 감정평가 비용을 직접 지급한 후 나머지 비용을 사업시행자와 정산하여야 한다.

- 동일한 부동산이라도 평가 목적에 따라 평가가격에 차이가 발생한다. 경매감정, 재개발감정, 보상평가감정, 대출을 위한 감정 등에 따라 같은 지번의 부동산이라도 감정평가금액이 상이하다. 특히 재개발감정평가는 다른 평가감정보다 적게 평가되는 경향이 있다.

- 단독주택의 경우 거래를 한다면 3.3㎡당 가격을 결정하여 진행되는데, 이때 건물의 가격을 별도로 책정하지 않는다. 그러나 감정평가 시에는 토지와 건물을 각각 평가하여 합산하는 방식을 취한다.

(3) 토지 감정평가

표준지공시지가 × 시점수정 × 지역요인 비교 × 개별요인 비교 × 기타요인 비교

토지의 감정평가는 표준지공시지가에 시점수정·지역요인·개별요인·기타요인을 비교해서 산출한다.

① 비교표준지의 선정

- 비교표준지를 기준으로 평가하되 인근의 유사한 지역 중 재개발구역이 아닌 지역의 거래시세와 다른 재개발구역의 평가금액 등을 참작해 평가한다.
- 사업시행계획 인가 고시일에 가장 근접한 시점에서 공시된 공시지가를 선정해야 한다. 토지가격은 도로, 형상, 경사도, 이용가치에 따라 가격의 차이가 크며 가격수준은 개별공시지가보다 높다.

📢 표준지공시지가는 우리나라의 전체 3,000만여 필지 중에서 대표되는 50만 필지를 감정평가사가 평가한 금액이다(표준지공시지가는 매년 1월 1일을 공시기준일로 하며 단위면적당 가격을 공시한다. 2월 말경에 공시). 그 표준지공시지가를 기반으로 인근의 유사한 전체 필지를 공무원이 평가하는 것을 '개별공시지가'라고 한다(개별공시지가는 양도소득세·증여세 등 국세와 취득세 등 지방세는 물론, 개발부담금·농지전용부담금 등을 산정하는 기초자료로 활용된다). 종전 자산평가금액에 불만이 있는 토지등소유자의 다수는 본인의 개별공시지가 금액과 비교해서 적다는 이유로 항의하는데 이는 잘못된 것이다(개별공시지가가 아닌 표준지공시지가로 평가함에 유의).

② 시점수정

일반적으로 지가변동률을 적용한다. '국토의 계획 및 이용에 관한 법률'상 도시지역의 경우 용도지역별 지가변동률을 적용한다(평가

대상 토지가 소재하는 시·군·구의 지가변동률). 감정평가 시 조사·발표되지 않은 월의 지가변동률 추정은 조사·발표된 월별 지가변동률 중 기준시점에 가장 가까운 월의 지가변동률을 기준으로 하되, 월 단위로 구분하지 않고 일괄추정방식에 따른다.

③ 지역요인 비교

비교표준지가 있는 지역의 표준적인 획지의 최유효이용과 대상 토지가 있는 지역의 표준적인 획지의 최유효이용을 판정·비교해서 산정한 격차율을 적용한다. 이때 비교표준지가 있는 지역과 대상토지가 있는 지역 모두 기준시점을 기준으로 한다.

④ 개별요인 비교

비교표준지의 최유효이용과 대상 토지의 최유효이용을 판정·비교해서 산정한 격차율을 적용하되, 비교표준지의 개별요인은 공시기준일을 기준으로 하고, 대상 토지의 개별요인은 기준시점을 기준으로 한다.

⑤ 기타요인 비교

시점수정, 지역요인 및 개별요인의 비교 외에 대상 토지의 가치에 영향을 미치는 사항이 있는 경우에는 그 밖의 요인 보정을 할 수 있다. 그 밖의 요인을 보정하는 경우는 대상 토지의 인근지역 또는 동일수급권 안의 유사지역의 정상적인 거래사례나 평가사례 등을 참작할 수 있다.
- 공익사업의 시행이나 공공시설의 정비
- 은행 등 금융기관의 이자율의 변동 등

예 **토지 감정평가**

서울시 강남구 삼성동 ○-1번지 토지의 평가(㎡)를 해보면, 표준지공시지가가 850,000원/㎡일 경우에 이 번지의 감정평가는 다음과 같다.

> 표준지공시지가 × 시점수정 × 지역요인 비교 × 개별요인 비교 × 기타요인 비교
> (850,000원 × 0.997322 × 1.00 × 0.980 × 1.3) = 1,080,000원

따라서 삼성동 ○-1번지의 토지 감정평가금액은 표준지공시지가에 시점수정 등을 한 후에 나온 1,080,000원/㎡이다.

- **보상선례의 참작**

  인근지역 또는 동일수급권 안의 유사지역에 있는 것으로서, 평가 대상 토지와 유사한 이용 상황의 토지에 대한 최근 2년 이내의 보상선례가 있을 때에는 그 보상선례를 참작한다.
- **도로의 평가**

  도로는 인근 토지에 대한 평가금액의 1/3 이내로 한다. 인근 토지가 1,000,000원/㎡이라면 도로는 333,000원/㎡ 정도로 평가된다.
- **현황 평가**

  - 공부 : 대지, 현황 : 대지 = 대지로 평가
  - 공부 : 대지, 현황 : 도로 = 도로로 평가
  - 공부 : 도로, 현황 : 대지 = 대지로 평가
  - 공부 : 도로, 현황 : 도로 = 도로로 평가

 감정평가 시에는 공부와는 관계없이 현황대로 평가한다. 따라서 실제로 대지로 사용되는데 공부가 도로로 되어 있어 저렴하게 나온 토지가 있다면 바로 매입해서 시세차익을 누릴 수 있다. 그러나 그 반대로 대지로 알고 거래했는데 실제 현황이 도로로 이용되고 있으면 도로로 평가되어 낭패를 볼 수도 있다.

(4) 건물감정평가

단독주택의 경우에는 원가법으로, 공동주택의 경우에는 거래사례비교법으로 평가한다. 다음과 같이 원가법의 건물감정평가법을 알아보자.

> 건축물 재조달원가 × 잔존연수 / 내용연수 × 개별요인

평가방법은 구조, 용재, 시공상태, 관리상태, 이용상황, 부대설비, 개수, 보수의 정도 등 제 현상을 참작해 평가한다. 건물의 재조달원가는 직접법이나 간접법으로 산정하되, 직접법으로 구하는 경우에는 대상건물의 건축비를 기준으로 하고, 간접법으로 구하는 경우에는 건물신축단가표와 비교하거나 비슷한 건물의 신축원가 사례를 조사한 후 사정보정 및 시점수정 등을 통해 대상건물의 재조달원가를 산정할 수 있다.

예 건물 감정평가

서울시 강남구 삼성동 ○-1번지 건물의 평가(㎡) − 한국부동산원 건물 신축 단가표 참고 재작성 : 시멘트벽돌조 슬래브지붕, 신축 후 9년 경과, 내용연수 45년, 내부인테리어

> 재조달원가 × 잔존연수 / 내용연수 × 개별요인
> 600,000원 × 36년 / 45년 × 1.2 = 576,000원(㎡)

◆ 집합건물의 평가(연립주택, 빌라, 다세대주택 등 - 거래사례비교법)

거래사례비교법이란 대상물건과 가치형성요인이 같거나 비슷한 물건의 거래사례와 비교해서 대상 물건의 현황에 맞게 사정보정, 시점수정, 가치형성요인 비교 등의 과정을 거쳐 대상 물건의 가액을 산정하는 방법이다.

- **사정보정**

  거래사례에 특수한 사정 또는 개별적 동기가 반영되어 있거나 거래당사자가 시장에 정통하지 않은 등 수집된 거래사례의 가격이 적절하지 못한 경우, 사정보정을 통해 그러한 사정이 없었을 경우의 적절한 가격 수준으로 정상화해야 한다.

- **시점수정**

  사례물건의 가격변동률로 한다. 다만, 사례물건의 가격변동률을 구할 수 없거나 사례물건의 가격변동률로 시점수정하는 것이 적절하지 않은 경우에는 지가변동률·건축비지수·임대료지수·생산자물가지수·주택가격동향지수 등을 고려해서 가격변동률을 구할 수 있다.

- **가치형성요인의 비교**

  거래사례와 대상물건 간에 종별·유형별 특성에 따라 지역요인이나 개별요인 등 가치형성요인에 차이가 있는 경우, 이를 각각 비교해서 대상물건의 가치를 개별화·구체화해야 한다.

 집합건물은 단독주택과 적정한 가격균형이 이루어지도록 평가하며, 재건축사업에 있어서 종전 자산평가는 단지별, 동별, 향별, 위치별 효용지수를 산정해서 평가하고, 고층아파트의 경우 더욱 정확한 가격산정을 위해 3D시뮬레이션 분석을 시행한다.

(5) 기타 평가

① 상가의 평가
 - 일반건물일 경우 : 원가법에 의한 평가
 - 집합건물일 경우 : 거래사례비교법에 의한 평가

② 기타 지상물의 평가

    - 종전 자산 포함 여부는 조합의 결의 등에 따라 상이함.

    - 각종 구축물의 평가 : 원가법에 의한 평가

    - 수목의 평가 : 취득가격과 이식비 중 적은 금액으로 평가

③ 무허가건물의 평가

    보상평가 시 국·공유지상의 무허가건물의 평가

    - 거래사례비교법으로 평가

    - 일반적으로 원가법에 의한 평가보다 상향평가됨.

    - 최소보상금 : 600만 원

④ 보상평가

    수용대상자에 대한 보상협의 및 수용재결을 위한 평가

    - 가격시점 : 보상협의 및 수용 당시

    - 수용 대상자 : 분양신청을 하지 않은 자, 분양신청을 철회한 자,
      관리처분 기준에 미달해서 분양에서 제외된 자

    - 평가대상 및 방법 : 종전 자산평가방법과 동일

감정평가 시 건축물 수선비, 인테리어 공사비의 반영 여부

수익적 지출과 자본적 지출의 문제인데, 감정평가 시에는 수익적 지출(도배, 장판, 싱크대 교체, 보일러 수리 등)은 반영되지 않는다. 한편 베란다 확장, 배관 교체 등 건물의 내용연수를 증가시키거나 건물의 가치와 효용을 증대시키는 지출인 자본적 지출의 경우에는 반영된다. 반면 건물의 내용연수와 달리 연도별 상각 정도가 매우 심하고, 사업시행계획 인가의 고시가 있어 조만간 철거가 예정되어 있는 경우는 이러한 자본적 지출에 의한 효용증가의 대부분은 소멸되어 반영이 미미하다.

2. 감정평가 이의신청

(1) 재결신청

사업인정고시가 된 후 협의가 성립되지 않았을 때는 토지등소유자와 관계인은 사업시행자에게 재결을 신청할 것을 청구할 수 있다. 사업시행자는 청구를 받았을 때 그 청구를 받은 날부터 60일 이내에 관할 토지수용위원회에 재결을 신청해야 한다.

(2) 이의신청

중앙도지수용위원회의 재결에 이의가 있는 자는 중앙토지수용위원회에 이의를 신청할 수 있다. 지방토지수용위원회의 재결에 이의가 있는 자는 해당 지방토지수용위원회를 거쳐 중앙토지수용위원회에 이의를 신청할 수 있다.

(3) 행정소송의 제기

재결에 불복할 때는 재결서를 받은 날부터 90일 이내, 이의신청을 거쳤을 때는 이의신청에 대한 재결서를 받은 날부터 60일 이내에 각각 행정소송을 제기할 수 있다.

(4) 처분효력의 부정지

이의신청이나 행정소송의 제기는 사업의 진행 및 토지의 수용 또는 사용을 정지시키지 않는다.

- 감정평가금액에 이의가 있는 자는 재결신청을 할 수 있고, 재결 감정 후에도 이의가 있을 경우는 중앙토지수용위원회에 이의신청하거나 행정소송을 제기할 수 있다.
- 현금청산자의 경우에는 조합에서 보상감정을 마친 후 협상을 하게 되어 있는데, 요구조건의 차이가 커서 더 이상 협상 진행이 안 되면 지자체에 수용재결을 신청한다.
- 수용재결이 결정된 경우에는 협상금액을 법원에 공탁하고 현금청산자의 부동산에 명도소송이 가능하다.
- 처분효력의 부정지란 수용재결 후 이의신청이나 행정소송은 진행하되 사업장은 명도소송 후 사업절차대로 진행을 한다는 의미다.

◆ 감정평가 이의 절차

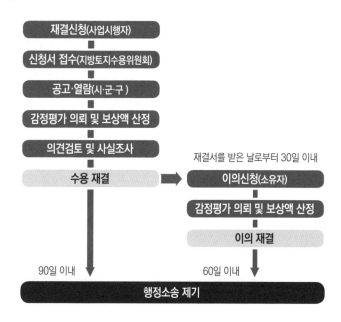

종전 자산 감정평가 내역서

1. 토지사정조서

토지는 표준지공시지가에 시점사정 등을 한 후에 계산하고 면적을 곱해서 감정평가금액을 산출한다.

일련번호	지번	지목	편입(㎡)	사정금액(원)		비고	조합원번호
				평균단가	평균금액		
109	935-1	대	170	817,000	138,890,000		950

사정금액 817,000원×면적 170㎡=138,890,000원

2. 물건사정조서

일련번호	소재지 지번	물건의 종류	구조 및 규격	수량(㎡)	사정금액(원)		조합원 번호
					평균단가	평균금액	
109	935-1	1층 주택	벽돌조 슬라브지붕	91.9㎡	430,000	37,601,000	950
		보일러실	블록조 슬레이트	1.54㎡		137,600	
		담장	블록 및 일부 섀시	16.5㎡		347,500	
		계단	콘트리트	2.97㎡		주택에 포함	

건축물은 1층 주택, 보일러실, 담장, 계단 등을 각각 평가해서 합산한다.

37,601,000+137,600+347,500=38,086,100원

3. 종전 자산감정평가 내역서

소유자 성명	○○○			조합원 번호	950		
종전 자산평가액 합계 : 176,976,100원							
토지	No.	지번	금액	건축물 및 지장물	No.	지번	금액
	1	935-1	138,890,000		1	935-1	38,086,100
	2				2		
	3				3		
	토지 소계		138,890,000		건축물 등 소계		38,086,100

조합원의 감정평가금액은 토지와 건축물 및 지장물의 합계로 나타낸다.

토지 138,890,000원 + 건축물 및 지장물 38,086,100원 = 176,976,100원

출처 : 저자 작성

3. 감정평가를 잘 받을 수 있는 물건

(1) 집합건물인 경우 몇 층을 사야 되는가?

집합건물의 경우에는 거래사례비교법으로 평가한다. 빌라의 경우 1~4층까지의 감정평가금액에 큰 차이가 없다. 따라서 제일 저렴한(1층이나 4층) 물건을 사면 된다.

(2) 연면적이 크면 감정평가금액이 많이 나오는가?

물건사정조서에 의하면 주택의 면적에 따라 감정평가금액이 책정되는 것을 알 수 있다. 즉, 연면적이 큰 물건이 감정평가금액도 크게 책정된다.

(3) 면적 등이 동일하다면 다가구주택과 단독주택의 경우 어느 것을 매입할 것인가?

담장, 계단, 보일러실 등을 각각 별개로 감정평가를 한다. 따라서 다가구주택을 선택하는 것이 감정평가금액이 높을 것이다.

(4) 물건이 도로변과 안쪽 골목길에 있다면 어느 부동산을 선택할 것인가?

당연히 도로변 물건의 감정평가금액이 높게 책정될 것이며 더 비싸게 거래될 것이다. 그러나 도로에서 안쪽 3번째 물건과 6번째 물건인 경우에는 감정평가금액의 차이가 미미하다. 따라서 투자자의 경우에는 도로 안쪽의 부동산이라면 도로와의 접근성은 크게 따지지 않는 것이 좋다.

(5) 모든 조건이 동일할 경우에 주택의 노후화는 감정평가에 영향을 미칠까?

당연히 영향을 미친다. 노후화의 정도에 따라 감정평가금액이 차이가 있다.

 재개발감정평가 시 감정평가는 절대적인 금액보다 이웃집들과의 상대적인 균형, 즉 형평성을 중요시한다.

규제지역의
유의점

1. 조정대상지역의 유의점

주택분양 등이 과열되어 있거나 과열될 우려가 있는 지역, 매매 등 거래가 위축되어 있거나 위축될 우려가 있는 지역을 대상으로, 2016년에 실수요 중심으로 시장을 형성하고, 단기 투자 수요를 관리하며, 국지적인 시장 과열을 완화해 주택 시장을 안정적으로 관리하기 위해서 선정하기 시작했다.

(1) 조정대상지역의 지정기준

① 과열지역

직전 달(조정대상지역으로 지정하는 날이 속하는 달의 바로 전달을 말한다)부터 소급해 3개월간의 해당 지역 주택가격 상승률이 해당 지역이 포함된 시·도 소비자물가상승률의 1.3배를 초과한 지역으로서 다음의 어느 하나에 해당하는 지역을 말한다.

ⓐ 직전 달부터 소급해서 주택공급이 있었던 2개월 동안 해당 지역에서 공급되는 주택의 월평균 청약경쟁률이 모두 5대 1을 초

과했거나 국민주택규모 주택의 월평균 청약경쟁률이 모두 10
대 1을 초과한 지역

ⓒ 직전 달부터 소급해 3개월간의 분양권(주택의 입주자로 선정된 지위를
말한다. 이하 같다) 전매거래량이 전년 동기 대비 30% 이상 증가한
지역

ⓒ 시·도별 주택보급률 또는 자가주택비율이 전국 평균 이하인 지역

② 위축지역

직전 달부터 소급해 6개월간의 평균 주택가격 상승률이 마이너스
1.0% 이하인 지역으로 다음의 어느 하나에 해당하는 지역을 말한
다.

⑦ 직전 월부터 소급해 3개월 연속 주택매매거래량이 전년 동기
대비 20% 이상 감소한 지역

ⓒ 직전 월부터 소급해 3개월간의 평균 미분양주택(사업계획승인을 받
아 입주자를 모집했으나 입주자가 선정되지 않은 주택을 말한다)의 수가 전년
동기 대비 2배 이상인 지역

ⓒ 시·도별 주택보급률 또는 자가주택비율이 전국 평균을 초과하
는 지역

(2) 조정대상지역의 재건축구역 거래 시 유의사항

① 과밀억제권역에 위치한 재건축사업의 경우에는 토지등소유자가
소유한 주택수의 범위에서 3주택까지 공급할 수 있으나, 투기과열
지구 또는 조정대상지역에서 최초 사업시행계획 인가를 신청하는
사업에서는 1주택만 공급한다.

② 과밀억제권역에 위치하지 않은 재건축사업의 토지등소유자에게
는 소유한 주택의 수만큼 공급할수 있으나, 투기과열지구 또는 조
정대상지역에서 최초 사업시행계획 인가를 신청하는 재건축사업
에서는 1주택만 공급한다.

③ 다만, 법 제74조 제1항 제5호에 의한 2주택은 공급 가능하다.

법 제76조 제1항 제6호 및 제7호의 나목, 라목, 마목(관리처분계획의 수립기준)

6. 1세대 또는 1명이 하나 이상의 주택 또는 토지를 소유한 경우 1주택을 공급하고, 같은 세대에 속하지 아니하는 2명 이상이 1주택 또는 1토지를 공유한 경우에는 1주택만 공급한다.

7. 제6호에도 불구하고 다음 각 목의 경우에는 각 목의 방법에 따라 주택을 공급할 수 있다.

   나. 다음 어느 하나에 해당하는 토지등소유자에게는 소유한 주택수만큼 공급할 수 있다.

      1) 과밀억제권역에 위치하지 아니한 재건축사업의 토지등소유자. 다만, 투기과열지구 또는 '주택법' 제63조의 2 제1항 제1호에 따라 지정된 조정대상지역에서 사업시행계획 인가(최초 사업시행계획 인가를 말한다)를 신청하는 재건축사업의 토지등소유자는 제외한다.

   라. 제74조 제1항 제5호에 따른 가격의 범위 또는 종전 주택의 주거전용면적의 범위에서 2주택을 공급할 수 있고, 이 중 1주택은 주거전용면적을 60m² 이하로 한다. 다만, 60m² 이하로 공급받은 1주택은 제86조 제2항에 따른 이전고시일 다음 날부터 3년이 지나기 전에는 주택을 전매(매매·증여나 그 밖에 권리의 변동을 수반하는 모든 행위를 포함하되 상속의 경우는 제외한다)하거나 전매를 알선할 수 없다.

   마. 과밀억제권역에 위치한 재건축사업의 경우에는 토지등소유자가 소유한 주택수의 범위에서 3주택까지 공급할 수 있다. 다만, 투기과열지구 또는 '주택법' 제63조의 2 제1항 제1호에 따라 지정된 조정대상지역에서 사업시행계획 인가(최초 사업시행계획 인가를 말한다)를 신청하는 재건축사업의 경우에는 그러하지 아니하다.

 조정대상지역에서 재건축사업의 부동산 거래를 고려 시 최초 사업시행계획 인가가 신청될 구역이라면 1주택만 공급이 되므로 구역 내 매도인이 소유한 주택을 전부 매수해야 됨에 유의해야 한다(매도인이 구역 내 1주택만 소유하고 있다면 그 1주택만 매수하면 된다).

주택가격이 급등하거나 주택에 대한 투기수요로 청약 경쟁이 과열되어 무주택자 등 실수요자의 내 집 마련 기회가 어려운 지역에 대해 청약·전매(轉賣)제도 등을 강화 운영함으로써 투기를 차단하고 시장과열 현상을 완화하기 위해 국토교통부 장관 또는 시·도지사가 지정한 지구로써 2002년에 도입되었다.

(1) 투기과열지구의 지정기준
① 직전 달(투기과열지구로 지정하는 날이 속하는 달의 바로 전달을 말한다)부터 소급해 주택공급이 있었던 2개월 동안 해당 지역에서 공급되는 주택의 월평균 청약경쟁률이 모두 5대 1을 초과했거나 국민주택규모 주택의 월평균 청약경쟁률이 모두 10대 1을 초과한 곳
② 다음의 어느 하나에 해당해서 주택공급이 위축될 우려가 있는 곳
　㉠ 주택의 분양계획이 직전 달보다 30% 이상 감소한 곳
　㉡ 법 제15조에 따른 주택건설사업계획의 승인이나 '건축법' 제11조에 따른 건축허가 실적이 직전 연도보다 급격하게 감소한 곳
③ 신도시 개발이나 주택의 전매행위 성행 등으로 투기 및 주거불안의 우려가 있는 곳으로 다음의 어느 하나에 해당하는 곳
　㉠ 시·도별 주택보급률이 전국 평균 이하인 경우
　㉡ 시·도별 자가주택비율이 전국 평균 이하인 경우
　㉢ 해당 지역의 주택공급물량이 법 제56조에 따른 입주자저축 가입자 중 '주택공급에 관한 규칙'에 따른 주택청약 제1순위자에 비해서 현저하게 적은 경우

◆ 투기과열지구의 지정(주택법 시행규칙 제25조)

구분	내용
청약경쟁률	직전 달부터 소급해 주택공급이 있었던 2개월 동안 해당 지역에서 공급되는 주택의 월평균 청약경쟁률이 모두 5대 1을 초과했거나 국민주택규모 주택의 월평균 청약경쟁률이 모두 10대 1을 초과한 곳
주택공급 위축 우려	1. 주택의 분양계획이 직전 달보다 30% 이상 감소한 곳 2. 법 제15조에 따른 주택건설사업계획의 승인이나 '건축법' 제11조에 따른 건축허가실적이 직전 연도보다 급격하게 감소한 곳
투기 및 주거불안 우려	1. 시·도별 주택보급률이 전국 평균 이하인 경우 2. 시·도별 자가주택비율이 전국 평균 이하인 경우 3. 해당 지역의 주택공급물량이 법 제56조에 따른 입주자저축 가입자 중 '주택공급에 관한 규칙'에 따른 주택청약 제1순위자에 비해 현저하게 적은 경우

출처 : 저자 작성

(2) 투기과열지구에서 재개발·재건축구역 거래 시 유의사항

1) 투기과열지구로 지정된 지역의 조합원 자격박탈

투기과열지구로 지정된 지역에서 재건축사업을 시행하는 경우에는 조합설립 인가 후, 재개발사업을 시행하는 경우에는 관리처분계획의 인가 후 해당 정비사업의 건축물 또는 토지를 양수(매매·증여, 그 밖의 권리의 변동을 수반하는 모든 행위를 포함하되, 상속·이혼으로 인한 양도·양수의 경우는 제외한다)한 자는 조합원이 될 수 없다.

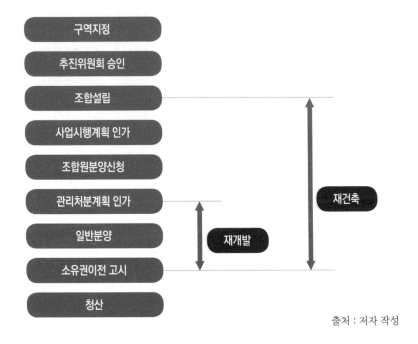

◆ 투기과열지구 내 재개발(재건축)구역 조합원 자격 박탈 단계

구역지정

추진위원회 승인

조합설립

사업시행계획 인가

조합원분양신청

관리처분계획 인가

일반분양

소유권이전 고시

청산

재건축

재개발

출처 : 저자 작성

2) 예외

원칙적으로 투기과열지구에서 재건축은 조합설립 인가부터 소유권 이전까지, 재개발은 관리처분계획 인가부터 소유권이전까지의 단계에서 매수하면 조합원 승계가 불가하나, 다음에 해당하는 경우에는 조합원 승계가 가능하다.

① 세대원(세대주가 포함된 세대의 구성원을 말한다. 이하 이 조에서 같다)의 근무상 또는 생업상의 사정이나 질병치료('의료법'에 따른 의료기관의 장이 1년 이상의 치료나 요양이 필요하다고 인정하는 경우로 한정한다)·취학·결혼으로 세대원이 모두 해당 사업구역에 위치하지 않은 특별시·광역시·특별자치시·특별자치도·시 또는 군으로 이전하는 경우

② 상속으로 취득한 주택으로 세대원 모두 이전하는 경우

③ 세대원 모두 해외로 이주하거나 세대원 모두 2년 이상 해외에 체류하려는 경우

④ 1세대 1주택자로서 양도하는 주택에 대한 10년 이상 소유 및 5년 이상 거주인 경우

⑤ 제80조에 따른 지분형주택을 공급받기 위해 건축물 또는 토지를 토지주택공사 등과 공유하려는 경우

⑥ 공공임대주택, '공공주택 특별법'에 따른 공공분양주택의 공급 및 상가임대 사업을 목적으로 건축물 또는 토지를 양수하려는 공공재개발사업 시행자에게 양도하려는 경우

⑦ 조합설립 인가일부터 3년 이상 사업시행계획 인가 신청이 없는 재건축사업의 건축물을 3년 이상 계속해서 소유하고 있는 자(소유기간을 산정할 때 소유자가 피상속인으로부터 상속받아 소유권을 취득한 경우에는 피상속인의 소유기간을 합산한다. 이하 ⑧ 및 ⑨에서 같다)가 사업시행계획 인가 신청 전에 양도하는 경우

⑧ 사업시행계획 인가일부터 3년 이내에 착공하지 못한 재건축사업의 토지 또는 건축물을 3년 이상 계속해서 소유하고 있는 자가 착공 전에 양도하는 경우

⑨ 착공일부터 3년 이상 준공되지 않은 재개발사업·재건축사업의 토지를 3년 이상 계속해서 소유하고 있는 경우

⑩ 법률 제7056호 도시 및 주거환경정비법 일부 개정법률 부칙 제2항에 따른 토지등소유자로부터 상속·이혼으로 인해 토지 또는 건축물을 소유한 자

⑪ 국가·지방자치단체 및 금융기관('주택법 시행령' 제71조 제1호 각 목의 금융기관을 말한다)에 대한 채무를 이행하지 못해 재개발사업·재건축사업의 토지 또는 건축물이 경매 또는 공매되는 경우

⑫ '주택법'에 따른 투기과열지구로 지정되기 전에 건축물 또는 토지를 양도하기 위한 계약(계약금 지급 내역 등으로 계약일을 확인할 수 있는 경우로 한정

한다)을 체결하고, 투기과열지구로 지정된 날부터 60일 이내에 '부동산 거래신고 등에 관한 법률'에 따라 부동산 거래의 신고를 한 경우

> **부칙 제32조(투기과열지구에서의 재건축사업의 조합원 자격취득에 관한 경과조치)**
> 법률 제7056호 도시 및주거환경정비법 중 개정법률의 시행일인 2003년 12월 31일 전에 주택재건축 정비사업조합의 설립 인가를 받은 정비사업의 토지등소유자(2003년 12월 31일 전에 건축물 또는 토지를 취득한 자로 한정한다)로부터 건축물 또는 토지를 양수한 자는 같은 개정법률 제19조 제2항의 개정규정에도 불구하고 종전의 규정에 따른다.

3) 투기과열지구에서 5년 내 중복분양 신청불가

투기과열지구의 정비사업에서 제74조에 따른 관리처분계획에 따라 같은 조 제1항 제2호 또는 제1항 제4호 가목의 분양대상자 및 그 세대에 속한 자는 분양대상자 선정일(조합원분양분의 분양대상자는 최초 관리처분계획 인가일을 말한다)부터 5년 이내에는 투기과열지구에서 분양신청을 할 수 없다. 다만, 상속, 결혼, 이혼으로 조합원 자격을 취득한 경우는 분양신청을 할 수 있다.

4) 투기과열지구에서 5년 내 중복분양 신청불가, 경과조치

시행일(2017년 10월 24일) 이전 소유자는 분양신청이 가능하다.

> **부칙 제37조의 2(투기과열지구 내 분양신청 제한에 관한 경과조치)**
> 법률 제14943호 도시 및 주거환경정비법 일부 개정법률 시행 전에 투기과열지구의 토지등소유자는 제72조 제6항의 개정규정에도 불구하고 같은 개정법률 시행 전 종전의 규정을 적용한다. 다만, 다음 각 호의 어느 하나에 해당하는 경우에는 그러하지 아니하다.
> 1. 토지등소유자와 그 세대에 속하는 자가 법률 제14943호 도시 및 주거환경정비법 일부 개정법률 시행 후 투기과열지구의 정비사업구역에 소재한 토지 또는 건축물을 취

득하여 해당 정비사업의 관리처분계획에 따라 같은 개정법률 제48조 제1항 제3호 가목의 분양대상자로 선정된 경우

2. 토지등소유자와 그 세대에 속하는 자가 법률 제14943호 도시 및 주거환경정비법 일부개정법률시행 후 투기과열지구의 정비사업의 관리처분계획에 따라 같은 개정법률 제48조 제1항 제3호 나목의 분양대상자로 선정된 경우

 투기과열지구에서 재건축사업을 시행하는 경우에는 조합설립 인가 후, 재개발사업을 시행하는 경우는 관리처분계획의 인가 후 해당 정비사업의 건축물 또는 토지를 양수한 자는 조합원 자격에서 박탈된다. 다만, 상속으로 취득한 주택으로 세대원 모두 이전하는 경우 등 단서에 해당하는 경우는 조합원 자격이 승계된다. 투기과열지구에서 분양대상자 및 그 세대에 속한 자는 분양대상자 선정일부터 5년 이내에는 투기과열지구에서 분양신청을 할 수 없다.

관련
세금

부동산 투자에서 세금(취득세, 양도세)은 납부해야 하는 국민의 의무고, 세금을 정확히 알아야 절세도 가능하다. 물론 '세금은 부동산 중개소장이나 세무사에게 물어보면 되지', '그런 건 배우지 않아도 돼'라고 생각하는 투자자도 있을 것이다. 하지만 세금은 투자 시 고려해야 하는 중요한 요소이며, 투자 수익률에도 큰 영향을 미치므로 꼭 알아두어야 한다. 처음에는 세금의 구조가 복잡하고 어렵게 느껴질 수 있지만 실상 익숙해지면 그렇지 않다. 다만, 세법이 자주 개정되므로 혼동이 오는 경우는 있다.

부동산 취득의 종류		구분	취득세	농어촌 특별세	지방 교육세	합계	적용시점
주택 (유상 취득)	6억 원 이하	85㎡ 이하	1.0%	–	0.1%	1.1%	2014. 1. 1. 2020. 1. 1. (6억 원 초과 9억 원 이하 구간)
		85㎡ 초과	1.0%	0.2%	0.1%	1.3%	
	6억 원 초과 9억 원 이하	85㎡ 이하	세율(%) = 취득가액 × 2/3 – 3억 원 (85㎡ 초과 농어촌특별세 0.2%)				
		85㎡ 초과					
	9억 원 초과	85㎡ 이하	3.0%	–	0.3%	3.3%	
		85㎡ 초과	3.0%	0.2%	0.3%	3.5%	
주택 외 유상취득		–	4.0%	0.2%	0.4%	4.6%	2011. 1. 1.
농지의 유상취득		–	3.0%	0.2%	0.2%	3.4%	
원시취득(신축)		85㎡ 이하	2.8%	–	0.16%	2.96%	
		85㎡ 초과	2.8%	0.2%	0.16%	3.16%	
상속으로 인한 취득		농지	2.3%	0.2%	0.06%	2.56%	2011. 1. 1.
		농지 이외	2.8%	0.2%	0.16%	3.16%	
증여에 의한 취득		–	3.5%	0.2%	0.3%	4.0%	

출처 : 저자 작성

취득세는 취득세 + 지방교육세 + 농어촌특별세로 구성되어 있다. 농어촌특별세(0.2%)는 주택인 경우에 전용면적이 85㎡ 이하일 때는 적용되지 않고, 85㎡ 초과인 주택과 주택 이외의 경우에는 0.2%가 가산된다. 부동산 가격이 6억 원 이하이고, 전용면적 85㎡ 이하인 경우는 취득세 1.0%와 지방교육세 0.1%를 합친 1.1%다(부동산 매매가격이 5억 원이고, 전용 84.9㎡라면 취득세는 550만 원이다).

주택의 경우(2층 단독주택) 매매가 5억 원이고 1층 전용면적이 60㎡, 2층 전용면적이 60㎡라면, 전용면적의 합이 120㎡(85㎡ 초과)이므로 취득세는 농어촌특별세 0.2%를 더해서 전체 1.3%(취득세 1%+농어촌특별세 0.2%+지방교육세 0.1%)를 납부해야 한다. 그러나 1층이나 2층의 전세를 안고 매입했을 경우는(소유주가 직접 거주하는 면적 60㎡, 세입자가 거주하는 면적 60㎡) 농어촌특별세 0.2%를 납부하지 않아도 된다.

• 주택 이외(상가, 토지, 임야 등)의 유상취득인 경우 취득세 4%, 농어촌특별세 0.2%, 지방교육세 0.4%를 더해서 합계 4.6%를 취득세로 내야 한다(토지를 6억 원에 매입했다면 취득세가 2,760만 원이 된다). 원시취득(신축)의 경우에는 취득세 2.8%와 전용면적이 85㎡ 이하인 상황일 때 지방교육세 0.16%를 포함한 2.96%이고, 전용면적이 85㎡ 초과할 때는 농어촌특별세 0.2%가 추가되어 3.16%가 된다.

(1) 재개발구역 입주 시 취득세

재개발 취득세				
구분	납부시기	과세 대상	전용면적별	세율
원조합원 (구역지정 이전 소유)	준공 후	분담금	60m² 이하	75/100 경감
			60m² 초과 85m² 이하	50/100 경감
승계조합원 (구역지정 후 소유)	관리처분 인가 이전, 관리처분 후 멸실 전	주택, 상가, 토지가격	주택	주택 취득세율
			상가, 토지	4.60%
	멸실 이후	토지 취득가액 = 권리가 + 프리미엄	–	4.60%
	준공 후	분담금	85m² 이하	2.96%
			85m² 초과	3.16%

원조합원 취득세 감면 : 2020년 1월 1일 전에 사업시행계획 인가를 받은 구역은 종전의 규정(100%) 적용
* 청산금 : 분양받은 부동산 분양금액–권리가액

출처 : 저자 작성

재개발구역 부동산의 취득세의 경우에 원조합원과 승계조합원으로 구분한다. 원조합원은 정비구역지정 전부터 그 구역의 조합원으로서 신축 아파트에 입주 시 취득세를 경감해준다. 원조합원이 신축 주택 60㎡ 이

하를 분양받았다면 취득세는 75% 경감되고, 85㎡ 이하를 분양받았다면 50% 경감이 되며, 85㎡ 초과를 분양받았다면 청산금(도정법에서의 분담금을 말하며, 조합원이 입주 시 추가로 납부해야 하는 금액이다)의 2.8%를 납부해야 한다. 실제는 85㎡ 초과이므로 3.16%를 납부해야 한다(취득세 2.8%+농어촌특별세 0.2%+지방교육세 0.16%).

승계조합원은 원조합원의 부동산을 매입한 조합원을 말하는데, 부동산 매수 시에 부동산 종류(주택, 상가, 토지 등)에 따라서 취득세를 납부하면 된다. 승계조합원이 아파트 입주 시에 분담금을 납부할 경우, 부동산 매입시점과 매입금액에 따라서 취득세의 부과 유무, 부과금액이 결정된다.

정비구역 지정고시일 이후부터 사업시행계획 인가일 이전에 부동산을 매입했다면, 청산금(조합원분담금)의 2.8%(분양신청 면적 85㎡ 기준에 따라 2.96%나 3.16%)를 납부해야 한다. 그러나 사업시행계획 인가일 이후부터 환지 이전 사이에 취득했을 시 그 취득한 부동산 매입금액이 분양받는 주택의 분양금액보다 적다면 청산금의 2.8%를 내야(매입금액이 4억 원이고 분양받은 주택의 분양가가 4.5억 원이라면 차액인 0.5억 원에 대한 취득세 납부) 하지만, 취득 당시의 매입금액이 더 많다면 취득세는 내지 않아도 된다(부동산을 5억 원에 매입했는데 분양받은 주택의 분양가가 4억 5,000만 원이라면 추가 취득세는 전혀 내지 않아도 된다는 의미다).

지방세특례제한법 제74조(도시개발사업 등에 대한 감면)

① '도시개발법' 제2조 제1항 제2호에 따른 도시개발사업(이하 이 조에서 "도시개발사업"이라고 한다)과 '도시 및 주거환경정비법' 제2조 제2호 나목에 따른 재개발사업(이하 이조에서 "재개발사업"이라고 한다)의 시행으로 해당 사업의 대상이 되는 부동산의 소유자(상속인을 포함한다. 이하 이 조에서 같다)가 환지계획 및 토지 상환채권에 따라 취득하는 토지, 관리처분계획에 따라 취득하는 토지 및 건축물(이하 이 항에서 "환지계획 등에 따른 취득 부동산"이라 한다)에 대해서는 취득세를 2022년 12월 31일까지 면제한다. 다만, 다음 각 호에 해당하는 부동산에 대해서는 취득세를 부과한다.

1. 환지계획 등에 따른 취득 부동산의 가액 합계액이 종전의 부동산가액의 합계액을 초과하여 '도시 및 주거환경정비법' 등 관계 법령에 따라 청산금을 부담하는 경우에는 그 청산금에 상당하는 부동산

2. 환지계획 등에 따른 취득 부동산의 가액 합계액이 종전의 부동산가액 합계액을 초과하는 경우에는 그 초과액에 상당하는 부동산. 이 경우 사업시행 인가(승계취득일 현재 취득 부동산 소재지가 '소득세법' 제104조의 2 제1항에 따른 지정지역으로 지정된 경우에는 도시개발구역 지정 또는 정비구역지정) 이후 환지 이전에 부동산을 승계취득한 자로 한정한다.

(2) 재건축구역 입주 시 취득세

재건축 취득세				
구분	납부시기	과세 대상	전용면적별	세율
원조합원 (관리처분 인가일 이전 소유)	준공 후	토지 : 면적증가분 (거의 발생 안 됨)	–	3.16%
		건축물가액 = 공사비 (m^2당 단가×분양면적)	$85m^2$ 초과	3.16%
			$85m^2$ 이하	2.96%
승계조합원 (관리처분 인가일 이후 소유)	입주권 취득 시 (입주권= 토지)	토지 취득가액 = 권리가액 + 프리미엄	–	4.60%
	준공 후	건축물가액 = 공사비 (m^2당 단가×분양면적)	원조합원과 동일	

$$\frac{\text{조합원이 분양받는 건축물의 연면적(공유포함)}}{\text{총건물면적}} \times \text{총공사금액}$$

* 신축한 건물에 대한 취득세만 납부(토지는 자기 토지를 조합에 신탁했다가 다시 찾아오는 것)
* 세대당 공사비 : 당해 신축 건물을 위해 직간접적으로 소요된 공사비용이 법인장부에 의해 입증되는
  세대당 가액
* 지분증가분 : 종전 토지면적을 초과한 면적에 완공일 현재의 개별공시지가를 곱한 가액

재건축구역 부동산은 입주 시에 공사비에 대해 취득세를 납부한다. 원조합원은 종전 부동산에 비해 면적이 증가되었다면 면적증가분과 건축공사비에 대해서 원시취득분의 취득세를 납부해야 한다. 승계조합원은 건축공사비에 대해서만 원시취득분의 취득세를 납부한다.

(3) 입주권상태에서의 취득세(관리처분~준공)

2018년 1월 1일 이전에는 관리처분계획 인가 이후 지자체별로 주택의 취득세 기준이 달랐다. 관리처분계획 인가 이후에는 입주권상태이므로 즉시 토지의 취득세를 기준으로 하는 지자체도 있었고, 단전·단수 기준으로 그 이후에 토지의 취득세를 부과하는 지자체도 있어서 형평성 문제가 있었다. 그래서 행정안전부에서 지침으로 통일하게 되었다.

2018년 1월 1일 이후부터는 '취득일 현재 주택 재개발 재건축구역 내 해당 부동산이 관리처분계획 인가 이후 이주가 완료되었으나, 건축물대장상 주택으로 등재되어 있고, 주택의 구조 및 외형이 그대로 유지되고 있는 경우, 주택으로 봐서 취득세를 적용'하는 것으로 되었다.

관리처분 인가 이후의 주택 취득세 기준

1. 적용기준

'도시 및 주거환경정비법'에 따른 재개발·재건축사업이 진행되고 있는 경우

① "주택의 건축물이 사실상 철거·멸실된 날, 사실상 철거·멸실된 날을 알 수 없는 경우에는 공부상 철거·멸실된 날"을 기준으로 주택 여부를 판단하는 것이 타당. 다만 통상적인 사업진행 일정에서 벗어나 조세회피 목적으로 의도적으로 철거를 지연하는 경우 등 특별한 사정이 있는 경우에는 달리 적용 가능

② 취득세 : 취득일 현재 주택 재건축구역 내 해당 부동산이 관리처분계획 인가 이후 이주가 완료되었으나, 건축물 대상 주택으로 등재되어 있고 주택의 구조 및 외형이 그대로 유지되고 있는 경우 주택으로 보아 취득세율 적용

③ 재산세 : 과세기준일 현재 주택 재건축구역 내 해당 부동산이 관리처분계획 인가 이후 이주가 완료되었으나, 주택의 구조 및 외형이 그대로 유지되고 있는 경우 주택으로 보아 주택분 재산세 과세

2. 적용시기

본 적용기준 시행일(2018년 1월 1일) 이후 납세의무가 성립하는 경우부터 적용하는 것을 원칙으로 함.

(4) 무허가주택 취득세

재개발구역에 투자를 하다 보면 무허가주택을 자주 거래하게 된다. 무허가주택은 기존 무허가주택과 신발생 무허가주택으로 나뉘는데, 기존 무허가주택의 경우 분양자격이 부여되고 투자 금액이 적게 들어가기 때문에 투자의 대상이 된다. 그러면 무허가주택의 취득세는 몇 %일까? 이전에는 무허가주택도 주택으로 인정되어 취득세 1%를 납부했는데, 2015년 2월 23일 이후부터는 주택으로 인정되지 않아 4%의 취득세를 납부한다. 그러나 무허가주택에 대한 중개보수는 주택으로 적용해야 한다.

무허가주택의 취득세는 4%인데, 여기서 주의해야 할 것이 있다. 재개발구역이나 노후된 주택거래 시 허가된 주택에 무허가로 증축된 부분이 있을 수 있다. 이 경우에 무허가된 부분만큼은 취득세가 4%로 부과됨을 주의해야 된다(66㎡ 허가된 주택에 33㎡가 무허가로 증축되었다면 전체 취득세 중 1/3은 4%의 취득세가 부과된다).

2. 양도소득세

(1) 개념

양도소득세는 부동산을 매입해서 매각했을 때 그 차액에 대해서 세금을 부과하는 것으로 차액에 따라 세율이 달라진다. 현재는 차액과 기간에 따라 60~70%까지 부과될 수 있다. 따라서 양도기간과 장기보유특별공제, 1년 내 양도차익합산 요율적용 등을 익혀서 법 테두리 내에서 양도세를 줄이려는 노력을 해야 할 것이다. 양도차익이 1억 원인데 양도세로 7,000만 원을 납부한다면 적잖이 속상할 것이다.

1) 토지·건물 등의 자산을 양도함으로써 양도차익이 발생하는 경우

이 경우에는 원칙적으로 양도소득세가 과세된다.

2) 과세대상

양도소득세는 '소득세법'에서 열거된 자산의 양도에 대해서만 과세되는 세금이다. 부동산과 관련된 자산으로는 토지, 건물, 아파트 당첨권, 입주권, 골프회원권 등이 있다.

3) 신고 및 납부

그 양도일이 속하는 달의 말일부터 2월까지다(7월 20일에 양도했다면 7월 말일부터 2월이니까 9월 30일까지 신고·납부하면 된다). 이는 예정신고로 다음의 경우 이외에는 이 예정신고로 마무리된다.

다음의 경우는 그 양도일이 속하는 해의 다음 연도 5월 1일부터 31일까지 확정신고를 해야 한다.

① 당해에 누진세율의 적용대상 자산에 대한 예정신고를 2회 이상한 자가 2회 이후 양도 시 이미 신고한 양도소득금액과 합산해서 신고하지 않은 경우

② 토지, 건물, 부동산에 관한 권리 및 기타 자산을 2회 이상 양도한 경우로서 양도소득 기본공제를 먼저 양도한 자산의 양도소득금액에서 순차적으로 공제함에 따라 당초 신고한 양도소득산출세액이 달라지는 경우 등

- 2017년 3월에 부동산을 매각(2년 보유)했는데 양도소득금액이 5,000만 원이어서 세율을 24%로 계산해서 납부했다. 그리고 2017년 10월에 또 다른 부동산을 4,000만 원의 양도소득으로 매각해서 세율 15%로 계산해서 납부했다. 그러면 당해 연도에 양도소득금액이 9,000만 원(5,000만 원+4,000만 원)이 되고 세율은 35%로 올라가게 된다. 이 경우에는 다음 연도에 확정신고를 해야 한다(확정신고금액에서 예정신고금액을 뺀 추가금액).
- 양도소득세는 당해 연도의 소득금액을 모두 합해서 세율을 적용하므로 다주택자인 경우 매각시기를 잘 조율해야 한다. 두 번째 부동산을 2018년에 매각했다면 양도소득세의 추가납부를 하지 않아도 된다.

(2) 비과세

양도차익이 발생하는 경우에는 원칙적으로 양도소득세가 과세된다. 하지만 1세대 1주택, 농지의 대토 등 국민주거생활의 안정과 자경농민의 보호 등의 사회정책적인 이유로 일정한 요건에 해당하기만 하면 양도소득세가 과세되지 않는 비과세 제도가 있다.

1) 비과세요건

① 양도일 기준 1세대 1주택을 2년 이상 보유 후(12억 원 이하인 경우) 매매
② 1세대 1주택자가 기존 주택을 구입한 시점에서 1년이 지난 후 새로운 주택을 구매해서 일시적으로 1세대 2주택이 되었을 때, 처음 구매한 주택을 3년 이내 매매할 경우

- 1세대가 1주택만 소유한 경우에 이 1주택을 2년 이상 보유하고(12억 원 이하) 매각하는 경우는 양도소득세를 내지 않아도 된다.
- 1세대 2주택 일시적 비과세 요건으로서 최초 주택을 매입하고 이 주택을 매입한 시점에서 1년 후에 두 번째 주택을 매입했다면, 두 번째 주택을 매입한 시점에서 3년 이내에 최초의 주택을 매각하면 비과세된다(첫 번째 주택 2년 보유기간 충족 시).

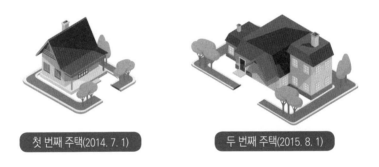

첫 번째 주택(2014. 7. 1)　　　두 번째 주택(2015. 8. 1)

첫 번째 주택을 2014년 7월에 매입하고 1년이 지난 2015년 8월에, 두 번째 주택을 매입했을 경우에 두 번째 주택을 매입한 시점부터 3년 이내에(2018. 7. 31) 첫 번째 주택을 매각한다면 비과세된다. 단, 첫 번째 주택은 2년의 보유기간을 충족해야 하므로 2016년 7월 2일에서 7월 31일 사이에 매각하면 된다.

※ 1세대 1주택 비과세요건 강화(2017. 8. 2. 정책)
- 2년 이상 보유, 양도가액 9억 원(12억 원) 이하+2년 이상 거주(조정대상지역)
- 2017년 8월 3일 이후 취득하는 주택부터 적용

2) 조합원입주권 비과세요건(주택으로 보유기간 충족)

조합원입주권이란 '도시 및 주거환경정비법'에 따른 관리처분계획의 인가 및 '빈집 및 소규모주택 정비에 관한 특례법'에 따른 사업시행계획 인가로 인해서 취득한 입주자로 선정된 지위를 말한다. 이 경우 '도시 및 주거환경정비법'에 따른 재건축 사업 또는 재개발사업, '빈집 및 소규모주택 정비에 관한 특례법'에 따른 자율주택 정비사업, 가로주택 정비사업, 소규모재건축사업 또는 소규모재개발사업을 시행하는 정비사업조합의 조합원(주민합의체를 구성하는 경우 토지등소유자를 말한다)으로 취득한 것(그 조합원으로부터 취득한 것을 포함한다)으로 한정하며, 이에 딸린 토지를 포함한다(소득세법 제88조 제9호).

① 조합원입주권을 보유한 1세대가 2년 이상 보유한 후 양도 시 비과세
② 양도일 현재 1조합원입주권 외에 1주택을 소유한 경우로서 해당 1주택을 취득한 날부터 3년 이내에 해당 조합원입주권을 양도할 것

소득세법 제89조(비과세 양도소득)

① 다음 각 호의 소득에 대해서는 양도소득에 대한 소득세(이하 "양도소득세"라고 한다)를 과세하지 아니한다.

3. 다음 각 목의 어느 하나에 해당하는 주택(주택 및 이에 딸린 토지의 양도 당시 실지거래 가액의 합계액이 12억 원을 초과하는 고가주택은 제외한다)과 이에 딸린 토지로서 건물이 정착된 면적에 지역별로 대통령령으로 정하는 배율을 곱하여 산정한 면적 이내의 토지(이하 이 조에서 "주택부수토지"라고 한다)의 양도로 발생하는 소득

가. 1세대가 1주택을 보유하는 경우로서 대통령령으로 정하는 요건을 충족하는 주택

나. 1세대가 1주택을 양도하기 전에 다른 주택을 대체취득하거나 상속, 동거봉양, 혼인 등으로 인하여 2주택 이상을 보유하는 경우로서 대통령령으로 정하는 주택

4. 조합원입주권을 1개 보유한 1세대['도시 및 주거환경정비법' 제74조에 따른 관리처분계획의 인가일 및 '빈집 및 소규모주택 정비에 관한 특례법' 제29조에 따른 사업시행계획 인가일(인가일 전에 기존 주택이 철거되는 때에는 기존 주택의 철거일) 현재

제3호 가목에 해당하는 기존 주택을 소유하는 세대]가 다음 각 목의 어느 하나의 요건을 충족하여 양도하는 경우 해당 조합원입주권을 양도하여 발생하는 소득. 다만, 해당 조합원입주권의 양도 당시 실지거래가액이 12억 원을 초과하는 경우에는 양도소득세를 과세한다.

가. 양도일 현재 다른 주택 또는 분양권을 보유하지 아니할 것
나. 양도일 현재 1조합원입주권 외에 1주택을 보유한 경우(분양권을 보유하지 아니하는 경우로 한정한다)로서 해당 1주택을 취득한 날부터 3년 이내에 해당 조합원입주권을 양도할 것(3년 이내에 양도하지 못하는 경우로서 대통령령으로 정하는 사유에 해당하는 경우를 포함한다)

 조합원입주권도 기존주택과 같이 양도세에서는 주택으로 인정된다.

3) 주택과 조합원입주권을 소유한 경우 비과세 특례

① 1주택을 소유한 1세대가 그 주택을 취득한 날부터 1년 이상이 지난 후에 조합원 입주권을 취득하고 그 조합원입주권을 취득한 날부터 3년 이내에 종전의 주택을 양도하는 경우

② 이 경우에 3년의 기간을 적용받지 않는 경우(다음 조건을 모두 충족할 경우 3년 이후에 매도해도 비과세 적용을 받을 수 있음)

    ㉠ 관리처분계획에 따라 취득하는 주택이 완성된 후 2년 이내에 그 주택으로 세대 전원이 이사한 후 1년 이상 계속해서 거주할 것

    ㉡ 관리처분계획에 따라 취득하는 주택이 완성되기 전 또는 완공된 후 2년 이내에 종전의 주택을 양도할 것

③ 대체주택의 비과세(다음의 조건 모두 충족)

    ㉠ 사업시행계획 인가일 이후 대체주택을 취득해서 1년 이상 거주할 것

    ㉡ 관리처분계획에 따라 취득하는 주택이 완성된 후 2년 이내에

그 주택으로 세대 전원이 이사한 후 1년 이상 계속해서 거주할 것

ⓒ 관리처분계획에 따라 취득하는 주택이 완성되기 전 또는 완성된 후 2년 이내에 대체주택을 양도할 것

소득세법 시행령 제156조의 2(주택과 조합원입주권을 소유한 경우 1세대 1주택의 특례)

③ 국내에 1주택을 소유한 1세대가 그 주택(이하 이 항에서 "종전의 주택"이라 한다)을 양도하기 전에 조합원입주권을 취득함으로써 일시적으로 1주택과 1조합원입주권을 소유하게 된 경우 종전의 주택을 취득한 날부터 1년 이상이 지난 후에 조합원입주권을 취득하고 그 조합원입주권을 취득한 날부터 3년 이내에 종전의 주택을 양도하는 경우(3년 이내에 양도하지 못하는 경우로서 기획재정부령으로 정하는 사유에 해당하는 경우를 포함한다)에는 이를 1세대 1주택으로 보아 제154조 제1항을 적용한다. 이 경우 제154조 제1항 제1호, 제2호 가목 및 제3호에 해당하는 경우에는 종전의 주택을 취득한 날부터 1년 이상이 지난 후 조합원입주권을 취득하는 요건을 적용하지 아니한다.

④ 국내에 1주택을 소유한 1세대가 그 주택을 양도하기 전에 조합원입주권을 취득함으로써 일시적으로 1주택과 1조합원입주권을 소유하게 된 경우 조합원입주권을 취득한 날부터 3년이 지나 종전의 주택을 양도하는 경우로서 다음 각 호의 요건을 모두 갖춘 때에는 이를 1세대1주택으로 보아 제154조 제1항을 적용한다.

1. 재개발사업, 재건축사업 또는 소규모재건축사업의 관리처분계획 등에 따라 취득하는 주택이 완성된 후 2년 이내에 그 주택으로 세대전원이 이사(기획재정부령이 정하는 취학, 근무상의 형편, 질병의 요양 그 밖의 부득이한 사유로 세대의 구성원 중 일부가 이사하지 못하는 경우를 포함한다)하여 1년 이상 계속하여 거주할 것

2. 재개발사업, 재건축사업 또는 소규모재건축사업의 관리처분계획 등에 따라 취득하는 주택이 완성되기 전 또는 완성된 후 2년 이내에 종전의 주택을 양도할 것

⑤ 국내에 1주택을 소유한 1세대가 그 주택에 대한 재개발사업, 재건축사업 또는 소규모재건축사업의 시행기간 동안 거주하기 위하여 다른 주택(이하 이 항에서 "대체주택"이라 한다)을 취득한 경우로서 다음 각 호의 요건을 모두 갖추어 대체주택을 양도하는 때에는 이를 1세대 1주택으로 보아 제154조 제1항을 적용한다. 이 경우 제154조 제1항의 보유기간 및 거주기간의 제한을 받지 아니한다.

1. 재개발사업, 재건축사업 또는 소규모재건축사업의 사업시행 인가일 이후 대체주택을 취득하여 1년 이상 거주할 것

2. 재개발사업, 재건축사업 또는 소규모재건축사업의 관리처분계획 등에 따라 취득하는 주택이 완성된 후 2년 이내에 그 주택으로 세대전원이 이사(기획재정부령으로 정하는 취학, 근무상의 형편, 질병의 요양, 그 밖에 부득이한 사유로 세대원 중 일부가 이사하지 못하는 경우를 포함한다)하여 1년 이상 계속하여 거주할 것. 다만, 주택이 완성된 후 2년 이내에 취학 또는 근무상의 형편으로 1년 이상 계속하여 국외에 거주할 필요가 있어 세대전원이 출국하는 경우에는 출국사유가 해소(출국한 후 3년 이내에 해소되는 경우만 해당한다)되어 입국한 후 1년 이상 계속하여 거주하여야 한다.
3. 재개발사업, 재건축사업 또는 소규모재건축사업의 관리처분계획 등에 따라 취득하는 주택이 완성되기 전 또는 완성된 후 2년 이내에 대체주택을 양도할 것

소득세법 시행령 제156조의 2 제4항과 제5항의 경우에 요건에 맞추어서 부동산을 매각했는데 나머지 요건(주택이 완성된 후 2년 이내에 거주할 것)은 매각 당시에는 충족되지 않는다. 이런 경우는 어떻게 하는가? 양도세 신고 시에 이 내용을 첨부해서 작성하고 비과세를 받으며 추후에 이 요건을 충족시키면 된다. 국세청에서는 요건 충족 여부를 사후 관리한다.

(3) 과세

비과세 요건에 해당되지 않고 양도소득세를 납부해야 하는 경우(일반세율 적용 시)는 다음의 과세흐름에 따라 계산한다(주택의 경우 매입시점부터 1년 이내에 매각 시 양도세 70%, 1~2년 보유 후 매각 시 60%, 2년 이상 보유 후 매각 시 일반세율인 6~45%).

양도소득세 과세흐름

양도가액
(-) 취득가액
(-) 기타필요경비

= 양도차익
(-) 장기보유특별공제

= 양도소득금액
(-) 양도소득기본공제

= 양도소득과세표준
(×) 세율

= 양도소득산출세액
(-) 세액감면
(-) 세액공제

= 양도소득결정세액
(+) 가산세

= 차감납부할 세액

구분	과세표준	세율			누진 공제
		기본	2021년 6월 1일부터 조정지역 내		
			2주택	3주택	
2년 이상 보유 다주택자 (조합원 입주권 포함)	1,400만 원 이하	6%	26%	36%	–
	1,400만 원 초과 ~ 5,000만 원 이하	15%	35%	45%	126만 원
	5,000만 원 초과 ~ 8,800만 원 이하	24%	44%	54%	576만 원
	8,800만 원 초과 ~1.5억 원 이하	35%	55%	65%	1,544만 원
	1.5억 원 초과 ~3억 원 이하	38%	58%	68%	1,994만 원
	3억 원 초과 ~5억 원 이하	40%	60%	70%	2,594만 원
	5억 원 초과 ~10억 원 이하	42%	62%	72%	3,594만 원
	10억 원 초과	45%	65%	75%	6,594만 원
1년 미만 보유	주택, 조합원입주권 70%, 토지 50%				
1~2년 미만 보유	주택, 조합원입주권 60%, 토지 40%				
미등기 양도	70%				

* 한시적으로 조정지역 다주택자의 중과세는 2022년 5월 10일~2024년 5월 9일까지 유예

보유기간	장기보유특별공제액(2021년 1월 1일)	
	일반	과세 대상 1세대 1주택
3년 이상 ~ 4년 미만	6%	12%
4년 이상 ~ 5년 미만	8%	16%
5년 이상 ~ 6년 미만	10%	20%
6년 이상 ~ 7년 미만	12%	24%
7년 이상 ~ 8년 미만	14%	28%
8년 이상 ~ 9년 미만	16%	32%
9년 이상 ~ 10년 미만	18%	40%
10년 이상 ~ 11년 미만	20%	80%
15년 이상	30%	

출처 : 저자 작성

예 양도가액 : 200,000,000원, 취득가액 : 100,000,000원, 기타필요경비 : 5,000,000원, 보유기간 5년 6개월, 세액공제·가산세·기납부세액 등이 없다고 가정할 경우

①
양도차익 = 양도가액 – 취득가액 – 기타필요경비
(95,000,000원 = 200,000,000원 – 100,000,000원 – 5,000,000원)

②
양도소득금액 = 양도차익 – 장기보유특별공제(5~6년일 경우 10% 공제)
(85,500,000원 = 95,000,000원 – 9,500,000원)

③
양도소득 과세표준 = 양도소득금액 – 기본공제(250만 원)
(83,000,000원 = 85,500,000원 – 2,500,000원)

④
양도소득세액 = 양도소득 과세표준×세율
(5,000만 원 초과 ~ 8,800만 원 이하인 경우 24%에 누진공제액 576만 원)
(14,160,000원 = 83,000,000원 × 24% – 5,760,000원)

⑤
납부할 세액 = 양도소득세액+지방소득세(양도소득세액의 10%)
(15,576,000원 = 14,160,000원 + 1,416,000원)

공유로 투자할 때는 양도소득세를 절세할 수 있다. A와 B가 공동으로 투자해서 양도소득세를 납부한다면 전체 양도소득금액은 85,500,000원이다. 공동 투자로 지분을 가지고 있으므로 A가 42,750,000원, B가 42,750,000원을 각각 양도소득금액으로 신고·납부하면 된다. 따라서 A, B 각각은 납부할 세액이 42,750,000원 – 2,500,000원 = 40,250,000원(양도소득 과세표준), 세율 15% – 누진공제액 126만 원을 하면 4,777,500원을 납부하게 된다(A, B가 내는 양도세는 4,777,500원 × 2 + 지방소득세 10%로서 10,510,500원이다). 공유로 투자할 때 단독 투자보다 양도소득세 5,065,500원을 절감할 수 있다(5,065,500원 = 15,576,000원 - 10,510,500원).

• 양도차익계산 시 기타 필요경비를 제하고 계산한다. 기타 필요경비의 항목이 무엇인지 그 항목의 영수증을 잘 챙겨서 양도차익을 줄일 수 있다.
• 필요경비 불인정 영수증은 경비항목으로 인정되지 않으므로 양도소득세에서는 필요하지 않다. 다음의 양도소득세 인정항목을 참고하기 바란다.

◆ 필요경비 인정되는 항목과 인정되지 않는 항목

필요경비 인정	필요경비 불인정
취득세, 등록세 등	벽지, 장판 교체비용
세무사 수수료	싱크대, 주방기구 구입비
법무사 수수료 및 중개보수	페인트 및 방수공사비
상하수도 배관공사	외벽 도색비용
난방시설 교체비용(보일러 등)	보일러 수리비용
소유권확보 소송비용, 화해비용	임차인 퇴거 보상비용
장기할부조건 연부이자	금융기관 대출금 지급이자
불법건축물 철거비용	은행대출 시 감정비, 해지비
부동산 매각 광고료	매매계약 해약으로 인한 위약금
대신 지급한 매수인 등기비	세입자에게 지출한 철거비용
대신 지급한 전 매도인의 양도세	취득세 납부지연 가산세, 연체료
취득 시 부담한 부가가치세(비사업용) 등	경매 낙찰금 지연에 따른 이자 등

출처 : 저자 작성

(4) 양도소득세를 줄이는 방법

① 비과세 요건을 숙지해서 비과세혜택을 받을 수 있는지를 연구한다.

② 공유로 매입해서 기본공제 250만 원을 각각 공제받는다(낮은 세율이 적용될 가능성이 많다).

③ 필요경비 인정항목의 영수증을 챙긴다.

④ 부동산 매각시기를 조율한다(1년 단위 합산).

조합원입주권의 매매 시 일반적인 양도세 계산과 차이점이 있다. 관리처분계획 인가일 이전에 매입해서 관리처분계획 인가 이후 신축 주택 준공이전에 매도하는 경우에 그렇다. 관리처분계획 인가일 이후부터는 입주권이라고 해서 부동산 물권으로 취급하는 것이 아니라 권리로 취급하기 때문에 관리처분계획 인가일을 기준으로 전후를 나누어서 양도차익을 계산한다. 즉, 관리처분계획 인가 이전에는 장기보유특별공제를 해주고, 이후에는 장기보유특별공제를 해주지 않는다.

취득시점부터 관리처분계획 인가일까지를 ①구간이라 하고, 관리처분계획 인가일부터 처분 때까지를 ②구간이라고 하자. ①구간에서는 관리처분계획 인가시점을 양도시점으로 보며, 취득시점은 실제 취득한 시점으로 한다. 양도 시의 가액은 권리가액(조합원감정 평가금액×비례율)으로 하고, 취득 시 가액은 실제 취득가액으로 한다. 그리고 취득시점부터 관리처분일까지의 기간을 바탕으로 장기보유특별공제 적용 여부를 판단한다(취득 시부터 관리처분계획 인가일까지의 기간이 3년 이상이라면 장기보유특별공제 적용). ②구간에서는 관리처분계획 인가시점을 취득시점으로 권리가액을 취득가액으로 보며, 양도 시는 실제 양도일과 양도금액으로 한다. 이 구간에는 입주권의 형태이므로 보유기간이 아무리 길어도 장기보유특별공제 적용이 없다. 그리고 이 구간에는 청산금(조합원분담금)을 납부한 경우와 수령한 경우의 둘로 나누어진다. ①구간의 양도소극금액과 ②구간의 양도소득금액을 합하고, 여기에 기본공제를 해서 과세표준을 구한다.

- ❶구간은 부동산이므로 장기보유특별공제가 가능하지만, ❷구간 은 권리(조합원입주권)이므로 장기보유 특별공제가 불가하다.
- 관리처분계획 인가일에 평가금액(권리가액)으로 팔고 사는 것으로 한다.
- ❷구간은 청산금을 납부한 경우와 청산금을 수령한 경우가 있다.
- ❶ + ❷=양도차익

관리처분계획 인가일

구분		기존 부동산	입주권
양도차익	양도가액	기존 부동산 평가액	실제 양도가액
	취득가액	실제 취득가액	평가액+납부 청산금–수령 청산금
	필요경비	실제 필요경비	실제 지급한 필요경비
장기보유 특별공제	공제 대상	○	×(공제 안 됨)
	보유기간	취득일– 관리처분 인가일	
	계산	양도차익 × 공제율	
		양도소득금액	양도소득금액

* 실제 취득가가 불분명 시에는 환산가 적용(환산가 적용 시 필요경비는 취득 시 기준시가의 3%)

출처 : 저자 작성

양도소득금액 (−) 기본공제 = 과세표준 (×) 세율(6~45%) = 산출세액	= 기존 부동산 양도소득금액 + 입주권 양도소득금액 **+ 지방소득세 10%**

(1) 청산금을 납부한 경우

① 기존 부동산 양도차익 = 평가액 - 취득가액 - 필요경비
② 입주권 양도차익 = 양도가액 - (평가액 + 청산금) - 필요경비

(2) 청산금을 수령한 경우

① 기존 부동산 양도차익 = (평가액 – 취득가액 – 필요경비) × (평가액 – 청산금) / 평가액

② 입주권 양도차익 = 양도가액 – (평가액 – 청산금) – 필요경비

(3) 조합원 입주권 양도차익 계산

예 청산금을 납부한 경우

- 취득일 : 2010년 3월 1일
- 취득가액 : 200,000,000원
- 양도일 : 2016년 8월 18일
- 양도가액 : 300,000,000원
- 관리처분계획 인가일 : 2014년 5월 1일
- 부동산 평가액(권리가액) : 150,000,000원
- 청산금(납부) : 50,000,000원
- 필요경비 : 0원

    ① 기존 부동산 양도차익 = 150,000,000원 – 200,000,000원 – 0 = – 50,000,000원

    ② 입주권 양도차익 = 300,000,000원 – 150,000,000원 – 50,000,000원 – 0 = 100,000,000원

구분	기존 부동산	입주권
양도차익	– 50,000,000원	100,000,000원
장기보유특별공제	공제율 8%(4년 이상)이나 차손으로 0	입주권이라 공제 안 됨.
양도소득금액	– 50,000,000원 + 100,000,000원 = 50,000,000원	
기본공제	2,500,000원	
과세표준	47,500,000원	
세율	15% 누진공제 126만 원	
산출세액	5,865,000원 = 47,500,000원 × 15% – 1,260,000원	
납부세액	양도세 5,865,000원 + 지방소득세 10%(586,500원)	

출처 : 저자 작성

①구간에서 장기보유특별공제는(보유기간 4~5년이므로 8% 공제) 8%가 가능하나 양도차금액이 차손(-5,000만 원)이라 적용되지 않는다. ②구간은 기간에 관계없이 입주권이므로 장기보유특별공제의 적용이 없다. 이 구간에서는 청산금을 납부한 경우와 수령한 경우의 취득가액의 계산식이 다름을 이해해야 한다.

①, ②의 양도소득금액을 합하면 50,000,000원이다. 여기에 기본공제 2.500,000원을 해서 과세표준을 구한다. 구해진 과세표준에서 세율 15%(1,400만 원 초과 ~ 5,000만 원 이하)를 곱하고 누진공제액 126만 원을 빼주면 납부할 세액은 5,865,000원이 된다. 추가로 지방소득세 10%인 586,500원을 납부하면 된다.

- 정비구역에서의 권리가액이 적게 나오는 편이므로 ①구간에서 양도차익에 차손이 생길 가능성이 많아 장기보유특별공제가 적용되지 않는 경우가 다반사다. 그래서 취득금액보다 권리가액이 적다면 ①, ②구간 전체를 양도차익을 구하고, 장기보유특별공제를 하지 않고 양도 소득금액을 구해서 계산한다.
- 청산금을 수령한 경우는 산식에 맞춰서 직접 해보면 될 것이다. 산식이 복잡해 보이지만 그리 어렵지 않다.

지금까지 조합원입주권 양도소득세를 계산해봤다. 복잡한 조건의 부동산 양도 시 전문가에게 의뢰하는 것이 더 나을 것이다. 다만, 양도소득세의 개략적인 계산방식은 알고 있어야 투자 시에 적정한 매도시기를 포착할 수 있다.

계약서 특약 및
작성방법

1. 특약

(1) 설명의무

정비구역에서 거래를 하기 위해서는 다음 사항에 대해서 설명·고지 등을 해야 한다. 그러나 설명·고지 등을 해야 하는 내용이 어려운 데다가 양이 많기 때문에 실제 매도(임대)인이 하기에는 다소 어려운 부분이 있다. 다만, 부동산 공인중개사가 중개하는 경우는 공인중개사가 하도록 되어 있다. 그렇지만 공인중개사도 설명·고지할 내용을 모르는 경우가 많아 후에 문제가 발생할 수 있다. 토지등소유자는 자신이 소유하는 정비구역 내 토지 또는 건축물에 대해 매매·전세·임대차 또는 지상권 설정 등 부동산 거래를 위한 계약을 체결하는 경우 다음의 사항을 거래 상대방에게 설명·고지하고, 거래계약서에 기재 후 서명·날인해야 한다.

① 해당 정비사업의 추진단계
② 퇴거예정시기(건축물의 경우 철거예정시기를 포함한다)
③ 제19조, 제39조, 제70조 제5항, 제77조
④ 그 밖에 거래 상대방의 권리·의무에 중대한 영향을 미치는 사항으

로서 대통령령으로 정하는 사항

㉠ 분양대상자별 분담금의 추산액

㉡ 정비사업비의 추산액(재건축사업의 경우에는 '재건축초과이익 환수에 관한 법률'에 따른 재건축부담금에 관한 사항을 포함한다) 및 그에 따른 조합원 분담규모 및 분담시기

법 제19조(행위제한 등)

① 정비구역에서 다음 각 호의 어느 하나에 해당하는 행위를 하려는 자는 시장·군수 등의 허가를 받아야 한다. 허가받은 사항을 변경하려는 때에도 또한 같다.

1. 건축물의 건축
2. 공작물의 설치
3. 토지의 형질변경
4. 토석의 채취
5. 토지 분할
6. 물건을 쌓아놓는 행위
7. 그 밖에 대통령령으로 정하는 행위

법 제39조(조합원의 자격 등)

① 제25조에 정비사업의 조합원(사업시행자가 신탁업자인 경우에는 위탁자를 말한다. 이하 이 조에서 같다)은 토지등소유자(재건축사업의 경우에는 재건축사업에 동의한 자만 해당한다)로 하되, 다음 각 호의 어느 하나에 해당하는 때에는 그 여러 명을 대표하는 1명을 조합원으로 본다.

1. 토지 또는 건축물의 소유권과 지상권이 여러 명의 공유에 속하는 때
2. 여러 명의 토지등소유자가 1세대에 속하는 때. 이 경우 동일한 세대별 주민등록표 상에 등재되어 있지 아니한 배우자 및 미혼인 19세 미만의 직계비속은 1세대로 보며, 1세대로 구성된 여러 명의 토지등소유자가 조합설립 인가 후 세대를 분리하여 동일한 세대에 속하지 아니하는 때에도 이혼 및 19세 이상 자녀의 분가(세대별 주민 등록을 달리하고, 실거주지를 분가한 경우로 한정한다)를 제외하고는 1세대로 본다.
3. 조합설립 인가(조합설립 인가 전에 제27조 제1항 제3호에 따라 신탁업자를 사업시행자로 지정한 경우에는 사업시행자의 지정을 말한다. 이하 이 조에서 같다) 후 1명의 토지등소유자로부터 토지 또는 건축물의 소유권이나 지상권을 양수하여 여러 명이 소유하게 된 때

법 제70조(지상권 등 계약의 해지)

⑤ 제74조에 따라 관리처분계획의 인가를 받은 경우 지상권·전세권설정계약 또는 임대
차계약의 계약기간은 '민법' 제280조·제281조 및 제312조 제2항, '주택임대차보호
법' 제4조 제1항, '상가건물 임대차보호법' 제9조 제1항을 적용하지 아니한다.

민법

제280조(존속기간을 약정한 지상권) : 5~30년

제281조(존속기간을 약정하지 아니한 지상권) : 그 기간은 제280조의 최단존속기간으
로 한다.

제312조(전세권의 존속기간) : 건물에 대한 전세권의 존속기간을 1년 미만으로 정한
때에는 이를 1년으로 한다.

주택임대차보호법

제4조(임대차기간 등) : 기간을 정하지 아니하거나 2년 미만으로 정한 임대차는 그
기간을 2년으로 본다.

상가건물임대차보호법

제9조(임대차기간 등) : 기간을 정하지 아니하거나 기간을 1년 미만으로 정한 임대차
는 그 기간을 1년으로 본다.

설명·고지 등의 의무는 '공인중개사법' 제25조 제1항 제2호의 '법령의
규정에 의한 거래 또는 이용제한사항'으로 보기 때문에 정비구역 내 부동
산을 공인중개사가 중개해서 거래하는 경우 공인중개사가 해야 한다.

(2) 기타 유용한 특약(부록 수록)

① 분양자격에 문제가 발생하면 이 계약은 무효로 한다.

② 매수인은 잔금일에 모든 권리와 책임을 승계(중도금 융자, 이주비 등)하
고, 매도인은 매수인의 명의변경에 필요한 서류 일체를 적극적으
로 협조해주기로 한다.

③ 매도인은 구역 내 다른 조합원 자격과 관련된 부동산이 없음을 확
인하고 허위 고지에 대한 책임은 본인이 지기로 한다.

④ 재개발구역 내 임대차인 경우

현 임대차계약의 대상 물건은 ○○구역 내에 위치하고 있으며 임대차기간이 2년이지만 재개발사업으로 이주 시 2년의 유효함을 주장하지 못하며, 이사비 등을 청구할 수 없다.

법 제122조(토지등소유자의 설명의무)

① 토지등소유자는 자신이 소유하는 정비구역 내 토지 또는 건축물에 대하여 매매·전세·임대차 또는 지상권 설정 등 부동산 거래를 위한 계약을 체결하는 경우 다음 각 호의 사항을 거래 상대방에게 설명·고지하고, 거래 계약서에 기재 후 서명·날인하여야 한다.

1. 해당 정비사업의 추진단계
2. 퇴거예정시기(건축물의 경우 철거예정시기를 포함한다)
3. 제19조에 따른 행위제한
4. 제39조에 따른 조합원의 자격
5. 제70조 제5항에 따른 계약기간
6. 제77조에 따른 주택 등 건축물을 분양받을 권리의 산정 기준일
7. 그 밖에 거래 상대방의 권리·의무에 중대한 영향을 미치는 사항으로서 대통령령으로 정하는 사항

② 제1항 각 호의 사항은 '공인중개사법' 제25조 제1항 제2호의 "법령의 규정에 의한 거래 또는 이용제한사항"으로 본다.

영 제92조(토지등소유자의 설명의무)

법 제122조 제1항 제7호에서 "대통령령으로 정하는 사항"이란 다음 각 호를 말한다.

1. 법 제72조 제1항 제2호에 따른 분양대상자별 분담금의 추산액
2. 법 제74조 제1항 제6호에 따른 정비사업비의 추산액(재건축사업의 경우에는 '재건축초과이익 환수에 관한 법률'에 따른 재건축부담금에 관한 사항을 포함한다) 및 그에 따른 조합원 분담규모 및 분담시기

설명의무를 계약서에 기재하는 방법으로는 계약서에 간략히 기재하는 방법과 별지에 따로 기재하는 방법이 있다.

설명의무를 계약서에 간략히 기재

- 추진단계는 조합설립 후 시공사 선정 단계임.
- 퇴거예정시기는 20○○년 하반기 예상됨.
- 제19조에 따른 행위제한, 제39조에 따른 조합원의 자격, 제70조 제5항에 따른 계약기간에 대해 설명함.
- 건축물을 분양받을 권리의 산정 기준일은 20○○년 ○○월 ○○일이다.

설명의무를 별지에 따로 기재(부록 참조)

- 설명·고지서를 출력해 의뢰인들 서명·날인
- 한방(한국공인중개사협회 사이트) → 커뮤니티 → 자료실 → 설명·고지 확인서

 직접 거래 시 매도(임대)인이 이 내용에 대해 설명 및 고지 등을 해야 하는데, 이에 대한 내용을 알지 못하는 경우는 사실상 불가능하다. 따라서 정비사업 전문 중개사무소에 의뢰해서 거래하는 것이 좋다.

2. 부동산 유형별 계약서 작성

(1) 매매가격 결정

1) 감정가 + P, 권리가 + P

정비구역 내 물건을 감정평가한 후에 거래 시에는 감정가나 권리가에 프리미엄(P)을 더해서 매매금액을 정하게 된다. 이때 감정가가 기준인지, 권리가가 기준인지에 따라서 매매금액도 달라진다. 그러면 어느 것을 기준으로 해야 할까? 감정가는 사업시행계획 인가시점을 기준으로 감정평가사가 결정한 물건의 가격이다. 권리가는 이 사업으로 인해 발생할 수익을 비율로 가감해서 감정가에 포함한 가격이다. 사업으로 인해 발생할 수익의 비율을 비례율이라고 한다.

감정가와 권리가 사이의 매개체는 비례율이다. 따라서 비례율이 확정되는 시점을 기준으로 그전에는 감정가 + 프리미엄으로 거래를 하고, 그 이후에는 권리가 + 프리미엄으로 거래를 하는 것이 맞다. 그러면 비례율이 확정되는 시점은 언제인가? 비례율이 확정되는 시점은 일반분양 때다. 그래서 일반분양 전에는 감정가 + 프리미엄으로 거래를 하고, 일반분양 후에는 권리가 + 프리미엄으로 거래를 한다. 조금 더 정확히 말하면 조합원분양계약서 작성 시점부터 권리가 + 프리미엄으로 거래를 한다.

조합원분양계약서 작성 이후에는 계약서도 조합원입주권 양식을 사용해야 하고, 실거래가 신고 시에도 권리가로 작성하게 되어 있다(부록 조합원입주권 계약서 양식 참조).

예제

감정가 1억 원, 프리미엄 1억 원, 비례율 110%, 조합원분양가 3억 원인 물건을 거래 시 실매매가는 얼마인가?
A는 감정가 + 프리미엄 거래 : 2억 원 → 분담금 : 1억 9,000만 원(조합원분양가 − 권리가)
B는 권리가 + 프리미엄 거래 : 2억 1,000만 원 → 분담금 : 1억 9,000만 원

풀이

A는 감정가 1억 원에 프리미엄을 1억 원 주고 샀지만, 비례율 혜택(10%)을 받아 실매매가는 3억 9,000만 원이다. B는 권리가에 프리미엄을 주고 샀기 때문에 비례율 혜택이 없고, 실매매가는 4억 원이다.

출처 : 저자 작성

 비례율이 100%가 아니고, 감정가 또는 권리가로 거래하는 경우 실제 입주아파트 매매금액이 달라진다.

2) 매매금액에 추가분담금은 미포함

일반분양 이후에는 권리가 + 프리미엄의 가격으로 매매를 하는데, 추가분담금을 매매금액에 포함해야 하는지 헷갈릴 때가 있다. 추가분담금은 매매금액에는 포함하지 않고 매수인이 승계하는 것으로 처리하는 것이 맞다.

권리가액 + 프리미엄의 합이 매매금액이고, 추가분담금은 매수인이 인수하는 것으로 해서 특약에 명시한다. 추가분담금이 납부된 이후에는 당연히 매매가에 포함해야 한다.

> **특약사항**
>
> 매수인은 추가분담금 등 권리와 의무를 포괄승계하기로 한다.

예제

감정가 2억 원, 비례율 100%, 조합원분양가 4억 원, 프리미엄 1억 원, 추가분담금 2억 원인 물건의 매매가는 얼마인가?

➡ 풀이

권리가액 = 감정가×비례율 = 2억 원
추가분담금 = 조합원분양가 − 권리가액 = 2억 원
매매가 = 권리가액 + 프리미엄 = 3억 원

출처 : 저자 작성

 일반분양 전에는 감정가 + 프리미엄으로 거래하는데, 일반분양 이후의 거래와 마찬가지로 추가분담금은 포함하지 않고 매수인이 인수하는 것으로 한다.

(2) 이주비 지급절차와 거래 시 주의사항

이주가 개시되면 조합에서는 이주협력업체(이주센터)와 계약을 체결하고, 이주 관련 업무를 이주센터에서 진행한다.

1) 이주비지급과정

① 이주센터에서 이주계약서를 작성한다.

② 이주비 총액의 일부(10 ~ 30%)를 지급한다.

③ 소유 토지에 근저당이 설정된다.

④ 이사를 하고 세입자를 포함해서 전출한다.

⑤ 전기, 수도, 도시가스 등 공과금을 완납하고 계량기 등을 철거한다.

⑥ 이주센터 직원과 공가처리 여부를 확인하고 열쇠 등을 제출한다.

⑦ 이주비 잔액을 지급한다.

이주계약(이주센터) ⇨ 이주비 총액의 일부 지급(근저당 설정) → 이사 및 전출(세입자 포함) ⇨ 공가처리(폐전, 폐수, 정화조 청소) ⇨ 가재도구 처리 확인(협력업체 직원) ⇨ 열쇠 등 제출 ⇨ 이주비 잔액 지급

이주비 지급과정에서 가재도구가 남아 있으면 이주비가 지급되지 않는다. 거래 시 현 구역이 곧 철거되므로 가재도구는 놔둬도 된다고 하는 경우가 있는데, 이는 잘못된 것이다. 공가처리 여부를 확인하러 방문했을 때, 가재도구가 남아 있으면 전부 치우라고 하거나 치우는 비용을 납부하라는 말을 듣는다. 따라서 거래 시 매도인에게 가재도구를 깨끗이 치워달라고 요청해야 한다.

 이주비가 지급된 상황에서는 거래가 많아진다. 이는 이주비를 승계할 수 있어서 투자금이 적게 들어가기 때문이다. 단, 대출이 개인별로 차이가 날 수 있으므로 이주비 대출은행에서 대출금액이 전액 승계되는지 확인해야 한다.

2) 이주비 승계 거래 시 투자 금액

이주비 승계 조건으로 거래 시 초기 투자 금액이 줄어들어서 거래가 증가된다.

◆ 감정가 2억 원, 프리미엄 2억 원

구분	이주비 지급 전 거래	이주비 승계 거래(이주비 50%)
감정가	2억 원	2억 원(1억 원 승계)
프리미엄	2억 원	2억 원
초기 투자 금액	4억 원	3억 원

출처 : 저자 작성

또한, 감정가가 작은 매물이 큰 매물보다는 초기에 프리미엄이 높게 형성되지만, 이주비 승계 조건으로 거래를 하게 되면 투자금의 차이가 줄어들어 프리미엄도 비슷하게 형성된다.

3) 이주비 지급 후의 소유권이전

① 소유권이전 후 등기필정보가 나오면 조합에 가서 명의변경을 해야 한다(등기부등본, 신분증 지참).
② 이주비 대출 금융기관을 방문해서 승계해야 한다. 그런데 금융기관에서는 요일을 지정해서 그 요일만 승계 업무를 하는 경우가 많으므로 미리 금융기관에 확인해야 한다.

> 이주비 승계는 매도인과 매수인이 함께 금융기관에 방문해야 하므로 중개인은 미리 약속을 정해서 진행해야 한다. 등기필정보가 나올 예정일 이후에 약속을 잡는다.

이주비 지급 후의 소유권이전 절차
소유권이전 ⇨ 조합원 명의변경 ⇨ 이주비 승계
(등기필정보)   (조합사무실)   (금융기관)

(3) 감정평가 전 거래계약서 작성

부동산 매매(주택) 계약서

매도인과 매수인 쌍방은 아래 표시 부동산에 관해서 다음 계약 내용과 같이 매매계약을 체결한다.

1. 부동산의 표시

소재지	서울시 마포구 아현동					
토지	지목	대			면적	78㎡
건물	구조	철근콘크리트	용도	주택	면적	80㎡

2. 계약내용

제1조 [목적] 위 부동산의 매매에 대해 매도인과 매수인은 합의해서 매매대금을 다음과 같이 지불하기로 한다.

매매대금	금 400,000,000원 (₩400,000,000)
계약금	금 40,000,000원은 계약 시에 지불하고 영수함. ※ 영수자 (인)
융자금	금 100,000,000원은 현 상태에서 매수인이 승계함.
잔금	금 260,000,000원은 20○○년 ○○월 ○○일에 지급한다.

특약사항
1. 현 시설상태에서의 매매계약이며, 등기사항증명서를 확인하고 계약을 체결한다.
2. 융자금은 매수인이 승계하기로 한다.
3. 잔금일까지의 공과금은 매도인이 정리하기로 한다.
4. **본 계약은 △△재개발구역의 주택매매 거래이고, 조합원으로서 모든 권한과 책임은 매수인에게 승계된다.**
5. **매도인은 현 구역에 세대전원이 다른 부동산이 없음을 확인하고, 분양자격에 문제 발생 시 본 계약은 무효로 한다.**
6. **매도인의 하자담보 책임은 없기로 한다.**

정비구역 특약사항
1. 추진단계는 조합설립 후 시공사 선정 단계다.
2. 퇴거예정시기는 20○○년 하반기로 예상된다.
3. 제19조에 따른 행위제한, 제39조에 따른 조합원의 자격, 제70조 제5항에 따른 계약기간에 대해서 설명한다.
4. 건축물을 분양받을 권리의 산정 기준일은 20○○년 ○○월 ○○일이다.

감정평가 전인 경우 다음 내용을 계약서에 특약으로 명시하는 것이 좋다.

- 구역명과 조합원으로서 모든 권한과 책임은 매수인에게 승계된다.
- 매도인은 현 구역에 세대 전원이 다른 부동산이 없음을 확인하고, 분양자격에 문제발생 시 본 계약은 무효로 한다.
- 매도인의 하자담보 책임은 없기로 한다(정비구역으로 지정되면 수선이나 인테리어는 감정평가 시 반영이 미미하므로 잘하지 않는다. 따라서 하자가 있을 가능성이 높기 때문에 재개발구역 내 주택의 하자담보책임은 없는 것으로 하는 것이 좋다).
- 재건축구역인 경우 주택과 그 부속 토지를 함께 거래한나.
- 제122조 설명의무(정비구역 특약사항)
- 실거래가 신고 시 계약 조건에 '조합원분양자격을 위한 계약임'을 기재한다.

(4) 감정평가 후 거래계약서 작성

부동산 매매(주택) 계약서

매도인과 매수인 쌍방은 아래 표시 부동산에 관해서 다음 계약 내용과 같이 매매계약을 체결한다.

1. 부동산의 표시

소재지		서울시 마포구 아현동					
토지	지목	대				면적	78㎡
건물	구조	철근콘크리트	용도	주택		면적	80㎡

2. 계약내용

제1조 [목적] 위 부동산의 매매에 대해 매도인과 매수인은 합의해서 매매대금을 다음과 같이 지불하기로 한다.

매매대금	금 400,000,000원	(₩400,000,000)
계약금	금 40,000,000원은 계약 시에 지불하고 영수함.　※ 영수자	(인)
융자금	금 100,000,000원은 현 상태에서 매수인이 승계함.	
잔금	금 260,000,000원은 20○○년 ○○월 ○○일에 지급한다.	

특약사항

1. 현 시설상태에서의 매매계약이며, 등기사항증명서를 확인하고 계약을 체결한다.
2. 융자금은 매수인이 승계하기로 한다.
3. 잔금일까지의 공과금은 매도인이 정리하기로 한다.
4. **본 계약은 △△재개발구역의 주택매매 거래이고, 조합원으로서 모든 권한과 책임은 매수인에게 승계된다.**
5. **분양자격에 문제 발생 시 본 계약은 무효로 한다.**
6. **매도인의 하자담보 책임은 없기로 한다.**
7. **감정가 3억 원이며, 84A 신청된 물건이다(프리미엄 1억 원).**

정비구역 특약사항

1. 추진단계는 조합원분양 신청 후 관리처분계획 전 단계다.
2. 퇴거예정시기는 20○○년 하반기로 예상된다.
3. 제19조에 따른 행위제한, 제39조에 따른 조합원의 자격, 제70조 제5항에 따른 계약기간에 대해서 설명한다.
4. 건축물을 분양받을 권리의 산정 기준일은 20○○년 ○○월 ○○일이다.

감정평가 이후인 경우는 아래의 내용을 특약으로 하는 것이 좋다.

- 구역명과 조합원으로서 모든 권한과 책임은 매수인에게 승계된다.
- 분양자격에 문제 발생 시 본 계약은 무효로 한다.
- 매도인의 하자담보 책임은 없기로 한다.
- 감정평가금액과 조합원분양신청 평형을 기재한다(프리미엄도 기재하면 좋다).
- 재건축구역인 경우 주택과 그 부속 토지를 함께 거래한다.
- 제122조 설명의무(정비구역 특약사항)
- 실거래가 신고 시 계약 조건에 '조합원분양자격을 위한 계약임'을 기재한다.

(5) 토지(지분) 거래 계약서

부동산 매매(토지) 계약서

매도인과 매수인 쌍방은 아래 표시 부동산에 관해서 다음 계약 내용과 같이 매매계약을
체결한다.

1. 부동산의 표시

소재지	서울시 마포구 아현동				
토지	지목	대, 도로		면적	99㎡

2. 계약내용

제1조 [목적] 위 부동산의 매매에 대해 매도인과 매수인은 합의해서 매매대금을 다음과
같이 지불하기로 한다.

매매대금	금 80,000,000원	(₩80,000,000)
계약금	금 8,000,000원은 계약 시에 지불하고 영수함. ※ 영수자	(인)
중도금	금 30,000,000원은 현 상태에서 매수인이 승계함.	
잔금	금 42,000,000원은 20○○년 ○○월 ○○일에 지급한다.	

특약사항
1. 현 시설상태에서의 매매계약이며, 등기사항증명서를 확인하고 계약을 체결한다.
2. 융자금은 매수인이 승계하기로 한다.
3. 잔금일까지의 공과금은 매도인이 정리하기로 한다.
4. **본 계약은 △△재개발구역의 토지계약이고, 조합원으로서 모든 권한과 책임은 매수인에게 승계
된다(2필지의 토지의 합으로 인한 분양자격).**
5. **분양자격에 문제 발생 시 본 계약은 무효로 한다.**
6. **감정가는 5,000만 원이며, 84A 신청된 물건이다(프리미엄 3,000만 원).**

정비구역 특약사항
1. 추진단계는 조합원분양 신청 후 관리처분계획 전 단계다.
2. 퇴거예정시기는 20○○년 하반기로 예상된다.
3. 제19조에 따른 행위제한, 제39조에 따른 조합원의 자격, 제70조 제5항에 따른 계약기간에 대해
서 설명한다.
4. 건축물을 분양받을 권리의 산정 기준일은 20○○년 ○○월 ○○일이다.

정비구역 내 토지 필지의 합으로 분양자격이 있는 물건의 매매계약서다.
- 감정가 5,000만 원에 프리미엄 3,000만 원을 합한 8,000만 원의
  매매계약서다.
- 2필지를 합한 감정평가금액(합한 감정평가서가 나옴)과 조합원분양에 신
  청한 내용을 기재한다(감정평가서 및 분양내역서 첨부하는 것이 좋음).
- 제122조 설명의무(정비구역 특약사항)

 토지는 취득세가 4.6%이고, 이주비나 이사비가 지급되지 않는 구역도 있다.

(6) 임대차거래계약서

'주택임대차보호법'은 임차인을 보호하기 위한 특별법으로, 기간을
정하지 않거나 2년 미만으로 정한 임대차기간은 임차인이 요구하면 2
년을 보장해주어야 한다고 규정하고 있다('상가건물 임대차보호법'에 따른 임대
차기간은 1년). 그러나 관리처분계획 인가를 받은 정비구역에서는 그 기간
이 인정되지 않는다. '주택임대차보호법'의 경우 민법의 특별법이지만
관리처분계획의 인가를 받은 '도정법'이 상위법이 된다. 따라서 임차인
에게 이 내용을 숙지시키고 특약에 명시하는 것이 좋다.

부동산 전세(주택) 계약서

임대인과 임차인 쌍방은 아래 표시 부동산에 관해서 다음 계약 내용과 같이 임대차계약
을 체결한다.

1. 부동산의 표시

소재지	서울시 마포구 아현동					
토지	지목	대			면적	78㎡
건물	구조	철근콘크리트	용도	단독주택	면적	60㎡

2. 계약내용

제1조 [목적] 위 부동산의 매매에 대해 매도인과 매수인은 합의해서 매매대금을 다음과 같이 지불하기로 한다.

전세대금	금 200,000,000원	(₩200,000,000)
계약금	금 20,000,000원은 계약 시에 지불하고 영수함. ※영수자	(인)
잔금	금 180,000,000원은 20○○년 ○○월 ○○일에 지급한다.	

특약사항

1. 현 시설상태에서 임대차한다.
2. 임대할 부분의 면적은 공부상 전용면적이다.
3. 기타사항은 민법, '주택임대차보호법' 및 부동산 임대차계약 일반 관례에 따르기로 한다.
4. **임대차계약의 대상 물건은 정비구역에 위치해 있으며 관리처분계획 인가 후 이주 통보 시 임대차기간(2년)에 대해서 주장할 수 없고, 즉시 이사해야 하며 이사비 등을 청구할 수 없다.**

정비구역 특약사항

1. 추진단계는 조합원분양 신청 후 관리처분계획 전 단계다.
2. 퇴거예정시기는 20○○년 하반기로 예상된다.
3. 제19조에 따른 행위제한, 제39조에 따른 조합원의 자격, 제70조 제5항에 따른 계약기간에 대해서 설명한다.
4. 건축물을 분양받을 권리의 산정 기준일은 20○○년 ○○월 ○○일이다.

정비구역 내 임대차계약의 경우 다음 내용을 특약으로 명시하는 것이 좋다.

- 임대차계약의 대상 물건은 정비구역에 있으며 관리처분계획 인가 후 이주 통보 시 임대차기간(2년)에 대하여 주장할 수 없고, 즉시 이사해야 되며 이사비 등을 청구할 수 없다.
- 제122조 설명의무(정비구역 특약사항)

 정비구역 내 임대차계약서 작성 시 '임대차기간이 2년(1년)이지만 유효하지 않고 이사비 등을 별도로 청구할 수 없다'라는 특약을 명시하는 것이 좋다.

(7) 무허가건축물의 거래

무허가건축물은 국·공유지에 허가 없이 지어진 것으로서 분양자격이 되는 것과 되지 않는 것이 있다. 분양자격이 되지 않는 물건은 거래하지 않으며, 분양자격이 되는 물건의 경우 다음과 같은 사항에 주의해서 거래한다.

① 분양자격이 되는 무허가건축물인지 확인한다.

각 시·도별로 분양자격이 되는 무허가건축물의 기준이 정해져 있다. 무허가건축물은 분양자격이 되는 기존 무허가건축물(특정무허가건축물), 분양자격이 되지 않는 신 발생 무허가건축물로 나뉘므로 주의해야 한다. 분양자격이 되는 기존(특정) 무허가건축물은 다음 표와 같이 기준일 이전에 지어진 것을 말한다.

기존(특정) 무허가건축물						
부산	서울	대구	인천	광주	대전	울산
1989. 3. 29	1989. 1. 24					

출처 : 저자 작성

② 거래 시 무허가건물확인원을 확인하거나 매도인에게 분양자격 기준일 이전에 납부한 재산세 영수증 또는 기준일 이전부터 무허가건축물이 존재하고 있었다는 항공사진 판독 결과물을 받아야 한다(재산세 영수증은 구청, 항공사진 판독 결과물은 시청 정비 관련 부서에서 발급 가능).

③ 변상금(사용료)의 완납 여부를 확인한다.

무허가건축물의 경우에 미납된 변상금이 있다고 하더라도 국가나 지자체에서 재산압류 등을 행사하지 않고 독촉장만 보내는 경우가 많아 누적 미납금이 있을 수 있다.

④ 취득세가 주택이 아닌 경우로 본다.

주택(1주택 또는 비조정대상지역 2주택)의 경우 취득세는 매매금액이 6억 원 이하고 전용면적이 85㎡ 이하면 1.1%, 85㎡ 초과인 경우 1.3%다. 그러나 무허가주택인 경우는 주택으로 인정되지 않아서 4.6%(전용면적이 85㎡ 이하면 4.4%)의 취득세를 납부해야 한다. 그러나 무허가주택의 거래 시 중개보수는 주택의 요율대로 받아야 한다.

⑤ 무허가건축물은 등기부등본이 없다.

지자체에 따라서는 심지어 건축물대장도 존재하지 않는 경우도 있다. 그럼 어떻게 거래해야 하는가? 매도인의 실소유 여부는 구청 재산세과에 연락해서 확인한다. 건축물대장이 없으면 거래면적 역시 알 수 없으므로 이 또한 재산세과에서 확인해야 한다.

 거래 시 매도인, 매수인 그리고 중개인이 함께 거래 필수 서류(거래신고필증 포함)를 챙겨서 취득세과로 가면 된다. 취득세과에서 서류를 접수하고 취득세를 은행에 납부한 후 납부영수증과 계약서를 가지고 조합사무실에 가서 명의변경을 하면 마무리된다.

(8) 분양계약 이후 조합원입주권의 거래절차

진행절차 중 철거가 끝나면 일반분양 전에 조합원 동·호수 추첨을 하고 분양계약서를 작성하게 된다. 분양계약서를 작성했다는 것은 조합원이 입주할 동·호수와 분담금액이 확정되었다는 의미다. 분양계약서까지 작성된 조합원입주권의 거래절차는 다음과 같다.

① 계약서 작성

입주권 매매계약서 양식을 사용하는 것이 좋다. 만약 입주권 매매계약서 양식이 없다면, 종전 토지 매매계약서와 분양받은 아파트 매매계약서 2부를 작성해야 한다. 입주권 매매계약서를 작성할 때에는 권리가액, 프리미엄, 추가분담금 등을 기재해야 한다.

② 조합원 명의 이전

소유권이전 후에는 조합에 가서 명의를 이전해야 한다. 이때는 매수인만 참석해도 되고, 변경된 등기필정보를 지참하도록 한다.

③ 이주비 승계

이주비가 지급되었다면 이주비 대출 금융기관에 가서 이주비를 승계해야 한다. 이때는 매도인과 매수인이 동반 참석한다.

④ 중도금 승계

중도금이 지급되었다면 중도금 대출 금융기관에 가서 중도금을 승계해야 한다. 이때는 매도인과 매수인이 동반 참석한다.

⑤ 분양계약 명의 이전

분양사무소에 방문해서 명의를 변경해야 한다. 이때는 매도인과 매수인이 동반 참석한다.

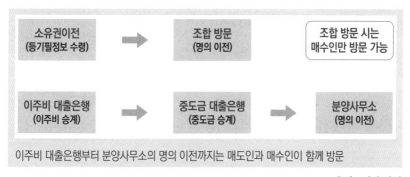

이주비 대출은행부터 분양사무소의 명의 이전까지는 매도인과 매수인이 함께 방문

출처 : 저자 작성

소유권을 이전한 후 은행 및 분양사무소는 매도인과 매수인이 함께 방문해서 일 처리를 마무리해야 하므로 잔금일에 약속을 정해 만난다(등기필정보가 나온 이후). 그리고 공인중개사는 각 기관에 방문 시 필요한 서류를 매도인과 매수인에게 미리 알려주어 준비하게 한다.

은행과 분양사무소는 일정한 요일에만 조합업무를 하는 경우가 많으므로 미리 날짜를 알아보는 것이 중요하다. 가능한 한 모든 일을 하루에 처리할 수 있는 날로 정하는 것이 좋다. 간혹 의뢰인의 비협조로 일 처리를 하루에 마치지 못하는 상황이 발생하기도 하는데, 이런 경우를 대비해서 잔금일에 일정 금액(200~300만 원)을 공인중개사가 보관하고 있다가 승계작업까지 마무리된 다음에 돌려주는 방법도 자주 사용한다.

(9) 분양계약 이후 조합원입주권 거래 시 계약서 작성
(한국공인중개사협회 '한방' 프로그램에 의한 계약서 작성)

조합원입주권 매매계약서

① 새로 분양받는 아파트 주소, 면적, 타입 등을 기입한다.

② 종전 토지에 대한 주소를 기입한다.

③ 새로 분양받는 아파트의 조합원분양금액을 기입한다.

④ 권리가액(종전가액×비례율)을 기입한다.

⑤ 추가분담금(조합원분양가 – 권리가액)을 기입한다.

⑥ 새로 분양받는 아파트의 매매금액[(조합원분양가 + 프리미엄) 또는 (권리가액 + 추가분담금 + 프리미엄)]을 기입한다.

⑦ 매수인이 승계받는 금액으로 추가분담금이다. 권리가액이 조합원분양가보다 큰 경우 금액 앞에 '–'가 기재되고 분담금을 수령하게 된다.

이렇게 조합원입주권 매매계약서를 작성하고 출력하면 신축 아파트와 종전 토지에 관한 계약서가 함께 출력된다. 제시된 계약서는 '한방'에서의 계약서인데, 만약 다른 계약서를 이용할 때는 신축 아파트와 종전 토지에 대한 계약서를 각각 작성하면 된다.

신축 아파트 계약서

조합원입주권 매매 계약서 [재개발]

1. 물건의 표시

소 재 지	부산광역시 연제구 거제동 ■■■■■번지 거제센트럴자이 000동 0000호				TYPE	84A
계약면적	㎡	분양면적	㎡	전용면적 84.995 ㎡	대지지분면적	㎡

2. 종전토지 및 분양금액 · 프리미엄 등에 관한 내역

소 재 지	부산광역시 연제구 거제동 ■■■-■번지			
지 목	대	토지면적 60 ㎡	대지권비율	분의
분양금액	금 314,812,000원정 (₩314,812,000)			
권리가액	금 103,777,310원정 (₩103,777,310)			
추가분담금	금 211,034,690원정	납부 분담금	금 0원정	
옵 션 비 용	금 0원정	납부 옵션비용	금 0원정	
프리미엄금액	금 96,051,390원정 (₩96,051,390)			
별도 계부담금	금	납부 계부담금	금	

3. 계약내용

제1조 매도인과 매수인은 위 조합원 입주권의 매매계약을 체결하고 아래와 같이 매매대금을 지급하기로 한다.

매 매 대 금	금 410,863,390원정 (₩410,863,390)				
계 약 금	금		은 계약시에 지불하고 영수함	※영수자	(인)
융 자 금	금				
중 도 금	금				
잔 금	금 410,863,390원정		은 년 월 일에 지불한다		
	단, 위 잔금 중 금 211,034,690원정 은 납부하여야 할 분담금 등으로 매수인이 승계하기로 한다.				

종전 토지 계약서

부동산(토지) 매매 계약서

매도인과 매수인 쌍방은 아래 표시 부동산에 관하여 다음 계약 내용과 같이 매매계약을 체결한다.

1. 부동산의 표시

소 재 지	부산광역시 연제구 거제동 000-1번지			
토 지	지 목	대	면 적	60 ㎡ 거래지분

2. 계약내용

제1조 [목적] 위 부동산의 매매에 대하여 매도인과 매수인은 합의에 의하여 매매대금을 아래와 같이 지불하기로 한다.

❶	매매대금	금 199,828,700원정	(₩199,828,700)		
	계 약 금	금		※영수자	(인)
	잔 금	금 199,828,700원정	은 년 월 일에 지불한다		

❶ 종전 토지에 대한 매매대금은 권리가액+프리미엄의 합계다.

조합원입주권 매매계약서는 매수인이 실제로 분양받는 아파트의 실제 매매금액을 알 수 있고, 종전 토지 매매계약서는 매도인이 실제로 매매한 금액을 알 수 있어서 양도소득세 계산 시에 활용한다.

(10) 분양계약 이후 조합원입주권 거래 시 실거래가 신고

실거래가 신고서 작성

*는 필수입력항목입니다. 궁금하신 사항은 1588-0149로 전화주시기 바랍니다.

종류	*물건종류	○ 토지 ○ 건축물 ◉ 토지 및 건축물		
		1 전매 ▼ 준공전 ▼ 입주권 ▼		
소재지	*소재지	**2** 거제동 소재지 검색 일반번지 ▼		
	*단지명	부산광역시 거제센트럴자이	*동/호	동 호
	*전용면적/층	84.995 m² 층		
	기타주소			
건축물정보	*건물주용도	아파트 건축물 대장 건물주용도 선택		
	*전용면적	84.995 m²	건물거래지분	분의 (※ 지분거래일 경우에만, 입력하시면 됩니다.)
	*계약대상면적	84.995 m² 계약대상면적(자동계산)		
토지정보	*지목	대 ▼ 대표·관계지번검색 토지대장검색 관계지번상 숨기기		
	*토지면적	0 m²		
	토지거래지분	분의	(※ 지분거래일 경우에만, 입력하시면 됩니다.)	
	대지권비율	분의		
	*계약대상면적	0 m² 계약대상면적(자동계산)		

금액	**3** *공급가액	314,812,000	원 삼억 일천사백팔십일만 이천원
	발코니등 옵션	0	원
	4 추가지불액	96,051,390	원 구천육백오만 일천삼백구십원
	5 *대상거래금액	410,863,390	원 사억 일천팔십육만 삼천삼백구십원 (※ 전매의 경우 부가가치세를 포함한 금액을 입력해주세요.)

출처 : 부동산거래관리시스템(https ://rtms.molit.go.kr/index.do)

❶ 전매, 준공 전, 입주권을 선택한다.

❷ 신축 아파트 주소를 기재한다.

❸ 신축 아파트의 조합원분양가를 기재한다.

❹ 프리미엄을 기재한다.

❺ 조합원분양가 + 프리미엄의 합이 자동으로 생성된다.

→ 기타 매수인, 매도인, 중개인 인적사항 등을 기재하면 된다.

→ 신고필증 2부가 출력된다.

(11) 1조합원 2입주권

1) 거래의 요건

1조합원 1입주권이 원칙인데, 다음과 같은 경우에는 2개의 입주권을 공급할 수 있다. 그러나 '공급할 수 있다'라는 선택의 요건이므로 사업성이 낮은 구역은 공급되지 않을 수도 있다.

[요건] ① 또는 ②

① 종전 가격(감정평가금액)이 신축 아파트 2채의 가격보다 큰 경우에 2주택을 공급할 수 있다. 종전 가격이 7억 원이고, 신축 아파트 2채의 집값이 5억 원(84㎡ = 3억 원, 59㎡ = 2억 원)인 경우에 2주택을 공급할 수 있다.

② 종전 주택의 주거전용면적이 신축 아파트 2채의 주거전용면적보다 큰 경우에 2주택을 공급할 수 있다. 종전 주택의 주거전용면적이 150㎡이고, 신축 아파트 2채의 주거전용면적의 합이 143㎡(84㎡ + 59㎡)인 경우에 2주택을 공급할 수 있다.

종전 가격이나 종전 주거전용면적의 크기에 따라서 1주택은 99m²형, 132m²형, 165m²형 등 원하는 타입을 선택할 수 있고, 나머지 1주택은 60㎡ 이하를 선택해야 한다.

2주택 중 1주택은 반드시 주거전용면적 60㎡ 이하로 공급해야 한다. 그리고 60㎡ 이하로 공급받은 1주택은 이전고시일 다음 날부터 3년이 지나기 전에는 매매할 수 없다. 위반 시 3년 이하의 징역 또는 3,000만 원 이하의 벌금에 처한다(법 제136조).

상가주택의 경우 1상가와 1주택을 받을 수 있다. 상가주택은 준공 이후에는 기간 제한 없이 따로 매매해도 된다.

법 제76조(관리처분계획의 수립기준)

7. 제6호에도 불구하고 다음 각 목의 경우에는 각 목의 방법에 따라 주택을 공급할 수 있다.

　다. 제74조 제1항 제5호에 따른 가격의 범위 또는 종전 주택의 주거전용면적 범위에서 2주택을 공급할 수 있고, 이 중 1주택은 주거전용면적을 60m² 이하로 한다. 다만, 60m² 이하로 공급받은 1주택은 제86조 제2항에 따른 이전고시일 다음 날부터 3년이 지나기 전에는 주택을 전매(매매·증여나 그 밖에 권리의 변동을 수반하는 모든 행위를 포함하되 상속의 경우는 제외한다)하거나 전매를 알선할 수 없다.

---

2) 1조합원 2입주권의 거래방법

1조합원 2입주권은 준공되기 전까지는 따로 분리해서 거래할 수 없다. 매수인은 기존 매도인이 신청한 2입주권을 그대로 승계하는 것이고 평형을 변경할 수 없다(상가+주택을 받는 경우에도 동일).

예제

종전 가격으로 받은 2입주권과 주거전용면적으로 받은 2입주권의 거래 시 매수금액은 얼마인가?

1. 종전 가격으로 받은 2입주권 거래

　종전 가격 : 7억 원

　비례율 : 100%

프리미엄 : 1억 원

조합원분양가 : 5억 원(84㎡ = 3억 원, 59㎡ = 2억 원)

2. 주거전용면적으로 받은 2입주권 거래

종전 가격 : 4억 원

주거전용면적 : 150㎡

비례율 : 100%

프리미엄 : 1억 원

조합원분양가 : 5억 원(84㎡ = 3억 원, 59㎡ = 2억 원)

➡ 풀이

1. 매매금액 : 8억 원(종전 가격 + 프리미엄)

추가분담금 : - 2억 원(조합원분양가 - 종전 가격) → 2억 원 수령

매수인의 실매수가 : 6억 원(84㎡ = 3억 6,000만 원, 59㎡ = 2억 4,000만 원)

초기 매매금액은 8억 원이지만 분담금 2억 원을 수령하게 되고, 매수인은 조합원분양가에 프리미엄을 더한 2입주권을 총 6억 원에 매수하게 된다.

2. 매매금액 : 5억 원(종전가격 + 프리미엄)

추가분담금 : 1억 원(조합원분양가 - 종전가격) → 1억 원 납부

매수인의 실매수가 : 6억 원(84㎡ = 3억 6,000만 원, 59㎡ = 2억 4,000만 원)

초기 매매금액은 5억 원이지만 1억 원의 분담금을 납부하게 되고, 매수인은 조합원분양가에 프리미엄을 더한 2입주권을 총 6억 원에 매수하게 된다.

출처 : 저자 작성

3) 1조합원 2입주권 거래 시 양도소득세

1주택이 2입주권의 대상이 되어서 2입주권을 분양신청해 소유하고 있는 상태다. 이런 경우 관리처분계획 인가 전에는 1주택으로 보지만, 관리처분계획 인가 후에는 2주택 소유가 된다는 점에 유의해야 한다.

1세대 1주택자(2입주권 분양신청)가 관리처분계획 인가 전 2년 이상 물건을 보유한 후 매매하면 비과세 혜택을 받을 수 있다. 그러나 관리처분계획 인가 이후에 매매하면 비과세 혜택을 받을 수 없다.

관리처분계획 인가가 나면 2입주권 대상자는 2주택자가 되므로 비과세 대상이 되지 않는다. 중개 시 양도소득세를 잘못 안내했다가 낭패를 보는 경우가 종종 있다. 또한 2 입주권 상내에서 소유권이전 고시 전에는 2입주권 상태로 팔아야 하고, 소유권이전 고 시가 나면 따로 팔 수 있는데, 60㎡ 이하의 주택은 3년이 지난 후에 팔 수 있다.

(12) 계약 미이행 시 대처방법

중개하다 보면 순조롭게 계약이행이 되는 경우도 있지만, 간혹 여러 가지 이유로 계약이행이 제대로 되지 않아서 애를 먹는 경우가 있다. 대화로 문제를 해결하는 것이 가장 좋은 방법이지만, 그렇지 않은 경우에는 법의 도움을 받아야 한다. 법으로 문제를 해결하고자 할 때 어떤 흐름으로 진행되는지 알아보자.

> ### 사례 1

계약이 이루어져서 계약금의 일부를 먼저 매도인에게 보내고 2주 후에 계약서를 작성하기로 했는데, 매도인에게서 매매가가 잘못되어서 거래할 수가 없다는 통보를 받았다.

중개사무소를 방문한 매도인이 감정가 1억 2,000만 원, 프리미엄 8,000만 원에 거래하겠다고 해서 미리 매수 의향을 밝힌 매수인에게 전화를 하니 사겠다고 한다. 그래서 계약금의 일부인 500만 원을 매도인의 통장에 보내고 계약서는 사정상 2주 후에 작성하기로 했다.

그런데 매도인이 본인은 프리미엄을 9,000만 원이라고 이야기했다면서 이 계약을 이행할 수 없다고 한다. 계약서를 쓴 상태는 아니었지만 매도인의 주장(실제 그 당시 프리미엄은 8,000만 원 선)에 어이가 없고 괘씸해서 소송까지 가게 되었다. 우리 측은 계약서를 작성하지는 않았지만 구두로 계약이 완성되었으므로 이 계약을 해제하려면 전체 매각금액의 10%인 2,000만 원을 해약금으로 배상하라고 주장했다. 이에 매도인은 프리미엄이 9,000만 원이었고, 설령 그 계약이 성립해서 해제할 경우에도 미리 받은 500만 원은 가계약금이라고 주장했다.

서로 내용증명을 주고받았고 소장을 접수했다. 그리고 법원에서 조정기일이 잡혔다. 조정실에는 중개인이 들어갈 수 없는 관계로 매도인과 매수인이 출석해서 서로의 입장을 이야기했다. 결과적으로 우리 측 주장이 받아들여져 일부 해약금을 받고 종결되었다. 그러면 어떻게 우리의 주장이 받아들여졌을까? 조정실에서 계약금을 보낼 당시에 녹취한 내용을 들은 조정관이 매수인의 손을 들어줬다(이해당사자 간의 녹취는 위법이 아님).

사례 2

계약하고 잔금까지 2달가량이 걸리는데, 그사이에 프리미엄이 급격히 올랐다. 매도인은 프리미엄을 더 올려주든지, 아니면 공인중개사의 계약서 및 확인설명서가 미비한 점을 지적하며 손해배상을 청구하고, 구청에 신고하겠다고 한다.

- 거래 시 가계약금 대신 가능한 한 계약금(통상 계약금은 전체 금액의 10%선) 일부를 내게 해 계약이 깨지지 않도록 하는 것이 좋다. 만약 가계약 상태에서 계약이 깨지면 중개보수청구권도 사라진다.
- 재개발·재건축구역은 단기간에 프리미엄이 급격히 오르내리는 경우가 있다. 이럴 때 계약당사자는 이런저런 하자를 찾아서 이를 근거로 계약을 해지하려 한다. 따라서 계약서와 확인설명서의 기재사항에 잘못되거나 누락된 내용은 없는지 체크해야 한다.
- 소송에서는 증거가 중요하므로 항상 만일을 대비해서 증거를 확보하는 것이 필요하다.

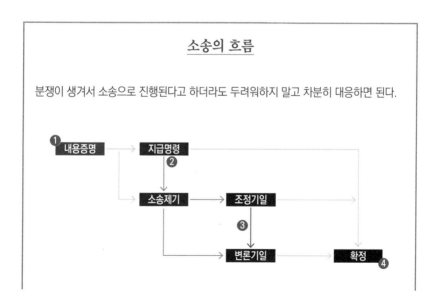

소송의 흐름

분쟁이 생겨서 소송으로 진행된다고 하더라도 두려워하지 말고 차분히 대응하면 된다.

❶ 분쟁이 생기면 초기에 내용증명을 보낸다.

내용증명은 어떤 법적인 효력이 있는 것은 아니고, 이후에 소송이 진행되면 증거자료로 활용된다. 총 3부를 작성해서 우체국에서 보내면 된다. 1부는 우체국에서 보관하고 나머지는 소송당사자에게 전달된다.

❷ 지급명령으로 할지, 소송제기로 할지를 정한다.

내용증명을 보내면 합의 의사를 보이는 경우가 있고, 끝까지 가보자는 식으로 나오는 경우도 있다. 전자의 경우 합의를 하든지, 합의가 없어도 상대편에서 본인의 잘못을 인정할 때는 지급명령을 신청하면 된다. 지급명령은 상대방에서 이의신청을 하지 않으면 원고의 주장대로 결정된다. 후자의 경우에는 소송제기를 한다.

상대방이 이의신청을 하지 않을 것 같아서 지급명령을 신청했는데, 이의신청이 들어온다면 다시 소송제기로 가야 하기 때문에 잘 판단해서 결성해야 한다.

❸ 소송을 제기하면 조정기일과 변론기일이 정해진다.

조정기일에는 양 당사자의 합의를 유도한다. 합의가 되면 끝나지만 합의가 이루어지지 않으면 다시 변론기일이 정해진다. 변론기일에는 재판관의 판결을 받는 것이다.

❹ 확정까지는 일정 시간이 소요된다.

조정기일이나 변론기일까지 가서 확정되는 경우 6개월 정도의 시간이 소요된다.

크지 않은 민사사건의 경우 지급명령이나 소장을 작성할 때 법무사에게 의뢰하거나 본인이 직접 작성한다. 소송비는 대한법률구조공단 사이트에서 대략적으로 확인할 수 있다.

 모든 문제가 대화로 해결되면 가장 좋지만 어쩔 수 없이 소송으로 가게 되더라도 소송절차나 흐름을 인지하고 차분히 대응하면 큰 어려움은 없다(부록 수록 : 내용증명, 소송양식).

투자와
관리

1. 진행단계별 투자 시 주의점

(1) 조합설립 이전 단계

정비구역이 지정된 것만으로 사업이 순조롭게 진행되는 것은 아니다. 이 단계에서는 추진위원회의 역량이 중요하다. 주민들과 원활한 관계 형성을 기반으로 주민들을 사업에 적극적으로 동참시켜서 참여율을 높여야 한다.

① 최소한 조합설립이 이미 되었거나, 혹은 될 수 있는 구역에 투자하는 것이 바람직하다. 조합설립이 되지 않고 사업이 무산되는 경우가 있다.

② 사업진행이 늦어질 수 있으므로 전세를 안고 살 수 있는 주택(공동주택 포함)에 투자하는 것이 안전하다. 도로나 토지 지분 등의 투자는 사업이 무산될 경우 처분하기가 어렵다.

③ 상가가 다수 포함된 구역인 경우에는 사업에 반대하는 상황이 자주 발생하므로 주의한다.

④ 추진위원회 사무실에 들러서 위원장과 위원들의 추진 의지나 도덕성을 파악해봐야 한다.

⑤ 반드시 현장을 방문해서 입지와 투자 물건의 상태를 살펴본다.

(2) 사업시행 단계

조합설립 후 사업시행계획 인가까지는 교통심의, 건축심의, 도서 작성 등 최소 1년에서 1년 6개월의 시간이 필요하다.

① 감정평가 이전이므로 평당 얼마로 거래가 된다. 이때 감정평가액을 추산할 수 있어야 한다. 이를 통해 프리미엄을 어느 정도 주고 사는지 알 수가 있다. 주위에 정비구역이 있다면 그 구역에 나온 감정평가액을 참고하면 좋다.

② 사업시행계획 인가 시에 구역 내 부동산 시세가 가장 큰 폭으로 오르므로 이전에 단기매매로 투자한 투자자는 이 시점에 매도를 고려해봐야 한다. 그러나 매수를 생각하고 있다면 감정평가금액이 나올 때까지 기다리는 것이 좋다.

③ 비대위원회가 강성이라면 투자에 좀 더 신중해야 한다(사업이 지체될 가능성이 많다).

(3) 조합원분양신청 단계

재개발사업의 경우에 조합원분양신청기간에 분양신청을 하지 않으면 현금청산자가 됨을 유의해야 하고, 사업 참여를 결정했다면 반드시 분양신청해야 한다.

① 조합원분양신청 전에 감정평가금액을 통보하는 구역도 있고 그렇지 않은 구역도 있다. 어느 경우든 분양신청을 해야 한다(법 개정으로 2018년 2월부터는 분양신청 전에 감정가를 통보해야 됨).

② 분양신청 시에는 분양신청 안내책자를 잘 살펴보고 본인이 신청하려는 분양아파트의 방향이나 평수 등을 확인해야 한다.

③ 감정평가가 발표된 이후의 거래는 감정가 + 프리미엄의 형태로 바뀐다. 감정평가가 나온 직후에 저렴한 물건이 나오는 경우가 많

으니 매수자는 이때를 노려야 된다.

④ 매수 시에는 비례율, 추정분담금, 조합원혜택, 중도금 이자지급방법 등을 꼼꼼히 살펴야 한다.

⑤ 분양신청된 물건을 매입한다면 분양신청된 평형을 양수하는 것이고 평형을 바꿀 수가 없다.

(4) 관리처분 단계

관리처분계획 인가 신청 전에 시공사와의 본 계약 협상을 하게 되고, 분양설계 등을 수립해서 관리처분계획 인가를 받게 된다.

① 이 단계에서는 이주비를 승계해야 되는 경우가 있으므로 금융기관에 이주비 승계 여부를 확인해보는 것이 좋다. 대출규제 정책으로 대출조건이 까다로워서 기존 이주비보다 적게 승계가 되거나 아예 승계가 안 되는 경우가 있다.

② 매수하려는 주택이 철거가 된 상태라면 취득세는 4.6%를 납부해야 되므로 이에 대한 확인도 미리 해두어야 한다. 현재는 철거가 아니어서 1.1% 취득세로 알고 있었는데 잔금 전에 철거가 되어버리면 비용이 늘어나므로 매도인에게 미리 고지해야 한다.

③ 이제 곧 철거가 되기 때문에 매수하려는 주택 안의 가재도구들은 놔두어도 된다고 하는 곳도 있는데, 매수 시에는 깨끗이 비워달라고 해야 한다. 나중에 철거업체가 공가확인을 하는데 가재도구가 있다면 직접 치우거나 정리하는 비용을 납부하라고 한다.

(5) 일반분양 단계

재개발구역의 철거가 끝나고 나면 조합원 동·호수 추첨 후 일반분양을 하는데, 일반분양 이후에는 조합원입주권 거래가 쉽지 않다. 조합원입주권은 프리미엄이 붙어서 많은 투자금이 필요하기 때문이다.

① 입주 전에 처분하려고 생각했다면 일반분양 전에 처분하는 것이

좋다.

② 인지세 부담을 누가 할 것인지도 정해야 한다.

③ 정비구역의 소유권이전 시 등기필정보(등기필증)가 나온다. 이 등기필정보가 나오면 조합에 가서 명의이전을 하고, 이주비가 지급되었다면 이주비 대출은행에서 대출 승계를 해야 하며, 중도금이 납부되었다면 중도금 대출도 승계해야 할 뿐만 아니라 분양계약까지 했다면 분양사무소에 가서 분양계약 이전까지 해야 마무리된다.

2. 공·경매로 낙찰 시 주의점

(1) 감정평가 전

① 조합원 자격 여부(재건축은 건물과 그 부속 토지를 함께 소유해야 하고, 재개발은 주택 또는 토지를 소유하면 된다. 또한, 동일세대가 구역 내의 다른 부동산이 없는지 확인해야 한다)

② 분양자격 여부(각 시·도별 분양자격 요건 확인 : 면적, 분양자격 무허가건축물, 권리산정 기준일 등)

③ 입찰예정금액을 감정가 + P로 전환해 적정한 P인지 확인한다.

④ 사업이 정상적으로 진행되고 있는지 확인한다.

⑤ 조합설립 동의율 등을 확인해서 비대위의 강성 여부를 확인한다.

⑥ 낙찰 시 어느 진행단계에 매각할지를 미리 정하는 것이 좋다.

(2) 감정평가 이후

① 조합원 자격 및 분양자격 여부를 확인한다.

② 분양신청 여부를 확인한다.

③ 신청평형이 몇 평인지 확인한다(신청평형에 따라서 P가 달라진다).

④ 감정평가금액이 얼마인지 확인한다(경매 감정평가금액과 재개발 감정평가

금액은 다르다).

⑤ 실제 거래되고 있는 P와 입찰하는 P를 비교해서 적정한 입찰금액
  을 책정한다.

⑥ 추가분담금 부담이 가능한지 확인한다.

⑦ 낙찰 시 어느 진행단계에 매각할지를 미리 정하는 것이 좋다.

  ※ 현금청산자 물건은 분양자격이 안 되기 때문에 낙찰받으면 안
    된다. 그러나 감정평가금액(종전 자산)보다 낮게 낙찰받으면 조합
    에 부동산을 넘겨주고 감정평가금액만큼은 받을 수 있다.

3. 투자 후 관리방법

① 정비구역에 투자를 했다면 그 구역의 대의원으로 참여하는 것이 좋
  다. 임원이나 이사와 달리 대의원은 회의에 참석하는 횟수가 많지
  않아서 생업에 지장을 주지도 않고, 그 구역의 진행 상황을 다른 조
  합원들보다는 훨씬 빨리 알 수 있다. 조합에서도 대의원에 대한 태
  도와 정보 공유 등이 일반 조합원과 비교할 때 확연히 다르다.

② 정비사업은 시간이 오래 걸리는 사업이므로 투자금에 여유가 있
  어야 하며, 조바심을 버리고 진행상황을 파악하는 것이 좋다.

③ 한 구역에 전부 투자하는 것보다 여러 구역에 나누어서 투자하는
  것이 좋다. 기대했던 구역의 진행이 지체되는 경우도 있고, 진행이
  늦을 것이라고 예상했던 구역이 빨리 진행되는 경우도 있다.

④ 구역의 공인중개사와 친밀도를 유지해 매도 결정 시에는 남들보
  다 한 박자 빠른 매도시기를 잡는 것이 좋다.

⑤ 매도 시 양도소득세 등의 파악이 수익률에 큰 영향을 미치므로 미
  리 계산해본다.

부록

1. 정비계획의 입안대상지역

'도시 및 주거환경정비법' 시행령 [별표 1]

1. 주거환경개선사업을 위한 정비계획은 다음 각 목의 어느 하나에 해당하는 지역에 대하여 입안한다.
   가. 1985년 6월 30일 이전에 건축된 건축물로서 법률 제3533호 '특정 건축물 정리에 관한 특별조치법' 제2조에 따른 무허가건축물 또는 위법시공건축물과 노후·불량건축물이 밀집되어 있어 주거지로서의 기능을 다하지 못하거나 도시미관을 현저히 훼손하고 있는 지역
   나. '개발제한구역의 지정 및 관리에 관한 특별조치법'에 따른 개발제한구역으로서 그 구역지정 이전에 건축된 노후·불량건축물의 수가 해당 정비구역의 건축물 수의 50퍼센트 이상인 지역
   다. 재개발사업을 위한 정비구역의 토지면적의 50퍼센트 이상의 소유자와 토지 또는 건축물을 소유하고 있는 자의 50퍼센트 이상이 각각 재개발사업의 시행을 원하지 않는 지역
   라. 철거민이 50세대 이상 규모로 정착한 지역이거나 인구가 과도하게 밀집되어 있고 기반시설의 정비가 불량하여 주거환경이 열악하고 그 개선이 시급한 지역
   마. 정비기반시설이 현저히 부족하여 재해발생 시 피난 및 구조 활동이 곤란한 지역
   바. 건축대지로서 효용을 다할 수 없는 과소필지 등이 과다하게 분포된 지역으로서 건축행위 제한 등으로 주거환경이 열악하여 그 개선이 시급한 지역
   사. '국토의 계획 및 이용에 관한 법률' 제37조 제1항 제5호에 따른 방재지구로서 주거환경개선사업이 필요한 지역
   아. 단독주택 및 다세대주택 등이 밀집한 지역으로서 주거환경의 보전·정비·개량이 필요한 지역
   자. 법 제20조 및 제21조에 따라 해제된 정비구역 및 정비예정구역
   차. 기존 단독주택 재건축사업 또는 재개발사업을 위한 정비구역 및 정비예정구역의 토지등소유자의 50퍼센트 이상이 주거환경개선사업으로의 전환에 동의하는 지역
   카. '도시재정비 촉진을 위한 특별법' 제2조 제6호에 따른 존치지역 및 같은 법 제7조 제2항에 따라 재정비촉진지구가 해제된 지역
2. 재개발사업을 위한 정비계획은 노후·불량건축물의 수가 전체 건축물의 수의 3분의 2(시·도조례로 비율의 10퍼센트포인트 범위에서 증감할 수 있다) 이상인 지역으로서 다음 각 목의 어느 하나에 해당하는 지역에 대하여 입안한다. 이 경우 순환용주택을 건설하기 위하여 필요한 지역을 포함할 수 있다.
   가. 정비기반시설의 정비에 따라 토지가 대지로서의 효용을 다할 수 없게 되거나 과소토지로 되어 도시의 환경이 현저히 불량하게 될 우려가 있는 지역
   나. 노후·불량건축물의 연면적의 합계가 전체 건축물의 연면적의 합계의 3분의 2(시·도조례로 비율의 10퍼센트포인트 범위에서 증감할 수 있다) 이상이거나 건축물이 과도

하게 밀집되어 있어 그 구역 안의 토지의 합리적인 이용과 가치의 증진을 도모하기 곤란한 지역

다. 인구·산업 등이 과도하게 집중되어 있어 도시기능의 회복을 위하여 토지의 합리적인 이용이 요청되는 지역

라. 해당 지역의 최저고도지구의 토지(정비기반시설 용지를 제외한다)면적이 전체 토지 면적의 50퍼센트를 초과하고, 그 최저고도에 미달하는 건축물이 해당 지역 건축물의 바닥면적합계의 3분의 2 이상인 지역

마. 공장의 매연·소음 등으로 인접 지역에 보건위생상 위해를 초래할 우려가 있는 공업지역 또는 '산업집적활성화 및 공장설립에 관한 법률'에 따른 도시형공장이나 공해 발생 정도가 낮은 업종으로 전환하려는 공업지역

바. 역세권 등 양호한 기반시설을 갖추고 있어 대중교통 이용이 용이한 지역으로서 '주택법' 제20조에 따라 토지의 고도이용과 건축물의 복합개발을 통한 주택 건설·공급이 필요한 지역

사. 제1호 라목 또는 마목에 해당하는 지역

3. 재건축사업을 위한 정비계획은 제1호 및 제2호에 해당하지 않는 지역으로서 다음 각목의 어느 하나에 해당하는 지역에 대하여 입안한다.

가. 건축물의 일부가 멸실되어 붕괴나 그 밖의 안전사고의 우려가 있는 지역

나. 재해 등이 발생할 경우 위해의 우려가 있어 신속히 정비사업을 추진할 필요가 있는 지역

다. 노후·불량건축물로서 기존 세대수가 200세대 이상이거나 그 부지면적이 1만 제곱미터 이상인 지역

라. 셋 이상의 '건축법 시행령' 별표 1 제2호 가목에 따른 아파트 또는 같은 호 나목에 따른 연립주택이 밀집되어 있는 지역으로서 법 제12조에 따른 안전진단 실시 결과 전체 주택의 3분의 2 이상이 재건축이 필요하다는 판정을 받은 지역으로서 시·도조례로 정하는 면적 이상인 지역

4. 무허가건축물의 수, 노후·불량건축물의 수, 호수밀도, 토지의 형상 또는 주민의 소득 수준 등 정비계획의 입안 대상 지역 요건은 필요한 경우 제1호부터 제3호까지에서 규정한 범위에서 시·도조례로 이를 따로 정할 수 있으며, 부지의 정형화, 효율적인 기반시설의 확보 등을 위하여 필요하다고 인정되는 경우에는 지방도시계획위원회의 심의를 거쳐 제1호부터 제3호까지의 규정에 해당하는 정비구역의 입안 대상 지역 면적의 100분의 110 이하의 범위에서 시·도조례로 정하는 바에 따라 제1호부터 제3호까지의 규정에 해당하지 않는 지역을 포함하여 정비계획을 입안할 수 있다.

5. 건축물의 상당수가 붕괴나 그 밖의 안전사고의 우려가 있거나 상습 침수, 홍수, 산사태, 해일, 토사 또는 제방 붕괴 등으로 재해가 생길 우려가 있는 지역에 대하여는 정비계획을 입안할 수 있다.

2. 재개발정비사업조합 표준정관

부산광역시 재개발정비사업조합 표준정관

제1장 총칙

제1조(명칭)
① 본 조합의 명칭은 ○○재개발정비사업조합(이하 "조합"이라 한다)이라 한다.
② 본 조합이 시행하는 정비사업의 명칭은 ○○재개발사업(이하 "사업"이라 한다)이라 한다.

제2조(목적 및 효력)
① 조합은 '도시 및 주거환경정비법'(이하 "도정법"이라 한다) 등 관계 법령과 이 정관이 정하는 바에 따라 제3조의 사업시행구역(이하 "사업시행구역"이라 한다)에서 기존 건축물을 해체하고 그 토지 위에 법에서 정하는 새로운 건축물을 건설하여 도시 및 주거환경을 개선하고 조합원의 주거안정 및 주거생활의 질적 향상에 이바지함을 목적으로 한다.
② 본 정관은 조합 내부 규범으로서, 본 정관의 내용이 도정법 등 관계 법령, 지방자치단체의 조례, 국토교통부 고시, 훈령 등 상위 법령에 위배되는 경우에는 상위 법령이 우선하여 적용된다.
③ 본 정관의 제정 후 법령의 내용이 개정된 경우 본 정관의 개정 없이 개정된 법령에 따른다.

제3조(사업시행구역)
조합의 사업시행구역은 부산광역시 ○○(구·군) ○○(읍·면) ○○(동·리) ○○번지 외 ○○ 필지로서 토지의 총면적은 ○○㎡로 한다. 다만, 사업시행상 관계 법령 및 이 정관이 정하는 바에 따라 정비계획변경, 총회 또는 대의원회 결의를 얻어 사업시행구역 면적이 변경될 경우에는 본 조항의 개정 없이 사업시행구역 총면적이 변경된 것으로 본다.

제4조(사무소)
① 조합의 주된 사무소는 부산광역시 ○○(구·군) ○○(대로·로·길)○○에 둔다.
② 조합사무소를 이전하는 경우 이사회 의결을 거쳐 인근 지역으로 이전할 수 있으며, 이전일 7일 전에 조합원에게 서면 및 휴대폰 문자로 통지하여 조합원들이 조합 사무실의 이전을 명확히 알 수 있도록 하여야 한다.

제5조(시행방법)
① 조합은 도정법 등 관계 법령과 이 정관이 정하는 바에 따라 정비구역에서 도정법 제74조에 따라 인가받은 관리처분계획에 따라 건축물을 건설하여 공급하거나 도정법 제69조 제2항에 따라 환지로 공급하는 방법으로 한다.

② 조합은 사업시행을 위하여 필요한 경우 정비사업비 일부를 금융기관 등으로부터 대여받아 사업을 시행할 수 있다.

③ 조합은 도정법 제102조 제1항 각 호의 업무 추진을 위하여 정비사업전문관리업자를 선정 또는 변경할 수 있다.

④ 조합이 재개발사업을 단독으로 시행하거나 조합 총회에서 조합원의 과반수의 동의를 받아 도정법 제25조 제1항 제1호의 자와 공동으로 사업을 시행할 수 있다.

제6조(사업기간)

사업기간은 조합설립법인등기일로부터 해산 후 청산종결등기를 하는 날까지로 한다.

제7조(권리·의무에 관한 사항의 고지·공고방법)

① 조합은 조합원의 권리·의무에 관한 사항(변동사항을 포함한다)을 조합원에게 성실히 고지·공고하여야 한다.

② 제1항의 고지·공고방법은 이 정관에서 따로 정하는 경우를 제외하고는 다음 각 호의 방법에 따른다.

　1. 조합원에게 고지 시에는 등기우편 및 핸드폰 문자발송(조합에 신고한 핸드폰 번호에 한한다)을 병행하여 고지하여야 하며, 주소불명, 수취거절 등의 사유로 반송되는 경우에는 1회에 한하여 일반우편으로 추가 발송한다. 다만, 조합원이 조합사무실에서 수령확인서를 작성하고 직접 수령한 경우에는 제외한다.

　2. 조합사무실 게시판 및 부산광역시 정비사업 통합 홈페이지(이하 "게시판 등"이라고 한다)에 14일 이상 공고하고 게시판 등에 게시한 날부터 3개월 이상 조합사무소에 관련 서류와 도면 등을 비치하여 조합원이 열람할 수 있도록 한다.

　3. 제1호의 등기우편 및 핸드폰 문자발송(조합에 신고한 핸드폰 번호에 한 한다)이 되고, 제2호의 게시판 등에 게시가 된 날부터 조합원에게 고지·공고된 것으로 본다.

제8조(정관의 변경)

① 정관을 변경하고자 할 때는 조합장이 직권으로 소집하거나 조합원 5분의 1 이상(조합임원의 권리·의무·보수·선임방법 변경 및 해임에 관한 사항을 변경하기 위한 경우 10분의 1 이상) 또는 대의원 3분의 2 이상의 요구로 개최되는 총회에서 변경하여야 한다.

② 정관을 변경하고자 하는 경우에는 조합원 과반수의 찬성으로 구청장·군수의 인가를 받아야 한다. 다만, 도정법 제40조 제1항 제2호, 제3호, 제4호, 제8호, 제13호 또는 제16호의 경우에는 조합원 3분의 2 이상의 찬성으로 한다.

③ 제2항에도 불구하고 도정법시행령 제39조에 정하는 경미한 사항을 변경하고자 하는 때에는 대의원회 의결로 변경하며, 구청장·군수에게 신고하여야 한다. 다만, 대의원회가 구성되어 있지 않을 경우에는 총회 의결로 변경하며, 구청장·군수에게 신고하여야 한다.

④ 조합원 또는 대의원이 정관개정과 관련하여 조합 총회 또는 대의원회 소집을 요구할 경우는 소집요구 대표자, 개정대상 조문에 대한 개정 전후 비교표 및 개정사유를 기재한 총회 소집요구서 또는 대의원회 소집요구서를 서면으로 작성하여 소집요구 대표자가 조합장에게 소집을 요구하여야 하며, 정관개정안의 내용이 특정되도록 하여야 한다. 이때 총회 또는 대의원회 소집절차는 본 정관이 정하는 총회 또는 대의원회 소집

규정에 따른다.

⑤ 정관이 개정되어 구청장·군수의 인가를 받거나 경미한 변경으로 구청장·군수에게 신고를 한 경우에는 인가를 받은 날 또는 신고를 한 날로부터 15일 이내에 개정사항 및 개정된 정관 전문을 게시판 등에 게재하여야 한다.

제2장 조합원

제9조(조합원의 자격 등)

① 조합원은 정비구역에 위치한 토지 또는 건축물의 소유자 또는 그 지상권자(토지 및 건축물 소유자포함)(이하 "토지등소유자"라고 한다)로 한다.

② 제1항의 규정에 의한 소유권, 지상권 등의 권리는 '민법'에서 규정한 권리를 말한다. 다만, 무허가건축물의 경우에는 도정법에 의하여 제정된 '부산광역시 도시 및 주거환경정비 조례'(이하 "도정조례"라고 한다) 제2조에서 정하는 기존 무허가건축물로서 자기 소유임을 입증하는 경우에 한하여 그 무허가건축물 소유자를 조합원으로 인정한다.

③ 동일인이 정비구역에 위치한 토지 또는 건축물에 대한 소유권과 지상권을 합하여 2개 이상 소유한 경우에는 그 수에 관계없이 1인의 조합원으로 본다.

④ 다음 각 호의 어느 하나에 해당하는 때에는 그 여러 명을 대표하는 1명을 조합원으로 본다. 이 경우 그 수인은 대표자 1인을 대표조합원으로 지정하고 별지의 대표조합원 선임동의서를 작성하여 조합에 신고하여야 하며, 조합원으로서의 법률행위는 그 대표조합원이 행한다.

1. 토지 또는 건축물의 소유권과 지상권이 여러 명의 공유에 속하는 때

2. 여러 명의 토지등소유자가 1세대에 속하는 때. 이 경우 동일한 세대별 주민등록표 상에 등재되어 있지 아니한 배우자 및 미혼인 19세 미만의 직계비속은 1세대로 보며, 1세대로 구성된 여러 명의 토지등소유자가 조합설립 인가 후 세대를 분리하여 동일한 세대에 속하지 아니하는 때에도 이혼 및 19세 이상 자녀의 분가(세대별 주민등록을 달리하고, 실거주지를 분가한 경우로 한정한다)를 제외하고는 1세대로 본다.

3. 조합설립 인가(조합설립 인가 전에 도정법 제27조 제1항 제3호에 따라 신탁업자를 사업시행자로 지정한 경우에는 사업시행자의 지정을 말한다) 후 1명의 토지등소유자로부터 토지 또는 건축물의 소유권이나 지상권을 양수하여 여러 명이 소유하게 된 때

⑤ 양도·상속·증여 및 판결 등으로 조합원의 권리가 이전된 때에는 조합원의 권리를 취득한 자로 조합원이 변경된 것으로 보며, 권리를 양수한 자는 조합원의 권리와 의무 및 종전의 권리자가 행하였거나 조합이 종전의 권리자에게 행한 처분, 청산 시 권리·의무에 관한 범위 등을 포괄승계한다.

⑥ 당해 정비사업의 건축물 또는 토지를 양수한 자라 하더라도 도정법 제39조 제2항 본문에 해당하는 경우 조합원이 될 수 없고, 이 경우 도정법 제39조 제3항이 정하는 바에 따른다.

제10조(조합원의 권리 의무)

① 조합원은 다음 각 호의 권리와 의무를 갖는다.

1. 토지 또는 건축물의 분양신청권
2. 총회 출석권·발언권 및 의결권
3. 임원·대의원의 선출권 및 피선출권
4. 손실보상 청구권
5. 정비사업비, 청산금, 부과금과 이에 대한 연체료 및 지연손실금(이주지연, 계약지연, 조합원분쟁으로 인한 지연 등을 포함함) 등의 비용납부의무
6. 사업시행계획에 의한 철거 및 이주 의무
7. 그 밖에 관계 법령 및 이 정관, 총회 등의 의결사항 준수의무
② 조합원은 서면으로 의결권을 행사하거나 다음 각 호의 어느 하나에 해당하는 경우에는 대리인을 통하여 의결권을 행사할 수 있다. 서면으로 의결권을 행사하는 경우에는 정족수를 산정할 때에 출석한 것으로 본다.
1. 조합원이 권한을 행사할 수 없어 배우자, 직계존비속 또는 형제자매 중에서 성년자를 대리인으로 정하여 위임장을 제출하는 경우
2. 해외에 거주하는 조합원이 대리인을 지정하는 경우
3. 법인인 토지등소유자가 대리인을 지정하는 경우. 이 경우 법인의 대리인은 조합임원 또는 대의원으로 선임될 수 있다.
③ 조합원은 제2항의 규정에 의하여 대리인을 통하여 의결권을 행사할 경우 위임장 및 대리인 관계를 증명하는 서류를 조합에 제출하여야 한다.
④ 조합원이 그 권리를 양도하거나 주소 또는 연락처 등이 변경된 경우에는 14일 이내에 증빙서류를 첨부하여 조합에 신고하여야 한다. 이 경우 신고하지 아니하여 발생되는 불이익 등에 대하여 해당 조합원은 조합에 이의를 제기할 수 없다.
⑤ 조합원은 조합이 사업시행에 필요한 서류를 요구하는 경우 이를 제출할 의무가 있으며 조합의 승낙이 없는 한 이를 회수할 수 없다. 이 경우 조합은 요구서류에 대한 용도와 수량을 명확히 하여야 하며, 조합의 승낙이 없는 한 회수할 수 없다는 것을 미리 고지하여야 한다.

제11조(조합원 자격의 상실)
① 조합원이 다음 각 호에 해당되는 경우 조합원의 자격을 상실한다.
1. 토지 또는 건축물의 소유권 또는 그 지상권이나 입주자로 선정된 지위 등을 양도한 자
2. 분양신청을 하지 아니한 자
3. 분양신청기간 종료 이전에 분양신청을 철회한 자
4. 도정법 제72조 제6항 본문에 따라 분양신청을 할 수 없는 자
5. 도정법 제74조에 따라 인가된 관리처분계획에 따라 분양대상에서 제외된 자
6. 분양신청한 조합원으로서 제45조 제2항의 계약체결기한 내 정당한 사유 없이 분양계약을 체결하지 아니한 자
② 조합은 조합원의 자격을 상실한 조합원(제9조 제6항에 해당하는 경우를 포함한다)에 대하여 도정법 제35조 제5항에 따라 변경된 조합원 명부를 작성하여 구청장·군수에게 신고하여야 한다.

제3장 시공자, 설계자 및 정비사업전문관리업자의 선정

제12조(시공자 등 협력업체 선정 및 계약)
① 조합은 정비사업 진행을 위하여 필요한 시공자, 정비사업전문관리업자, 설계자, 변호사, 법무사, 세무사 등 각종 협력업체를 선정하여 계약할 수 있다.
② 협력업체 선정 절차 및 계약체결은 관계 법령, 국토교통부 고시 "정비사업 계약업무 처리기준" 및 정관이 정하는 바에 따른다.
③ 도정법 제45조 제1항 제4호부터 제6호까지의 시공자 등 협력업체 선정 및 변경은 총회 의결로 선정하여야 하고, 이를 제외한 나머지 협력업체의 선정 및 계약은 대의원회에서 선정 및 계약체결을 할 수 있다. 단, 도정법 등 관계 법령에 따라 시장·군수 등이 선정 또는 계약한 경우는 제외한다.
④ 조합은 시공자 등 협력업체를 선정하는 경우 계약방법 등은 도정법 제29조 및 '도시 및 주거환경정비법 시행령'(이하 "도정법시행령"이라고 한다) 제24조에 따라야 한다.
⑤ 제4항에 따라 경쟁입찰을 하는 경우 일반경쟁입찰은 2인 이상의 유효한 입찰참가 신청이 있어야 하고, 지명경쟁입찰은 4인 이상 입찰대상 지정자 중 3인 이상의 입찰참가 신청이 있어야 한다.
⑥ 도정법 제29조 제4항에 따라 조합원이 100인 이하인 정비사업은 제4항에도 불구하고 대의원회의를 거쳐 부산지역에 본사를 둔 지역건설업자 및 등록사업자를 조합총회 의결 후 수의계약의 방법으로 시공자로 선정할 수 있다.
⑦ 조합은 제2항의 규정에 의하여 시공자 등의 협력업체와 체결한 계약서를 조합해산일까지 조합사무소에 비치하고 게시판 등에 공개하여야 하며 조합원의 열람 또는 복사 요구에 응하여야 한다. 이 경우 복사에 드는 비용은 조합원이 부담한다.

제4장 조합의 임원 등

제13조(임원)
① 조합에는 다음 각 호의 임원을 둔다.
　　1. 조합장 1인
　　2. 이사 ○인(3명 이상, 단 토지등소유자의 수가 100인을 초과하는 경우에는 5명 이상)
　　3. 감사 ○인(1명 이상 3명 이하)
② 조합임원은 총회에서 조합원 과반수 출석과 출석조합원 과반수의 동의를 얻어 다음 각 호의 1에 해당하는 조합원 중에서 선임한다. 이 경우 조합장은 선임일부터 도정법 제74조 제1항에 따른 관리처분계획 인가를 받을 때까지 해당 정비구역에서 거주(영업을 하는 자의 경우 영업을 말한다)하여야 한다.
　　1. 정비구역에서 거주하고 있는 자로서 선임일 직전 3년 동안 정비구역 내 거주 기간이 1년 이상일 것
　　2. 정비구역에 위치한 건축물 또는 토지를 5년 이상 소유하고 있을 것
③ 임원의 임기 중 궐위된 경우(조합장은 제외한다)에는 제2항 각 호의 1에 해당하는 조합원 중에서 대의원회가 이를 보궐 선임한다.

④ 임원의 임기는 선임된 날부터 ○년(3년 이하)까지로 하되, 총회의 의결을 거쳐 연임할 수 있다.

⑤ 제3항의 규정에 따라 보궐 선임된 임원의 임기는 전임자의 잔임기간으로 한다.

⑥ 임기가 만료된 임원은 그 후임자가 선임될 때까지 그 직무를 수행한다.

제14조(임원의 직무 등)

① 조합장은 조합을 대표하고, 조합의 사무를 총괄하며, 총회와 대의원회 및 이사회의 의장이 된다.

② 제1항에 따라 조합장이 대의원회의 의장이 되는 경우에는 대의원으로 본다.

③ 이사는 조합장을 보좌하고, 이사회에 부의된 사항을 심의·의결하며 이 정관이 정하는 바에 의하여 조합의 사무를 분장한다.

④ 조합장 또는 이사가 자기를 위하여 조합과 계약이나 소송을 할 때에는 감사가 조합을 대표한다.

⑤ 감사는 조합의 사무 및 재산상태와 회계에 관하여 감사하고 정기총회에 감사결과보고서를 제출하여야 하며, 조합원 5분의 1 이상의 요청이 있을 때에는 공인회계사에게 회계감사를 의뢰하여 공인회계사가 작성한 감사보고서를 총회 또는 대의원회에 제출하여야 한다.

⑥ 감사는 조합의 재산관리 또는 조합의 업무집행이 공정하지 못하거나 부정이 있음을 발견하였을 때에는 대의원회 또는 총회에 보고하여야 하며, 조합장은 보고를 위한 대의원회 또는 총회를 소집하여야 한다. 이 경우 감사의 요구에도 조합장이 소집하지 아니하는 경우에는 감사가 직접 대의원회를 소집할 수 있으며 대의원회 의결에 의하여 총회를 소집할 수 있다. 회의소집 절차와 의결방법 등은 제18조, 제20조, 제23조 및 제25조의 규정을 준용한다.

⑦ 감사는 직무위배행위 및 비리행위로 인하여 감사가 필요한 경우 외부전문가 7인 이내로 구성된 감사위원회를 구성하여 1개월 이내의 기간 동안 해당사항에 대한 감사를 할 수 있다.

⑧ 조합장이 유고 등으로 인하여 그 직무를 수행할 수 없을 때는 상근이사 중에서 연장자순에 의하여 그 직무를 대행한다. 다만, 상근이사가 없을 경우에는 이사 중에서 연장자순에 의하여 그 직무를 대행한다.

⑨ 조합은 그 사무를 집행하기 위하여 조합임원의 보수, 조합직원의 채용 및 임원 중 상근임원의 지정에 관한 사항과 직원 및 상근임원의 보수에 관한 사항 등이 포함된 조합 행정업무규정 및 조합예산·회계규정 등(이하 "조합규정 등"이라고 한다)을 정할 수 있다. 이 경우 조합규정 등의 제정은 총회의 의결을 받아야 하고, 개정은 대의원회의 의결을 받아야 한다.

⑩ 조합 임원은 정비사업을 시행하는 다른 조합·추진위원회 또는 당해 사업과 관련한 시공자·설계자·정비사업전문관리업자 등 관련 단체의 임원·위원 또는 직원을 겸할 수 없다.

제15조(임원의 결격사유 및 자격상실 등)

① 다음 각 호의 자는 조합의 임원이 될 수 없다.

1. 미성년자·피성년후견인 또는 피한정후견인
2. 파산선고를 받고 복권되지 아니한 자
3. 금고 이상의 실형을 선고받고 그 집행이 종료(종료된 것으로 보는 경우를 포함한다)되 거나 집행이 면제된 날부터 2년이 경과되지 아니한 자
4. 금고 이상의 형의 집행유예를 받고 그 유예기간 중에 있는 자
5. 도정법을 위반하여 벌금 100만 원 이상의 형을 선고받고 10년이 지나지 아니한 자
② 조합임원이 제13조 제2항에 따른 자격요건을 갖추지 못한 경우 또는 위 제1항 각 호 의 어느 하나에 해당하게 되거나 선임 당시 그에 해당하는 자이었음이 판명된 때에는 당연퇴임한다. 이 경우 당연퇴임하는 임원에 대하여는 해임절차 없이 선고받은 날부 터 그 자격을 상실한다.
③ 제2항에 따라 퇴임된 임원이 퇴임 전에 관여한 행위는 그 효력을 잃지 아니한다.
④ 임원으로 선임된 후 그 직무와 관련한 형사사건으로 기소된 경우에는 기소내용이 통 지된 날부터 14일 이내에 조합원에게 그 내용을 고지하여야 하며, 그 내용에 따라 확 정판결이 있을 때까지 직무를 수행하는 것이 적합하지 아니하다고 인정될 때에는 대 의원회의 의결에 따라 그의 직무수행을 정지하고 조합장이 임원의 직무를 수행할 자 를 임시로 선임할 수 있다. 다만, 조합장의 경우에는 제14조 제8항을 준용하여 조합 장 직무대행자를 정한다.

제16조(임원의 해임 등)
① 조합임원은 도정법 제44조 제2항에도 불구하고 조합원 10분의 1 이상의 요구로 소 집된 총회에서 조합원 과반수의 출석과 출석 조합원 과반수의 동의를 받아 해임할 수 있다. 이 경우 요구자 대표로 선출된 자가 해임 총회의 소집 및 진행을 할 때는 조합장 의 권한을 대행한다.
② 임원이 자의로 사임하거나 제1항의 규정에 의하여 해임되는 경우, 제15조 제2항에 따라 당연퇴임하는 경우에는 지체 없이 새로운 임원을 보궐선임하여야 한다. 이 경우 새로 선임된 임원의 자격은 구청장·군수의 조합설립 변경 인가 및 법인의 임원변경등 기를 하여야 대외적으로 효력이 발생한다.
③ 제1항에 의한 해임의 경우에 사전에 해당 임원에 대하여 청문 등 소명기회를 부여하 여야 하며, 청문 등 소명 기회를 부여하였음에도 이에 응하지 아니한 경우에는 소명기 회를 부여한 것으로 본다.
④ 임원 및 대의원의 사임은 사임서를 조합사무실에 제출함으로써 효력이 발생한다.
⑤ 조합임원이 해임 의결된 경우 조합장이 임원의 직무를 수행할 자를 임시로 선임할 수 있 으며, 사임한 경우에는 새로운 임원이 선임, 취임할 때까지 직무를 수행하는 것이 적합 하지 아니하다고 인정될 때에는 대의원회의 의결에 따라 그의 직무수행을 정지하고 조 합장이 임원의 직무를 수행할 자를 임시로 선임할 수 있다. 다만, 조합장이 사임하거나 퇴임·해임되는 경우에는 제14조 제8항을 준용하여 조합장 직무대행자를 정한다.

제17조(임직원의 보수 등)
① 조합은 상근임원 외의 임원에 대하여는 보수를 지급하지 아니한다. 다만, 임원의 직무 수행으로 발생되는 경비 및 회의참석비, 업무수당 등은 조합행정업무규정이 정하는

바에 따라 지급할 수 있다.

② 조합은 상근하는 임원 및 유급직원에 대하여 조합행정업무규정이 정하는 바에 따라 보수를 지급하여야 한다.

③ 유급직원은 조합행정업무규정이 정하는 바에 따라 조합장이 임명하고 우선 근무하도록 할 수 있다. 이 경우 임명결과에 대하여 2개월 이내에 대의원회의 인준을 받아야 하며, 인준을 받지 못하면 즉시 해임된다.

제5장 조합의 총회 등

제18조(총회의 설치 및 소집)

① 조합에는 조합원으로 구성되는 총회를 둔다.

② 총회는 정기총회·임시총회로 구분하며 조합장이 소집한다.

③ 정기총회는 매년 1회, 3월 15일 이전에 개최하여야 한다. 다만, 부득이한 사정이 있는 경우에는 4월 말일까지 연기 사유와 기간을 명시하여 개최할 수 있다.

④ 임시총회는 조합장이 필요하다고 인정하는 경우에 개최한다. 다만, 다음 각 호의 1에 해당하는 때에는 조합장은 해당일로부터 2개월 이내에 총회를 개최하여야 한다.

   1. 조합원 5분의 1 이상(정관의 기재사항 중 도정법 제40조 제1항 제6호에 따른 조합임원의 권리·의무·보수·선임방법·변경 및 해임에 관한 사항을 변경하기 위한 총회의 경우는 10분의 1 이상으로 한다)이 총회의 목적사항을 제시하여 요구하는 때

   2. 대의원 3분의 2 이상이 총회의 목적사항을 제시하여 요구하는 때

⑤ 제4항의 각 호의 규정에 의한 요구가 있는 경우로서 조합장이 2개월 이내에 정당한 이유 없이 총회를 소집하지 아니하는 때에는 감사가 1개월 이내에 소집하여야 하며, 감사가 소집하지 아니하는 때에는 제4항 각 호의 규정에 의하여 소집을 요구한 자의 대표자가 이를 소집한다.

⑥ 제2항 내지 제5항의 규정에 의하여 총회를 개최하거나 일시를 변경할 경우에는 총회의 목적·안건·일시·장소·변경사유 등에 관하여 미리 이사회 의결을 거쳐야 한다. 다만, 제5항의 규정에 따라 임시총회를 소집하는 경우에는 이사회 의결을 거치지 아니한다.

⑦ 제2항 내지 제5항 및 제16조 제1항의 규정에 의하여 총회를 소집하는 경우에는 회의개최 14일 전까지 회의목적·안건·일시 및 장소 등을 게시판 등에 게시하여야 하며 각 조합원에게는 회의개최 7일 전까지 등기우편(또는 우체국택배)으로 총회자료를 발송하여야 하며, 반송된 경우에는 1회에 한하여 일반우편으로 즉시 발송한다.

⑧ 총회는 제7항에 의하여 통지한 안건에 대하여만 의결할 수 있다.

⑨ 조합임원의 사임, 해임 또는 임기만료 후 6개월 이상 조합임원이 선임되지 아니한 경우에는 구청장·군수가 조합임원 선출을 위한 총회를 소집할 수 있고, 총회 의결을 거쳐 '선거관리위원회법' 제3조에 따라 선거관리위원회에 위탁할 수 있다.

제19조(총회의 의결사항)

① 다음 각 호의 사항은 총회의 의결을 거쳐야 한다.

   1. 정관의 변경(도정법 제40조 제4항에 따른 경미한 사항의 변경은 도정법 또는 정관에서 총

회의결사항으로 정한 경우로 한정한다)
2. 자금의 차입과 그 방법·이자율 및 상환방법
3. 정비사업비의 세부항목별 사용계획이 포함된 예산안 및 예산의 사용내역
4. 예산으로 정한 사항 외에 조합원에게 부담이 되는 계약
5. 시공자·설계자 또는 감정평가업자(도정법 제74조 제2항에 따라 구청장·군수 등이 선정·계약하는 감정평가업자는 제외한다)의 선정 및 변경. 다만, 감정평가업자 선정 및 변경은 총회의 의결을 거쳐 구청장·군수에게 위탁할 수 있다.
6. 정비사업전문관리업자의 선정 및 변경
7. 조합임원의 선임(연임을 포함한다) 및 해임(조합장을 제외한 임기 중 궐위된 자를 보궐선임하는 경우는 제외한다)
8. 정비사업비의 조합원별 분담내역
9. 도정법 제52조에 따른 사업시행계획서의 작성 및 변경(도정법 제50조 제1항 본문에 따른 정비사업의 중지 또는 폐지에 관한 사항을 포함하며, 같은 항 단서에 따른 경미한 변경은 제외한다)
10. 도정법 제74조에 따른 관리처분계획의 수립 및 변경(도정법 제74조 제1항 각 호 외의 부분 단서에 따른 경미한 변경은 제외한다)
11. 도정법 제89조에 따른 청산금의 징수·지급(분할징수·분할지급을 포함한다)과 조합해산 시의 회계 보고
12. 도정법 제93조에 따른 비용의 금액 및 징수방법
13. 조합의 합병 또는 해산에 관한 사항
14. 대의원의 선임 및 해임에 관한 사항
15. 건설되는 건축물의 설계 개요의 변경
16. 정비사업비의 변경
17. 분양신청을 하지 아니한 자와 분양신청기간 종료이전에 분양신청을 철회한 자에 대한 분양신청을 다시 하는 경우
18. 조합규정 등의 제정
② 제1항 각 호의 사항 중 도정법 또는 정관에 따라 조합원의 동의가 필요한 사항은 총회에 상정하여야 한다.

제20조(총회의 의결방법)
① 총회의 의결은 도정법 또는 정관에 다른 규정이 없으면 조합원 과반수의 출석과 출석 조합원의 과반수 찬성으로 한다.
② 제19조 제1항 제9호 및 제10호의 경우에는 조합원 과반수의 찬성으로 의결한다. 다만, 정비사업비가 100분의 10(생산자물가상승률분, 도정법 제73조에 따른 손실보상금액은 제외한다) 이상 늘어나는 경우에는 조합원 3분의 2 이상의 찬성으로 의결하여야 한다.
③ 총회의 의결은 조합원의 100분의 10 이상이 직접 출석하여야 한다. 다만, 창립총회, 사업시행계획서의 작성 및 변경·관리처분계획의 수립 및 변경·정비사업비의 사용 및 변경을 위하여 개최하는 총회의 경우에는 조합원의 100분의 20 이상이 직접 출석하여야 한다.
④ 조합원이 서면의결서를 제출하는 경우는 안건내용에 대한 의사를 표시하여 총회 전일까지 조합에 도착되도록 하여야 한다.

⑤ 총회 소집결과 정족수에 미달되는 때는 재소집하여야 하며, 재소집의 경우에도 정족수에 미달되는 때는 대의원회로 총회를 갈음할 수 있다. 다만, 도정법시행령 제43조 각 호에 관한 사항은 그러하지 아니하다.

제21조(총회운영 등)
① 총회는 이 정관 및 의사진행의 일반적인 규칙에 따라 운영한다.
② 의장은 총회의 안건 내용 등을 고려하여 다음 각 호에 해당하는 자 등 조합원이 아닌 자의 총회참석을 허용하거나 발언하도록 할 수 있다.
  1. 조합직원
  2. 정비사업전문관리업자·시공자 또는 설계자의 임직원
  3. 그 밖에 의장이 총회운영을 위하여 필요하다고 인정하는 자
③ 의장은 총회의 질서를 유지하고 의사를 정리하며, 고의로 의사진행을 방해하는 발언·행동 등으로 총회질서를 문란하게 하는 자에 대하여 그 발언의 정지·제한 또는 퇴장을 명할 수 있다.
④ 제1항과 제3항의 의사규칙은 대의원회에서 정하여 운영할 수 있다.

제22조(대의원회의 설치)
① 조합에는 대의원회를 둔다.
② 대의원의 수는 ○○인 이상 ○○인 이하로 하되, 동별로 최소 ○○인의 대의원을 선출하여야 한다.
③ 대의원 임기는 ○년(3년 이하)으로 하고, 자격요건은 선임일 직전 3년 동안 정비구역 내 거주 기간이 1년 이상 또는 정비구역에 위치한 토지 또는 건축물의 소유권을 2년 이상 가지고 있는 자로 한다.
④ 대의원은 조합원 중에서 총회에서 선출하며, 조합장이 아닌 조합 임원은 대의원이 될 수 없다.
⑤ 궐위된 대의원의 보선은 대의원 5인 이상의 추천을 받아 대의원회가 이를 보궐 선임한다.
⑥ 대의원 해임은 임원해임 규정을 준용하되, 사임 또는 해임된 대의원은 그 즉시 대의원직을 상실한다.

제23조(대의원회의 개최)
① 대의원회는 조합장이 필요하다고 인정하는 때에 소집한다. 다만, 다음 각 호의 어느 하나에 해당하는 때에는 조합장은 소집청구를 받은 날로부터 14일 이내에 대의원회를 소집하여야 한다.
  1. 조합원의 10분의 1 이상이 회의의 목적사항을 제시하여 소집청구를 한 경우
  2. 대의원의 3분의 1 이상이 회의의 목적사항을 제시하여 소집청구를 한 경우
② 제1항 각 호에 따라 소집청구가 있는 경우로서 조합장이 14일 이내에 정당한 이유 없이 대의원회를 소집하지 아니한 때에는 감사가 ○일(14일 이내까지) 이내에 소집하여야 하며, 감사가 소집하지 아니하는 때에는 제1항 각 호에 따라 소집을 청구한 사람의 대표가 소집한다. 이 경우 미리 구청장·군수의 승인을 받아야 한다.

③ 제2항에 따라 대의원회를 소집하는 경우에는 소집주체에 따라 감사 또는 제1항 각 호에 따라 소집을 청구한 사람의 대표가 의장의 직무를 대행한다.
④ 대의원회 소집은 회의개최 7일 전까지 회의목적·안건·일시 및 장소를 기재한 서면을 대의원에게 통지하고, 게시판 등에 공고하여야 한다.

제24조(대의원회 의결사항)
① 대의원회는 다음 각 호의 사항을 의결한다.
　　1. 임기 중 궐위된 임원(조합장은 제외한다) 및 대의원의 보궐선임
　　2. 예산 및 결산의 승인에 관한 방법
　　3. 총회 부의안건의 사전심의 및 총회로부터 위임받은 사항
　　4. 총회에서 선출하여야 하는 협력업체를 제외한 업체에 대하여 총회 의결로 정한 예산의 범위 내에서의 선정 및 계약체결
　　5. 사업완료로 인한 조합의 해산결의
　　6. 도정법시행령 제39조에 의한 경미한 정관 변경
　　7. 조합규정 등의 개정
　　8. 총회 소집결과 정족수에 미달되는 때에는 재소집하여야 하며 재소집의 경우에도 정족수에 미달되는 경우
　　9. 조합장이 임명한 유급직원 인준에 관한 사항
　　10. 조합 회계년도 결산보고서 의결에 관한 사항
　　11. 이주 기간에 관한 사항
② 이사·감사는 대의원회에 참석하여 의견을 진술할 수 있다. 다만, 대의원회에서 거부하는 경우에는 참석할 수 없다.

제25조(대의원회 의결방법)
① 대의원회는 재적대의원 과반수의 출석과 출석대의원 과반수의 찬성으로 의결한다. 다만, 제24조 제1항 제6호, 제8호의 규정에 따라 총회의 의결을 대신하는 경우 재적대의원 3분의 2 이상의 출석과 출석대의원 3분의 2 이상의 찬성으로 의결한다.
② 대의원회는 사전에 통지한 안건만 의결할 수 있다. 다만, 사전에 통지하지 아니한 안건으로서 대의원회의에서 의장의 발의와 출석대의원 3분의 2 이상의 동의를 얻어 안건으로 채택한 경우에는 그 사항을 의결할 수 있다.
③ 특정한 대의원의 이해와 관련된 사항에 대하여 그 대의원은 의결권을 행사할 수 없다.
④ 대의원은 대리인을 통한 출석을 할 수 없다. 다만, 서면으로 대의원회에 출석하거나 의결권을 행사할 수 있다. 이 경우 제1항의 규정에 의한 출석으로 본다.

제26조(이사회의 설치)
① 조합에는 조합의 사무를 집행하기 위하여 조합장과 이사로 구성하는 이사회를 둔다.
② 이사회는 조합장이 소집하며, 조합장은 이사회의 의장이 된다.

제27조(이사회의 사무)
① 이사회는 다음 각 호의 사무를 집행한다.

1. 조합의 예산 및 통상업무의 집행에 관한 사항
2. 총회 및 대의원회의 상정안건의 심의에 관한 사항
3. 조합의 정관, 조합행정업무규정 등의 제·개정안 작성에 관한 심의
4. 제18조 제6항에 관한 사항
5. 그 밖에 조합의 운영 및 사업시행에 관하여 필요한 사항 심의
② 대의원회 또는 총회결의 안건에 대하여 이사회에서 심의가 부결된 경우, 조합장은 직권으로 대의원회 또는 총회에 상정할 수 있으며, 이때 이사회에서 부결된 안건임을 대의원 또는 조합원에게 고지하여야 한다. 이사회가 정족수가 부족하여 2회 이상 무산된 경우에도 동일하다.

제28조(이사회의 의결방법)
① 이사회는 대리인 참석이 불가하며, 구성원 과반수 출석으로 개의하고 출석 구성원 과반수 찬성으로 의결한다. 이 경우 조합장도 출석 및 의결권을 가진다.
② 구성원 자신과 관련된 사항에 대하여는 그 구성원은 의결권을 행사할 수 없다.
③ 이사 또는 조합장은 대리인을 통한 출석을 할 수 없다. 다만, 서면으로 이사회에 출석하거나 의결권을 행사할 수 있다. 이 경우 제1항의 규정에 의한 출석으로 본다.

제29조(감사의 이사회 출석권한 및 감사요청)
① 감사는 이사회에 출석하여 의견을 진술할 수 있다. 다만, 의결권은 가지지 아니한다.
② 이사회는 조합운영상 필요하다고 인정될 때에는 감사에게 조합의 업무에 대하여 감사를 실시하도록 요청할 수 있다.

제30조(의사록의 작성 및 관리)
① 조합은 총회 또는 다음 각 호의 회의가 있는 때에는 속기록·녹음 또는 영상자료를 만들어 청산 시까지 보관하여야 한다.
1. 용역계약(변경계약을 포함한다) 및 업체선정과 관련된 대의원회·이사회
2. 조합임원·대의원의 선임·해임·징계 및 토지등소유자(조합이 설립된 경우에는 조합원을 말한다) 자격에 관한 대의원회·이사회
② 총회·이사회 및 대의원회를 개최하는 경우 일시·장소·안건·참석자 및 회의결과 등을 기재한 의사록을 작성하고 출석한 의장을 포함하여 이사 또는 대의원이 기명날인하여야 한다.
③ 의사록은 회의종료일로부터 15일 이내에 작성하여 게시판 등에 게시하고 조합원이 열람할 수 있도록 하여야 한다.

제6장 재정

제31조(조합의 회계)
① 조합의 회계는 매년 1월 1일(설립 인가를 받은 당해 년도는 인가일)부터 12월 31일까지로 한다.

② 조합의 예산·회계는 기업회계의 원칙에 따르되 조합은 필요하다고 인정하는 때에는 다음 각 호의 사항을 조합예산·회계규정에 정하여 운영할 수 있다.
  1. 예산의 편성과 집행기준에 관한 사항
  2. 세입 세출예산서 및 결산보고서의 작성에 관한 사항
  3. 수입의 관리·징수방법 및 수납기관 등에 관한 사항
  4. 지출의 관리 및 지급 등에 관한 사항
  5. 계약 및 채무관리에 관한 사항
  6. 그 밖에 회계문서와 장부에 관한 사항
③ 조합은 매 회계연도 종료일부터 30일 내에 결산보고서를 작성한 후 감사의견서를 첨부하여 이사회의 심의 후 대의원회에 제출하여 의결을 거쳐야 하며, 대의원회 의결을 거친 결산보고서를 작성 후 15일 이내에 게시판 등에 공개하여야 하고, 총회에 서면으로 보고하고 조합사무소에 3개월 이상 비치하여 조합원들이 열람할 수 있도록 하여야 한다. 다만, 부득이한 사정이 있는 경우에는 지연사유를 명시하여 매 회계연도 종료일부터 45일 내에 결산보고서를 작성하여야 한다.
④ 사업시행자는 다음 각 호의 어느 하나에 해당하는 시기에 '주식회사 등의 외부감사에 관한 법률' 제2조 제7호 및 제9조에 따른 감사인의 회계감사를 받아야 하며, 그 감사 결과를 회계감사가종료된 날부터 15일 이내에 구청장·군수 및 조합에 제출하고, 게시판 등에 게시하여 조합원이 공람할 수 있도록 하여야 한다.
  1. 추진위원회에서 사업시행자로 인계되기 전까지 납부 또는 지출된 금액과 계약 등으로 지출될 것이 확정된 금액의 합이 3억 5,000만 원 이상인 경우에는 추진위원회에서 조합으로 인계되기 전 7일 이내 회계감사 신청
  2. 사업시행계획 인가 고시일 전까지 납부 또는 지출된 금액이 7억 원 이상인 경우에는 사업시행계획 인가의 고시일로부터 20일 이내
  3. 준공인가신청일까지 납부 또는 지출된 금액이 14억 원 이상인 경우에는 준공인가의 신청일로부터 7일 이내
⑤ 제4항에 따라 회계감사가 필요한 경우 조합은 구청장·군수에게 회계감사기관의 선정·계약을 요청하여야 한다.
⑥ 조합은 제5항에 따라 회계감사기관의 선정·계약을 요청하려는 경우 구청장·군수에게 회계감사에 필요한 비용을 미리 예치하여야 한다.
⑦ 정기총회에 당해년도 예산안을 상정하여야 하며, 정기총회에서 예산안이 의결될 때까지는 전년도 예산에 준하여 집행한다.

제32조(재원)
조합의 운영 및 사업시행을 위한 자금은 다음 각 호에 의하여 조달한다.
1. 조합원이 현물로 출자한 토지 및 건축물
2. 조합원이 납부하는 정비사업비 등 부과금
3. 건축물 및 부대·복리시설 등의 분양 수입금
4. 조합이 금융기관 및 시공자 등으로부터 조달하는 차입금
5. 대여금의 이자 및 연체료 등 수입금
6. 청산금

7. 그 밖에 조합재산의 사용수익 또는 처분에 의한 수익금

제33조(정비사업비의 부과 및 징수)

① 조합은 사업시행에 필요한 비용을 충당하기 위하여 조합원에게 공사비 등 주택사업에 소요되는 비용(이하 "정비사업비"라고 한다)을 부과·징수할 수 있다.

② 제1항의 규정에 의한 정비사업비는 총회의결을 거쳐 부과할 수 있으며, 추후 정비구역 안의 토지 및 건축물 등의 위치·면적·이용상황·환경 등 제반여건을 종합적으로 고려하여 관리처분계획에 따라 공평하게 금액을 조정하여야 한다.

③ 조합은 납부기한 내에 정비사업비를 납부하지 아니한 조합원에 대하여는 금융기관에서 적용하는 연체금리의 범위 내에서 연체료를 부과·징수할 수 있으며 도정법 제93조 제4항의 규정에 따라 부과금 또는 연체료를 체납하는 자가 있는 때에는 구청장·군수에게 정비사업비의 부과·징수를 위탁할 수 있다.

④ 조합은 도정법 제95조 제3항에 의한 융자를 받은 경우 사업이 추진되지 못하는 사유가 발생하여 조합이 그 융자금을 상환하지 못할 때에는 조합원이 지분에 비례하여 채무를 인수한다. 이 경우 상환방법은 조합총회에 따르도록 한다.

⑤ 제4항에 의한 융자금을 조합임원의 보증으로 받은 경우 조합임원 변경 시에도 선임된 조합임원이 채무를 승계한다.

제7장 사업시행

제34조(이주대책)

① 사업시행으로 주택이 해체되는 조합원은 사업을 시행하는 동안 조합이 대의원회 결의로 정하는 이주 기간 내에 자신의 부담으로 이주하여야 한다.

② 조합은 이주비(금융기관으로부터 대여받아 입주 시 상환하는 대출금을 말함)의 지원을 희망하는 조합원에게 조합이 직접 금융기관과 약정을 체결하거나 시공자와 약정을 체결하여 이주비 대출을 알선할 수 있다. 이 경우 이주비를 지원받은 조합원은 자신의 명의로 대출을 받으며, 사업시행구역 안의 소유 토지 및 건축물을 담보로 제공하여야 한다.

③ 제2항의 규정에 의하여 이주비를 지원받은 조합원 또는 그 권리를 승계한 조합원은 지원받은 이주비를 주택 등에 입주 시까지 금융기관 등에 상환하여야 한다.

④ 사업시행으로 해체되는 주택의 세입자에 대하여 도정조례 제30조에서 정하는 바에 따라 임대주택을 공급하거나, '공익사업을 위한 토지 등의 취득 및 보상에 관한 법률 시행규칙'(이하 "토지보상법 시행규칙"이라 한다) 제54조 제2항 및 제55조 제2항 규정에 해당하는 세입자에 대하여는 동 규칙이 정한 바에 따라 주거이전비 등을 지급한다. 다만, 주거이전비 보상대상자의 인정시점은 도정법 시행령 제13조 제1항에 따른 공람 공고일로 본다.

⑤ 토지보상법 시행규칙 제53조 제2항·제54조 제2항 및 제55조 제2항 규정에 해당하는 경우 이주정착금 등을 지급한다. 다만, 도정법 시행령 제13조 제1항에 따른 공람 공고일부터 계약체결일 또는 수용재결일까지 계속하여 거주하고 있지 아니한 청산조합원은 이주정착금 등을 지급하지 아니한다.

제35조(공가발생 시 안전조치)

① 조합은 관리처분계획 인가 이후 이주가 개시될 경우 정비구역 내 가로등 설치, 폐쇄회로텔레비전 설치 등 범죄예방대책을 수립하여 시행하여야 한다.

② 조합은 다음 각 호의 어느 하나에 해당하는 경우에는 도정법 제81조 제2항에도 불구하고 기존 건축물 소유자의 동의 및 구청장·군수의 허가를 받아 해당 건축물을 해체할 수 있다. 이 경우 건축물의 해체는 토지등소유자로서의 권리·의무에 영향을 주지 아니한다.

  1. '재난 및 안전관리기본법'·'주택법'·'건축법' 등 관계 법령에서 정하는 기존 건축물의 붕괴 등 안전사고의 우려가 있는 경우
  2. 폐공가의 밀집으로 범죄발생의 우려가 있는 경우

제36조(지장물 해체 등)

① 조합은 관리처분계획 인가 후 사업시행구역 안의 건축물 또는 공작물 등을 해체할 수 있다.

② 조합은 제1항의 규정에 의하여 건축물 또는 공직물 등을 해체하고자 하는 때는 30일 이상의 기간을 정하여 구체적인 해체계획에 관한 내용을 미리 조합원 등에게 통지하여야 한다.

③ 사업시행구역 안의 통신시설·전기시설·급수시설·도시가스시설 등 공급시설에 대하여는 당해 시설물 관리권자와 협의하여 해체 기간이나 방법 등을 따로 정할 수 있다.

④ 조합원의 이주 후 '건축물관리법' 제30조·제34조 규정에 의한 건축물 해체의 허가(신고) 및 멸실신고는 조합이 일괄 위임받아 처리하도록 한다.

⑤ 제2항의 규정에 의하여 해체기간 중 해체하지 아니한 자는 행정대집행 관련 법령에 따라 강제해체할 수 있다. 다만, ○○구 정비사업 건축물 철거기준에 따라 제한 조치할 수 있다.

제37조(손실보상)

① 사업시행에 따른 손실보상에 관하여는 도정법 및 '공익사업을 위한 토지 등의 취득 및 보상에 관한 법률'(이하 "토지보상법"이라고 한다)을 준용한다.

② 조합과 손실을 받은 자 간에 손실보상의 협의가 성립되지 아니하거나 협의할 수 없는 경우에는 조합이 토지보상법 제49조의 규정에 의하여 설치되는 부산광역시 지방토지수용위원회에 재결을 신청한다.

제38조(토지 등의 수용 또는 사용)

조합은 정비구역에서 정비사업을 시행하기 위하여 도정법 제63조 및 제65조 규정에서 정하는 바에 따라 토지 등을 수용 또는 사용할 수 있다. 이 경우 보상을 하여야 한다.

제39조(임대주택의 건설 및 처분에 관한 사항)

① 조합은 도정법 제10조 제2항에 의거 부산광역시 정비사업의 임대주택 및 주택규모별 건설비율의 내용에 따라 주택을 건설하여야 한다.

② 조합은 사업의 시행으로 건설된 임대주택을 국토교통부 장관, 부산광역시장, 구청장·군수 또는 토지주택공사 등에게 인수를 요청할 수 있다.

제40조(재개발임대주택의 입주자격 등)

① 임대주택을 건설하는 경우 당해 임대주택의 입주자격은 다음 각 호와 같다.

   1. 기준일 3개월 전부터 해당 재개발사업을 위한 정비구역 또는 다른 재개발사업을 위한 정비구역에 거주하는 세입자

   2. 기준일 현재 해당 재개발사업을 위한 정비구역에 주택이 건설될 토지 또는 해체예정인 건축물을 소유한 자로서 주택분양에 관한 권리를 포기한 자

   3. '국토의 계획 및 이용에 관한 법률' 제2조 제11호에 따른 도시·군계획사업으로 주거지를 상실하여 이주하게 되는 자로서 구청장·군수가 인정하는 자

   4. 입주자모집공고일 현재 혼인기간이 5년 이내인 무주택세대주

② 주택의 규모별 입주자선정방법, 공급절차의 기준은 도정조례 제46조 제2항에서 정하는 바에 따른다.

③ 제1항 및 제2항의 규정에 의한 임대주택 공급은 관리처분계획 인가로서 확정한다.

제41조(지상권 등 계약의 해지)

① 조합은 정비사업의 시행으로 인하여 지상권·전세권 또는 임차권의 설정 목적을 달성할 수 없는 권리자가 계약상 금전의 반환청구권을 조합에 행사할 경우 당해 금전을 지급할 수 있다.

② 조합은 제1항에 의하여 금전을 지급하였을 경우 당해 조합원에게 이를 구상할 수 있으며 구상이 되지 아니한 때에는 당해 조합원에게 귀속될 건축물을 압류할 수 있으며 이 경우 압류한 권리는 저당권과 동일한 효력을 가진다.

③ 관리처분계획 인가의 고시가 있은 때에는 지상권·전세권설정계약 또는 임대차계약의 계약기간은 '민법' 제280조·제281조 및 제312조 제2항, '주택임대차보호법' 제4조 제1항, '상가건물임대차보호법' 제9조 제1항을 적용하지 아니한다. 다만, 도정법 제81조 제1항 단서의 경우에는 그러하지 아니하다.

제42조(소유자의 확인이 곤란한 건축물 등에 대한 처분)

조합은 정비사업을 시행함에 있어 조합설립 인가일 현재 건축물 또는 토지 소유자의 소재 확인이 현저히 곤란할 때는 전국적으로 배포되는 둘 이상의 일간신문에 2회 이상 공고하고, 공고한 날부터 30일 이상이 지났을 때는 그 소유자의 해당 건축물 또는 토지의 감정평가액에 해당하는 금액을 법원에 공탁하고 사업을 시행할 수 있다. 이 경우 그 공탁금은 구청장·군수가 추천하는 '감정평가 및 감정평가사에 관한 법률'에 따른 감정평가업자(이하 "감정평가업자"라고 한다) 2인 이상이 평가한금액을 산술평균하여 산정한다.

제8장 관리처분계획

제43조(분양통지 및 공고 등)

조합은 도정법 제50조 제7항에 따른 사업시행계획 인가의 고시가 있은 날(사업시행계획 인가 이후 시공자를 선정한 경우에는 시공자와 계약을 체결한 날)부터 120일 이내에 다음 각 호의 사항을 토지등소유자에게 통지하고, 해당 지역에서 발간되는 일간신문 및 게시판 등에 공고하여야 한다. 이 경우 제11호의 사항은 통지하지 않고, 제1호, 제2호 및 제4호의

사항은 공고하지 않는다.
1. 분양대상자별 종전의 토지 또는 건축물의 명세 및 사업시행계획 인가의 고시가 있은
   날을 기준으로 한 가격(사업시행계획 인가 전에 도정법 제81조 제3항에 따라 해체된 건축물
   은 구청장·군수에게 허가받은 날을 기준으로 한 가격)
2. 분양대상자별 분담금의 추산액
3. 분양신청기간
4. 분양신청서
5. 사업시행계획 인가의 내용
6. 정비사업의 종류·명칭 및 정비구역의 위치·면적
7. 분양신청기간 및 장소
8. 분양대상 대지 또는 건축물의 내역
9. 분양신청자격
10. 분양신청방법
11. 토지등소유자 외의 권리자의 권리신고방법
12. 분양을 신청하지 않은 자에 대한 조지
13. 분양신청 안내문
14. 해체 및 이주 예정일
15. 도정법 제72조 제4항에 따른 재분양공고 안내문

제44조(분양신청 등)
① 제43조 제3호에 따른 분양신청기간은 통지한 날부터 30일 이상 60일 이내로 한다.
   다만, 조합은 도정법 제74조 제1항에 따른 관리처분계획의 수립에 지장이 없다고 판
   단하는 경우는 최초 분양신청기간 만료일로부터 1회에 한하여 20일의 범위에서 연장
   할 수 있다.
② 대지 또는 건축물에 대한 분양을 받으려는 토지등소유자는 제1항에 따른 분양신청기
   간에 도정법시행령 제59조 제3항·제4항으로 정하는 방법 및 절차에 따라 조합에 대
   지 또는 건축물에 대한 분양신청하여야 한다.
③ 조합은 제1항에 따른 분양신청기간 종료 후 도정법 제50조 제1항에 따른 사업시행계획
   인가의 변경(경미한 사항의 변경은 제외한다)으로 세대수 또는 주택규모가 달라지는 경우
   제43조 및 제1항·제2항의 규정에 따라 분양공고 등의 절차를 다시 거칠 수 있다.
④ 조합은 정관 등으로 정하고 있거나 총회의 의결을 거친 경우 제3항에 따라 분양신청
   을 하지 않은 자 및 분양신청기간 종료 이전에 분양신청을 철회한 자에게 분양신청을
   다시 하게 할 수 있다.

제45조(분양신청을 하지 않은 자 등에 대한 조치)
① 조합은 관리처분계획이 인가·고시된 다음 날부터 90일 이내에 다음 각 호에서 정하는
   자와 토지, 건축물 또는 그 밖의 권리의 손실보상에 관해 협의하여야 한다. 다만, 조합
   은 분양신청기간 종료일의 다음 날부터 협의를 시작할 수 있으며, 현금으로 청산하는
   경우 청산금액은 조합과 토지등소유자가 협의하여 산정한다. 이 경우 손실보상액의
   산정을 위한 감정평가업자 선정에 관하여는 토지보상법 제68조 제1항에 따른다.

1. 분양신청을 하지 않은 자
2. 분양신청기간 종료 이전에 분양신청을 철회한 자
3. 도정법 제72조 제6항 본문에 따라 분양신청할 수 없는 자
4. 도정법 제74조에 따라 인가된 관리처분계획에 따라 분양대상에서 제외된 자

② 조합원은 조합에서 통지한 기간 내에 분양계약을 체결하여야 하며, 분양계약을 체결하지 않는 경우 제1항의 규정을 준용한다.

③ 조합은 제1항에 따른 협의가 성립되지 않으면 그 기간의 만료일 다음 날부터 60일 이내에 수용재결을 신청하여야 한다.

④ 조합은 제3항에 따른 기간을 넘겨서 수용재결을 신청한 경우 해당 토지등소유자에게 지연 일수에 따른 이자를 지급하여야 한다. 이 경우 이자는 100분의 15 이하의 범위에서 도정법 시행령 제60조 제2항에서 정하는 이율을 적용한다.

제46조(관리처분계획의 수립기준)

조합은 도정법 제72조에 따른 분양신청기간이 종료된 때는 분양신청의 현황을 기초로 도정법 제74조 제1항에 따른 관리처분계획을 다음 각 호의 기준에 따라 수립하여야 한다.

1. 종전 토지의 소유 면적은 관리처분계획 기준일 현재 '공간정보의 구축 및 관리 등에 관한 법률' 제2조 제19호에 따른 소유 토지별 지적공부(도정조례 제2조 제5호에 따른 환지방식사업의 경우에는 환지 예정지증명원)에 따른다. 다만, 1필지의 토지를 여러 명이 공유하고 있는 경우에는 부동산 등기부(도정조례 제2조 제5호에 따른 환지방식사업의 경우에는 환지예정지증명원)의 지분비율을 기준으로 한다.

2. 종전 건축물의 소유면적은 관리처분계획 기준일 현재 소유 건축물별 건축물대장을 기준으로 하며, 법령에 위반하여 건축된 부분의 면적(무허가건축물의 경우에는 도정조례 제2조 제1호에 의한 기존 무허가건축물에 추가된 면적을 말한다)은 제외한다. 다만, 재산세과세대장·측량성과 및 물건조서 기준으로 할 수 있다.

3. 종전 토지 또는 건축물의 소유권은 관리처분계획 기준일 현재 부동산 등기부(도정조례 제2조 제5호에 따른 환지방식사업의 경우에는 환지예정지증명원)에 따르며, 소유권 취득일은 부동산 등기부상의 접수일자를 기준으로 한다.

4. 종전의 토지 또는 건축물의 면적·이용상황·환경, 그 밖의 사항을 종합적으로 고려하여 대지 또는 건축물이 균형 있게 분양신청자에게 배분되고 합리적으로 이용되도록 한다.

5. 지나치게 좁거나 넓은 토지 또는 건축물은 넓히거나 좁혀 대지 또는 건축물이 적정 규모가 되도록 한다.

6. 너무 좁은 토지 또는 건축물이나 정비구역 지정 후 분할된 토지를 취득한 자에게는 현금으로 청산할 수 있다.

7. 재해 또는 위생상의 위해를 방지하기 위하여 토지의 규모를 조정할 특별한 필요가 있는 때는 너무 좁은 토지를 넓혀 토지를 갈음하여 보상하거나 건축물의 일부와 그 건축물이 있는 대지의 공유지분을 교부할 수 있다.

8. 분양설계에 관한 계획은 도정법 제72조에 따른 분양신청기간이 만료하는 날을 기준으로 하여 수립한다.

9. 1세대 또는 1명이 하나 이상의 주택 또는 토지를 소유한 경우 1주택을 공급하고, 같은 세대에 속하지 아니하는 2명 이상이 1주택 또는 1토지를 공유한 경우에는 1주택

만 공급한다.
10. 제9호에도 불구하고 다음 각 목의 경우에는 각 목의 방법에 따라 주택을 공급할 수 있다.
 가. 다음 어느 하나에 해당하는 토지등소유자에게는 소유한 주택수만큼 공급할 수 있다.
  1) 근로자(공무원인 근로자를 포함한다) 숙소, 기숙사 용도로 주택을 소유하고 있는 토지등소유자
  2) 국가, 지방자치단체 및 토지주택공사 등
 나. 도정법 제74조 제1항 제5호에 따른 가격의 범위 또는 종전 주택의 주거전용면적의 범위에서 2주택을 공급할 수 있고, 이 중 1주택은 주거전용면적을 60m² 이하로 한다. 다만, 60m² 이하로 공급받은 1주택은 도정법 제86조 제2항에 따른 이전고시일 다음 날부터 3년이 지나기 전에는 주택을 전매(매매·증여나 그 밖에 권리의 변동을 수반하는 모든 행위를 포함하되 상속의 경우는 제외한다)하거나 전매를 알선할 수 없다.
11. 국·공유지 점유자는 점유연고권이 인정되어 그 경계를 기준으로 실시한 지적측량성과에 따라 관계 법령과 정관 등이 정하는 바에 따른다.
12. 도정조례 제2조 제1호에 의한 기존무허가건축물인 경우에는 항공촬영판독결과와 재산세과세대장 등 소유자임을 입증하는 자료를 기준으로 하며, 국·공유지는 제11호 규정에 따라 인정된 점유연고권자를 기준으로 한다.
13. '건축법' 제2조 제1항 제1호에 따른 대지부분 중 국·공유재산의 감정평가는 도정법 제74조 제2항 제1호를 준용하며, 도정법 제98조 제5항 및 제6항에 따라 평가한다.

제47조(국유·공유재산의 처분 등)
① 정비구역 안의 국·공유지의 매각의 방법 등에 대하여는 도정법 제98조의 규정에 의한다.
② 국·공유지의 매수 및 사용에 관하여 필요한 사항은 도정법에서 규정한 것을 제외하고는 '국유재산법'·'지방재정법' 등 관계 법령이 정하는 바에 의한다.

제48조(토지 및 건축물 등에 관한 권리의 평가방법)
토지 및 건축물 등에 관한 다음 각 호의 재산 또는 권리의 평가방법은 도정법 제74조 제2항 및 도정조례 제38조에 따른다.
1. 분양대상자별 분양예정인 대지 또는 건축물의 추산액(임대관리 위탁주택에 관한 내용을 포함한다)
2. 분양대상자별 종전의 토지 또는 건축물 명세 및 사업시행계획 인가 고시가 있은 날을 기준으로 한 가격(사업시행계획 인가 전에 도정법 제81조 제3항에 따라 해체된 건축물은 구청장·군수에게 허가를 받은 날을 기준으로 한 가격)
3. 세입자별 손실보상을 위한 권리명세 및 그 평가액

제49조(조합원분양)
주택 및 부대복리시설의 분양대상자와 분양기준은 도정법 및 도정조례가 정하는 기준에

적합한 범위 안에서 총회의 의결로 결정한다.

제50조(일반분양)

① 대지 및 건축물 중 제49조의 조합원분양분과 제51조 규정에 의한 보류지를 제외한 잔여대지 및 건축물은 이를 체비지(건축물을 포함한다)로 정하여야 한다.

② 체비지 중 공동주택은 '주택공급에 관한 규칙'이 정하는 바에 따라 일반에게 분양하여야 하며, 그 공급가격은 제48조 규정에 의하여 산정된 가격을 참작하여 따로 정할 수 있다.

③ 체비지 중 분양대상 부대·복리시설은 제48조의 가격을 기준으로 '주택공급에 관한 규칙'이 정하는 바에 따른다.

제51조(보류지 등)

보류지의 처분 등은 다음 각 호에 따른다.

1. 분양대상의 누락, 착오 등의 사유로 인한 관리처분계획의 변경과 소송 등의 사유로 향후 추가분양이 예상되는 경우에는 도정법 제74조 및 제79조에 따른 토지등소유자에게 분양하는 공동주택건립 세대수의 100분의 1 이내의 공동주택과 상가 등 부대복리시설 총 면적의 100분의 1 이내의 상가 등 부대복리시설을 각각 보류지로 정할 수 있다.

2. 조합은 제1호에 따른 100분의 1의 범위를 초과하여 보류지로 정하고자 하는 때는 구청장·군수에게 그 사유 및 증빙서류를 제출하고 인가를 받아야 한다.

3. 보류지를 분양받을 대상자 중 도정법·도정법 시행령 또는 도정조례에 따른 토지등소유자의 자격기준에 합당한 자를 제외하고는 조합은 총회의 의결을 거쳐 분양받을 대상자를 결정한다.

4. 보류지 분양가격의 산정방법에 관하여는 도정법 제74조 제2항 제1호 규정을 준용한다.

5. 제1호부터 제4호까지의 규정에 따라 보류지를 처분한 후 잔여분이 있는 경우에는 제50조에 따라 처분한다.

제52조(분양받을 권리의 양도 등)

① 조합원은 조합원의 자격이나 권한, 입주자로 선정된 지위 등을 양도한 경우에는 조합에 변동 신고하여야 하며, 양수자에게는 조합원의 권리와 의무, 자신이 행하였거나 조합이 자신에게 행한 처분·절차, 청산 시 권리의무에 범위 등이 포괄승계됨을 명확히 하여 양도하여야 한다.

② 제1항의 규정에 의하여 사업시행구역 안의 토지 또는 건축물에 대한 권리를 양도받은 자는 등기부등본 등 증명서류를 첨부하여 조합에 신고하여야 하며, 신고하지 않으면 조합에 이의제기를 할 수 없다.

③ 조합은 조합원의 변동이 있는 경우 변경의 내용을 증명하는 서류를 첨부하여 구청장·군수에게 신고하여야 한다.

제53조(관리처분계획의 공람 등)

① 조합은 도정법 제74조에 따른 관리처분계획 인가를 신청하기 전에 관계 서류의 사본을 30일 이상 토지등소유자에게 공람하게 하고 의견을 들어야 한다. 다만, 도정법 시행령 제61조 각 호의 경미한 변경사항은 공람 및 의견청취 절차를 거치지 않을 수 있다.

② 조합원은 제1항의 규정에 의한 공람공고 후 조합에서 정하는 기간 안에 관리처분계획에 관한 이의신청을 조합에 제출할 수 있다.

③ 조합은 제2항의 규정에 의하여 제출된 조합원의 이의신청 내용을 검토하여 타당하다고 인정되는 경우에는 관리처분계획의 변경 등 필요한 조치를 취하고, 그 조치 결과를 공람공고 마감일부터 10일 안에 당해 조합원에게 통지하여야 하며, 이의신청이 이유없다고 인정되는 경우에도 그 사유를 명시하여 당해 조합원에게 통지하여야 한다.

④ 조합은 제3항의 규정에 따라 관리처분계획을 변경한 때는 총회의 의결을 거쳐 확정한 후 그 내용을 각 조합원에게 통지하여야 한다.

⑤ 조합원의 동·호수추첨은 한국감정원 전산추첨을 원칙으로 공정하게 실시하여야 하며 추첨결과는 구청장·군수에게 통보하여야 한다.

제54조(관리처분계획의 통지 등)

① 조합은 관리처분계획을 공람할 경우 공람기간·장소 등 공람계획에 관한 사항과 개략적인 공람사항을 미리 토지등소유자에게 통지하여야 한다.

② 조합은 관리처분계획의 수립 및 변경을 의결하기 위한 총회의 개최일부터 1개월 전에 도정법 제74조 제1항 제3호부터 제6호까지의 사항을 각 조합원에게 문서로 통지하여야 한다.

③ 조합은 관리처분계획 인가의 고시가 있은 때에는 분양을 신청한 자에게 다음 각 호의 사항을 통지하여야 하며 관리처분계획 변경의 고시가 있을 때는 변경내용을 통지하여야 한다.

1. 정비사업의 종류 및 명칭
2. 정비사업 시행구역의 면적
3. 사업시행자의 성명 및 주소
4. 관리처분계획의 인가일
5. 분양대상자별 기존의 토지 또는 건축물의 명세 및 가격과 분양예정인 대지 또는 건축물의 명세 및 추산가액

제9장 공사완료에 따른 조치

제55조(정비사업의 준공인가)

① 조합이 정비사업 공사를 완료한 때는 구청장·군수의 준공인가를 받아야 한다.

② 조합은 구청장·군수로부터 준공인가증을 교부받은 때는 그 사실을 분양대상자에게 지체 없이 통지하여야 한다.

③ 조합은 제2항의 규정에 의하여 통지한 때는 통지된 날부터 1월 이내에 소유자별로 통지내용에 따라 등기신청을 할 수 있도록 필요한 조치를 하여야 하며, 토지 및 건축물 중 일반분양분에 대하여는 조합명의로 등기한 후 매입자가 이전등기절차를 이행하도록 하여야 한다.

제56조(이전고시 등)

① 조합은 준공인가 고시가 있은 때는 지체 없이 대지확정측량을 하고 토지의 분할절차

를 거쳐 관리처분계획에서 정한 사항을 분양받을 자에게 통지하고 대지 또는 건축물의 소유권을 이전하여야 한다. 다만, 정비사업의 효율적인 추진을 위하여 필요한 경우는 해당 정비사업에 관한 공사가 전부 완료되기 전이라도 완공된 부분은 준공인가를 받아 대지 또는 건축물별로 분양받을 자에게 소유권을 이전할 수 있다.

② 조합은 제1항에 따라 대지 및 건축물의 소유권을 이전하려는 때는 그 내용을 해당 지방자치단체의 공보에 고시한 후 구청장·군수에게 보고하여야 한다. 이 경우 대지 또는 건축물을 분양받을 자는 고시가 있는 날의 다음 날에 그 대지 또는 건축물의 소유권을 취득한다.

제57조(대지 및 건축물에 대한 권리의 확정)

① 대지 또는 건축물을 분양받을 자에게 도정법 제86조 제2항에 따라 소유권을 이전한 경우 종전의 토지 또는 건축물에 설정된 지상권·전세권·저당권·임차권·가등기담보권·가압류 등 등기 된 권리 및 '주택임대차보호법' 제3조 제1항의 요건을 갖춘 임차권은 소유권을 이전받은 대지 또는 건축물에 설정된 것으로 본다.

② 제1항에 따라 취득하는 대지 또는 건축물 중 토지등소유자에게 분양하는 대지 또는 건축물은 '도시개발법' 제40조에 따라 행하여진 환지로 본다.

③ 도정법 제79조 제4항에 따른 보류지와 일반에게 분양하는 대지 또는 건축물은 '도시개발법' 제34조에 따른 보류지 또는 체비지로 본다.

제58조(등기절차 및 권리변동의 제한)

① 조합은 도정법 제86조 제2항에 따른 이전고시가 있는 때는 지체 없이 대지 및 건축물에 관한 등기를 지방법원지원 또는 등기소에 촉탁 또는 신청하여야 한다.

② 제1항의 등기에 필요한 사항은 대법원규칙으로 정한다.

③ 정비사업에 관하여 도정법 제86조 제2항에 따른 이전고시가 있은 날부터 제1항에 따른 등기가 있을 때까지는 저당권 등의 다른 등기를 하지 못한다.

제59조(청산금 및 청산기준가격의 평가)

① 대지 또는 건축물을 분양받은 자가 종전에 소유하고 있던 토지 또는 건축물의 가격과 분양받은 대지 또는 건축물의 가격 사이에 차이가 있는 경우 조합은 도정법 제86조 제2항에 따른 이전고시가 있은 후에 그 차액에 상당하는 금액(이하 "청산금"이라고 한다)을 분양받은 자로부터 징수하거나 분양받은 자에게 지급하여야 한다.

② 제1항에도 불구하고 분할징수 및 분할지급에 대하여 총회의 의결을 거쳐 따로 정한 경우에는 관리처분계획 인가 후부터 도정법 제86조 제2항에 따른 이전고시가 있는 날까지 일정기간별로 분할징수하거나 분할지급할 수 있다.

③ 조합은 제1항 및 제2항을 적용하기 위하여 종전에 소유하고 있던 토지 또는 건축물의 가격과 분양받은 대지 또는 건축물의 가격을 평가하는 경우 그 토지 또는 건축물의 규모·위치·용도·이용상황·정비사업비 등을 참작하여 평가하여야 한다.

④ 제3항에 따른 가격평가의 방법 및 절차 등에 필요한 사항은 도정법 제74조 제2항 제1호 가목을 준용하여 평가한다.

⑤ 분양받은 대지 또는 건축물의 가격의 평가에 있어 다음 각 호의 비용을 가산한다. 다

만, 도정법 제95조에 따른 보조금은 공제하여야 한다.
1. 정비사업의 조사·측량·설계 및 감리에 소요된 비용
2. 공사비
3. 정비사업의 관리에 소요된 등기비용·인건비·통신비·사무용품비·이자 그 밖에 필요한 경비
4. 도정법 제95조에 따른 융자금이 있는 경우에는 그 이자에 해당하는 금액
5. 정비기반시설 및 공동이용시설의 설치에 소요된 비용(도정법 제95조 제1항에 따라 구청장·군수가 부담한 비용은 제외한다)
6. 정비사업전문관리업자의 선정, 회계감사, 감정평가, 그 밖에 정비사업 추진과 관련하여 지출한 비용으로서 정관 등에서 정한 비용
⑥ 제3항에 따른 건축물의 가격평가를 할 때 층별·위치별 가중치를 참작할 수 있다.

제60조(청산금의 징수방법 등)

① 조합은 청산금을 납부할 자가 이를 납부하지 않는 경우 구청장·군수에게 청산금의 징수를 위탁할 수 있다. 이 경우 구청장·군수는 지방세 체납처분의 예에 따라 부과·징수할 수 있으며, 조합은 징수한 금액의 100분의 4에 해당하는 금액을 구청장·군수에게 교부하여야 한다.
② 도정법 제89조 제1항에 따른 청산금을 지급받을 자가 받을 수 없거나 받기를 거부한 때는 조합은 그 청산금을 공탁할 수 있다.
③ 청산금을 지급(분할지급을 포함한다)받을 권리 또는 이를 징수할 권리는 도정법 제86조 제2항에 따른 이전고시일의 다음 날부터 5년간 행사하지 않으면 소멸한다.

제10장 비용의 부담 등

제61조(비용부담의 원칙)

정비사업비는 도정법 또는 다른 법령에 특별한 규정이 있는 경우를 제외하고는 조합이 부담한다.

제62조(비용의 조달)

① 조합은 토지등소유자로부터 제61조에 따른 비용과 정비사업의 시행과정에서 발생한 수입의 차액을 부과금으로 부과·징수할 수 있다.
② 조합은 토지등소유자가 제1항에 따른 부과금의 납부를 태만히 한 때는 연체료를 부과·징수할 수 있다.
③ 도정법시행령 제59조 제4항에 따라 토지등소유자가 정비사업에 제공되는 종전의 토지 또는 건축물에 따라 분양받을 수 있는 것 외에 공사비 등 사업시행에 필요한 비용의 일부를 부담하고 그 대지 및 건축물(주택을 제외한다)을 분양받으려는 때는 분양신청 시 그 의사를 분명히 하고, 종전의 토지 또는 건축물 가격의 10퍼센트에 상당하는 금액을 조합에 납입하여야 한다. 이 경우 비용부담으로 분양받을 수 있는 한도는 기존 토지 또는 건축물 가격의 비율에 따라 ○○퍼센트(최대 50퍼센트) 이하로 한다.

④ 제1항 및 제2항에 따른 부과금의 부담규모 및 시기는 도정법 제74조 제1항 제6호에 의한 조합원 분담규모 및 분담시기에 따르며 변경하려는 경우에는 도정법 제74조 제1항의 규정에 따른다.
⑤ 조합은 부과금 또는 연체료를 체납하는 자가 있는 때에는 구청장·군수에게 그 부과·징수를 위탁할 수 있다. 이 경우 부과·징수 및 교부금의 납부는 제60조 제1항 후단에 따른다.

제63조(정비기반시설 관리자의 비용부담)
① 조합은 정비사업을 시행하는 지역에 전기·가스 등의 공급시설을 설치하기 위하여 공동구를 설치하는 경우에는 다른 법령에 따라 그 공동구에 수용될 시설을 설치할 의무가 있는 자에게 공동구의 설치에 드는 비용을 부담시킬 수 있다.
② 제1항의 비용부담의 비율 및 부담방법과 공동구의 관리에 필요한 사항은 도정법 시행규칙 제16조 및 제17조의 규정에 따른다.

제64조(정비기반시설의 설치)
조합은 관할 지방자치단체의 장과의 협의를 거쳐 정비구역에 정비기반시설을 설치하여야 한다.

제65조(정비기반시설 및 토지 등의 귀속)
① 조합이 정비사업의 시행으로 새로 설치한 정비기반시설은 그 시설을 관리할 국가 또는 지방자치단체에 무상으로 귀속되고, 정비사업의 시행으로 용도가 폐지되는 국가 또는 지방자치단체 소유의 정비기반시설은 조합이 새로 설치한 정비기반시설의 설치비용에 상당하는 범위에서 그에게 무상으로 양도된다.
② 제1항의 정비기반시설에 해당하는 도로는 도정법 제97조 제3항 각 호의 어느 하나에 해당하는 도로를 말한다.
③ 조합은 제1항 및 제2항의 규정에 따라 관리청에 귀속될 정비기반시설과 조합에게 귀속 또는 양도될 재산의 종류와 세목을 정비사업의 준공 전에 관리청에 통지하여야 하며, 해당 정비기반시설은 그 정비사업이 준공인가되어 관리청에 준공인가 통지를 한 때에 국가 또는 지방자치단체에 귀속되거나 조합에게 귀속 또는 양도된 것으로 본다.

제11장 해산

제66조(조합의 해산)
① 조합은 준공인가를 받은 날로부터 1년 이내에 이전고시 및 건축물 등에 대한 등기절차를 완료하고 대의원회를 소집하여 해산의결을 하여야 한다.
② 조합이 해산의결을 한 때에는 해산의결 당시의 임원이 청산인이 되고 해산의결 당시 조합장이 대표청산인이 된다.
③ 조합이 해산하는 경우에 청산에 관한 업무와 채권의 추심 및 채무의 변제 등에 관하여 필요한 사항은 본 정관이 정하는 것 이외에는 '민법'의 관계 규정에 따른다.

제67조(조합해산 의결정족수)
사업완료로 인한 조합의 해산은 대의원 과반수의 출석과 출석 대의원 과반수 찬성으로 해산의결한다.

제68조(잔여재산의 귀속)
해산한 법인의 재산은 대의원회의 의결을 통하여 지정한 자에게 귀속한다.

제69조(청산법인)
해산한 조합은 청산의 목적범위 내에서만 권리가 있고 의무를 부담한다.

제70조(해산등기)
청산인은 파산의 경우를 제하고는 그 취임 후 3주간 내에 해산의 사유 및 연월일, 청산인의 성명 및 주소와 청산인의 대표권을 제한한 때에는 그 제한을 주된 사무소 및 분사무소 소재지에서 등기하여야 한다.

제71조(해산신고)
① 청산인은 파산의 경우를 제하고는 그 취임 후 3주간 내에 제70조의 사항을 관할 등기소에 신고하여야 하며, 그 결과를 구청장·군수에게 통지하여야 한다.
② 청산 중에 취임한 청산인은 그 성명 및 주소를 관할 등기소에 신고하여야 하며, 그 결과를 구청장·군수에게 통지하여야 한다.

제72조(청산인의 임무)
청산인은 다음 각 호의 업무를 성실히 수행하여야 한다.
1. 현존하는 조합의 사무종결
2. 채권의 추심 및 채무의 변제
3. 잔여재산의 처분
4. 그 밖에 청산에 필요한 사항

제73조(채무변제 및 잔여재산의 처분)
청산 종결 후 조합의 채무 및 잔여재산이 있을 때는 해산 당시의 조합원에게 분양받은 토지 또는 건축물의 부담비용 등을 종합적으로 고려하여 형평이 유지되도록 공정하게 배분하여야 한다.

제74조(채권신고의 공고)
① 청산인은 취임한 날로부터 2개월 내에 3회 이상의 공고로 채권자에 대하여 일정한 기간 내에 그 채권을 신고할 것을 최고하여야 한다. 채권신고 기간은 2개월 이상이어야 한다.
② 전항의 공고에는 채권자가 기간 내에 신고하지 아니하면 청산으로부터 제외될 것을 표시하여야 한다.
③ 제1항의 공고는 법원의 등기사항의 공고와 동일한 방법으로 하여야 한다.

제75조(채권신고의 최고)
청산인은 알고 있는 채권자에게 대하여는 각각 그 채권신고를 최고하여야 한다. 알고 있는 채권자는 청산으로부터 제외하지 못한다.

제76조(채권신고기간 내의 변제금지)
청산인은 제74조 제1항의 채권신고기간 내에는 채권자에 대하여 변제하지 못한다.

제77조(채권변제의 특례)
① 청산 중의 조합은 변제기에 이르지 않은 채권에 대하여도 변제할 수 있다.
② 전항의 경우에는 조건 있는 채권, 존속기간의 불확정한 채권 기타 가액의 불확정한 채권에 관하여는 법원이 선임한 감정인의 평가에 의해 변제하여야 한다.

제78조(청산으로부터 제외된 채권)
청산으로부터 제외된 채권자는 조합의 채무를 완제한 후 귀속권리자에게 인도하지 않은 재산에 대하여만 변제를 청구할 수 있다.

제79조(청산 중의 파산)
① 청산 중 조합의 재산이 그 채무를 완제하기에 부족한 것이 분명하게 된 때는 청산인은 지체 없이 파산선고를 신청하고 이를 공고하여야 한다.
② 청산인은 파산관재인에게 그 사무를 인계함으로써 그 임무가 종료한다.

제80조(청산종결의 등기와 신고)
청산이 종결한 때는 청산인은 3주간 내에 이를 등기하고 주무관청에 신고하여야 한다.

제12장 보칙

제81조(관련 자료의 공개 등)
① 조합임원(청산인 포함)은 정비사업의 시행에 관한 다음 각 호의 서류 및 관련 자료가 작성되거나 변경된 후 15일 이내에 이를 조합원, 토지등소유자 또는 세입자가 알 수 있도록 게시판 등에 공개하여야 한다.
  1. 도정법 제34조 제1항에 따른 추진위원회 운영규정 및 정관 등
  2. 설계자·시공자·철거업자 및 정비사업전문관리업자 등 용역업체의 선정계약서
  3. 추진위원회·주민총회·조합총회 및 조합의 이사회·대의원회의 의사록
  4. 사업시행계획서
  5. 관리처분계획서
  6. 해당 정비사업의 시행에 관한 공문서
  7. 회계감사보고서
  8. 월별 자금의 입금·출금 세부내역
  9. 결산보고서

10. 청산인의 업무 처리 현황
11. 도정법 제72조 제1항에 따른 분양공고 및 분양신청에 관한 사항
12. 연간 자금운용 계획에 관한 사항
13. 정비사업의 월별 공사 진행에 관한 사항
14. 설계자·시공자·정비사업전문관리업자 등 용역업체와의 세부계약 변경에 관한 사항
15. 정비사업비 변경에 관한 사항
② 제1항에 따라 공개의 대상이 되는 서류 및 관련 자료의 경우 매 분기가 끝나는 달의 다음 달 15일까지 다음 각 호의 사항을 조합원 또는 토지등소유자에게 서면 및 게시판 등으로 통지하여야 한다.
1. 공개 대상의 목록
2. 공개 자료의 개략적인 내용
3. 공개 장소
4. 대상자별 정보공개의 범위
5. 열람·복사 방법
6. 등사에 필요한 비용
③ 조합은 제1항 및 제4항에 따라 공개 및 열람·복사 등을 하는 경우는 주민등록번호를 제외하고 공개하여야 한다. 이 경우 토지등소유자 또는 조합원의 열람·복사 요청은 사용목적 등을 기재한 서면(전자문서를 포함한다)으로 하여야 한다.
④ 조합원, 토지등소유자가 제1항에 따른 서류 및 다음 각 호를 포함하여 정비사업 시행에 관한 서류와 관련 자료에 대하여 열람·복사 요청을 한 경우 조합은 15일 이내에 그 요청에 따라야 한다.
1. 토지등소유자 명부
2. 조합원 명부
⑤ 제4항의 복사에 필요한 비용은 실비의 범위에서 청구인이 부담한다. 이 경우 비용납부의 방법, 시기 및 금액 등에 필요한 사항은 도정조례 제68조 제4항에 따른다.
⑥ 제3항에 따라 열람·복사를 요청한 사람은 제공받은 서류와 자료를 사용목적 외의 용도로 이용·활용하여서는 안 된다.

제82조(관련 자료의 보관 및 인계)
① 정비사업전문관리업자, 조합임원(청산인 포함)은 도정법 제124조 제1항에 따른 서류 및 관련 자료와 총회 또는 다음 각 호에서 정하는 중요한 회의가 있을 때는 속기록·녹음 또는 영상자료를 만들어 청산 시까지 보관하여야 한다.
1. 용역계약(변경계약을 포함한다) 및 업체 선정과 관련된 대의원회·이사회
2. 조합임원·대의원의 선임·해임·징계 및 조합원의 자격에 관한 대의원회·이사회
② 조합은 정비사업을 완료하거나 폐지한 때는 도정조례 제54조에 정하는 바에 따라 관계 서류를 구청장·군수에게 인계하여야 한다.

제83조(정비사업관리시스템 사용)
① 조합은 정비사업의 고지·공고 및 정보공개 등을 위하여 부산광역시 정비사업 통합홈페이지를 사용하여야 한다.

② 조합은 정비사업의 예산·회계·인사 및 행정업무의 전자결재 등을 위하여 부산광역시 정비사업 e-조합시스템을 사용하여야 한다.

제84조(약정의 효력)
조합이 사업시행에 관하여 시공자 및 설계자, 정비사업전문관리업자와 체결한 약정은 관계 법령 및 이 정관이 정하는 범위 안에서 조합원에게 효력을 갖는다.

제85조(재개발 정비사업 조합설립 추진위원회 행위의 효력)
조합설립 인가일 전에 조합의 설립과 사업시행에 관하여 추진위원회가 행한 행위는 관계 법령 및 이 정관이 정하는 범위 안에서 조합이 이를 승계한 것으로 본다.

제86조(정관의 해석)
이 정관의 해석에 대하여 이견이 있을 경우 일차적으로 이사회에서 해석하고, 그래도 이견이 있을 경우는 대의원회에서 해석한다.

제87조(소송 관할 법원)
조합과 조합원 간에 법률상 다툼이 있는 경우 소송 관할 법원은 조합 소재지 관할 법원으로 한다.

제88조(민법의 준용 등)
① 조합에 관하여는 도정법에 규정된 사항을 제외하고는 '민법' 중 사단법인에 관한 규정을 준용한다.
② 도정법, '민법', 이 정관에서 정하는 사항 외에 조합의 운영과 사업시행 등에 관하여 필요한 사항은 관계 법령 및 관련 행정기관의 지침·지시 또는 유권해석 등에 따른다.
③ 이 정관이 법령의 개정으로 변경하여야 할 경우 정관의 개정절차에 관계없이 변경되는 것으로 본다. 그러나 관계 법령의 내용이 임의규정인 경우에는 그러지 않는다.

부칙

제1조(시행일)
① 이 정관은 조합설립등기일부터 시행한다.
② 정관의 개정은 조합설립변경 인가(변경신고를 포함한다)일을 기준으로 시행한다.

제2조(일반적 경과조치)
이 정관 시행 당시 종전의 정관에 따른 결정·처분·절차, 그 밖의 행위는 이 정관의 규정에 따라 행하여진 것으로 본다.

〈별지 : 대표조합원 선임동의서〉

대표조합원 선임동의서

□ 소유권 현황

권리 내역	토지	소재지(공유 여부)	면적
		(계 필지)	
		( )	
		( )	
권리 내역	건축물	소재지(허가 여부)	동수
		( )	
		( )	

상기 소유 물건의 공동소유자는 ○○○을 대표조합원으로 선임하고 ○○재개발
정비사업조합과 관련한 소유자로서의 법률행위는 대표소유자가 행하는 데 동의
합니다.

년   월   일

○ 대표자(선임수락자)
　성　　　명 :　　　　　　　(인) 지장날인
　주민등록번호 :
　전 화 번 호 :
○ 위임자(동의자)
　성　　　명 :　　　　　　　(인) 지장날인
　주민등록번호 :
　전 화 번 호 :
　성　　　명 :　　　　　　　(인) 지장날인
　주민등록번호 :
　전 화 번 호 :

첨부 : 대표자 및 위임자 신분증명서 사본 각1부

○○재개발정비사업조합 귀중

3. 정비사업 조합설립추진위원회 운영규정

국토교통부 고시 제2018-102호(개정 2018. 2. 9)

제1조(목적)
이 운영규정은 '도시 및 주거환경정비법' 제31조 제1항 및 제34조 제1항에 따라 정비사업조합설립추진위원회(이하 "추진위원회"라고 한다)의 구성·기능·조직 및 운영에 관한 사항을 정하여 공정하고 투명한 추진위원회의 운영을 도모하고 원활한 정비사업추진에 이바지함을 목적으로 한다.

제2조(추진위원회의 설립)
① 정비사업조합을 설립하고자 하는 경우 위원장 및 감사를 포함한 5인 이상의 위원 및 '도시 및 주거환경정비법'(이하 "법"이라고 한다) 제34조 제1항에 따른 운영규정에 대한 토지등소유자(이하 "토지등소유자"라고 한다) 과반수의 동의를 얻어 조합설립을 위한 추진위원회를 구성하여 '도시 및 주거환경정비법 시행규칙'이 정하는 방법 및 절차에 따라 시장·군수 또는 자치구의 구청장(이하 "시장·군수 등"이라고 한다)의 승인을 얻어야 한다.
② 제1항에 따른 추진위원회 구성은 다음 각 호의 기준에 따른다.
  1. 위원장 1인과 감사를 둘 것
  2. 부위원장을 둘 수 있다.
  3. 추진위원의 수는 토지등소유자의 10분의 1 이상으로 하되, 토지등소유자가 50인 이하인 경우에는 추진위원을 5인으로 하며 추진위원이 100인을 초과하는 경우에는 토지등소유자의 10분의 1 범위 안에서 100인 이상으로 할 수 있다.
③ 다음 각 호의 어느 하나에 해당하는 자는 추진위원회 위원이 될 수 없다.
  1. 미성년자·피성년후견인 또는 피한정후견인
  2. 파산선고를 받고 복권되지 않은 자
  3. 금고 이상의 실형을 선고받고 그 집행이 종료(종료된 것으로 보는 경우를 포함한다)되거나 집행이 면제된 날부터 2년이 경과되지 않은 자
  4. 금고 이상의 형의 집행유예를 받고 그 유예기간 중에 있는 자
  5. 법을 위반하여 벌금 100만 원 이상의 형을 선고받고 5년이 지나지 않은 자
④ 제1항의 토지등소유자의 동의는 별표의 ○○정비사업조합설립추진위원회운영규정안(이하 "운영규정안"이라고 한다)이 첨부된 '도시 및 주거환경정비법 시행규칙' 별지 제4호 서식의 정비사업 조합설립 추진위원회 구성동의서에 동의를 받는 방법에 의한다.
⑤ 추진위원회의 구성에 동의한 토지등소유자(이하 "추진위원회 동의자"라고 한다)는 법 제35조 제1항부터 제5항까지에 따른 조합의 설립에 동의한 것으로 본다. 다만, 법 제35조에 따른 조합설립 인가 신청 전에 시장·군수 등 및 추진위원회에 조합설립에 대한 반대의 의사표시를 한 추진위원회 동의자의 경우는 그러하지 않는다.

제3조(운영규정의 작성)
① 정비사업조합을 설립하고자 하는 경우 추진위원회를 시장·군수 등에게 승인 신청하기

전에 운영규정을 작성하여 토지등소유자의 과반수의 동의를 얻어야 한다.
② 제1항의 운영규정은 별표의 운영규정안을 기본으로 하여 다음 각 호의 방법에 따라 작성한다.
    1. 제1조·제3조·제4조·제15조 제1항을 확정할 것
    2. 제17조 제7항·제19조 제2항·제29조·제33조·제35조 제2항 및 제3항의 규정은 사업 특성·지역상황을 고려하여 법에 위배되지 않는 범위 안에서 수정 및 보완할 수 있음.
    3. 사업추진상 필요한 경우 운영규정안에 조·항·호·목 등을 추가할 수 있음.
③ 제2항 각 호에 따라 확정·수정·보완 또는 추가하는 사항이 법·관계법령, 이 운영규정 및 관련행정기관의 처분에 위배되는 경우는 효력을 갖지 않는다.
④ 운영규정안은 재건축사업을 기본으로 한 것이므로 재개발사업 등을 추진하는 경우에는 일부 표현을 수정할 수 있다.

제4조(추진위원회의 운영)

① 추진위원회는 법·관계법령, 제3조의 운영규정 및 관련 행정기관의 처분을 준수하여 운영되어야 하며, 그 업무를 추진함에 있어 사업시행구역 안의 토지등소유자의 의견을 충분히 수렴하여야 한다.
② 추진위원회는 법 제31조 제1항에 따른 추진위원회 설립승인 후에 위원장 및 감사를 변경하고자 하는 경우 시장·군수 등의 승인을 받아야 하며, 그 밖의 경우 시장·군수 등에게 신고하여야 한다.

제5조(해산)

① 추진위원회는 조합설립 인가일까지 업무를 수행할 수 있으며, 조합이 설립되면 모든 업무와 자산을 조합에 인계하고 추진위원회는 해산한다.
② 추진위원회는 자신이 행한 업무를 법 제44조에 따른 총회에 보고하여야 하며, 추진위원회가 행한 업무와 관련된 권리와 의무는 조합이 포괄승계한다.
③ 추진위원회는 조합설립 인가 전 추진위원회를 해산하고자 하는 경우 추진위원회 동의자 3분의 2 이상 또는 토지등소유자의 과반수 동의를 받아 시장·군수 등에게 신고하여 해산할 수 있다.

제6조(승계 제한)

이 운영규정이 정하는 추진위원회 업무범위를 초과하는 업무나 계약, 용역업체의 선정 등은 조합에 승계되지 않는다.

제7조(재검토기한)

국토교통부 장관은 '훈령·예규 등의 발령 및 관리에 관한 규정'에 따라 이 고시에 대하여 2018년 7월 1일 기준으로 매 3년이 되는 시점(매 3년째의 6월 30일까지를 말한다)마다 그 타당성을 검토하여 개선 등의 조치를 하여야 한다.

부칙

이 고시는 발령한 날부터 시행한다.

4. 정비사업 계약업무 처리기준

국토교통부 고시 제2020-1182호(개정 2020. 12. 30)

제1장 총칙

제1조(목적)
이 기준은 '도시 및 주거환경정비법' 제29조에 따라 추진위원회 또는 사업시행자 등이 계약을 체결하는 경우 계약의 방법 및 절차 등에 필요한 사항을 정함으로써 정비사업의 투명성을 개선하고자 하는 데 목적이 있다.

제2조(용어의 정의)
이 기준에서 정하는 용어의 정의는 다음과 같다.
1. "사업시행자 등"이란 추진위원장 또는 사업시행자(청산인을 포함한다)를 말한다.
2. "건설업자 등"이란 '건설산업기본법' 제9조에 따른 건설업자 또는 '주택법' 제7조 제1항에 따라 건설업자로 보는 등록사업자를 말한다.
3. "전자조달시스템"이란 '전자조달의 이용 및 촉진에 관한 법률' 제2조 제4호에 따른 국가종합전자조달시스템 중 "누리장터"를 말한다.

제3조(다른 법률과의 관계)
① 사업시행자 등이 계약을 체결하는 경우 관계 법령, '도시 및 주거환경정비법'(이하 "법"이라 한다) 제118조 제6항에 따른 시·도조례로 정한 기준 등에 별도 정하여진 경우를 제외하고는 이 기준이 정하는 바에 따른다.
② 관계 법령 등과 이 기준에서 정하지 않은 사항은 정관 등(추진위원회의 운영규정을 포함한다. 이하 같다)이 정하는 바에 따르며, 정관 등으로 정하지 않은 구체적인 방법 및 절차는 대의원회(법 제46조에 따른 대의원회, 법 제48조에 따른 토지등소유자 전체회의, '정비사업 조합설립추진위원회 운영규정' 제2조 제2항에 따른 추진위원회 및 사업시행자인 토지등소유자가 자치적으로 정한 규약에 따른 대의원회 등의 조직을 말한다. 이하 같다)가 정하는 바에 따른다.

제4조(공정성 유지 의무 등)
① 사업시행자 등 및 입찰에 관계된 자는 입찰에 관한 업무가 자신의 재산상 이해와 관련되어 공정성을 잃지 않도록 이해 충돌의 방지에 노력하여야 한다.
② 임원 및 대의원 등 입찰에 관한 업무를 수행하는 자는 직무의 적정성을 확보하여 조합원 또는 토지등소유자의 이익을 우선으로 성실히 직무를 수행하여야 한다.
③ 누구든지 계약체결과 관련하여 다음 각 호의 행위를 하여서는 안 된다.
  1. 금품, 향응 또는 그 밖의 재산상 이익을 제공하거나 제공 의사를 표시하거나 제공

을 약속하는 행위

2. 금품, 향응 또는 그 밖의 재산상 이익을 제공받거나 제공의사 표시를 승낙하는 행위
3. 제삼자를 통하여 제1호 또는 제2호에 해당하는 행위를 하는 행위
④ 사업시행자 등은 업무추진의 효율성을 제고하기 위하여 분리발주를 최소화하여야 한다.

제2장 일반 계약 처리기준

제5조(적용범위)
이 장은 사업시행자 등이 정비사업을 추진하기 위하여 체결하는 공사, 용역, 물품구매 및 제조 등 계약 (이하 "계약"이라고 한다)에 대하여 적용한다.

제6조(입찰의 방법)
① 사업시행자 등이 정비사업 과정에서 계약을 체결하는 경우 일반경쟁입찰에 부쳐야 한다. 다만, '도시 및 주거환경정비법 시행령'(이하 "영"이라고 한다) 제24조 제1항에 해당하는 경우에는 지명경쟁이나 수의계약으로 할 수 있다.
② 제1항에 따라 일반경쟁입찰 또는 지명경쟁입찰(이하 "경쟁입찰"이라고 한다)을 하는 경우 2인 이상의 유효한 입찰참가 신청이 있어야 한다.

제7조(지명경쟁에 의한 입찰)
① 사업시행자 등이 제6조 제1항에 따라 지명경쟁에 의한 입찰을 하고자 할 때는 같은 조 제2항에도 불구하고 4인 이상의 입찰대상자를 지명하여야 하고, 3인 이상의 입찰참가 신청이 있어야 한다.
② 사업시행자 등은 제1항에 따라 입찰대상자를 지명하고자 하는 경우에는 대의원회의 의결을 거쳐야 한다.

제8조(수의계약에 의한 입찰)
제6조 제1항에 따라 수의계약을 하는 경우 보증금과 기한을 제외하고는 최초 입찰에 부칠 때에 정한 가격 및 기타 조건을 변경할 수 없다.

제9조(입찰 공고 등)
① 사업시행자 등이 계약을 위하여 입찰하고자 하는 경우에는 입찰서 제출마감일 7일 전까지 전자 조달시스템 또는 1회 이상 일간신문(전국 또는 해당 지방을 주된 보급지역으로 하는 일간신문을 말한다. 이하 같다)에 입찰을 공고하여야 한다. 다만, 지명경쟁에 의한 입찰의 경우에는 입찰서 제출마감일 7일 전까지 내용증명우편으로 입찰대상자에게 통지(도달을 말한다. 이하 같다)하여야 한다.
② 제1항에도 불구하고 입찰서 제출 전에 현장설명회를 개최하는 경우에는 현장설명회 개최일 7일 전까지 전자조달시스템 또는 1회 이상 일간신문에 입찰을 공고하여야 한다. 다만, 지명경쟁에 의한 입찰의 경우에는 현장설명회 개최일 7일 전까지 내용증명우편으로 입찰대상자에게 통지하여야 한다.

③ 제1항 및 제2항에도 불구하고 '건설산업기본법'에 따른 건설공사 및 전문공사 입찰의 경우로서 현장설명회를 실시하지 않는 경우는 입찰서 제출마감일로부터 다음 각 호에서 정한 기간 전까지 공고하여야 한다.
    1. 추정가격이 10억 원 이상 50억 원 미만인 경우 : 15일
    2. 추정가격이 50억 원 이상인 경우 : 40일
④ 제1항부터 제3항까지의 규정에도 불구하고 재입찰을 하거나 긴급한 재해예방·복구 등을 위하여 필요한 경우는 입찰서 제출마감일 5일 전까지 공고할 수 있다.

제10조(입찰 공고 등의 내용)
제9조에 따른 공고 등에는 다음 각 호의 사항을 포함하여야 한다.
    1. 사업계획의 개요(공사규모, 면적 등)
    2. 입찰의 일시 및 장소
    3. 입찰의 방법(경쟁입찰 방법, 공동참여 여부 등)
    4. 현장설명회 일시 및 장소(현장설명회를 개최하는 경우에 한한다)
    5. 부정당업자의 입찰 참가자격 제한에 관한 사항
    6. 입찰참가에 따른 준수사항 및 위반 시 자격 박탈에 관한 사항
    7. 그 밖에 사업시행자 등이 정하는 사항

제10조의 2(입찰보증금)
① 사업시행자 등은 입찰에 참가하려는 자에게 입찰보증금을 내도록 할 수 있다.
② 입찰보증금은 현금(체신관서 또는 '은행법'의 적용을 받는 은행이 발행한 자기앞수표를 포함한다. 이하 같다) 또는 '국가를 당사자로 하는 계약에 관한 법률' 또는 '지방자치단체를 당사자로 하는 계약에 관한 법률'에서 정하는 보증서로 납부하게 할 수 있다.
③ 사업시행자 등이 입찰에 참가하려는 자에게 입찰보증금을 납부하도록 하는 경우에는 입찰 마감일부터 5일 이전까지 입찰보증금을 납부하도록 요구하여서는 안 된다.

제11조(현장설명회)
사업시행자 등이 현장설명회를 개최할 경우 현장설명에는 다음 각 호의 사항이 포함되어야 한다.
1. 정비구역 현황
2. 입찰서 작성방법·제출서류·접수방법 및 입찰유의사항
3. 계약대상자 선정 방법
4. 계약에 관한 사항
5. 그 밖에 입찰에 관하여 필요한 사항
4. 정비사업 계약업무 처리기준

제12조(부정당업자의 입찰 참가자격 제한)
사업시행자 등은 입찰 시 대의원회의 의결을 거쳐 다음 각 호의 어느 하나에 해당하는 자에 대하여 입찰참가자격을 제한할 수 있다.
1. 금품, 향응 또는 그 밖의 재산상 이익을 제공하거나 제공의사를 표시하거나 제공을 약

속하여 처벌을 받았거나, 입찰 또는 선정이 무효 또는 취소된 자(소속 임직원을 포함한다)
2. 입찰신청서류가 거짓 또는 부정한 방법으로 작성되어 선정 또는 계약이 취소된 자

제13조(입찰서의 접수 및 개봉)
① 사업시행자 등은 밀봉된 상태로 입찰서(사업 참여제안서를 포함한다)를 접수하여야 한다.
② 사업시행자 등이 제1항에 따라 접수한 입찰서를 개봉하고자 할 때는 입찰서를 제출한 입찰참여자의 대표(대리인을 지정한 경우에는 그 대리인을 말한다)와 사업시행자 등의 임원 등 관련자, 그 밖에 이해관계자 각 1인이 참여한 공개된 장소에서 개봉하여야 한다.
③ 사업시행자 등은 제2항에 따른 입찰서 개봉 시에는 일시와 장소를 입찰참여자에게 통지하여야 한다.

제14조(입찰참여자의 홍보 등)
① 사업시행자 등은 입찰에 참여한 설계업자, 정비사업전문관리업자 등을 선정하고자 할 때는 이를 토지등소유자(조합이 설립된 경우는 조합원을 말한다. 이하 같다)가 쉽게 접할 수 있는 일정한 장소의 게시판에 7일 이상 공고하고 인터넷 등에 병행하여 공개하여야 한다.
② 사업시행자 등은 필요한 경우 설계업자, 정비사업전문관리업자 등의 합동홍보설명회를 개최할 수 있다.
③ 사업시행자 등은 제2항에 따라 합동홍보설명회를 개최하는 경우는 개최 7일 전까지 일시 및 장소를 정하여 토지등소유자에게 이를 통지하여야 한다.
④ 입찰에 참여한 자는 토지등소유자 등을 상대로 개별적인 홍보(홍보관·쉼터 설치, 홍보책자 배부, 세대별 방문, 개인에 대한 정보통신망을 통한 부호·문언·음향·영상 송신행위 등을 포함한다. 이하 이 항및 제 34조 제3항에서 같다)를 할 수 없으며, 홍보를 목적으로 토지등소유자 등에게 사은품 등 물품·금품·재산상의 이익을 제공하거나 제공을 약속하여서는 안된다.

제15조(계약 체결 대상의 선정)
① 사업시행자 등은 법 제45조 제1항 제4호부터 제6호까지의 규정에 해당하는 계약은 총회(법 제45조에 따른 총회, 법 제48조에 따른 토지등소유자 전체회의, '정비사업 조합설립 추진위원회 운영규정'에 따른 주민 총회 및 사업시행자인 토지등소유자가 자치적으로 정한 규약에 따른 총회 조직을 말한다. 이하 같다)의 의결을 거쳐야 하며, 그 외의 계약은 대의원회의 의결을 거쳐야 한다.
② 사업시행자 등은 제1항에 따라 총회의 의결을 거쳐야 하는 경우 대의원회에서 총회에 상정할 4인 이상의 입찰대상자를 선정하여야 한다. 다만, 입찰에 참가한 입찰대상자가 4인 미만인 때는 모두 총회에 상정하여야 한다.

제16조(입찰 무효 등)
① 제14조 제4항에 따라 토지등소유자 등을 상대로 하는 개별적인 홍보를 하는 행위가 적발된 건수의 합이 3회 이상인 경우 해당 입찰은 무효로 본다.
② 제1항에 따라 해당 입찰이 무효로 됨에 따라 단독 응찰이 된 경우에는 제6조 제2항에

도 불구하고 유효한 경쟁입찰로 본다.

제17조(계약의 체결)
사업시행자 등은 제15조에 따라 선정된 자가 정당한 이유 없이 3개월 이내에 계약을 체결하지 않는 경우에는 총회 또는 대의원회의 의결을 거쳐 해당 선정을 무효로 할 수 있다.

제3장 전자입찰 계약 처리기준

제18조(적용범위)
이 장은 영 제24조 제2항에 따라 전자조달시스템을 이용하여 입찰(이하 "전자입찰"이라고 한다)하는 계약에 대하여 적용한다.

제19조(전자입찰의 방법)
① 전자입찰은 일반경쟁의 방법으로 입찰을 부쳐야 한다. 다만, 영 제24조 제1항 제1호 가목에 해당하는 경우 지명경쟁의 방법으로 입찰을 부칠 수 있다.
② 전자입찰을 통한 계약대상자의 선정 방법은 다음 각 호와 같다.
　　1. 투찰 및 개찰 후 최저가로 입찰한 자를 선정하는 최저가방식
　　2. 입찰가격과 실적·재무상태·신인도 등 비가격요소 등을 종합적으로 심사하여 선정하는 적격 심사방식
　　3. 입찰가격과 사업참여제안서 등을 평가하여 선정하는 제안서평가방식
③ 제1항 및 제2항에서 규정한 사항 외에 전자입찰의 방법에 관하여는 제6조를 준용한다.

제20조(전자입찰 공고 등)
① 사업시행자 등이 전자입찰을 하는 경우에는 입찰서 제출마감일 7일 전까지 전자조달시스템에 입찰을 공고하여야 한다. 다만, 입찰서 제출 전에 현장설명회를 개최하는 경우에는 현장설명회 개최일 7일 전까지 공고하여야 한다.
② 영 제24조 제1항 제1호 가목에 따른 지명경쟁입찰의 경우에는 제9조 제2항을 준용한다.

제21조(전자입찰 공고 등의 내용)
① 사업시행자 등이 전자입찰을 하는 경우에는 전자조달시스템에 다음 각 호의 사항을 공고하여야 한다.
　　1. 사업계획의 개요(공사규모, 면적 등)
　　2. 입찰의 일시 및 장소
　　3. 입찰의 방법(경쟁입찰 방법, 공동참여 여부 등)
　　4. 현장설명회 일시 및 장소(현장설명회를 개최하는 경우에 한한다)
　　5. 부정당업자의 입찰 참가자격 제한에 관한 사항
　　6. 입찰참가에 따른 준수사항 및 위반 시 자격 박탈에 관한 사항
　　7. 그 밖에 사업시행자 등이 정하는 사항

② 제19조 제2항 제2호 및 제3호의 방식에 따라 계약대상자를 선정하는 경우 평가항목 별 배점표를 작성하여 입찰 공고 시 이를 공고하여야 한다.

제22조(입찰서의 접수 및 개봉)
① 사업시행자 등은 전자조달시스템을 통하여 입찰서를 접수하여야 한다.
② 전자조달시스템에 접수한 입찰서 이외의 입찰 부속서류는 밀봉된 상태로 접수하여야 한다.
③ 입찰 부속서류를 개봉하고자 하는 경우에는 부속서류를 제출한 입찰참여자의 대표(대리인을 지정한 경우는 그 대리인을 말한다)와 사업시행자 등의 임원 등 관련자, 그 밖에 이해관계자 각 1인이 참여한 공개된 장소에서 개봉하여야 한다.
④ 사업시행자 등은 제3항에 따른 입찰 부속서류 개봉 시에는 일시와 장소를 입찰참여자에게 통지하여야 한다.

제23조(전자입찰 계약의 체결)
① 사업시행자 등은 전자입찰을 통하여 계약대상자가 선정될 경우 전자조달시스템에 따라 계약을 체결할 수 있다.
② 전자입찰을 통하여 계약된 사항에 대하여는 전자조달시스템에서 그 결과를 공개하여야 한다.

제24조(일반 계약 처리기준의 준용)
전자입찰을 하는 경우는 제11조 및 제12조, 제14조부터 제17조까지의 규정을 준용한다.

제4장 시공자 선정 기준

제25조(적용범위)
이 장은 재개발사업·재건축사업의 사업시행자 등이 법 제29조 제4항 및 제7항에 따라 건설업자 등을 시공자로 선정하거나 추천하는 경우(법 제25조에 따른 공동시행을 위하여 건설업자등을 선정하는 경우를 포함한다)에 대하여 적용한다.

제26조(입찰의 방법)
① 사업시행자 등은 일반경쟁 또는 지명경쟁의 방법으로 건설업자 등을 시공자로 선정하여야 한다.
② 제1항에도 불구하고 일반경쟁입찰이 미응찰 또는 단독 응찰의 사유로 2회 이상 유찰된 경우에는 총회의 의결을 거쳐 수의계약의 방법으로 건설업자 등을 시공자로 선정할 수 있다.

제27조(지명경쟁에 의한 입찰)
① 사업시행자 등은 제26조 제1항에 따라 지명경쟁에 의한 입찰에 부치고자 할 때는 5인 이상의 입찰대상자를 지명하여 3인 이상의 입찰참가 신청이 있어야 한다.
② 제1항에 따라 지명경쟁에 의한 입찰을 하고자 하는 경우는 대의원회의 의결을 거쳐야 한다.

제28조(입찰 공고 등)

사업시행자 등은 시공자 선정을 위하여 입찰에 부치고자 할 때는 현장설명회 개최일로부터 7일 전까지 전자조달시스템 또는 1회 이상 일간신문에 공고하여야 한다. 다만, 지명경쟁에 의한 입찰의 경우에는 전자조달시스템과 일간신문에 공고하는 것 외에 현장설명회 개최일로부터 7일 전까지 내용증명 우편으로 통지하여야 한다.

제29조(입찰 공고 등의 내용 및 준수사항)

① 제28조에 따른 공고 등에는 다음 각 호의 사항을 포함하여야 한다.
   1. 사업계획의 개요(공사규모, 면적 등)
   2. 입찰의 일시 및 방법
   3. 현장설명회의 일시 및 장소(현장설명회를 개최하는 경우에 한한다)
   4. 부정당업자의 입찰 참가자격 제한에 관한 사항
   5. 입찰참가에 따른 준수사항 및 위반(제34조를 위반하는 경우를 포함한다) 시 자격 박탈에 관한 사항
   6. 그 밖에 사업시행자 등이 정하는 사항
② 사업시행자 등은 건설업자 등에게 이사비, 이주비, 이주촉진비, '재건축초과이익 환수에 관한 법률' 제2조 제3호에 따른 재건축부담금, 그 밖에 시공과 관련이 없는 사항에 대한 금전이나 재산상 이익을 요청하여서는 안 된다.
③ 사업시행자 등은 건설업자 등이 설계를 제안하는 경우 제출하는 입찰서에 포함된 설계도서, 공사비 명세서, 물량산출 근거, 시공방법, 자재사용서 등 시공 내역의 적정성을 검토하여야 한다.

제30조(건설업자 등의 금품 등 제공 금지 등)

① 건설업자 등은 입찰서 작성 시 이사비, 이주비, 이주촉진비, '재건축초과이익 환수에 관한 법률' 제2조 제3호에 따른 재건축부담금, 그 밖에 시공과 관련이 없는 사항에 대한 금전이나 재산상 이익을 제공하는 제안을 하여서는 안 된다.
② 제1항에도 불구하고 건설업자 등은 금융기관의 이주비 대출에 대한 이자를 사업시행자 등에 대여하는 것을 제안할 수 있다.
③ 제1항에도 불구하고 건설업자 등은 금융기관으로부터 조달하는 금리 수준으로 추가이주비(종전 토지 또는 건축물을 담보로 한 금융기관의 이주비 대출 이외의 이주비를 말한다)를 사업시행자 등에 대여하는 것을 제안할 수 있다(재건축사업은 제외한다).

제31조(현장설명회)

① 사업시행자 등은 입찰서 제출마감일 20일 전까지 현장설명회를 개최하여야 한다. 다만, 비용산출내역서 및 물량산출내역서 등을 제출하여야 하는 내역입찰의 경우에는 입찰서 제출마감일 45일 전까지 현장설명회를 개최하여야 한다.
② 제1항에 따른 현장설명회에는 다음 각 호의 사항이 포함되어야 한다.
   1. 설계도서(사업시행계획 인가를 받은 경우 사업시행계획 인가서를 포함하여야 한다)
   2. 입찰서 작성방법·제출서류·접수방법 및 입찰유의사항 등
   3. 건설업자 등의 공동홍보방법

4. 시공자 결정방법
5. 계약에 관한 사항
6. 기타 입찰에 관하여 필요한 사항

제32조(입찰서의 접수 및 개봉)
시공자 선정을 위한 입찰서의 접수 및 개봉에 관하여는 제22조를 준용한다.

제33조(대의원회의 의결)
① 사업시행자 등은 제출된 입찰서를 모두 대의원회에 상정하여야 한다.
② 대의원회는 총회에 상정할 6인 이상의 건설업자 등을 선정하여야 한다. 다만, 입찰에 참가한 건설업자 등이 6인 미만인 때는 모두 총회에 상정하여야 한다.
③ 제2항에 따른 건설업자 등의 선정은 대의원회 재적의원 과반수가 직접 참여한 회의에서 비밀투표의 방법으로 의결하여야 한다. 이 경우 서면결의서 또는 대리인을 통한 투표는 인정하지 않는다.

제34조(건설업자 등의 홍보)
① 사업시행자 등은 제33조에 따라 총회에 상정될 건설업자등이 결정된 때는 토지등소유자에게 이를 통지하여야 하며, 건설업자 등의 합동홍보설명회를 2회 이상 개최하여야 한다. 이 경우 사업시행자 등은 총회에 상정하는 건설업자 등이 제출한 입찰제안서에 대하여 시공능력, 공사비 등이 포함되는 객관적인 비교표를 작성하여 토지등소유자에게 제공하여야 하며, 건설업자 등이 제출한 입찰 제안서 사본을 토지등소유자가 확인할 수 있도록 전자적 방식('전자문서 및 전자거래 기본법' 제2조 제2호에 따른 정보처리시스템을 사용하거나 그 밖에 정보통신기술을 이용하는 방법을 말한다)을 통하여 게시할 수 있다.
② 사업시행자 등은 제1항에 따라 합동홍보설명회를 개최할 때는 개최일 7일 전까지 일시 및 장소를 정하여 토지등소유자에게 이를 통지하여야 한다.
③ 건설업자 등의 임직원, 시공자 선정과 관련하여 홍보 등을 위하여 계약한 용역업체의 임직원 등은 토지등소유자 등을 상대로 개별적인 홍보를 할 수 없으며, 홍보를 목적으로 토지등소유자 또는 정비사업전문관리업자 등에게 사은품 등 물품·금품·재산상의 이익을 제공하거나 제공을 약속하여서는 안 된다.
④ 사업시행자 등은 제1항에 따른 합동홍보설명회(최초 합동홍보설명회를 말한다) 개최 이후 건설업자 등의 신청을 받아 정비구역 내 또는 인근에 개방된 형태의 홍보공간을 1개소 제공하거나, 건설업자 등이 공동으로 마련하여 한시적으로 제공하고자 하는 공간 1개소를 홍보공간으로 지정할 수 있다. 이 경우 건설업자 등은 제3항에도 불구하고 사업시행자 등이 제공하는 홍보공간에서는 토지등소유자 등에게 홍보할 수 있다.
⑤ 건설업자 등은 제4항에 따라 홍보를 하려는 경우에는 미리 홍보를 수행할 직원(건설업자 등의 직원을 포함한다. 이하 "홍보직원"이라고 한다)의 명단을 사업시행자 등에 등록하여야 하며, 홍보직원의 명단을 등록하기 이전에 홍보를 하거나, 등록하지 않은 홍보직원이 홍보를 하여서는 안 된다. 이 경우 사업시행자 등은 등록된 홍보직원의 명단을 토지등소유자에게 알릴 수 있다.

제35조(건설업자 등의 선정을 위한 총회의 의결 등)

① 총회는 토지등소유자 과반수가 직접 출석하여 의결하여야 한다. 이 경우 법 제45조 제5항에 따른 대리인이 참석한 때는 직접 출석한 것으로 본다.

② 조합원은 제1항에 따른 총회 직접 참석이 어려운 경우 서면으로 의결권을 행사할 수 있으나, 서면결의서를 철회하고 시공자 선정 총회에 직접 출석하여 의결하지 않는 한 제1항의 직접 참석자에는 포함되지 않는다.

③ 제2항에 따른 서면의결권 행사는 조합에서 지정한 기간·시간 및 장소에서 서면결의서를 배부받아 제출하여야 한다.

④ 조합은 제3항에 따른 조합원의 서면의결권 행사를 위하여 조합원 수 등을 고려하여 서면결의서 제출 기간·시간 및 장소를 정하여 운영하여야 하고, 시공자 선정을 위한 총회 개최 안내 시 서면결의서 제출요령을 충분히 고지하여야 한다.

⑤ 조합은 총회에서 시공자 선정을 위한 투표 전에 각 건설업자 등별로 조합원들에게 설명할 수 있는 기회를 부여하여야 한다.

제36조(계약의 체결 및 계약사항의 관리)

① 사업시행자 등은 제35조에 따라 선정된 시공자와 계약을 체결하는 경우 계약의 목적, 이행기간, 지체상금, 실비정산방법, 기타 필요한 사유 등을 기재한 계약서를 작성하여 기명날인하여야 한다.

② 사업시행자 등은 제35조에 따라 선정된 시공자가 정당한 이유 없이 3개월 이내에 계약을 체결하지 않은 경우는 총회의 의결을 거쳐 해당 선정을 무효로 할 수 있다.

③ 사업시행자 등은 제1항의 계약 체결 후 다음 각 호에 해당하게 될 경우 검증기관(공사비 검증을 수행할 기관으로서 '한국부동산원법'에 의한 한국부동산원을 말한다. 이하 같다)으로부터 공사비 검증을 요청할 수 있다.

  1. 사업시행계획 인가 전에 시공자를 선정한 경우에는 공사비의 10% 이상, 사업시행계획 인가 이후에 시공자를 선정한 경우에는 공사비의 5% 이상이 증액되는 경우

  2. 제1호에 따라 공사비 검증이 완료된 이후 공사비가 추가로 증액되는 경우

  3. 토지등소유자 10분의 1 이상이 사업시행자 등에 공사비 증액 검증을 요청하는 경우

  4. 그 밖에 사유로 사업시행자 등이 공사비 검증을 요청하는 경우

④ 공사비 검증을 받고자 하는 사업시행자 등은 검증비용을 예치하고, 설계도서, 공사비 명세서, 물량 산출근거, 시공방법, 자재사용서 등 공사비 변동내역 등을 검증기관에 제출하여야 한다.

⑤ 검증기관은 접수일로부터 60일 이내에 그 결과를 신청자에게 통보하여야 한다. 다만, 부득이한 경우 10일의 범위 내에서 1회 연장할 수 있으며, 서류의 보완기간은 검증기간에서 제외한다.

⑥ 검증기관은 공사비 검증의 절차, 수수료 등을 정하기 위한 규정을 마련하여 운영할 수 있다.

⑦ 사업시행자 등은 공사비 검증이 완료된 경우 검증보고서를 총회에서 공개하고 공사비 증액을 의결받아야 한다.

제5장 보칙

제37조(입찰참여자에 대한 협조 의무)
사업시행자 등은 입찰에 참여한 자가 입찰에 관한 사항을 문의할 경우 필요한 서류를 제공하고 입찰에 적극 참여할 수 있도록 협조하여야 한다.

제38조(자료의 공개 등)
사업시행자 등은 이 기준에 의한 계약서 및 검증보고서 등 관련 서류 및 자료가 작성되거나 변경된 후 15일 이내에 이를 토지등소유자가 알 수 있도록 인터넷과 그 밖의 방법을 병행하여 공개하여야 한다.

제39조(재검토기한)
국토교통부 장관은 이 고시에 대하여 '훈령·예규 등의 발령 및 관리에 관한 규정'에 따라 2021년 1월 1일 기준으로 매 3년이 되는 시점(매 3년째의 12월 31일까지를 말한다)마다 그 타당성을 검토하여 개선 등의 조치를 하여야 한다.

부칙

이 고시는 2021년 1월 1일부터 시행한다.

5. 정비사업의 임대주택 및 주택규모별 건설비율

국토교통부 고시 제2021-952호(개정 2021. 7. 14)

제1조(목적)
이 기준은 '도시 및 주거환경정비법' 제10조 및 같은 법 시행령 제1조의 2에 따라 국토
교통부 장관이 고시하도록 한 정비사업의 임대주택 및 주택규모별 건설비율 등을 정함을
목적으로 한다.

제2조(용어의 정의)
이 기준에서 사용하는 용어의 정의는 다음과 같다.
1. 이 기준에서 사용하는 주택의 면적은 주거전용면적을 말하며, 그 면적은 '건축물대장의
   기재 및 관리 등에 관한 규칙' 제4조에 따른 일반건축물대장 또는 집합건축물대장을 기
   준으로 산정하되, 주거전용면적을 정확히 산정하기 곤란한 경우에는 실측하여 산정한다.
2. "시·도"란 특별시·광역시·특별자치시·도·특별자치도 또는 '지방자치법' 제175조에 따
   른 서울특별시·광역시 및 특별자치시를 제외한 인구 50만 이상 대도시(이하 "대도시"라
   고 한다)를 말한다.
3. "시·도지사"란 특별시장·광역시장·특별자치시장·도지사·특별자치도지사 또는 대도시
   시장을 말한다.

제3조(주거환경개선사업의 임대주택 및 주택규모별 건설비율)
① 주거환경개선사업의 경우 건설하는 주택 전체 세대수(임대주택을 포함한다)의 90퍼센
   트 이상을 85m² 이하 규모의 주택으로 건설하여야 한다.
② 주거환경개선사업의 경우 임대주택은 시·도지사가 전체 세대수의 30퍼센트 이하에서
   정하여 고시하는 기준에 따라 건설하여야 한다.
③ 제2항에도 불구하고 특별시장·광역시장·특별자치시장·특별자치도지사·시장 또는 군
   수(광역시의 군수는 제외한다)는 정비계획을 수립할 때 해당 정비구역 내 주민(세입자 포
   함한다)을 대상으로 임대주택 수요를 조사하고 그 결과에 따라 임대주택 건설비율을
   별도로 정할 수 있다.
④ 주거환경개선사업의 경우 시·도지사가 전체 임대주택 세대수의 50퍼센트 이하에서 정
   하여 공보에 고시하는 기준에 따라 40m² 이하 규모의 임대주택을 건설하여야 한다.
⑤ 시·도지사는 제2항 및 제4항의 기준을 고시함에 있어 다른 주거환경개선구역(주거
   환경개선사업을 시행하는 정비구역을 말한다. 이하 같다)과 연계하여 전체 구역에 대한 공
   급비율을 기준으로 사업구역별 차등 적용할 수 있으며, 주택건설을 위한 대지면적이
   10,000m² 이하인 경우 임대주택을 건설하지 않도록 할 수 있다.

제4조(재개발사업의 임대주택 및 주택규모별 건설비율)
① 재개발사업의 사업시행자는 건설하는 주택 전체 세대수의 80퍼센트 이상을 85m² 이

하 규모의 주택으로 건설하여야 한다. 다만, 주택단지 전체를 평균 5층 이하로 건설하는 경우는 그러하지 않는다.

② 제1항에도 불구하고 시·도지사는 필요한 경우 제1항에 따른 주택규모별 건설비율 이하의 건설비율을 별도로 정하여 공보에 고시할 수 있다.

③ 재개발사업의 사업시행자는 건설하는 주택 전체 세대수[‘도시 및 주거환경정비법’(이하 “법”이라 한다) 제54조 제1항에 따라 정비계획으로 정한 용적률을 초과하여 건축함으로써 증가된 세대수는 제외한다]의 20퍼센트(법 제54조 제4항에 따라 공급되는 임대주택은 제외한다)를 임대주택으로 건설하여야 하며, 전체 임대주택 세대수(법 제54조 제4항에 따라 공급되는 임대주택은 제외한다)의 30퍼센트 이상 또는 건설하는 주택 전체 세대수의 5퍼센트 이상을 주거전용면적 40m² 이하 규모의 임대주택(법 제54조 제4항에 따라 공급되는 임대주택은 제외한다)으로 건설하여야 한다.

④ 제3항에도 불구하고 다음 각 호의 어느 하나에 해당하는 경우 재개발사업의 사업시행자는 임대주택을 건설하지 않을 수 있다.
  1. 건설하는 주택 전체 세대수가 200세대 미만인 경우
  2. 도시·군관리계획상 자연경관지구 및 최고고도지구 내에서 7층 이하의 층수제한을 받게 되는 경우
  3. 일반주거지역 안에서 자연경관·역사문화경관 보호 및 한옥 보존 등을 위하여 7층 이하로 개발계획을 수립한 경우
  4. ‘항공법’ 및 ‘군사기지 및 군사시설 보호법’의 고도제한에 따라 7층 이하의 층수제한을 받게 되는 경우
  5. 제1종 일반주거지역에서 용도지역을 변경하지 않고 개발계획을 수립하는 경우

⑤ 제3항에도 불구하고 정비구역에서 학교용지를 확보하여야 하는 경우는 시·도지사가 정하는 바에 따라 임대주택 세대수를 50퍼센트 범위 내에서 차감하여 조정할 수 있다.

⑥ 제3항에도 불구하고 시·도지사가 임대주택 건설비율을 다음 각 호의 범위에서 공보에 고시한 경우에는 고시된 기준에 따른다. 다만, ‘국토의 계획 및 이용에 관한 법률 시행령’ 제30조 제1항 제2호에 따른 상업지역에서의 임대주택 건설비율에 대하여는 시·도지사가 지역의 세입자 수와 주택 수급여건 등을 고려하여 제1호의 지역은 5퍼센트까지, 제2호의 지역은 2.5퍼센트까지, 제3호의 지역에 대하여는 0퍼센트까지 완화하여 정할 수 있다.
  1. ‘수도권정비계획법’ 제2조 제1호에 따른 수도권 중 서울특별시 : 건설하는 주택 전체 세대수의 10퍼센트 이상 20퍼센트 이하
  2. ‘수도권정비계획법’ 제2조 제1호에 따른 수도권 중 인천광역시 및 경기도 : 건설하는 주택 전체 세대수의 5퍼센트 이상 20퍼센트 이하
  3. 제1호 및 제2호 외의 지역 : 건설하는 주택 전체 세대수의 5퍼센트 이상 12퍼센트 이하

⑦ 시장·군수가 정비계획을 수립할 때 관할 구역에서 시행된 재개발사업에서 건설하는 주택 전체 세대수에서 ‘도시 및 주거환경정비법 시행령’ 별표 3 제2호 가목(1)에 해당하는 세입자가 입주하는 임대주택 세대수가 차지하는 비율이 시·도지사가 정하여 고시한 임대주택 비율보다 높은 경우에는 다음 산식에 따라 산정한 임대주택 비율 이하의 범위에서 임대주택 비율을 높일 수 있다.

해당 시·도지사가 고시한 임대주택 비율 + (건설하는 주택 전체 세대수 × 10)

제5조(재건축사업의 임대주택 및 주택규모별 건설비율)
① '수도권정비계획법' 제6조 제1항 제1호에 따른 과밀억제권역에서 시행하는 재건축사업의 사업시행자는 건설하는 주택 전체 세대수의 60퍼센트 이상을 85m² 이하 규모의 주택으로 건설하여야 한다.
② 제1항에도 불구하고 다음 각 호를 충족하는 경우는 제1항을 적용하지 않는다.
    1. 조합원에게 분양하는 주택의 주거전용면적의 합이 종전 주택(재건축하기 전의 주택을 말한다)의 주거전용면적의 합보다 작거나 30퍼센트의 범위에서 클 것
    2. 조합원 이외의 자에게 분양하는 주택을 모두 85m² 이하 규모로 건설할 것

제6조(공공재개발사업에서의 공공임대주택 건설비율)
'도시 및 주거환경정비법 시행령'(이하 "시행령"이라고 한다) 제1조의 2 제1항에서 "국토교통부 장관"이 고시한 비율은 다음 각 호를 의미한다. 다만, 시·도지사는 '국토의 계획 및 이용에 관한 법률 시행령' 제30조 제1항 제2호부터 제4호까지의 지역에서는 시·도지사가 공보에 고시한 바에 따라 임대주택 세대수를 50퍼센트 범위 내에서 차감하여 조정할 수 있다.
    1. '수도권정비계획법' 제2조 제1호에 따른 수도권 중 서울특별시 : 전체 세대 수의 20퍼센트
    2. '수도권정비계획법' 제2조 제1호에 따른 수도권 중 서울특별시 외의 지역 : 전체 세대 수의 10퍼센트
    3. 제1호 및 제2호 외의 지역 : 전체 세대 수의 10퍼센트

제7조(재검토기한)
국토교통부 장관이 이 고시에 대하여 '훈령·예규 등의 발령 및 관리에 관한 규정'(대통령훈령 제334호)에 따라 2021년 7월 1일 기준으로 매 3년이 되는 시점(매 3년째의 6월 30일까지를 말한다)마다 그 타당성을 검토하여 개선 등의 조치를 하여야 한다.

부칙

이 고시는 발령한 날부터 시행한다.

6. 주택 재건축 판정을 위한 안전진단 기준

국토교통부 고시 제2020-1182호(개정 2020. 12. 30)

제1장 총칙

1-1. 목적
1-1-1. 이 기준은 '도시 및 주거환경정비법' 제12조 제5항에 따른 재건축사업의 안전진단의 실시방법 및 절차 등을 정함을 목적으로 한다.

1-2. 적용 범위 및 방법
1-2-1. 현지조사 및 재건축사업의 안전진단(이하 "재건축 안전진단"이라고 한다)은 이 기준에 따라 실시하되, 구체적인 실시요령은 '국토안전관리원법'에 따라 설립된 국토안전관리원(이하 "국토안전관리원"이라고 한다)이 정하는 '재건축사업의 안전진단 매뉴얼'(이하 "매뉴얼"이라고 한다)이 정하는 바에 따른다.

1-2-2. 이 기준은 철근콘크리트 구조, 프리캐스트 콘크리트 조립식 구조(이하 "PC조"라고 한다) 및 조적식 구조(이하 "조적조"라고 한다)의 공동주택에 적용한다. 동 기준에서 규정하지 않은 구조의 공동주택에 대한 재건축 안전진단의 실시방법은 특별자치시장, 특별자치도지사, 시장, 군수 또는 자치구의 구청장(이하 "정비계획의 입안권자"라고 한다)이 국토안전관리원 또는 '과학기술분야 정부출연연구기관 등의 설립·운영 및 육성에 관한 법률' 제8조에 따른 한국건설기술연구원(이하 "국토안전관리원 등"이라고 한다)에 자문하여 정한다.

1-3. 재건축 안전진단의 성격 및 종류
1-3-1. 재건축 안전진단은 '현지조사'와 '안전진단'으로 구분하며, '안전진단'은 '구조안전성 평가 안전진단'과 '주거환경 중심 평가 안전진단'으로 구분한다.

1-3-2. '현지조사'는 정비계획의 입안권자가 '도시 및 주거환경정비법'(이하 "법"이라고 한다) 제12조 제4항 및 같은 법 시행규칙 제3조에 따라 해당 건축물의 구조안전성, 건축마감·설비노후도, 주거환경적합성을 심사하여 안전진단 실시 여부 등을 결정하기 위하여 실시한다.

1-3-3. '안전진단'은 정비계획의 입안권자가 현지조사를 거쳐 '안전진단 실시'로 결정한 경우에 안전진단기관에 의뢰하여 실시하는 것으로 '구조안전성 평가 안전진단'의 경우 '구조안전성'을 평가하여 '유지보수', '조건부 재건축', '재건축'으로 판정하고, '주거환경중심 평가 안전진단의 경우 '주거환경', '건축 마감 및 설비노후도', '구조안전성', 및 '비용분석'으로 구분하여 평가하여, '유지보수', '조건부 재건축', '재건축'으로 판정한다.

1-3-4. 정비계획의 입안권자는 법 제12조 제5항에 따라 같은 법 시행령 제10조 제4항

제2호에 따른 안전진단전문기관이 제출한 안전진단 결과보고서를 받은 경우는 같은 항 제1호 또는 제3호에 따른 안전진단기관에 안전진단결과보고서의 적정 여부에 대한 검토를 의뢰할 수 있다.

1-3-5. 정비계획의 입안권자로부터 안전진단 결과보고서를 제출받은 시·도지사는 필요한 경우 국토안전관리원 등에 안전진단결과의 적정성 여부에 대한 검토를 의뢰할 수 있다.

1-3-6. 정비계획의 입안권자는 안전진단결과 재건축 판정에서 제외되어 '주택법' 제68조에 따른 증축형 리모델링을 위한 안전진단을 실시하는 경우는 해당 안전진단결과를 '주택법'에 따른 증축형 리모델링을 위한 안전진단에 활용할 수 있다.

1-4. 용어의 정의

1-4-1. 구조안전성 평가 안전진단 : 재건축연한 도래와 관계없이 내진성능이 확보되지 않은 구조적 결함 또는 기능적 결함이 있는 노후·불량건축물을 대상으로 구조안전성을 평가하여 재건축 여부를 판정하는 안전진단을 말한다.

1-4-2. 주거환경 중심 평가 안전진단 : 1-4-1. 외의 노후·불량건축물을 대상으로 주거생활의 편리성과 거주의 쾌적성 등의 주거환경을 중심으로 평가하여 재건축 여부를 판정하는 안전진단을 말한다.

1-4-3. 비용분석 : 건축물 구조체의 보수·보강비용 및 성능회복비용과 재건축 비용을 LCC(Life Cycle Cost) 관점에서 비교·분석하는 것을 말한다. 이 경우 편익과 재건축사업시행으로 인한 재산증식효과는 고려하지 않는다.

1-4-4. 조건부 재건축 : 붕괴 우려 등 구조적 결함은 없어 재건축 필요성이 명확하지 않은 경우로서, 1-3-4. 규정에 따라 안전진단 결과보고서의 적정성 검토를 통하여 재건축 여부를 판정하는 것을 말한다(국토안전관리원 등이 안전진단을 실시한 경우는 적정성 검토 없이 재건축을 실시할 수 있다). 이 경우 정비계획의 입안권자는 주택 시장 지역여건 등을 고려하여 재건축 시기를 조정할 수 있다.

1-5. 비용의 부담

1-5-1. 삭제 〈2018. 2. 9〉
1-5-2. 삭제 〈2018. 2. 9〉

제2장 현지조사

2-1. 안전진단 실시 여부의 결정 절차

2-1-1. 정비계획의 입안권자는 법 제12조 제4항에 따라 현지조사 등을 통하여 해당 건축물의 구조 안전성, 건축마감, 설비노후도 및 주거환경 적합성 등을 심사하여 안전진단 실시 여부를 결정하여야 한다. 다만, 구조안전성 평가 안전진단의 경우 '구조안전성'만 심사하여 안전진단 실시 여부를 결정할 수도 있다.

2-1-2. 안전진단의 실시가 필요하다고 결정한 경우에는 '도시 및 주거환경정비법 시행령'(이하 "영"이라고 한다) 제10조 제4항에서 정하고 있는 안전진단기관에 안전진단을

의뢰하여야 한다. 다만, 단계별 정비사업추진계획 등의 사유로 재건축사업의 시기를 조정할 필요가 있다고 인정되어 안전진단의 실시 시기를 조정하는 경우는 그러하지 않는다.

2-2. 현지조사 표본의 선정

2-2-1. 현지조사의 표본은 단지배치, 동별 준공일자·규모·형태 및 세대 유형 등을 고려하여 골고루 분포되게 선정하되, 최소한으로 조사하여야 할 표본 동 수의 선정 기준은 다음 표와 같다.

규모(동수)	산식	최소 조사동수	비고
10동 이하	전체 동수의 20%	1~2동	
11~30동	2 + (전체 동수 - 10) × 10%	3~4동	
31~70동	4 + (전체 동수 - 30) × 5%	5~6동	
71동 이상	-	7동	

* 동수 신정 시 소수섬 이하는 올림으로 계산함

2-2-2. 현지조사에서 최소한으로 조사하여야 할 세대수는 조사 동당 1세대를 기본으로 하되, 단지당 최소 3세대 이상으로 한다.

2-2-3. 현지조사 결과 '안전진단 실시'로 판정하는 경우, 안전진단 시 반드시 포함되어야 할 동, 세대 및 조사부위 등을 지정하여야 하며, 이 경우 표본 선정의 기본 목적인 대표성 및 객관성을 확보하기 위하여 지나치게 문제가 있는 표본 또는 전혀 문제가 없는 표본은 선정하지 않도록 유의한다.

2-3. 현지조사 항목

2-3-1. 현지조사의 조사항목은 다음과 같다.

평가분야	평가항목	중점 평가사항
구조 안정성	지반상태	지반침하상태 및 유형
	변형상태	건물 기울기 바닥판 변형(경사변형, 휨변형)
	균열상태	균열유형(구조균열, 비구조균열, 지반침하로 인한 균열) 균열상태(형상, 폭, 진행성, 누수)
	하중상태	하중상태(고정하중, 활하중, 과하중 여부)
	구조체 노후화상태	철근노출 및 부식상태 박리/박락상태, 백화, 누수
	구조부재의 변경상태	구조부재의 철거, 변경 및 신설
	접합부상태[1]	접합부 긴결철물 부식상태, 사춤상태
	부착모르타르상태[2]	부착모르타르 탈락 및 사춤상태
건축마감 및 설비 노후도	지붕 마감상태	옥상 마감 및 방수상태/보수의 용이성
	외벽 마감상태	외벽 마감 및 방수상태/보수의 용이성
	계단실 마감상태	계단실 마감상태/보수의 용이성
	공용 창호상태	공용 창호상태/보수의 용이성

평가분야	평가항목	중점 평가사항
건축마감 및 설비 노후도	기계설비 시스템의 적정성	난방 방식의 적정성 급수·급탕 방식의 적정성 및 오염방지 성능 기타 오·배수, 도시가스, 환기설비의 적정성 기계·소방설비의 적정성
	기계설비 장비 및 배관의 노후도	장비 및 배관의 노후도 및 교체의 용이성
	전기·통신설비 시스템의 적정성	수변전 방식 및 용량의 적정성 등 전기·통신 시스템의 효율성과 안전성 전기·소방설비의 적정성
	전기설비 장비 및 배선의 노후도	장비 및 배선의 노후도 및 교체의 용이성
주거환경	주거환경	주변 토지의 이용상황 등에 비교한 주거환경, 주차환경, 일조·소음 등의 주거환경
	재난대비	화재 시 피해 및 소화용이성(소방차 접근 등) 홍수대비·침수피해 가능성 등 재난환경
	도시미관	도시미관 저해 정도

1) PC조의 경우에 해당   2) 조적조의 경우에 해당

2-4. 현지조사 결과의 판정

2-4-1. 현지조사는 정밀한 계측을 하지 않고, 매뉴얼에 따라 설계도서 검토와 육안조사를 실시한 후 조사자의 의견을 서식 1부터 서식 4까지의 현지조사표에 기술한다.

2-4-2. 현지조사는 조사항목별 조사결과를 토대로 구조안전성 분야, 건축 마감 및 설비 노후도 분야, 주거환경 분야의 3개 분야별로 실시한 후 안전진단의 실시 여부를 판단한다.

제3장 안전진단

3-1. 평가절차

3-1-1. 안전진단의 실시는 구조안전성 평가 안전진단과 주거환경중심 평가 안전진단으로 구분하여 시행한다.

3-1-2. 구조안전성 평가 안전진단은 구조안전성 분야만을 평가하고, 주거환경중심 평가 안전진단은 '주거환경', '건축 마감 및 설비노후도', '구조안전성', '비용분석' 분야를 평가한다.

3-1-3. 주거환경중심 평가 안전진단의 경우 주거환경 또는 구조안전성 분야의 성능점수가 20점 이하의 경우에는 그 밖의 분야에 대한 평가를 하지 않고 '재건축 실시'로 판정한다.

3-1-4. 구조안전성, 주거환경, 건축마감 및 설비노후도 분야의 평가등급 및 성능점수의 산정은 다음 표에 따른다.

평가등급	A	B	C	D	E
대표 성능점수	100	90	70	40	0
성능점수(PS) 범위	100≧PS〉95	95≧PS〉80	80≧PS〉55	55≧PS〉20	20≧PS≧0

3-2. 구조안전성 평가

3-2-1. 구조안전성 평가는 표본을 선정하여 조사하고, 조사결과에 요소별(항목별·부재별·층별) 중요도를 고려하여 성능점수를 산정한 후, A~E등급의 5단계로 구분하여 평가한다.

3-2-2. 구조안전성 평가는 기울기 및 침하, 내하력, 내구성의 세 부문으로 나누어 표본동에 대하여 표본동 전체 또는 부재 단위로 조사한다. 각 부문별 평가항목은 다음과 같다.

평가부문	평가항목	
기울기 및 침하	건물 기울기	
	기초 침하	
내하력	내력비	콘크리트 강도
		철근배근상태
		부재단면치수
		하중상태
		접합부 용접상태[1]
		접합 철물 치수[1]
		보강·긴결철물 상태[2]
		조적개체 강도[2]
		조적벽체 두께, 길이[2]
	처짐	
내구성	콘크리트 중성화	
	염분 함유량	
	철근부식	
	균열	
	표면 노후화	
	접합부 긴결철물의 부식[1]	
	사춤콘크리트 및 모르타르 탈락[1]	
	부착 모르타르 상태[2]	

1) PC조의 경우에 해당   2) 조적조의 경우에 해당

3-2-3. 표본의 선정
   (1) 구조안전성 평가의 표본은 단지규모, 동(棟) 배치 및 세대분포 등을 고려하여 선정한다.
   (2) 조사동수의 기준은 다음 표의 기준 이상으로 하며, 현지조사 결과에서 제시한 동을 반드시 포함하여야 하며, 부득 이하게 포함하지 못할 경우에는 타당한 사유를 명시하여야 한다. 다만, 50세대 이하인 연립주택 또는 다세대주택인 경우에는 최소 조사 동수의 1/2로 할 수 있다.

전체 동수(동)	최소 조사동수(동)	선정방법
3동 이하	1동	구조형식이 다른 동 선정
4~13동	2~3동	층수가 다른 동 선정
14~26동	4~5동	세대규모(평형)가 다른 동 선정
27~46동	6~7동	단지를 대표할 수 있는 동 선정
47동 이상	8동	• 외관조사에서 구조적으로 취약하다고 판단되는 동 선정

3-2-4. 성능점수 산정
(1) 동별 평가 결과로부터 단지 전체에 대한 구조안전성을 평가한다.

$$구조안전성\ 성능점수 = \frac{\Sigma(동별\ 점수)}{조사\ 등수}$$

(2) 구조안전성 평가결과는 [서식 5] 〈구조안전성 평가표〉를 활용하여 작성한다.

3-3. 주거환경 평가

3-3-1. 주거환경 분야는 표본을 선정하여 조사하고, 조사결과에 항목별 중요도를 고려하여 성능점수를 산정한 후, A~E등급의 5단계로 구분하여 평가한다. 이 경우 도시미관, 소방활동의 용이성, 침수 피해가능성, 세대당 주차대수, 일조환경, 노약자와 어린이 생활환경은 단지전체에 대하여 조사하고, 소방활동의 용이성, 일조환경은 단지 전체뿐 아니라 표본 동을 선정하여 평가한다. 또한, 사생활 침해, 에너지효율성, 실내생활공간의 적정성은 단지, 동뿐만 아니라 표본 세대를 선정하여 평가한다.

3-3-2. 주거환경 평가는 도시미관, 소방활동의 용이성, 침수피해 가능성, 세대당 주차대수, 일조환경사생활침해, 에너지효율성, 노약자와 어린이 생활환경, 실내생활공간의 적정성 등 9개의 항목에 대하여 조사·평가한다.

3-3-3. 주거환경 분야의 표본은 단지 및 동(棟) 배치를 고려하여 선정하며, 최소 조사동수는 3-2-3을 따르고, 최소 조사 세대수는 3-4-4를 따른다.

3-3-4. 성능점수 산정
(1) 주거환경 평가 성능점수는 도시미관, 소방활동의 용이성, 침수피해 가능성, 세대당 주차대수, 일조환경, 사생활침해, 에너지효율성, 노약자와 어린이 생활환경, 실내생활공간의 적정성에 대한 성능평가 점수와 해당 항목의 가중치를 고려하여 산정한다.

$$주거환경\ 평가\ 성능점수 = \Sigma(평가항목별\ 성능점수 \times 평가항목별\ 가중치)$$

(2) 주거환경 분야의 평가결과는 [서식 6] 『주거환경 평가표』를 활용하여 작성한다.

3-4. 건축 마감 및 설비노후도 평가

3-4-1. 건축 마감 및 설비노후도 평가는 표본을 선정하여 조사하고, 조사결과에 요소별 (부문별·항목별) 중요도를 고려하여 성능점수를 산정한 후, A~E등급의 5단계로 구분하여 평가한다.

3-4-2. 건축 마감 및 설비노후도 분야의 평가는 건축마감, 기계설비 및 전기·통신 설비

노후도의 3가지 부문으로 나누어 평가한다.

3-4-3. 건축마감 및 설비노후도 분야의 각 부문별 평가항목은 다음과 같다.

평가부문	평가항목
건축 마감	지붕 마감상태
	외벽 마감상태
	계단실 마감상태
	공용 창호상태
기계설비노후도	시스템 성능
	난방설비
	급수·급탕설비
	오·배수설비
	기계소방설비
	도시가스설비
전기·통신설비노후도	시스템 성능
	수변전 설비
	전력간선설비
	정보통신설비
	옥외전기설비
	전기소방설비

3-4-4. 건축 마감 및 설비노후도 분야의 표본 선정 최소 조사동수는 3-2-3을 따르고, 최소 조사 세대수는 다음과 같다.

규모(세대)	산식
100 이하	100 × 10%
101 이상~300 이하	10 + (전체 세대수-100) × 5%
301 이상~500 이하	20 + (전체 세대수-300) × 4%
501 이상~1,000 이하	28 + (전체 세대수-500) × 3%
1,001 이상~3,850 이하	43 + (전체 세대수-1000) × 2%
3,851 이상	100세대

* 세대수 산정 시 소수점 이하는 올림으로 계산함.

3-4-5. 성능점수 산정

(1) 건축 마감, 기계 설비노후도, 전기·통신 설비노후도의 평가항목별 성능점수와 해당 항목의 가중치를 고려하여 산정한다.

> 건축 마감 및 설비노후도 성능점수
> = Σ(평가항목별 성능점수 i × 평가항목별 가중치 i)

(2) 건축 마감 및 설비노후도 분야의 평가결과는 [서식 7] 『건축 마감 및 설비노후도 평가표』를 활용하여 작성한다.

3-5. 비용분석

3-5-1. 비용분석 분야의 평가 절차와 방법은 다음과 같다.

(1) 비용분석 분야는 개보수를 하는 경우의 총비용과 재건축을 하는 경우의 총비용을 LCC(생애주기 비용)적인 관점에서 비교·분석하여 평가값(α)을 산출한 후, A~E등급의 5단계로 구분하여 평가한다.

(2) 평가값(α)은 개보수하는 경우의 주택 LCC의 년가(Equivalent Uniform Annual Cost)에 대한 재건축하는 경우의 주택 LCC의 년가의 비율로 산정한다.

(3) 비용분석은 내용연수, 실질이자율(할인율), 비용산정 근거 등 기본적인 사항과 개보수 비용, 재건축 비용 등을 고려하여 시행한다.

(4) 비용분석 분야의 평가 결과는 [서식 8] 비용분석표를 활용하여 작성한다.

3-5-2. 주택의 내용연수와 실질이자율(할인율) 등을 확정한다.

(1) 구조형식별 공동주택의 내용연수는 법인세법 시행규칙 제15조 제3항(건축물 등의 기준내용연수 및 내용연수 범위표)을 따른다. 개보수 후의 주택의 내용연수는 성능회복 수준에 비례하고, 성능회복수준은 그에 소요된 비용에 의하여 결정되는 것으로 가정하여 결정한다.

(2) 실질이자율은 다음과 같은 식으로 구하고 과거 5년 정도의 수치를 산술평균한 값을 적용한다. 물가상승률은 한국은행의 경제통계연보와 통계청의 주요경제지표에서 제시한 자료를 사용하고, 기업대출금리를 명목이자율로 사용한다.

$$i = \frac{(1 + i_n)}{(1 + f)} - 1$$

i : 실질이자율 i_n : 명목이자율   f : 물가상승율

(3) 내용연수와 실질이자율 결정에 관한 상세한 내용은 매뉴얼에 따른다.

3-5-3. 개보수 비용과 재건축 비용을 산정한다.

(1) 개보수 비용은 철거공사비, 구조체 보수·보강비용(내진보강 비용 포함), 건축 마감 및 설비 성능회복비용, 유지관리비, 개보수 기간의 이주비 등을 고려하여 산정한다.

(2) 재건축 비용은 기존 건축물을 철거하고 새로운 건축물을 건설하는 데 소요되는 제반비용으로 철거공사비와 건축물 신축 공사비, 재건축 공사기간 중의 이주비용 등을 포함한다.

3-5-4. 비용분석의 평가값(α)에 따른 대표점수는 다음과 같다.

평가값(α^1)	대표점수
0.69 이하	100
0.70 ~ 0.79	90
0.80 ~ 0.89	70
0.90 ~ 0.99	40
1.00	0

1) 평가값(α) = 개보수하는 경우 주택 LCC의 년가 / 재건축하는 경우 주택 LCC의 년가

3-6. 종합판정

3-6-1. 주거환경중심 평가 안전진단의 경우 주거환경, 건축 마감 및 설비노후도, 구조
안전성, 비용분석 점수에 다음 표의 가중치를 곱하여 최종 성능점수를 구하고, 구조안
전성 평가 안전진단의 경우는 [서식 5]에 따른 구조안전성 평가결과 성능점수를 최종
성능점수로 한다.

구분	가중치
주거환경	0.15
건축마감 및 설비노후도	0.25
구조안전성	0.50
비용분석	0.10

3-6-2. 최종 성능점수에 따라 다음 표와 같이 '유지보수', '조건부 재건축', '재건축'으로
구분하여 판정한다.

최종 성능점수	판정
55 초과	유지보수
30 초과~55 이하	조건부 재건축
30 이하	재건축

제4장 행정사항

4-1. 국토교통부 장관은 '훈령·예규 등의 발령 및 관리에 관한 규정'에 따라 2018년 7월
1일 기준으로 매 3년이 되는 시점(매 3년째의 6월 30일까지를 말한다)마다 그 타당성을
검토하여 개선 등의 조치를 하여야 한다.

부칙

이 고시는 2021년 1월 1일부터 시행한다.

1. 공동주택 개요	작성일자	년	월	일	작성자

1.1 건 물 명 : _____

1.2 소 재 지 : _____

1.3 준공일자 : _____ 년 __ 월 __ 일 (경과년수 _____ 년 __ 개월)
　　　　　　 _____ 년 __ 월 __ 일 (경과년수 _____ 년 __ 개월)
　　　　　　 (동별 준공연도가 다를 경우는 최초/ 최후 준공 동(棟)만 기록)

1.4 규　　모 : ____ 개동 _____ 세대 / 총연면적 : _____ ㎡
　　　　 기본평형 : _____ 평형
　　　　 기본층수 : 지하 ____ 층, 지상 ____ 층
　　　　 (기본평형 및 기본동수는 대표적인 것 기록)

1.5 준공도서 보관유무
　　1) 준 공 도 면 : □ 유　□ 무　□ 기타 (　　　　)
　　2) 구 조 계 산 서 : □ 유　□ 무　□ 기타 (　　　　)
　　3) 지 질 조 사 서 : □ 유　□ 무　□ 기타 (　　　　)
　　4) 건 물 관리대장 : □ 유　□ 무　□ 기타 (　　　　)
　　5) 기　　　　　타 : _____

1.6 건물이력 주요사항 (용도변경, 증·개축, 보수·보강, 구조변경, 리모델링 등)

일자	주요사항	기타

[서식 2] 현지조사- 설계기준 및 기본현황 검토

2. 설계기준 및 기본현황 검토

2.1 구조 설계
1) 구조형식 : □ RC 벽식구조   □ RC 가구식 구조   □ 조적조 (   )
              □ PC 벽식구조   □ PC 가구식 구조   □ 기타 (   )
2) 기초형식 : □ Pile 기초 □ Mat 기초 □ 독립기초 □ 줄기초 □ 기타 ( )
3) 설 계 법 : □ 허용응력 설계법 □ 극한강도 설계법 □ 불명
4) 내진설계 : □ 적용 □ 미적용 □ 불명
5) 사용재료의 강도
   ① 콘크리트 : f_{ck} = _____ MPa ,   □ 불명
   ② 철   근 : f_y = _____ MPa ,   □ 불명
   ③ 철   골 : F_y = _____ MPa ,   □ 불명
   ④ 조   적 : f_m = _____ MPa ,   □ 불명
6) 지 내 력 : _____ $KN/㎡$,   □ 불명
7) Pile : □ 유 (□ RC Pile □ PHC Pile □ 강관 Pile)   □ 무   □ 불명
   ① 규 격 : _____   ② 허용지지력 : = f_p = _____ N
8) 설계 지하수위 : GL - _____ m □ 불명

2.2 설비 설계
1) 기계설비방식 :
   ① 난방방식 : □ 개별 □ 중앙 □ 지역,
   ② 급수방식 : □ 고가수조 □ 가압펌프 □ 시직수
2) 배관재질
   ① 난   방 : _____   ② 급수·급탕 : _____
   ③ 오 배 수 : _____   ④ 소   화 : _____
   ⑤ 가   스 : _____   ⑥ 수   조 : _____
3) 전기설비방식 : 수전방식 _____   수전용량 _____ kVA
4) 소화설비 설치현황 및 현행법규 만족 여부
   ① 기계 : _____
   ② 전기 : _____

2.3 도시계획 관련
1) 현 지역지구 :
2) 건 폐 율 : 현재 _____ %   현행기준 _____ %
3) 용 적 률 : 현재 _____ %   현행기준 _____ %
4) 주 차 대 수 : 현재 _____ 대   현행기준 _____ 대
5) 주변도로현황 :

3.1 분야별 현지조사표(구조안전성 분야)

조사항목 ＼ 평가등급	A	B	C	D	E	참고사항
지반상태						
변형상태						
균열상태						
하중상태						
구조체 노후화상태						
구조부재의 변경상태						
접합부상태[1]						
부착모르타르상태[2]						
구조안전성 등급						

1) PC조의 경우에 해당
2) 조적조의 경우에 해당

※ 등급 판정 사유

_____년 ____ 월 ____ 일

현지조사자   **(서명 또는 날인)**

3.2 분야별 현지조사표(주거환경 분야)

평가등급 조사항목	A	B	C	D	E	참고사항
주거환경						
재난대비						
도시미관						
주거환경 등급						

※ 등급 판정 사유

_____년 ____ 월 ____ 일

현지조사자　　　　　　　(서명 또는 날인)

3.3 분야별 현지조사표(건축 마감 및 설비노후도 분야)

조사항목 / 평가등급		A	B	C	D	E	참고사항
건축마감 상태	지붕 마감상태						
	외벽 마감상태						
	계단실 마감상태						
	공용 창호상태						
건축 마감 등급							

조사항목 / 평가등급		A	B	C	D	E	참고사항
기계설비 상태	기계설비 시스템의 적정성						
	기계설비 장비 및 배관의 노후도						
전기·통신 설비 상태	전기설비 시스템의 적정성						
	전기설비 장비 및 배선의 노후도						
설비노후도 등급							

※ 등급 판정 사유

_____년 ___ 월 ___ 일

현지조사자   **(서명 또는 날인)**

[서식 4] 현지조사 결과표

4. 현지조사 결과

4.1 조사항목별 등급

평가항목	구조안전성	건축 마감 및 설비노후도	주거환경
등급			

4.2 안전진단 필요 여부
　　□ 필요　□ 불필요

4.3 조사 의견

＿＿＿＿＿＿년 ＿＿ 월 ＿＿ 일

현지조사자　　　　　**(서명 또는 날인)**

4.4 표본선정
(판정 결과 안전진단이 필요한 경우, 안전진단 표본 선정 시 포함되어야 할 동 및 세대)

구분	현황	표본 선정
동	총동	
세대	총세대	

『구조안전성 평가표』

구분		평가등급(동수)						비고
		A	B	C	D	E	소계	
부문별 평가	기울기 및 침하							
	내하력							
	내구성							
동별 평가								
구조안전성 평가		성능점수(환산) : / 평가등급 :						

No	동	평가부문	부문별 평가		동별 평가		구조안전성 평가		비고
			점수	등급	점수	등급	성능점수	평가등급	
1		기울기 및 침하							
		내하력			*				
		내구성							
2		기울기 및 침하							
		내하력							
		내구성							
3		기울기 및 침하							
		내하력					**		
		내구성							
.		기울기 및 침하							
		내하력							
		내구성							
n		기울기 및 침하							
		내하력							
		내구성							

* 부문별 평가점수 중 최저점수
** 동별 평가점수의 산술평균

▷ 특기사항 및 총평

[서식 6] 주거환경 평가표

『주거환경 평가표』

평가항목	평가등급					성능점수	가중치	성능점수 × 가중치	비고
	A	B	C	D	E				
도시미관							0.025		단지
소방활동의 용이성							0.25		단지/동
침수피해 가능성							0.15		단지
세대당 주차대수							0.25		단지
일조환경							0.10		단지/동
사생활침해							0.10		단지/ 동/ 세대
에너지효율성							0.05		단지/ 동/ 세대
노약자와 어린이 생활환경							0.05		단지
실내생활공간의 적정성							0.025		단지/ 동/ 세대
합계							1.00		
주거환경 평가	성능점수(환산) : / 평가등급 :								

▷ 특기사항 및 총평

『건축 마감 및 설비노후도 평가표』

단지(團地)명 : _____   조사일 :   년   월   일

중분류	평가등급					성능점수	가중치	성능점수 × 가중치	비고
	A	B	C	D	E				
건축 마감							0.40		
기계설비노후도							0.30		
전기·통신 설비노후도							0.30		
합 계							1.00		
건축 마감 및 설비노후도 평가	성능점수(환산) : / 평가등급 :								

* 해당 부문별 성능점수를 산술평균하여 성능점수를 산정한다.
** PC조 및 조적조도 동일한 가중치 적용

▷ 특기사항 및 총평

[서식 8] 비용분석표

『비용분석표』

구분	세부항목		산정결과	비고
기본사항	적용 내용연수 (년)	개·보수 후		
		재건축 후		
	적용 실질이자율(%)			

구분	세부항목		산정결과	비고
비용산정 (원/㎡)	개·보수 비용	철거공사비		
		구조체 보수·보강 비용		
		건축 마감 및 설비성능 회복비용		
		이주비		
		소계		
	개·보수 후 유지관리비			
	합계			
	재건축 비용	철거공사비		
		건축공사비		
		이주비		
		소계		
	재건축 후 유지관리비			
	합계			

비용분석	개·보수 후 LCC 년가(원/㎡)		
	재건축 후 LCC 년가(원/㎡)		
	α 값		
	평가등급		

▷ **특기사항 및 총평**

7. 소형주택의 활용기준 산정방법

국토교통부 고시 제2020-1182호(개정 2020. 12. 30)

1. 목적 및 적용대상
1-1. 이 기준은 '도시 및 주거환경정비법' 제55조 제4항 및 같은 법 시행령 제48조 제5항에 따라 재개발사업 및 재건축사업으로 건설하는 소형주택의 임대주택 활용 용도를 결정하기 위한 기준의 산정방법 등을 정하는 데 그 목적이 있다.

2. 항목별 산정방법
2-1. '도시 및 주거환경정비법 시행령'(이하 "시행령"이라고 한다) 제48조 제5항 제1호 가목 중 "정비사업 후 대지 및 건축물의 총가액"은 '도시 및 주거환경정비법'(이하 "법"이라고 한다) 제50조 제7항에 따른 사업시행계획 인가 고시일을 기준으로 하여 정비사업이 위치한 지역의 시세에 따라 산정하되 구체적인 산정방법은 다음 각 호 중 어느 하나에 따른다.

　가. 해당 특별자치시장·특별자치도지사·시장·군수 또는 자치구의 구청장(이하 "시장·군수 등"이라고 한다)이 '한국부동산원법'에 따른 한국부동산원에 시세 조사를 의뢰하여 받은 자료를 토대로 시장·군수 등이 정한다.

　나. 시장·군수 등이 지정한 2 이상의 감정평가업자('감정평가 및 감정평가사에 관한 법률'에 따른 감정 평가업자를 말한다)가 평가한 금액의 산술평균치를 기준으로 한다.

2-2. 시행령 제48조 제5항 제1호 가목 중 "총사업비"는 법 제52조 제1항 제12호에 따른 "정비사업비"를 적용한다. 다만, 사업시행계획이 변경된 경우에는 변경된 사업시행계획서의 "정비사업비"를 적용한다.

2-3. 시행령 제48조 제5항 제1호 나목의 "정비사업 전 토지 및 건축물의 총 가액"은 법 제74조 제1항 제5호에 따른 "분양대상자별 종전의 토지 또는 건축물의 사업시행계획 인가의 고시가 있는 날을 기준으로 한 가격의 총합"을 적용한다.

3. 적용대상
3-1. 이 기준은 법 제55조 제4항에 따라 소형주택을 장기공공임대주택이 아닌 임대주택으로 공급할지 여부를 결정하는 용도에 한정하여 적용한다.

4. 행정사항
4-1. 국토교통부 장관은 '훈령·예규 등의 발령 및 관리에 관한 규정'(대통령 훈령 제334호)에 따라 이 고시에 대하여 2018년 7월 1일 기준으로 매 3년이 되는 시점(매 3년째의 6월 30일까지를 말한다)마다 그 타당성을 검토하여 개선 등의 조치를 하여야 한다.

부칙

이 고시는 2021년 1월 1일부터 시행한다.

- 국가법령정보센터 http://www.law.go.kr/main.html
- 시별 정비사업 사이트

  서울 : 정비사업 정보몽땅

  　　　https://cleanup.seoul.go.kr/

  인천 : 추정분담금 정보시스템

  　　　https://renewal.incheon.go.kr/ires/index.do

  대전 : 정비사업관리시스템

  　　　https://hreas.daejeon.go.kr/dje.aspx

  대구 : 정비사업추정분담금정보시스템

  　　　https://hreas.daegu.go.kr/default.aspx

  부산 : 정비사업 통합홈페이지

  　　　http://dynamice.busan.go.kr/

  울산 : 시청 도시창조과

  　　　http://www.ulsan.go.kr/metro/fhmetrowork12

  광주 : 정비사업관리시스템

  　　　https://hreas.gwangju.go.kr/Default.aspx

  창원 : 시청 도시개발사업소

  　　　http://uds.changwon.go.kr/jsp/main/main.jsp
- 도시개발신문 http://www.udp.or.kr/v2.0/
- 건설경제 http://www.cnews.co.kr/
- 건설산업연구원 http://www.cerik.re.kr/
- 주거환경연구원 http://www.reikorea.org/
- 주택산업연구원 http://www.khi.re.kr/main/main.php
- 하우징헤럴드 http://www.housingherald.co.kr/
- 아유경제 http://www.areyou.co.kr/
- 도시재생 종합정보체계 http://www.city.go.kr/index.do

출처 : 한국공인중개사협회 부산광역시 지부(https://busan.kar.or.kr) 특약모음집

재개발·재건축 필수 특약사항

(1) 현 구역의 추진단계는 ○○○단계(조합설립 인가, 사업시행계획 인가, 감정 평가, 조합원분양신청, 관리처분 인가, 철거 등)이다.

(2) 철거예정시기는 조합에 문의한바 ○○○○년 하반기로 예상된다고 한다.

(3) 법 제19조(행위제한 등) : 정비구역 안에서 건축물의 건축, 공작물의 설치, 토지의 형질변경, 토석의 채취, 토지 분할, 물건을 쌓아 놓는 행위 등을 하고자 하는 자는 시장·군수의 허가를 받아야 한다.

(4) 법 제39조(조합원의 자격 등) : 정비사업의 조합원은 토지등소유자로 하되, 다음 각 호 중 어느 하나에 해당하는 때는 그 여러 명을 대표하는 1명을 조합원으로 본다.

① 토지 또는 건축물의 소유권과 지상권이 여러 명의 공유에 속하는 때

② 여러 명의 토지등소유자가 1세대에 속하는 때. 이 경우 동일한 세대별 주민등록표상에 등재되어 있지 않은 배우자 및 미혼인 19세 미만의 직계비속은 1세대로 보며, 1세대로 구성된 여러 명의 토지등소유자가 조합설립 인가 후 세대를 분리하여 동일한 세대에 속하지 않는 때도 이혼 및 19세 이상 자녀의 분가(세대별 주민등록을 달리하고, 실거주지를 분가한 경우로 한정한다)를 제외하고는 1세대로 본다.

③ 조합설립 인가(조합설립 인가 전에 제27조 제1항 제3호에 따라 신탁업자를 사업시행자로 지정한 경우에는 사업시행자의 지정을 말한다. 이하 이 조에서 같다) 후 1명의 토지등소유자로부터 토지 또는 건축물의 소유권이

나 지상권을 양수하여 여러 명이 소유하게 된 때

(5) 법 제70조(지상권 등 계약의 해지) 제5항

제74조에 따라 관리처분계획의 인가를 받은 경우 지상권·전세권 설정계약 또는 임대차계약의 계약기간은 '민법' 제280조·제281 조 및 제312조 제2항, '주택임대차보호법' 제4조 제1항, '상가건 물 임대차보호법' 제9조 제1항을 적용하지 아니한다.

(6) 법 제77조(주택 등 건축물을 분양받을 권리의 산정 기준일)

정비사업을 통하여 분양받을 건축물이 다음 각 호의 어느 하나 에 해당하는 경우에는 제16조 제2항에 따른 고시가 있는 날 또는 시·도지사가 투기를 억제하기 위하여 기본계획 수립 후 정비구역 지정·고시 전에 따로 정하는 날(이하 이 조에서 "기준일"이라고 한다)의 다 음 날을 기준으로 건축물을 분양받을 권리를 산정한다.

① 1필지의 토지가 여러 개의 필지로 분할되는 경우

② 단독주택 또는 다가구주택이 다세대주택으로 전환되는 경우

③ 하나의 대지 범위에 속하는 동일인 소유의 토지와 주택 등 건 축물을 토지와 주택 등 건축물로 각각 분리하여 소유하는 경우

④ 나대지에 건축물을 새로 건축하거나 기존 건축물을 철거하고 다세대주택, 그 밖의 공동주택을 건축하여 토지등소유자의 수 가 증가하는 경우

재개발·재건축 물건의 매매 시 특약사항

(1) 본 물건은 _____ 재개발구역 내에 있다.

(2) 본 물건의 감정평가 금액은 금 _____원이며, 이주비는 금 _____원이 책정되어 있다.

(3) 현 시설 상태에서 매매이며, 특약의 내용을 제외한 시설물 일체를 명도하기로 한다.

(4) 매도인은 이주비를 신청 및 수령하고, 이주비는 잔금에서 공제하

기로 하며, 현 세입자의 이주비를 매도자가 수령할 시, 현 세입자의 보증금 환불은 이주비 지급 때 매도인이 정산한다.

(5) 현 임대차계약은 매수인이 승계하기로 하며, 보증금 부분은 잔금에서 공제하기로 한다(임대차 계약서 첨부).

(6) 본 매매물건은 무허가건물로서 해당 관청 무허가건물대장(건물대장번호 ○○○○○-○○○○○)에 기록되어 있음을 확인하고 계약하는 것이다.

(7) 본 물건은 사유지에 점유한 건축물로 점유에 따른 변상금 등의 비용발생 부분은 해당 잔금일을 기준으로 정산한다.

(8) 본 물건은 재개발구역의 물건으로서 향후 일부환지가 확정되어 권리면적이 추가로 증가되었을 경우 발생되는 추가비용은 매수인이 부담하기로 한다.

(9) 본 물건은 조합원 지분으로서 단독분양대상이며, △△평형 분양자격을 지니고 있고, 차후 분양자격 등에 문제가 발생하면 매도자는 문제해결비용을 일체 부담하기로 한다.

(10) 현장답사 후 시설물 등 내·외부 하자 없음을 육안으로 확인한 후 계약한다(차후 노후에 따른 대상건물 하자 부분의 분쟁에 대비함).

(11) 매수자에게 해당 정비사업의 추진단계, 퇴거예정시기(건축물의 철거예정시기), 건축물의 분할 제한 부분, 조합원의 자격, 관리처분 후 계약된 임대차의 주택, 상가 임차기간 미적용, 분양받을 권리 산정 기준일 등 충분히 고지하였다.

(12) 매수인은 조합청산 시 매도인의 권리 의무를 일체 승계받기로 한다(청산 시 추가지불과 환불을 받을 수 있기 때문).

조합원입주권 매매 계약 시 특약사항

(1) 본 계약물건의 종전 토지지번은 ○○-○○이다.

(2) 본 계약물건은 재개발구역 _____아파트 조합원입주권이다.

(3) 본 매매계약서는 매도인의 조합원공급계약서 원본에 의하여 작성하였다.

(4) 매도인이 무이자로 이주비를 신청·수령하기로 하며, 매수인은 이를 승계하고 실이주비는 잔금에서 공제하기로 한다.

(5) 본 물건은 _____ 재개발구역의 철거대상 건축물로 이주비 지급절차, 임차인의 보증금 반환, 명도비용 등의 관한 사항에 대하여 매도자가 책임지기로 한다.

(6) 매도자는 잔금 납부 시까지 제세공과금 완납증명서를 매수자에게 제출하기로 한다.

(7) 매수인은 잔금일에 모든 권리와 책임을 승계(중도금 융자의 무이자, 유이자 이주비 포함)하고, 매도인은 매수인의 명의변경에 필요한 서류 일체를 적극적으로 협조하여 주기로 한다.

(8) 조합예치금은 매도인이 환급받고, 입주 시 이주비 상환의무는 매수인이 부담한다.

(9) 세입자 입주일이 매매 잔금일보다 빠를 경우 잔금지급일자는 쌍방 협의하에 조정 가능하다.

(10) 계약 후 발생하는 청산 금액의 수령 및 납부는 잔금일 기준으로 이전은 매도자가, 이후는 매수자가 책임진다.

(11) 매도인이 본 물건을 담보로 한 융자금은 매도자가 잔금일 전까지 상환·말소하며, 이에 따른 모든 비용은 매도인이 부담한다.

(12) 매도인이 신청한 옵션품목은 매수자가 모두 인수하기로 하며, 매매대금과 별도로 매도인이 납부한 금액을 지급하기로 한다.

(13) 본 물건은 구역 관리처분 인가가 고시된 지역이며, 차후 일정 및 변경사항이 발생할 시 매수인은 조합의 운용계획에 따르기로 한다.

(14) 계약금 중 금 _____원은 계약 시 지불하고, 금 _____원은 ○○○○년 ○○월 ○○일까지 매도인 ○○○(은행명, 계좌번호)

계좌로 송금하기로 한다. 이런 경우 후지불되는 계약금 일부에 대하여 매수인에게 현금보관증을 받고, 매도인에게 현금보관증에 대한 영수증을 받아둔다면, 계약해지에 대한 염려는 사라질 것이다.

　　* 거래자들의 의식수준, 성격 등에 따라 선택하면 된다.

(15) 매도인은 매수인의 조합원 자격 및 분양자격 확보에 적극적으로 협조하여야 한다.

(16) 분양자격에 문제가 발생하면 이 계약은 무효로 한다.

(17) 본 물건은 재개발구역 내 노후·불량화 건축물로서 매도인, 매수인의 가격협상을 통하여 매도인의 하자담보 책임은 없기로 한다.

(18) (국·공유 점유자) 매매 잔금일까지 매도인은 변상금(사용료 미납)을 정산하기로 한다.

(19) (무허가건축물) 매도인은 잔금일까지 항공사진 판독 확인서 또는 재산세 납부증명서를 제출하여야 한다(분양자격 확인을 위한 기존 무허가건축물 대상 확인).

재개발·재건축 물건의 임대차계약 시 특약사항

(1) 본 임대차계약의 대상물건은 재개발·재건축 예정구역 내에 위치한다.

(2) 재건축·재개발사업으로 인하여 대상물건을 철거할 때 임차인은 본 임대차계약을 무효로 하고, 다른 조건 없이 즉시 명도하여야 하며, 임대인은 명도를 확인하고 임대차보증금을 지급하기로 한다.

(3) 조합에서 합법적으로 지급하는 주거이전비 등의 경비 이외에 임대인에게 어떤 비용도 요구할 수 없으며, 임대인이 조합·시공사에서 지급하는 이주비를 수령함에 적극적으로 협조하여야 한다.

(4) 임차인에게 해당 정비사업의 추진단계, 퇴거예정시기(건축물의 철거예정시기), 건축물의 분할 제한 부분, 조합원의 자격, 관리처분 후

계약한 임대차의 주택, 상가 임차기간 미적용, 분양받을 권리산정
기준일 등을 충분히 고지한다.

(5) 임대차계약의 대상물건은 정비구역에 있으며 임대차 기간에 대
하여 주장할 수 없고, 이사비 등을 청구할 수 없다.

3 정비구역 설명·고지 확인서

출처 : 한국공인중개사협회의 거래정보망 한방 – 커뮤니티 – 자료실

○○정비사업 구역 안 설명·고지 확인서

본 서면은 '도시 및 주거환경정비법' 제122조 제1항에 따른 거래계약서의 일부이며,
같은 법 제122조 제2항에 따른 '공인중개사법' 제25조 제1항 제2호
"법령의 규정에 의한 거래 또는 이용제한 사항"입니다.

물건의 표시	
종전 토지 표시	

1. 정비사업 추진단계 :

2. 퇴거예정시기 :   년 월 일, 철거예정시기 :   년 월 일

3. 시장·군수의 (변경)허가사항(법 제19조 및 시행령 제15조)
1) 건축물의 건축 등 : '건축법' 제2조 제1항 제2호에 따른 건축물(가설건축물을
   포함한다)의 건축, 용도변경
2) 공작물의 설치 : 인공을 가하여 제작한 시설물('건축법' 제2조 제1항 제2호에
   따른 건축물을 제외한다)의 설치
3) 토지의 형질변경 : 절토·성토·정지·포장 등의 방법으로 토지의 형상을 변경
   하는 행위, 토지의 굴착 또는 공유수면의 매립
4) 토석의 채취 : 흙·모래·자갈·바위 등의 토석을 채취하는 행위. 다만, 토지의
   형질변경을 목적으로 하는 것은 제3호에 따른다.
5) 토지 분할
6) 물건을 쌓아 놓는 행위 : 이동이 쉽지 아니한 물건을 1월 이상 쌓아 놓는 행위
7) 죽목의 벌채 및 식재

4. 조합원의 자격(법 제39조 및 시행령 제37조)

① 제25조에 따른 정비사업의 조합원(사업시행자가 신탁업자인 경우에는 위탁자를 말한다. 이하 이 조에서 같다)은 토지등소유자(재건축사업의 경우에는 재건축사업에 동의한 자만 해당한다)로 하되, 다음 각 호의 어느 하나에 해당하는 때에는 그 여러 명을 대표하는 1명을 조합원으로 본다. 다만, '국가균형발전 특별법' 제18조에 따른 공공기관 지방 이전 시책 등에 따라 이전하는 공공기관이 소유한 토지 또는 건축물을 양수한 경우 양수한 자(공유의 경우 대표자 1명을 말한다)를 조합원으로 본다.

1. 토지 또는 건축물의 소유권과 지상권이 여러 명의 공유에 속하는 때
2. 여러 명의 토지등소유자가 1세대에 속하는 때. 이 경우 동일한 세대별 주민등록표상에 등재되어 있지 아니한 배우자 및 미혼인 19세 미만의 직계비속은 1세대로 보며, 1세대로 구성된 여러 명의 토지등소유자가 조합설립 인가 후 세대를 분리하여 동일한 세대에 속하지 아니하는 때에도 이혼 및 19세 이상 자녀의 분가(세대별 주민등록을 달리하고, 실거주지를 분가한 경우로 한정한다)를 제외하고는 1세대로 본다.
3. 조합설립 인가(조합설립 인가 전에 제27조 제1항 제3호에 따라 신탁업자를 사업시행자로 지정한 경우에는 사업시행자의 지정을 말한다. 이하 이 조에서 같다) 후 1명의 토지등소유자로부터 토지 또는 건축물의 소유권이나 지상권을 양수하여 여러 명이 소유하게 된 때

② '주택법' 제63조 제1항에 따른 투기과열지구(이하 "투기과열지구"라고 한다)로 지정된 지역에서 재건축사업을 시행하는 경우에는 조합설립 인가 후, 재개발사업을 시행하는 경우에는 제74조에 따른 관리처분계획의 인가 후 해당 정비사업의 건축물 또는 토지를 양수(매매·증여, 그 밖의 권리의 변동을 수반하는 일체의 행위를 포함하되, 상속·이혼으로 인한 양도·양수의 경우는 제외한다. 이하 이 조에서 같다)한 자는 제1항에도 불구하고 조합원이 될 수 없다. 다만, 양도인이 다음 각 호의 어느 하나에 해당하는 경우 그 양도인으로부터 그 건축물 또는 토지를 양수한 자는 그러하지 아니하다.

1. 세대원(세대주가 포함된 세대의 구성원을 말한다. 이하 이 조에서 같다)의 근무상 또는 생업상의 사정이나 질병치료('의료법' 제3조에 따른 의료기관의 장이 1년 이상의 치료나 요양이 필요하다고 인정하는 경우로 한정한다)·취학·결혼으로 세대원이 모두 해당 사업구역에 위치하지 아니한 특별시·광역시·특별자치시·특별자치도·시 또는 군으로 이전하는 경우
2. 상속으로 취득한 주택으로 세대원 모두 이전하는 경우
3. 세대원 모두 해외로 이주하거나 세대원 모두 2년 이상 해외에 체류하려는 경우
4-1-1. 1세대(제1항 제2호에 따라 1세대에 속하는 때를 말한다) 1주택자로서 양도하는 주택에 대한 소유기간 10년 및 거주기간('주민등록법' 제

7조에 따른 주민등록표를 기준으로 하며, 소유자가 거주하지 아니하고 소유자의 배우자나 직계존비속이 해당 주택에 거주한 경우에는 그 기간을 합산한다) 5년 이상인 경우

5-2-1. 조합설립 인가일부터 3년 이상 사업시행 인가 신청이 없는 재건축사업의 건축물을 3년 이상 계속하여 소유하고 있는 자(소유기간을 산정할 때 소유자가 피상속인으로부터 상속받아 소유권을 취득한 경우에는 피상속인의 소유기간을 합산한다. 이하 제4-2-2호 및 제4-2-3호에서 같다)가 사업시행인가 신청 전에 양도하는 경우 보유 10년 및 거주기간('주민등록법' 제7조에 따른 주민등록표를 기준으로 하며, 소유자가 거주하지 아니하고 소유자의 배우자나 직계존비속이 해당 주택에 거주한 경우에는 그 기간을 합산한다) 5년 이상인 경우

5-2-2. 사업시행계획 인가일부터 3년 이내에 착공하지 못한 재건축사업의 토지 또는 건축물을 3년 이상 계속히여 소유하고 있는 자가 착공 전에 양도하는 경우

5-2-3. 착공일부터 3년 이상 준공되지 아니한 재건축사업의 토지를 3년 이상 계속하여 소유하고 있는 경우

5-2-4. 법률 제7056호 '도시 및 주거환경정비법' 일부개정법률 부칙 제2항에 따른 토지등소유자로부터 상속·이혼으로 인하여 토지 또는 건축물을 소유한 자

5-2-5. 국가·지방자치단체 및 금융기관('주택법 시행령' 제71조 제1호 각 목의 금융기관을 말한다)에 대한 채무를 이행하지 못하여 재건축사업의 토지 또는 건축물이 경매 또는 공매되는 경우

③ 사업시행자는 제2항 각 호 외의 부분 본문의 규정에 의하여 조합설립 인가 후 당해 정비사업의 건축물 또는 토지를 양수한 자로서 조합원의 자격을 취득할 수 없는 자에 대하여는 도시정비법 제47조의 규정을 준용하여 현금으로 청산하여야 한다.

5. 관리처분계획 인가 후 배제되는 법규(법 제70조 제5항)

제74조에 따라 관리처분계획의 인가를 받은 경우 지상권 전세권설정계약 또는 임대차계약의 계약기간은 '민법' 제280조 제281조 및 제312조 제2항, '주택임대차보호법' 제4조 제1항, '상가건물 임대차보호법' 제9조 제1항을 적용하지 않는다.

6. 주택 등 건축물을 분양받을 권리의 산정 기준일(법 제77조)

① 정비사업을 통하여 분양받을 건축물이 다음 각 호의 어느 하나에 해당하는 경우에는 제16조 제2항에 따른 고시가 있은 날 또는 시·도지사가 투기를 억제하기 위하여 기본계획 수립 후 정비구역 지정·고시 전에 따로 정하는 날(이하

이 조에서 "기준일"이라 한다)의 다음 날을 기준으로 건축물을 분양받을 권리를 산정한다.

1. 1필지의 토지가 여러 개의 필지로 분할되는 경우
2. 단독주택 또는 다가구주택이 다세대주택으로 전환되는 경우
3. 하나의 대지 범위에 속하는 동일인 소유의 토지와 주택 등 건축물을 토지와 주택 등 건축물로 각각 분리하여 소유하는 경우
4. 나대지에 건축물을 새로 건축하거나 기존 건축물을 철거하고 다세대주택, 그 밖의 공동주택을 건축하여 토지등소유자의 수가 증가하는 경우

② 시·도지사는 제1항에 따라 기준일을 따로 정하는 경우에는 기준일·지정사유·건축물을 분양받을 권리의 산정 기준 등을 해당 지방자치단체의 공보에 고시하여야 한다.

7-1 거래 상대방의 권리·의무에 중대한 영향을 미치는 사항(시행령 제92조)

① 법 제72조 제1항 제2호에 따른 분양대상자별 분담금의 추산액 : (　　　원)
② 법 제74조 제1항 제6호에 따른 정비사업비의 추산액(재건축사업의 경우에는 '재건축초과이익 환수에 관한 법률'에 따른 재건축부담금에 관한 사항을 포함한다) : (　　　원)
③ 제2항에 따른 조합원 분담규모 : (　　　원), 분담시기 : (　년　월　일)

도정법 제122조에 따라 소유자 및 개업공인중개사로부터 이 내용에 대하여 설명·고지를 듣고, 소유자 및 개업공인중개사가 작성·교부하는 본 설명·고지 확인서를 수령합니다.

년　월　일

매도인(임대인)	주소		성명	서명·날인
	생년월일		전화번호	
매수인(임차인)	주소		성명	서명·날인
	생년월일		전화번호	
개업공인중개사	등록번호		성명	서명·날인
	사무소 명칭		소속공인	서명·날인
	사무소 소재지		전화번호	
개업공인중개사	등록번호		성명	서명·날인
	사무소 명칭		소속공인	서명·날인
	사무소 소재지		전화번호	

재개발·재건축 입주권계약서 양식

조합원입주권 매매 계약서 [재개발]

1. 물건의 표시

소 재 지						TYPE	
계 약 면 적	㎡	분양면적	㎡	전용면적	㎡	대지지분면적	㎡

2. 종전토지 및 분양금액·프리미엄 등에 관한 내역

소 재 지					
지 목	대	토 지 면 적	㎡	대지권비율	분의
분 양 금 액	금				
권 리 가 액	금				
추 가 분 담 금	금		납부 분담금	금	
옵 션 비 용	금		납부 옵션비용	금	
프리미엄금액	금				
별 도 채 부 담 금	금		납부 채부담금	금	

3. 계약내용

제1조 매도인과 매수인은 위 조합원 입주권의 매매계약을 체결하고 아래와 같이 매매대금을 지급하기로 한다.

매 매 대 금	금	원			
계 약 금	금	원	은 계약시에 지불하고 영수함 ※영수자		(인)
융 자 금	금				
중 도 금	금				
잔 금	금	단, 위 대금 중 금 원정 은 납부하여야 할 분담금 등으로 매수인이 승계하기로 한다.			

제2조 [소유권이전 등] 매도인은 잔금 수령과 동시에 매수인에게 조합원지위승계 및 소유권이전 등기에 관한 서류 일체를 교부하고 조합원지위 승계 및 등기절차에 협력하며, 위 부동산의 인도일로 한다.

제3조 [제한물권 등의 소멸] 매도인은 위 부동산에 설정된 저당권,지상권,임차권 등 소유권의 행사를 제한하는 사유가 있거나, 제세공과 기타 부담금의 미납금 등이 있을 때에는 잔금 수수일까지 그 권리의 하자 및 부담 등을 제거하여 완전한 소유권을 매수인에게 이전한다. 다만 승계하기로 합의하는 권리 및 금액은 그러하지 아니한다.

제4조 [지방세 등] 위 부동산에 관하여 발생한 수익의 귀속과 제세공과금, 지연이자 등의 부담은 위 부동산의 인도일을 기준으로 하되, 지방세의 납부의무 및 납부책임은 지방세법에 따른다.

제5조 [계약의 해제] 매수인이 매도인에게 중도금(중도금이 없을때에는 잔금)을 지불하기전 까지 매도인은 계약금의 배액을 상환하고, 매수인은 계약금을 포기하고 본 계약을 해제할 수있다.

제6조 [채무불이행과 손해배상] 매도인 또는 매수인이 본 계약상의 내용을 불이행한 경우 그상대방은 불이행한 자에 대하여 계약의 해제 및 손해 배상을 청구할 수 있으며, 해제에 따른 손해배상은 별도의 약정이 없는 한 계약금을 기준으로 한다.

제7조 [중개보수] 중개보수는 본 계약 체결에 따라 당사자 쌍방이 각각 지급하며, 개업공인중개사의 고의나 과실 없이 거래당사자의 사정으로 본 계약이 해약 되어도 중개보수는 지급한다.

제8조 [중개보수 외] 매도인 또는 매수인이 본 계약 이외의 업무를 의뢰한 경우 이에 관한 보수는 중개보수와는 별도로 지급하며 그 금액은 합의에 의한다.

제9조 [중개대상물 확인설명서 교부등] 개업공인중개사는 중개대상물확인설명서를 작성하고 업무보증관계증서(공제증서 등) 사본을 첨부하여 거래당사자 쌍방에게 교부한다.(교부일자 : 년 월 일)

[특약사항]

1. 이주비 금   원정(OO은행 채권최고액   원정)은 매수인이 승계하고 입주시 매수인이 조합에 상환하기로 한다.
2. 조합이 납부한 재산세는 매수인이 부담하고 입주전에 조합에 일괄 납부하여야 한다. (2014. 1. 1. 법 개정)
3. 별도 채부담금(토지취득세, 보전등기비, 광역교통시설부담금, 상하수도부담금, 학교용지부담금)은 매매금액과 별도이며 잔금일 이후 납부할 금액은 매수인이 승계하기로 한다.
4. 첨부서류 : 실제 첨부하여 교부한 서류만 기재. 예시) 중개대상물 확인·설명서

본 계약을 증명하기 위하여 계약당사자가 이의 없음을 확인하고 각자 서명 또는 날인한다. 2023년 01월 02일

매도인	주 소					(인)
	주민등록번호		전화	성명		
매수인	주 소					(인)
	주민등록번호		전화	성명		
개업공인중개사	사무소 소재지					
	사 무 소 명 칭			대 표 자 명	서명및날인	(인)
	전 화 번 호		등록번호	소속공인중개사	서명및날인	(인)

KAR 한국공인중개사협회

부동산(토지) 매매 계약서

매도인과 매수인 쌍방은 아래 표시 부동산에 관하여 다음 계약 내용과 같이 매매계약을 체결한다.

1. 부동산의 표시

소 재 지							
토 지	지 목	대		면 적		㎡	거래지분

2. 계약내용

제1조 [목적] 위 부동산의 매매에 대하여 매도인과 매수인은 합의에 의하여 매매대금을 아래와 같이 지불하기로 한다.

잔 금	금		은	년 월 일에 지불한다

제2조 [소유권 이전 등] 매도인은 매매대금의 잔금 수령과 동시에 매수인에게 소유권 이전등기에 필요한 모든 서류를 교부하고 등기절차에 협력하여야 하며, 위 부동산의 인도일은   년   월   일   로 한다.

제3조 [제한물권 등의 소멸] 매도인은 위 부동산에 설정된 저당권, 지상권, 임차권 등 소유권의 행사를 제한하는 사유가 있거나 제세공과금 기타 부담금의 미납 등이 있을 때에는 잔금 수수일까지 그 권리의 하자 및 부담 등을 제거하여 완전한 소유권을 매수인에게 이전한다. 다만, 승계하기로 합의하는 권리 및 금액은 그러하지 아니하다.

제4조 [지방세 등] 위 부동산에 관하여 발생한 수익의 귀속과 제세공과금 등의 부담은 위 부동산의 인도일을 기준으로 하되, 지방세의 납부의무 및 납부책임은 지방세법의 규정에 의한다.

제5조 [계약의 해제] 매수인이 매도인에게 중도금(중도금이 없을때에는 잔금)을 지불하기전 까지 매도인은 계약금의 배액을 상환하고, 매수인은 계약금을 포기하고 본 계약을 해제할 수 있다.

제6조 [채무불이행과 손해배상] 매도인 또는 매수가가 본 계약상의 내용에 대하여 불이행이 있을 경우 그 상대방은 불이행 한 자에 대하여 서면으로 최고하고 계약을 해제할 수 있다. 그리고 계약 당사자는 계약해제에 따른 손해배상을 각각 상대방에게 청구할 수 있으며, 손해 배상에 대하여 별도의 약정이 없는 한 계약금을 손해배상의 기준으로 본다.

제7조 [중개보수] 개업공인중개사는 매도인 또는 매수인의 본 계약 불이행에 대하여 책임을 지지 않는다. 또한 중개보수는 본 계약체결과 동시에 계약 당사자 쌍방이 각각 지불하며, 개업공인중개사의 고의나 과실없이 본 계약이 무효, 취소 또는 해제 되어도 중개보수는 지급한다. 공동 중개인 경우에 매도인과 매수인은 자신이 중개 의뢰한 개업공인중개사에게 각각 중개보수를 지급한다.

제8조 [중개보수 외] 매도인 또는 매수인이 본 계약 이외의 업무를 의뢰한 경우 이에 관한 보수는 중개보수와는 별도로 지급하며 그 금액은 합의에 의한다.

제9조 [중개대상물확인설명서교부 등] 개업공인중개사는 중개대상물확인설명서를 작성하고 업무보증관계증서 (공제증서 등) 사본을 첨부하여 거래당사자 쌍방에게 교부한다. (교부일자 :   년   월   일)

[특약사항]

본 계약서는 입주권에 대한 종전토지계약서로서 대금지급, 계약조건 등 일체의 사항은 조합원입주권계약서의 내용에 따른다.

본 계약을 증명하기 위하여 계약 당사자가 이의 없음을 확인하고 각각 서명 또는 날인한다.   2023년 01월 02일

매 도 인	주 소						(인)
	주민 등록 번호		전화		성명		
매 수 인	주 소						(인)
	주민 등록 번호		전화		성명		
개 업 공 인 중 개 인	사무소 소재지						
	사 무 소 명칭				대 표 자 명	서명날인	(인)
	전 화 번 호		등록 번호		소속공인중개사	서명날인	(인)

KAR 한국공인중개사협회

■ 공인중개사법 시행규칙 [별지 제14호 서식] <개정 2014. 7. 29>   (앞쪽)

일 반 중 개 계 약 서
([ ] 매도 [ ] 매수 [ ] 임대 [ ] 임차 [ ] 그 밖의 계약(   ))

※ 해당하는 곳의 [ ]란에 v표를 하시기 바랍니다.

중개의뢰인(갑)은 이 계약서에 의하여 뒤쪽에 표시한 중개대상물의 중개를 개업공인중개사(을)에게
의뢰하고 을은 이를 승낙한다.

1. 을의 의무사항
을은 중개대상물의 거래가 조속히 이루어지도록 성실히 노력하여야 한다.

2. 갑의 권리·의무 사항
1) 갑은 이 계약에도 불구하고 중개대상물의 거래에 관한 중개를 다른 개업공인중개사에게도 의뢰
할 수 있다.
2) 갑은 을이 「공인중개사법」(이하 "법"이라 한다) 제25조에 따른 중개대상물의 확인·설명의무를
이행하는 데 협조하여야 한다.

3. 유효기간
이 계약의 유효기간은   년   월   일까지로 한다.
※ 유효기간은 3개월을 원칙으로 하되, 갑과 을이 합의하여 별도로 정한 경우에는 그 기간에 따른다.

4. 중개보수
중개대상물에 대한 거래계약이 성립한 경우 갑은 거래가액의 (   )%(또는   원)을 중개보
수로 을에게 지급한다.
※ 뒤쪽 별표의 요율을 넘지 않아야 하며, 실비는 별도로 지급한다.

5. 을의 손해배상 책임
을이 다음의 행위를 한 경우에는 갑에게 그 손해를 배상하여야 한다.
1) 중개보수 또는 실비의 과다수령: 차액 환급
2) 중개대상물의 확인·설명을 소홀히 하여 재산상의 피해를 발생하게 한 경우: 손해액 배상

6. 그 밖의 사항
이 계약에 정하지 않은 사항에 대하여는 갑과 을이 합의하여 별도로 정할 수 있다.

이 계약을 확인하기 위하여 계약서 2통을 작성하여 계약 당사자 간에 이의가 없음을 확인하고 각자 서
명 또는 날인한 후 쌍방이 1통씩 보관한다.

년   월   일

계약자

중개 의뢰인 (갑)	주소(체류지)		성명		(서명 또는 인)
	생년월일		전화번호		
개업 공인 중개사 (을)	주소(체류지)		성명(대표자)		(서명 또는 인)
	상호(명칭)		등록번호		
	생년월일		전화번호		

210mm×297mm[일반용지 60g/㎡(재활용품)]

※ 중개대상물의 거래내용이 권리를 이전(매도·임대 등)하려는 경우에는 「Ⅰ. 권리이전용(매도·임대 등)」에 적고, 권리를 취득(매수·임차 등)하려는 경우에는 「Ⅱ. 권리취득용(매수·임차 등)」에 적습니다.

Ⅰ. 권리이전용(매도·임대 등)

구분	[ ] 매도 [ ] 임대 [ ] 그 밖의 사항( )			
소유자 및 등기 명의인	성명		생년월일	
	주소			

중개대상물의 표시	건축물	소재지		건축연도	
		면적 ㎡	구조	용도	
	토지	소재지		지목	
		면적 ㎡	지역·지구 등	현재 용도	
	은행융자·권리금·제세공과금 등(또는 월임대료·보증금·관리비 등)				

권리관계	
거래규제 및 공법상 제한사항	
중개의뢰 금액	
그 밖의 사항	

Ⅱ. 권리취득용(매수·임차 등)

구분	[ ] 매수 [ ] 임차 [ ] 그 밖의 사항( )	
항목	내용	세부 내용
희망물건의 종류		
취득 희망가격		
희망지역		
그 밖의 희망조건		

첨부서류	중개보수 요율표(「공인중개사법」 제32조 제4항 및 같은 법 시행규칙 제20조에 따른 요율표를 수록합니다) ※ 해당 내용을 요약하여 수록하거나, 별지로 첨부합니다.

유의사항

[개업공인중개사 위법행위 신고안내]
개업공인중개사가 중개보수 과다수령 등 위법행위 시 시·군·구 부동산중개업 담당 부서에 신고할 수 있으며, 시·군·구에서는 신고사실을 조사한 후 적정한 조치를 취하게 됩니다.

■ 민간임대주택에 관한 특별법 시행규칙 [별지 제24호서식] <개정 2022. 12. 30>   (6쪽 중 1쪽)

표준임대차계약서

임대사업자와 임차인은 아래의 같이 임대차계약을 체결하고 이를 증명하기 위하여 계약서 2통을 작성하여 임대사업자와 임차인이 각각 서명 또는 날인한 후 각각 1통씩 보관한다.
※ 개업공인중개사가 임대차계약서를 작성하는 경우에는 계약서 3통을 작성하여 임대사업자, 임차인, 개업공인중개사가 각각 서명 또는 날인한 후 각각 1통씩 보관한다.

계약일:　　　년　　　월　　　일

1. 계약 당사자

임대사업자	성명(법인명)			(서명 또는 인)
	주소 (대표 사무소 소재지)			
	주민등록번호 (사업자등록번호)		전화번호	
	임대사업자 등록번호			
임차인	성명(법인명)			(서명 또는 인)
	주소			
	주민등록번호		전화번호	

2. 공인중개사 (개업공인중개사가 계약서를 작성하는 경우 해당)

개업공인 중개사	사무소 명칭			
	대표자 성명			(서명 및 인)
	사무소 소재지			
	등록번호		전화번호	

◈ **해당 주택은** 「민간임대주택에 관한 특별법」에 따라 **임대사업자가 시장·군수·구청장에게 등록한 민간임대주택**으로서 **다음과 같은 사항이 적용**됩니다.
　ㅇ **임대의무기간 중 민간임대주택 양도 제한**(「민간임대주택에 관한 특별법」 제43조)
　　- **임대사업자는** 「민간임대주택에 관한 특별법 시행령」 제34조 제1항에 따른 시점부터 「민간임대주택에 관한 특별법」 제2조 제4호 또는 **제5호에 따른 기간 동안 해당 민간임대주택을 계속 임대하여야 하며, 그 기간 동안에는 양도가 제한**됩니다.
　ㅇ **임대료 증액 제한**(「민간임대주택에 관한 특별법」 제44조)
　　- **임대사업자는** 해당 민간임대주택에 대한 임대료의 증액을 청구하는 경우 **임대료의 5퍼센트의 범위에서** 주거비 물가지수, 인근 지역의 임대료 변동률, 임대주택 세대수 등을 고려하여 「민간임대주택에 관한 특별법 시행령」 제34조의 2에 따른 **증액비율을 초과하여 청구할 수 없습니다.**
　　　또한, 임대차계약 또는 임대료 증액이 있은 후 1년 이내에는 그 임대료를 증액할 수 없습니다.
　ㅇ **임대차계약의 해제·해지 등 제한**(「민간임대주택에 관한 특별법」 제45조)
　　- **임대사업자는** 임차인이 의무를 위반하거나 임대차를 계속하기 어려운 경우 등의 사유가 발생한 때를 제외하고는 임대사업자로 등록되어 있는 기간 동안 임대차계약을 해제 또는 해지하거나 재계약을 거절할 수 없습니다.
　　- 임차인은 시장·군수·구청장이 임대주택에 거주하기 곤란한 정도의 중대한 하자가 있다고 인정하는 경우 등에 해당하면 **임대의무기간 동안에도 임대차계약을 해제·해지할 수 있습니다.**

210mm×297mm[백상지 80g/㎡]

3. 민간임대주택의 표시

주택 소재지					

주택 유형	아파트[ ] 연립주택[ ] 다세대주택[ ] 다가구주택[ ] 그 밖의 주택[ ]

민간임대주택 면적 (㎡)	주거전용면적	공용면적		합계
		주거공용면적	그 밖의 공용면적 (지하주차장 면적을 포함한다)	

민간임대주택의 종류	공공지원[ ] (□10년, □8년) 장기일반[ ] (□10년, □8년) 그 밖의 유형 [ ]	건설[ ] 매입[ ]	임대의무 기간 개시일	년 월 일

100세대 이상 민간임대주택 단지 해당 여부	예 [ ] 아니오 [ ]
	* 임대료 증액 시 「민간임대주택에 관한 특별법 시행령」 제34조의 2 제1호에 따른 기준 적용

민간임대주택에 딸린 부대시설· 복리시설의 종류	

선순위 담보권 등 권리관계 설정 여부	없음[ ]	있음[ ] - 선순위 담보권 등 권리관계의 종류: - 설정금액: - 설정일자:

국세·지방세 체납사실	없음[ ]	있음[ ]

임대보증금 보증 가입 여부	가입 [ ] 일부가입[ ] - 보증대상 금액:	미가입[ ] - 사유 : □ 가입대상 금액이 0원 이하 (법 제49조 제3항) □ 임대보증금이 우선변제금 이하 (법 제49조 제7항 제1호) □ 공공주택사업자와 임대차계약 체결 (법 제49조 제7항 제2호) □ 임차인이 전세보증금반환보증에 가입 (법 제49조 제7항 제3호) □ 보증회사의 가입 거절

* 주택 면적 산정방법은 「주택법 시행규칙」 제2조, 「주택공급에 관한 규칙」 제21조 제5항에 따른다.
* 민간임대주택의 종류 중 그 밖의 유형에는 단기민간임대주택(3·4·5년), 준공공임대주택(8·10년), 기업형임대주택 중 하나를 적는다.
* 선순위 담보권 등 권리관계는 제한물권, 압류·가압류·가처분 등에 관한 사항을 말한다.
* 임대보증금 보증가입대상 금액은 「민간임대주택에 관한 특별법」 제49조에 따른다.
* 보증가입대상의 미가입 사유에는 선순위 담보권 설정금액과 임대보증금을 합한 금액이 주택가격의 100분의 60보다 적은 경우에(「민간임대주택에 관한 특별법」 제49조 제3항), 가입 면제 대상이(「민간임대주택에 관한 특별법」 제49조 제7항) 및 가입 거절 등의 사유를 적는다.

4. 계약조건

제1조(임대보증금, 월임대료 및 임대차 계약기간) ① 임대사업자는 위 주택의 임대보증금, 월임대료(이하 "임대료"라 한다) 및 임대차 계약기간을 아래와 같이 정하여 임차인에게 임대한다.

구분	임대보증금	월임대료
금액	금 원정(₩)	금 원정(₩)
임대차 계약기간	년 월 일 ~ 년 월 일	

② 임차인은 제1항의 임대보증금에 대하여 아래와 같이 임대사업자에게 지급하기로 한다.

계약금	금 원정(₩)은 계약 시에 지급
중도금	금 원정(₩)은 년 월 일에 지급
잔 금	금 원정(₩)은 년 월 일에 지급
계좌번호	은행 예금주

③ 임차인은 제1항과 제2항에 따른 임대보증금을 이자 없이 임대사업자에게 예치한다.
④ 임차인은 제2항의 지급기한까지 임대보증금을 내지 않는 경우에는 연체이율(연   %)을 적용하여 계산한 연체료를 더하여 내야 한다. 이 경우 연체이율은 한국은행에서 발표하는 예금은행 주택담보대출의 가중평균금리에 「은행법」에 따른 은행으로서 가계자금 대출 시장의 점유율이 최상위인 금융기관의 연체가산율을 합산한 이율을 고려하여 결정한다.

210mm×297mm[백상지 80g/㎡]

⑤ 임차인은 당월 분의 월임대료를 매달 말일까지 내야 하며, 이를 내지 않을 경우에는 연체된 금액에 제4항에 따른 연체요율을 적용하여 계산한 연체료를 더하여 내야 한다.

제2조(민간임대주택의 입주일) 위 주택의 입주일은 _ 년 _ 월 _ 일부터 _ 년 _ 월 _ 일까지로 한다.

제3조(월임대료의 계산) ① 임대기간이 월의 첫날부터 시작되지 않거나 월의 말일에 끝나지 않는 경우에는 그 임대기간이 시작되거나 끝나는 월의 임대료는 일할로 산정한다.

② **입주 월의 월임대료는 입주일(제2조에 따른 입주일을 정한 경우 입주일)부터 계산**한다. 다만, 입주지정기간이 지나 입주하는 경우에는 입주지정기간이 끝난 날부터 계산한다.

제4조(관리비와 사용료) ① 임차인이 임대주택에 대한 **관리비와 사용료를 임대사업자 또는 임대사업자가 지정한 관리주체에게 납부하여야 하는 경우에는 특약으로 정하는 기한까지** 내야 하며, 이를 내지 않을 경우에는 임대사업자는 임차인으로 하여금 연체된 금액에 대하여 제1조 제4항에 따른 연체요율을 적용하여 계산한 연체료를 더하여 내게 할 수 있다.

② 임대사업자는 관리비와 사용료를 부과·징수할 때에는 관리비와 사용료의 부과 명세서를 첨부하여 임차인에게 이를 낼 것을 통지하여야 한다. 이 경우 임대사업자는 일반관리비, 청소비, 경비비, 소독비, 승강기 유지비, 난방비, 급탕비, 수선유지비, 지능형 홈네트워크 설비 유지비 외의 어떠한 명목으로도 관리비를 부과·징수할 수 없다.

제5조(임대 조건 등의 변경) 임대사업자와 임차인은 다음 각 호의 어느 하나에 해당할 경우에는 임대보증금, 임대료, 관리비, 사용료 등 모든 납부금액을 조정할 수 있다. 다만, **임대료의 조정은 「민간임대주택에 관한 특별법」 및 「주택임대차보호법」을 위반하여서는 안 되고,** 「민간임대주택에 관한 특별법」 제44조에 따라 **임대료 증액청구는 임대료의 5퍼센트의 범위에서 주거비 물가지수, 인근 지역의 임대료 변동률, 임대주택 세대수 등을 고려하여 같은 법 시행령 제34조의 2에 따라 정하는 증액비율을 초과하여 청구할 수 없으며, 임대차계약 또는 임대료 증액이 있은 후 1년 이내에는 그 임대료를 증액하지 못한다.**

1. 물가, 그 밖의 경제적 여건의 변동이 있을 때
2. 임대사업자가 임대하는 주택 상호 간 또는 인근 유사지역의 민간임대주택 간에 임대조건의 균형상 조정할 필요가 있을 때
3. 민간임대주택과 부대시설 및 부지의 가격에 현저한 변동이 있을 때

100세대 이상 민간임대주택단지는 임대료 증액 시 직전 임대료의 5퍼센트의 범위에서 다음의 기준을 적용 받음(「민간임대주택에 관한 특별법 시행령」 제34조의 2 제1호)

1. 「통계법」에 따라 통계청장이 고시하는 지출목적별 소비자물가지수 항목 중 해당 임대주택이 소재한 **특별시, 광역시, 특별자치시, 도 또는 특별자치도의 주택임차료, 주거시설 유지·보수 및 기타 주거관련 서비스 지수를 가중 평균한 값의 변동률.** 다만, 임대료의 5퍼센트 범위에서 시·군·자치구의 조례로 해당 시·군·자치구에서 적용하는 비율을 정하고 있는 경우에는 그에 따름.
2. 구체적인 산정방법은 **임대등록시스템(렌트홈, www.renthome.go.kr)** "100세대 이상 민간임대주택단지 임대료 증액기준" 참조

제6조(임차인의 금지행위) 임차인은 다음 각 호의 어느 하나에 해당하는 행위를 하여서는 안 된다.

1. 임대사업자의 동의 없이 **무단으로 임차권을 양도하거나 민간임대주택을 타인에게 전대**하는 행위
2. 민간임대주택 및 그 부대시설을 **개축·증축 또는 변경하거나 본래의 용도가 아닌 용도로 사용**하는 행위
3. 민간임대주택 및 그 부대시설을 **파손 또는 멸실**하는 행위
4. 민간임대주택 및 그 부대시설의 유지·관리를 위하여 **임대사업자와 임차인이 합의한 사항을 위반**하는 행위

제7조(임차인의 의무) 임차인은 위 주택을 선량한 관리자로서 유지·관리하여야 한다.

제8조(민간임대주택 관리의 범위) 위 주택의 **공용부분과 그 부대시설 및 복리시설은 임대사업자** 또는 임대사업자가 지정한 주택관리업자가 관리하고, **주택과 그 내부시설은 임차인이 관리**한다.

제9조(민간임대주택의 수선·유지 및 보수의 한계) ① 위 주택의 보수와 수선은 **임대사업자의 부담**으로 하되, 위 주택의 전용부분과 그 내부시설물을 **임차인이 파손하거나 멸실한 부분 또는 소모성 자재**(「공동주택관리법 시행규칙」 별표 1의 장기수선계획의 수립기준상 수선주기가 6년 이내인 자재를 말한다)**의 보수주기에서의 보수 또는 수선은 임차인의 부담**으로 한다.

② 제1항에 따른 소모성 자재와 소모성 자재 외의 소모성 자재의 종류와 그 종류별 보수주기는 특약으로 따로 정할 수 있다. 다만, 벽지·장판·전등기구 및 콘센트의 보수주기는 다음 각 호에 따른다.

1. **벽지 및 장판: 10년**(변색·훼손·오염 등이 심한 경우에는 6년으로 하며, 적치물의 제거에 임차인이 협조한 경우만 해당한다)
2. **전등기구 및 콘센트: 10년.** 다만, 훼손 등을 이유로 안전상의 위험이 우려되는 경우에는 조기 교체하여야 한다.

제10조(임대차계약의 해제 및 해지) ① 임차인이 다음 각 호의 어느 하나에 해당하는 행위를 한 경우를 제외하고는 **임대사업자는 이 계약을 해제 또는 해지하거나 임대차계약의 갱신을 거절할 수 없다.**

1. 거짓이나 그 밖의 부정한 방법으로 민간임대주택을 임대받은 경우

2. 임대사업자의 귀책사유 없이 「민간임대주택에 관한 특별법 시행령」 제34조 제1항 각 호의 시점으로부터 3개월 이내에 입주하지 않은 경우.

3. 월임대료를 3개월 이상 연속하여 연체한 경우

4. 민간임대주택 및 그 부대시설을 임대사업자의 동의를 받지 않고 개축·증축 또는 변경하거나 본래의 용도가 아닌 용도로 사용한 경우

5. 민간임대주택 및 그 부대시설을 고의로 파손 또는 멸실한 경우

6. 공공지원민간임대주택의 임차인이 다음 각 목의 어느 하나에 해당하게 된 경우

    가. 임차인의 자산 또는 소득이 「민간임대주택에 관한 특별법 시행규칙」 제14조의 3 및 제14조의 7에 따른 요건을 초과하는 경우

    나. 임대차계약 기간 중 주택을 소유하게 된 경우. 다만, 다음의 어느 하나에 해당하는 경우는 제외한다.

        1) 상속·판결 또는 혼인 등 그 밖의 부득이한 사유로 주택을 소유하게 된 경우로서 임대차계약이 해제·해지되거나 재계약이 거절될 수 있다는 내용을 통보받은 날부터 6개월 이내에 해당 주택을 처분하는 경우

        2) 혼인 등의 사유로 주택을 소유하게 된 세대구성원이 소유권을 취득한 날부터 14일 이내에 전출신고를 하여 세대가 분리된 경우

        3) 공공지원민간임대주택의 입주자를 선정하고 남은 공공지원민간임대주택에 대하여 선착순의 방법으로 입주자로 선정된 경우

7. 「민간임대주택에 관한 특별법」 제42조의 2에 따라 임차인이 공공지원민간임대주택 또는 공공임대주택에 중복하여 입주한 것으로 확인된 경우

8. 그 밖에 이 표준임대차계약서상의 의무를 위반한 경우

② 임차인은 다음 각 호의 어느 하나에 해당하는 경우에 이 계약을 해제 또는 해지할 수 있다.

1. 특별자치도지사·특별자치시장·시장·군수·구청장이 민간임대주택에 거주하기 곤란할 정도의 중대한 하자가 있다고 인정하는 경우

2. 임대사업자가 임차인의 의사에 반하여 민간임대주택의 부대시설·복리시설을 파손시킨 경우

3. 임대사업자의 귀책사유로 입주지정기간이 끝난 날부터 3개월 이내에 입주할 수 없는 경우

4. 임대사업자가 이 표준임대차계약서상의 의무를 위반한 경우

제11조(임대보증금의 반환) ① 임차인이 임대사업자에게 예치한 **임대보증금은** 이 계약이 끝나거나 해제 또는 해지되어 **임차인이 임대사업자에게 주택을 명도(明渡)함과 동시에 반환**한다.

② 제1항에 따라 반환할 경우 임대사업자는 주택 및 내부 일체에 대한 점검을 실시한 후 임차인이 임대사업자에게 내야 할 임대료, 관리비 등 모든 납부금액과 제9조 제1항에 따른 임차인의 수선유지 불이행에 따른 보수비 및 특약으로 정한 위약금, 불법거주에 따른 배상금, 손해금 등 임차인의 채무를 임대보증금에서 우선 공제하고 그 잔액을 반환한다.

③ 임차인은 위 주택을 임대사업자에게 명도할 때까지 사용한 전기·수도·가스 등의 사용료(납부시효가 끝나지 않은 것을 말한다) 지급 영수증을 임대사업자에게 제시 또는 예치하여야 한다.

제12조(임대보증금 보증) ① 임대사업자가 「민간임대주택에 관한 특별법」 제49조에 따라 **임대보증금 보증에 가입을 한 경우, 같은 법 시행령 제40조에 따라 보증수수료의 75퍼센트는 임대사업자가 부담하고, 25퍼센트는 임차인이 부담**한다. **부담 금액의 징수 방법·절차·기한에 관한 사항은 특약으로 정할 수 있다.**

210mm×297mm[백상지 80g/㎡]

제13조(민간임대주택의 양도) ① 임대사업자가 임대의무기간 경과 후 위 주택을 **임차인에게 양도할 경우** 위 주택의 양도 등에 관한 사항은 **특약으로 정한 바**에 따른다.

② 임대사업자가 「민간임대주택에 관한 특별법」 제43조 제2항에 따라 위 주택을 다른 임대사업자에게 양도하는 경우에는 양수도계약서에서 양도받는 자는 양도하는 자의 임대사업자로서의 지위를 포괄적으로 승계한다는 뜻을 분명하게 밝혀야 한다.

제14조(임대사업자의 설명의무) ① **임대사업자는** 「민간임대주택에 관한 특별법」 제48조에 따라 **임대차계약을 체결하거나 월임대료를 임대보증금으로 전환하는 등 계약내용을 변경하는 경우**에는 다음 각 호의 사항을 **임차인이 이해할 수 있도록 설명**하고, 등기사항증명서 등 **설명의 근거자료를 제시**하여야 한다.

1. 임대보증금 보증가입에 관한 사항(「민간임대주택에 관한 특별법」 제49조에 따른 임대보증금 보증가입 의무대상 주택에 한정한다)

   가. 해당 민간임대주택의 임대보증금 보증대상액 및 보증기간에 관한 사항

   나. 임대보증금 보증 가입에 드는 보증수수료(이하 "보증수수료"라 한다) 산정방법 및 금액, 임대보증금과 임차인의 보증수수료 분담비율, 임차인이 부담하여야 할 보증수수료의 납부방법에 관한 사항

   다. 보증기간 중 임대차계약이 해지·해제되거나 임대보증금의 증감이 있는 경우에 보증수수료의 환급 또는 추가 납부에 관한 사항

   라. 임대차 계약기간 중 보증기간이 만료되는 경우에 새가입에 관한 사항

   마. 보증약관의 내용 중 국토교통부 장관이 정하여 고시하는 중요사항에 관한 내용(보증이행 조건 등)

2. 민간임대주택의 선순위 담보권 등 권리관계에 관한 사항

   가. 민간임대주택에 설정된 제한물권, 압류·가압류·가처분 등에 관한 사항

   나. 임대사업자의 국세·지방세 체납에 관한 사항

3. 임대의무기간 중 남아 있는 기간

4. 「민간임대주택에 관한 특별법」 제44조 제2항에 따른 임대료 증액 제한에 관한 사항

5. 「민간임대주택에 관한 특별법」 제45조에 따른 임대차계약의 해제·해지 등에 관한 사항

6. 단독주택, 다중주택 및 다가구주택에 해당하는 민간임대주택에 둘 이상의 임대차계약이 존재하는 경우 「주택임대차보호법」 제3조의 6 제2항에 따라 작성된 확정일자부에 기재된 주택의 차임 및 보증금 등의 정보

② 임차인은 임대사업자로부터 제1항의 사항에 대한 설명을 듣고 이해하였음을 아래와 같이 확인한다.

> 본인은 임대보증금 보증가입, 민간임대주택의 권리관계 등에 관한 주요 내용에 대한 설명을 듣고 이해하였음.
>
> 임차인 성명: (서명 또는 날인)

제15조(소송) 이 계약에 관한 소송의 관할 법원은 임대사업자와 임차인이 합의하여 결정하는 관할법원으로 하며, 임대사업자와 임차인 간에 합의가 이루어지지 않은 경우에는 위 주택 소재지를 관할하는 법원으로 한다.

제16조(중개대상물의 확인·설명) 개업공인중개사가 임대차계약서를 작성하는 경우에는 중개대상물확인·설명서를 작성하고, 업무보증 관계증서(공제증서 등) 사본을 첨부하여 임대차계약을 체결할 때 임대사업자와 임차인에게 교부한다.

제17조(특약) 임대사업자와 임차인은 제1조부터 제15조까지에서 규정한 사항 외에 필요한 사항에 대하여는 따로 특약으로 정할 수 있다. 다만, 특약의 내용은 「약관의 규제에 관한 법률」을 위반하여서는 안 된다.

> ◆ **주택월세 소득공제 안내**
> 근로소득이 있는 거주자(일용근로자는 제외한다)는 「소득세법」 및 「조세특례제한법」에 따라 주택월세에 대한 소득공제를 받을 수 있으며, 자세한 사항은 국세청 콜센터(국번 없이 126)로 문의하시기 바랍니다.

5. 개인정보의 제3자 제공 동의서

임대사업자는 「개인정보 보호법」 제17조에 따라 등록임대주택에 관한 정보제공에 필요한 개인정보를 아래와 같이 임차인의 동의를 받아 제공합니다. 이 경우 개인정보를 제공받은 자가 해당 개인정보를 이용하여 임차인에게 연락할 수 있음을 알려드립니다.

• 제공받는 자: 국토교통부 장관, 시장·군수·구청장
• 제공 목적: **등록임대주택에 관한 정보제공을 위한 우편물 발송, 문자 발송 등 지원 관련**
• 개인정보 항목: 성명, 주소, 전화번호
• 보유 및 이용 기간: **임대차계약 종료일까지**

본인의 개인정보를 제3자 제공에 동의합니다.

임차인 성명: (서명 또는 날인)

※ 임차인은 개인정보 제공에 대한 동의를 거부할 수 있으며, 이 경우 임차인 권리, 등록임대주택에 관한 정보제공이 제한됩니다.

210mm×297mm[백상지 80g/㎡]

주택취득자금 조달 및 입주계획서

■ 부동산 거래신고 등에 관한 법률 시행규칙 [별지 제1호의 3서식] <개정 2022. 2. 28>
부동산거래관리시스템(rtms.molit.go.kr)에서도 신청할 수 있습니다.

주택취득자금 조달 및 입주계획서

※ 색상이 어두운 난은 신청인이 적지 않으며, [ ]에는 해당되는 곳에 √표시를 합니다.　　　(앞쪽)

접수번호		접수일시	처리기간
제출인 (매수인)	성명(법인명)		주민등록번호(법인·외국인등록번호)
	주소(법인소재지)		(휴대)전화번호

① 자금 조달계획	자기 자금	② 금융기관 예금액 　원		③ 주식·채권 매각대금 　원
		④ 증여·상속 　원		⑤ 현금 등 그 밖의 자금 　원
		[ ] 부부 [ ] 직계존비속(관계: 　) [ ] 그 밖의 관계(　)		[ ] 보유 현금 [ ] 그 밖의 자산(종류: 　)
		⑥ 부동산 처분대금 등 　원		⑦ 소계 　원
	차입금 등	⑧ 금융기관 대출액 합계	주택담보대출	원
			신용대출	원
			그 밖의 대출	원
		원		(대출 종류: 　)
		기존 주택 보유 여부 (주택담보대출이 있는 경우만 기재) [ ] 미보유　[ ] 보유 (　건)		
		⑨ 임대보증금 　원		⑩ 회사지원금·사채 　원
		⑪ 그 밖의 차입금 　원		⑫ 소계 　원
		[ ] 부부 [ ] 직계존비속(관계: 　) [ ] 그 밖의 관계(　)		
	⑬ 합계			원

⑭ 조달자금 지급방식	총거래금액	원
	⑮ 계좌이체 금액	원
	⑯ 보증금·대출 승계 금액	원
	⑰ 현금 및 그 밖의 지급방식 금액	원
	지급 사유 (　)	

⑱ 입주 계획	[ ] 본인입주 [ ] 본인 외 가족입주 (입주 예정 시기: 　년 　월)	[ ] 임대 (전·월세)	[ ] 그 밖의 경우 (재건축 등)

「부동산 거래신고 등에 관한 법률 시행령」 별표 1 제2호 나목, 같은 표 제3호 가목 전단, 같은 호 나목 및 같은 법 시행규칙 제2조 제6항·제7항·제9항·제10항에 따라 위와 같이 주택취득자금 조달 및 입주계획서를 제출합니다.

　　　　　　　　　　　　　　　　　　　　　　　　　　　　　　년 　월 　일

　　　　　　　　　　　　　　　　　　　　제출인　　　　　(서명 또는 인)

시장·군수·구청장 귀하

유의사항
1. 제출하신 주택취득자금 조달 및 입주계획서는 국세청 등 관계기관에 통보되어, 신고내역 조사 및 관련 세법에 따른 조사 시 참고자료로 활용됩니다. 2. 주택취득자금 조달 및 입주계획서(첨부서류 제출대상인 경우 첨부서류를 포함합니다)를 계약체결일부터 30일 이내에 제출하지 않거나 거짓으로 작성하는 경우 「부동산 거래신고 등에 관한 법률」 제28조 제2항 또는 제3항에 따라 과태료가 부과되오니 유의하시기 바랍니다. 3. 이 서식은 부동산거래계약 신고서 접수 전에는 제출이 불가하오니 별도 제출하는 경우에는 미리 부동산거래계약 신고서의 제출여부를 신고서 제출자 또는 신고관청에 확인하시기 바랍니다.

210mm×297mm[백상지(80g/㎡) 또는 중질지(80g/㎡)]

실거래가 위반에 대한 과태료 기준 '부동산 거래신고 등에 관한 법률 시행령' 별표

과태료의 부과기준(제20조 관련)

1. 일반기준

신고관청은 위반행위의 동기·결과 및 횟수 등을 고려하여 제2호의 개별기준에 따른 과태료의 2분의 1(법 제28조 제1항 및 제3항을 위반한 경우에는 5분의 1) 범위에서 그 금액을 늘리거나 줄일 수 있다. 다만, 늘리는 경우에도 과태료의 총액은 법 제28조 제1항부터 제5항까지에서 규정한 과태료의 상한을 초과할 수 없다.

2. 개별기준

가. 법 제28조 제1항 관련

위반행위	과태료
1) 법 제4조 제4호를 위반하여 거짓으로 법 제3조에 따라 신고한 경우	3,000만 원
2) 법 제4조 제5호를 위반하여 거짓으로 법 제3조의 2에 따라 신고한 경우	3,000만 원
3) 법 제6조를 위반하여 거래대금 지급을 증명할 수 있는 자료를 제출하지 않거나 거짓으로 제출한 경우 또는 그 밖의 필요한 조치를 이행하지 않은 경우	
가) 신고가격이 1억 5,000만 원 이하인 경우	500만 원
나) 신고가격이 1억 5,000만 원 초과 2억 원 이하인 경우	700만 원
다) 신고가격이 2억 원 초과 2억 5,000만 원 이하인 경우	900만 원
라) 신고가격이 2억 5,000만 원 초과 3억 원 이하인 경우	1,100만 원
마) 신고가격이 3억 원 초과 3억 5,000만 원 이하인 경우	1,300만 원
바) 신고가격이 3억 5,000만 원 초과 4억 원 이하인 경우	1,500만 원
사) 신고가격이 4억 원 초과 4억 5,000만 원 이하인 경우	1,700만 원
아) 신고가격이 4억 5,000만 원 초과 5억 원 이하인 경우	1,900만 원
자) 신고가격이 5억 원 초과 6억 원 이하인 경우	2,100만 원
차) 신고가격이 6억 원 초과 7억 원 이하인 경우	2,300만 원
카) 신고가격이 7억 원 초과 8억 원 이하인 경우	2,500만 원
타) 신고가격이 8억 원 초과 9억 원 이하인 경우	2,700만 원
파) 신고가격이 9억 원 초과 10억 원 이하인 경우	2,900만 원
하) 신고가격이 10억 원을 초과한 경우	3,000만 원

비고
1) 부동산 매매계약의 신고가격이 시가표준액('지방세법' 제4조에 따른 신고사유 발생연도의 시가표준액을 말한다) 미만인 경우에는 그 시가표준액을 신고가격으로 한다.
2) 부동산에 대한 공급계약 및 부동산을 취득할 수 있는 권리에 관한 계약의 신고가격이 해당 부동산 등의 분양가격 미만인 경우에는 그 분양가격을 신고가격으로 한다.

나. 법 제28조 제2항 관련

위반행위	근거 법조문	과태료
1) 법 제3조 제1항부터 제4항까지 또는 제3조의 2 제1항을 위반하여 같은 항에 따른 신고를 하지 않은 경우(공동신고를 거부한 경우를 포함한다) 　가) 신고 해태기간이 3개월 이하인 경우 　　(1) 실제 거래가격이 1억 원 미만인 경우 　　(2) 실제 거래가격이 1억 원 이상 5억 원 미만인 경우 　　(3) 실제 거래가격이 5억 원 이상인 경우 　나) 신고 해태기간이 3개월을 초과하는 경우 또는 공동신고를 거부한 경우 　　(1) 실제 거래가격이 1억 원 미만인 경우 　　(2) 실제 거래가격이 1억 원 이상 5억 원 미만인 경우 　　(3) 실제 거래가격이 5억 원 이상인 경우	법 제28조 제2항 제1호 및 제1호의 2	10만 원 25만 원 50만 원 50만 원 200만 원
2) 법 제4조 제1호를 위반하여 개업공인중개사에게 법 제3조에 따른 신고를 하지 않게 하거나 거짓으로 신고하도록 요구한 경우	법 제28조 제2항 제2호	300만 원 400만 원
3) 법 제4조 제3호를 위반하여 거짓으로 법 제3조에 따른 신고를 하는 행위를 조장하거나 방조한 경우	법 제28조 제2항 제3호	400만 원
4) 법 제6조를 위반하여 거래대금 지급을 증명할 수 있는 자료 외의 자료를 제출하지 않거나 거짓으로 제출한 경우	법 제28조 제2항 제4호	500만 원

비고
"신고 해태기간"이란 신고기간 만료일의 다음 날부터 기산하여 신고를 하지 않은 기간을 말한다.
다만, 다음의 사유가 있는 기간은 신고 해태기간에 산입하지 아니할 수 있다.
 1) 천재지변 등 불가항력적인 경우
 2) 천재지변 등에 준하는 그 밖의 사유로 신고의무를 이행하지 못한 상당한 사유가 있다고 인정되는 경우

다. 법 제28조 제3항 관련

위반행위	과태료
법 제3조 제1항부터 제4항까지 또는 제4조 제2호를 위반하여 그 신고를 거짓으로 한 경우	
1) 부동산 등의 실제 거래가격 외의 사항을 거짓으로 신고한 경우	취득가액 (실제 거래가격을 말한다. 이하 이 목에서 같다)의 100분의 2
2) 부동산 등의 실제 거래가격을 거짓으로 신고한 경우	
가) 실제 거래가격과 신고가격의 차액이 실제 거래가격의 10퍼센트 미만인 경우	취득가액의 100분의 2
나) 실제 거래가격과 신고가격의 차액이 실제 거래가격의 10퍼센트 이상 20퍼센트 미만인 경우	취득가액의 100분의 4
다) 실제 거래가격과 신고가격의 차액이 실제 거래가격의 20퍼센트 이상인 경우	취득가액의 100분의 5

라. 법 제28조 제4항 관련

위반행위	과태료
법 제8조 제1항에 따른 부동산 등의 취득 신고를 하지 않거나 거짓으로 신고한 경우	
1) 신고 해태기간이 3개월 이하인 경우	
가) 취득가액이 1억 원 미만인 경우	10만 원
나) 취득가액이 1억 원 이상 5억 원 미만인 경우	25만 원
다) 취득가액이 5억 원 이상인 경우	50만 원
2) 신고 해태기간이 3개월을 초과하는 경우	
가) 취득가액이 1억 원 미만인 경우	50만 원
나) 취득가액이 1억 원 이상 5억 원 미만인 경우	200만 원
다) 취득가액이 5억 원 이상인 경우	300만 원
3) 거짓으로 신고한 경우	300만 원

비고
1) "신고 해태기간"이란 신고기간 만료일의 다음 날부터 기산하여 신고를 하지 않은 기간을 말한다. 다만, 다음의 사유가 있는 기간은 신고 해태기간에 산입하지 아니할 수 있다.
   가) 천재지변 등 불가항력적인 경우
   나) 천재지변 등에 준하는 그 밖의 사유로 신고의무를 이행하지 못한 상당한 사유가 있다고 인정되는 경우
2) 취득가액은 신고서에 기재된 취득가액을 기준으로 한다. 다만, 취득가액이 시가표준액('지방세법' 제4조에 따른 신고사유 발생연도의 시가표준액을 말한다) 미만인 경우 또는 신고서에 취득가액을 기재하지 않은 경우에는 그 시가표준액을 취득가액으로 한다.

마. 법 제28조 제5항 관련

위반행위	과태료
1) 법 제6조의 2 또는 제6조의 3에 따른 신고를 하지 않거나(공동신고를 거부한 경우를 포함한다) 그 신고를 거짓으로 한 경우	
가) 신고하지 않은 기간이 3개월 이하인 경우	
(1) 계약금액이 1억 원 미만인 경우	4만 원
(2) 계약금액이 1억 원 이상 3억 원 미만인 경우	5만 원
(3) 계약금액이 3억 원 이상 5억 원 미만인 경우	10만 원
(4) 계약금액이 5억 원 이상인 경우	15만 원
나) 신고하지 않은 기간이 3개월 초과 6개월 이하인 경우	
(1) 계약금액이 1억 원 미만인 경우	13만 원
(2) 계약금액이 1억 원 이상 3억 원 미만인 경우	15만 원
(3) 계약금액이 3억 원 이상 5억 원 미만인 경우	30만 원
(4) 계약금액이 5억 원 이상인 경우	45만 원
다) 신고하지 않은 기간이 6개월 초과 1년 이하인 경우	
(1) 계약금액이 1억 원 미만인 경우	21만 원
(2) 계약금액이 1억 원 이상 3억 원 미만인 경우	30만 원
(3) 계약금액이 3억 원 이상 5억 원 미만인 경우	50만 원
(4) 계약금액이 5억 원 이상인 경우	70만 원
라) 신고하지 않은 기간이 1년 초과 2년 이하인 경우	
(1) 계약금액이 1억 원 미만인 경우	24만 원
(2) 계약금액이 1억 원 이상 3억 원 미만인 경우	40만 원
(3) 계약금액이 3억 원 이상 5억 원 미만인 경우	60만 원
(4) 계약금액이 5억 원 이상인 경우	80만 원
마) 신고하지 않은 기간이 2년을 초과한 경우 또는 공동신고를 거부한 경우	
(1) 계약금액이 1억 원 미만인 경우	30만 원
(2) 계약금액이 1억 원 이상 3억 원 미만인 경우	50만 원
(3) 계약금액이 3억 원 이상 5억 원 미만인 경우	80만 원
(4) 계약금액이 5억 원 이상인 경우	100만 원
바) 거짓으로 신고한 경우	100만 원
2) 법 제8조 제2항에 따른 부동산 등의 취득신고 또는 같은 조 제3항에 따른 계속 보유 신고를 하지 않거나 거짓으로 신고한 경우	
가) 신고하지 않은 기간이 3개월 이하인 경우	
(1) 취득가액이 1억 원 미만인 경우	5만 원
(2) 취득가액이 1억 원 이상 5억 원 미만인 경우	10만 원
(3) 취득가액이 5억 원 이상인 경우	15만 원

나) 신고하지 않은 기간이 3개월 초과 6개월 이하인 경우	
(1) 취득가액이 1억 원 미만인 경우	15만 원
(2) 취득가액이 1억 원 이상 5억 원 미만인 경우	30만 원
(3) 취득가액이 5억 원 이상인 경우	45만 원
다) 신고하지 않은 기간이 6개월 초과 1년 이하인 경우	
(1) 취득가액이 1억 원 미만인 경우	30만 원
(2) 취득가액이 1억 원 이상 5억 원 미만인 경우	50만 원
(3) 취득가액이 5억 원 이상인 경우	70만 원
라) 신고하지 않은 기간이 1년 초과 3년 이하인 경우	
(1) 취득가액이 1억 원 미만인 경우	40만 원
(2) 취득가액이 1억 원 이상 5억 원 미만인 경우	60만 원
(3) 취득가액이 5억 원 이상인 경우	80만 원
마) 신고하지 않은 기간이 3년을 초과한 경우	
(1) 취득가액이 1억 원 미만인 경우	50만 원
(2) 취득가액이 1억 원 이상 5억 원 미만인 경우	80만 원
(3) 취득가액이 5억 원 이상인 경우	100만 원
바) 거짓으로 신고한 경우	100만 원

비고
1) "신고하지 않은 기간"이란 신고기간 만료일의 다음 날부터 기산하여 신고를 하지 않은 기간을 말한다. 다만, 다음의 사유가 있는 기간은 신고하지 않은 기간에 산입하지 않을 수 있다.
   가) 천재지변 등 불가항력적인 경우
   나) 천재지변 등에 준하는 그 밖의 사유로 신고의무를 이행하지 못한 상당한 사유가 있다고 인정되는 경우
2) 계약금액은 다음의 구분에 따른다.
   가) 보증금만 있는 경우 : 신고서에 기재된 보증금액
   나) 월 차임만 있는 경우 : 신고서에 기재된 월 차임액의 200배에 해당하는 금액
   다) 보증금과 월 차임이 모두 있는 경우 : 신고서에 기재된 보증금액에 월 차임액의 200배에 해당하는 금액을 합산한 금액
3) 취득가액은 신고서에 기재된 취득가액을 기준으로 한다. 다만, 취득가액이 시가표준액('지방세법' 제4조에 따른 신고사유 발생연도의 시가표준액을 말한다) 미만인 경우 또는 신고서에 취득가액을 기재하지 않은 경우에는 그 시가표준액을 취득가액으로 한다.

6 내용증명 등 소송에 필요한 서류

출처 : 대한법률구조공단(https://www.klac.or.kr)

내용증명서(잔금 최고 및 이행지체로 인한 계약 해제)

통지서

받는 사람   성 명 :
　　　　　　주 소 :
보내는 사람 성명 :
　　　　　　주 소 :
　　　　　　연락처 :

<부동산의 표시>

<매매금액> 금　　　　　　원(₩　　　　　　)

계약금 :　　　　원은 20△△년 △월 △일(계약일)에 지불한다.
중도금 :　　　　원은 20▲▲년 ▲월 ▲일 지급키로 한다.
잔　금 :　　　　원은 20●●년 ●월 ●일 지급키로 한다.

1. 위와 같이 甲과 乙은 20○○. ○. ○. □□부동산에서 매매계약을 체결하고 계약금은 20△△.△.△.에, 중도금은 20▲▲.▲.▲.에 지급이 이루어졌습니다.

2. 본인이 잔금지급기일에 □□부동산 중개사무실에서 소유권이전에 필요한 서류를 모두 준비하여 잔금을 지급할 것을 최고하였으나 이행하지 않았고, 이후에도 수차 본인이 소유권이전에 필요한 서류를 준비한 채 잔금을 지급할 것을 통보하였으나 계속하여 잔금지급을 이행하지 않았습니다. 이러한 사실은 □□부동산의 공인중개사 ◇◇◇도 확인하였습니다. 이에 본인은 부득이 내용증명을 발송하며 20○○. ○. ○.까지 잔금을 지급하지 않으면 20◆◆.◆.◆.자로 별도의 서신통보 없이 계약이 해제됨을 통지합니다.

3. 계약이 해제되면 계약금은 매도인의 소유가 되고 중도금 일부금 ○○○원(₩　　　　) 은 이로 인한 손해액을 감액하고 남는 금액에 대하여는 반환 또는 공탁할 것임을 통보합니다.

20 년 월 일
위 발신인 :　　　　(인)

내용증명의 필요성

① 매도인이 소유권이전등기에 필요한 서류를 갖추고 잔대금 지급과
  동시에 이전등기 및 인도를 하려고 하였으나 매수인이 잔대금을
  지급기일에 지급하지 않아 이행지체에 빠진 상태라면 매도인은
  상당한 기간을 정하여 그 이행을 최고한 후, 상당한 기간이 도과
  하면 매매잔대금 미지급을 이유로 매매계약을 해제할 수 있다(민법
  제544조).

② 이 경우 매도인이 매매계약을 해제하지 아니하고 방치한다면 매
  매계약이 그대로 존속된 상태이기 때문에 매수인이 잔대금 지급
  을 하면서 소유권이전등기를 요구할 경우 매도인은 소유권이전등
  기절차에 응하여야 하는 경우가 발생할 수 있다. 따라서 매도인이
  매매계약으로부터 이탈하여 평온하게 소유자로서의 권리를 행사
  하기 위하여는 내용증명 등으로 매매계약의 해제를 통보하여 위
  와 같은 사례가 발생하는 것을 방지할 필요가 있다.

③ 위와 같이 매매계약을 해제할 때 매매계약으로 인하여 발생한 손
  해가 있다면 매도인은 매매계약 해제로 인한 손해에 대한 손해배
  상청구도 가능하다(민법 제551조). 본 서식에서는 매매계약 해제로
  인한 손해액을 반환하여야 할 중도금에서 공제하는 형식을 취하
  고 있다.

내용증명	내용증명은 '우편법' 시행규칙 제25조 ①항 4호 가목에 따라 등기취급을 전제로 우체국창구 또는 정보통신망을 통하여 발송인이 수취인에게 어떤 내용의 문서를 언제 발송하였다는 사실을 우체국이 증명하는 특수취급 제도다. 예컨대 채무이행의 기한이 없는 경우 채무자는 이행의 청구를 받은 때로부터 지체책임을 지게 되며 이 경우 이행의 청구하였음을 증명하는 문서로 활용할 수 있다.
내용증명의 활용	민법은 시효중단의 한 형태로 '최고'를 규정하고 있으며 '최고' 후 6월 내에 재판상의 청구, 파산절차참가, 화해를 위한 소환, 임의출석, 압류 또는 가압류, 가처분을 하지 않는 경우 시효중단의 효력이 없는 것으로 규정하고 있다. 따라서 소멸시효가 임박한 경우 '최고서'를 작성하여 내용증명우편으로 송부하고 소송 시 '최고'를 하였음을 입증하는 자료로 사용할 수 있다. • 계약의 해제(해지), 착오 등을 이유로 취소하는 경우 내용증명을 통하여 의사표시를 하는 것이 후일 분쟁을 미리 예방할 수 있는 방법이 될 수 있다. • 민법 제450조는 지명채권의 양도는 양도인이 채무자에게 통지하거나 채무자의 승낙을 요하며, 통지나 승낙은 확정일자 있는 증서에 의하지 않으면 채무자 이외의 제삼자에게 대항할 수 없도록 규정하고 있다. 따라서 채권의 양도통지를 할 경우 내용증명에 의하여 통지하면 제삼자에게도 대항할 수 있게 된다(※ 배달증명은 확정일자 있는 증서로 보지 않음. 대법원 2001다 80815)
제출 부수	3부를 작성하여 봉투와 함께 우체국에 제출
기타	우편은 3년간 보관하며 분실한 경우에도 재발급받을 수 있음.

주의할 점

① 대법원 판례는 쌍무계약의 당사자 일방이 먼저 한 번 현실의 제공을 하고 상대방을 수령지체에 빠지게 했다 하더라도 그 이행의 제공이 계속되지 않는 경우는 과거에 이행의 제공이 있었다는 사실만으로 상대방이 가지는 동시이행의 항변권이 소멸하는 것은 아니므로, 일시적으로 당사자 일방의 의무의 이행제공이 있었으나 곧 그 이행의 제공이 중지되어 더 이상 그 제공이 계속되지 않는 기간 동안은 상대방의 의무가 이행지체 상태에 빠졌다고 할 수는 없다고 할 것이고, 따라서 그 이행의 제공이 중지된 이후에 상대방의 의무가 이행지체 되었음을 전제로 하는 손해배상청구도 할 수 없다(대법원 1999. 7. 9. 선고 98다13754 판결)라고 판시하고 있다.

② 이 판례를 토대로 볼 때, 매수인을 이행지체 상태에 빠지게 하여 매매계약을 적법하게 해제하기 위하여는 매도인이 소유권이전 등기의무를 이행하기 위한 준비 상태를 유지하고 있었다는 점을 내용증명에서 명시하는 것이 필요하다(본 서식에서는 이러한 사실을 명시하면서 그 사실을 □□부동산의 공인중개사 ◇◇◇이 확인했다는 것도 추가적으로 명시하고 있다). 그렇지 않을 경우 매수인 측에서 동시이행항변권을 주장하여 이행지체로 인한 손해배상청구는 물론, 계약 해제도 불가능할 수 있다.

작성요령

매매당사자의 인적사항 및 매매대상인 부동산과 계약금·중도금·잔금 등 매매금액, 잔대금 미지급으로 인하여 매수인이 이행지체에 빠지게 된 사정(잔금지급을 수차에 걸쳐서 독촉한 사정)을 기재한 후 매수인이 매매계약 불이행으로 매매계약을 해제한다는 사실을 기재하여 기명날인하면 된다.

●●● 분류 표시 : 계약 > 기타

소송에 필요한 서류양식

출처 : 대한민국 법원 전자민원센터 - 양식모음
(https://help.scourt.go.kr/nm/main/index.html)

지급명령신청서

채권자 (이　름)　　　　　(주민등록번호　　　　-　　　)
　　　(주　소)
　　　(연락처)
채무자 (이　름)　　　　　(주민등록번호　　　　-　　　)
　　　(주　소)

청구취지

채무자는 채권자에게 아래 청구금액을 지급하라는 명령을 구함.

1. 금　　　원
2. 위 1항 금액에 대하여 이 사건 지급명령정본이 송달된 다음날부터 갚는 날까지 연　% 의 비율에 의한 지연손해금

독촉절차비용

금　　　　　원(내역 : 송달료　　　원, 인지대　　　원)

청구원인

첨부서류

1.
2.

20 .　.　.

채권자　　　　　(날인 또는 서명)
　　　(연락처　　　　　　　)

지방법원 귀중

◇ 유의사항 ◇
1. 채권자는 연락처란에는 언제든지 연락 가능한 전화번호나 휴대전화번호(팩스번호, 이메일 주소 등도 포함)를 기재하기 바랍니다.
2. 이 신청서를 접수할 때에는 당사자 1인당 6회분의 송달료를 현금으로 송달료수납은행에 예납하여야 합니다.

이의 신청

사건번호 20○○차○○○
신청인(채무자) ◇◇◇
피신청인(채권자) ○○○

신청취지

위 당사자 간 귀원 대여금청구의 독촉사건에 관한 지급명령 결정정본을 채무자는 20○○.
○. ○.에 송달받았으나 이에 불복하므로 이의신청합니다.

20○○. ○○. ○○.
위 신청인(채무자) ◇◇◇ (서명 또는 날인)

○○지방법원 귀중

◇ 유의사항 ◇

1. 채무자는 연락처란에 언제든지 연락 가능한 전화번호나 휴대전화번호(팩스번호, 이메
   일 주소 등도 포함)를 기재하기 바랍니다.
2. 채무자는 지급명령 정본을 송달받은 날로부터 2주 이내에 이의신청서를 제출하는 것
   과 별도로 지급명령의 신청원인에 대한 구체적인 진술을 적은 답변서를 함께 제출하거
   나 늦어도 지급명령 정본을 송달받은 날부터 30일 이내에 제출하여야 합니다.

제출법원	지급명령을 한 법원	제출기간	지급명령을 송달받은 날부터 2주 이내(민사소송법 제470조)
제출부수	신청서 1부 및 상대방 수만큼의 부본 제출	관련법규	민사소송법 제462조 내지 제474조
불복절차 및 기간	• 이의신청 각하결정에 대한 즉시항고(민사소송법 제471조 제2항) • 재판이 고지된 날부터 1주 이내(민사소송법 제444조)		
기타	민사소송등인지법 제7조 제3항은 "민사소송법 제388조 또는 제472조의 규정에 의하여 화해 또는 지급명령신청 시에 소의 제기가 있는 것으로 보는 때에는 당해 신청인은 소를 제기하는 경우에 소장에 붙여야 할 인지액으로부터 당해 신청서에 붙인 인지액을 공제한 액의 인지를 보정하여야 한다"라고 규정하고 있는바, 이의신청에 의하여 소송절차로 이행될 때에 지급명령신청인은 인지를 보정하여야 함.		

●●● 분류 표시 : 민사소송 > 독촉절차 및 공시최고 > 독촉절차

소 장

사 건 번 호			
배당순위번호			
담 당	제		단독

사 건 명
원   고   (이름)   (주민등록번호   -   )
          (주소)   (연락처)
1. 피 고   (이름)   (주민등록번호   -   )
          (주소)   (연락처)
2. 피 고   (이름)   (주민등록번호   -   )
          (주소)   (연락처)

소송목적의 값	원	인지	원

(인지첩부란)

청구취지

1. (예시)피고는 원고에게 55,000,000원 및 이에 대하여 소장 부본 송달 다음날부터 다 갚는 날까지 연 15%의 비율로 계산한 돈을 지급하라.
2. 소송비용은 피고가 부담한다.
3. 제1항은 가집행할 수 있다.
라는 판결을 구함.

청구원인

1.
2.
3.

입증방법

1. 계약서
2.

첨부서류

1. 위 입증서류   각 1통
1. 소장부본   1부
1. 송달료납부서   1부

20 . . .

위 원고   ○○○ (서명 또는 날인)

휴대전화를 통한 정보수신 신청

위 사건에 관한 재판기일의 지정·변경·취소 및 문건접수 사실을 예납의무자가 납부한 송달료 잔액 범위 내에서 아래 휴대전화를 통하여 알려주실 것을 신청합니다.

■ 휴대전화 번호 :

20 . . .

신청인 원고   (서명 또는 날인)

※ 종이기록사건에서 위에서 신청한 정보가 법원재판사무시스템에 입력되는 당일 문자메시지로 발송됩니다(전자기록사건은 전자소송홈페이지에서 전자소송 동의 후 알림서비스를 신청할 수 있음).
※ 문자메시지 서비스 이용금액은 메시지 1건당 17원씩 납부된 송달료에서 지급됩니다(송달료가 부족하면 문자메시지가 발송되지 않습니다.).
※ 추후 서비스 대상 정보, 이용금액 등이 변동될 수 있습니다.
※ 휴대전화를 통한 문자메시지는 원칙적으로 법적인 효력이 없으니 참고자료로만 활용하시기 바랍니다.

지방법원 귀중

◇ 유의사항 ◇
1. 연락처란에는 언제든지 연락 가능한 전화번호나 휴대전화번호, 그 밖에 팩스번호, 이메일 주소 등이 있으면 함께 기재하여 주시기 바랍니다. 피고의 연락처는 확인이 가능한 경우에 기재하면 됩니다.
2. 첨부할 인지가 많은 경우에는 뒷면을 활용하시기 바랍니다.

재개발·재건축 이론과 투자 중개실무

제1판 1쇄 2023년 3월 3일

지은이 정쾌호
펴낸이 최경선 　　　　　　**펴낸곳** 매경출판㈜
기획제작 ㈜두드림미디어
책임편집 이향선, 배성분 　　　**디자인** 김진나(nah1052@naver.com)
마케팅 김성현, 한동우, 김지현

매경출판㈜
등록 2003년 4월 24일(No. 2-3759)
주소 (04557) 서울시 중구 충무로 2(필동 1가) 매일경제 별관 2층 매경출판㈜
홈페이지 www.mkbook.co.kr
전화 02)333-3577
이메일 dodreamedia@naver.com(원고 투고 및 출판 관련 문의)
인쇄·제본 ㈜M-print 031)8071-0961

ISBN 979-11-6484-527-9 (03320)

책 내용에 관한 궁금증은 표지 앞날개에 있는 저자의 이메일이나
저자의 각종 SNS 연락처로 문의해주시길 바랍니다.

같이 읽으면 좋은 책들

 같이 읽으면 좋은 책들

ㄱ

부동산 슈퍼리치만 아는
투자 비밀

월세
보증금으로
부동산 산다
반값 생활 경매 솔루션

1인
부동산
법인
하려면 제대로
운영하라!

대박나는 부동산 중개
핵심
공인중개사
실무 교육

부동산
경매·공매
특수물건
투자 비법

거지였던 나는
상가 투자로
32억
건물주
가 되었다

공매 투자,
지금이 기회다

직장인도 따라 할 수 있는
별장펜션 창업

한 권으로 끝내는
토지 투자 성공공식

임장의 여왕이
알려주는
부동산 투자 전략

'발칙한 발상'이
부동산 성공 투자를
부른다
토지 상가의 성공 투자법

미니
재개발·재건축의
모든 것

당신의 경매 탈출구가 되어줄
이기는
부동산 경매의
비밀

종부세
핵폭탄 대비하는
완벽 솔루션

신방수 세무사의
이제 부동산 세금을 알아야
주택 보유&
처분
할 수 있는
시대다

투자 전, 꼭 알아야 하는
상가임대차법

Real Estate Auction
부동산 경매,
초보에서
탈출하라

우네쌤의 내 집 마련 건서트
초규제 시대,
부동산 투자의 정석

돈이 되는 부동산
VS
돌이 되는 부동산

신방수 세무사의
양도
소득세
완전
분석

사례로 풀어보는
지분경매
지분경매 해결 TWO 기둥
= 소송+협상
부동산 경매의 새로운 틈새시장,
지분경매의 해결 프로세스 제시!

자금출처조사
부사행단자반 완벽대처전지!
신방수 세무사의
부동산 거래 전에
자금출처부터
준비하라!

부동산 관리도
경영의 시대

종합관리 실무 전문가와 부동산 학과 교수가 함께 쓴
부동산 관리와
종합서비스

신방수 세무사의
상속분쟁 예방과
상속
증여
절세 비법

집 짜장도 돈 버는
셰어하우스
SHARE
HOUSE

내 생애 짜릿한
대박 상가
투자법

세금 모르면 주택임대사업 의자 마라!
신방수 세무사의
주택임대사업자
등록과
절세 비법

여성화의 실전 경매 운영자 채등조호의
나는 장애를 딛고
부동산 경매로
성공했다

불황에도 매출 10배 올리는
상위
1%
공인
중개사의
마케팅
비법

GTX 시대, 부동산 투자 비법은 따로 있다!
아파트는 살고
땅은 사라

부동산 투자를 시작하기 전에 꼭 알아야 할 실전 기술
부동산
상식을
돈으로
바꾸는 방법

해외 부동산 투자,
나는 말레이시아로
간다
MALAYSIA
투자자에게 알려주고 싶은 부동산 블루오션

당신도 건물주가 될 수 있다!
원룸
마스터

부동산 투자자,
계약자가 꼭 알아야 하는
부동산
실무 法
용어사전
1,000

부자가 되기 위한 새로운 패러다임
부자로 환승하라
머니트레인
부동산 투자, 이제는 지하철이 핵심이다!

부동산 투자
인사이트

그는 어떻게
부동산
1인 창업으로
10억을
벌었을까?
부동산 투자의 숨겨진 진실

돈 버는
주택임대
관리기법

10%대 수익률을 위한
최고의 부동산 재테크
P2P
투자의
정석

부동산으로 이룬 자유의 꿈

잘 키운 아파트, 직장 회사 안 무섭다

아파트 경매, 지역 분석이 먼저다

매매 사례를 중심으로 살펴보는
대박 친 빌딩 투자의 비밀

부자가 되기 위한 부동산 요리법
정준환의 부동산 레시피

초보를 위한 취업과 창업 완벽 가이드
잘나가는 공인중개사의 비밀노트

한 권으로 정리한 단기 속성 실무전략

新 명품 토지 중개 실무

다양한 사례의 현장 실무 노하우

실패 없는 부동산 패러다임
돈 길 따라가는 부동산 투자

부동산 세무 가이드북
Real estate Tax Guide Book
실전편

2019 개정세법 반영 완전개정판

돈 되는 부동산은 따로 있다

부동산 투자, 아파트형 공장이 틈새다

2달 만에 월세 200만 원 받는
월세 부자 레시피

직장인들도 쉽게 따라할 수 있는
新 부동산 공매 가이드북
실전편

기막힌 부동산 절세의 비밀

생활 속의 세금 상식을 담은 절세 필독서

부동산 매매임대사업자 세무 가이드북
Real estate Business Tax Guide Book
실전편

나는 부동산 투자로 파산자에서 100억 부자가 되었다

지분경매, 공유지분, 독점경매

이것이 진짜 성공 경매다

결혼은 선택이지만 부동산 투자는 필수다

헌집 살래 새집 살래

부자 되는 주택 임대사업

돈 버는
공인중개사는
따로 있다

전세가를 알면
부동산 투자
가 보인다

서울시 공정경제과
주무관이 알려주는
부동산
거래와
판 례

스타들의
부동산
재테크

지분 경매로
토지 개발업자 되기

부동산 재테크
역세권이
답이다

세무사 고인이 알려주는
세무조사
대비의 모든 것

주택 연출가
무조건 따라하기

커피 한 잔 값으로
초대형 오피스 주인 되기
리츠
얼리어답터

고수익을 안겨주는 블루오션 토지 경매
신의 한 수
금맥
경매

주택
아파트
세무 가이드북
실전편

권리분석
완전정복으로
10년 안에
10억 벌기

대한민국을
움직이는
땅 투자 법칙100

돈의 보감
평범한 셀러리맨, 투잡 경매로
5년에 10억 벌다

나는 갭 투자로
300채 집주인이
되었다

토지
세무
가이드북
실전편

新 상가
투자
보물
찾기

상가
세무
가이드북
실전편

응답하라!!
위기의
부동산

나는
토지 경매로
금맥을 캔다

NPL과 합병, 토지보상 실전 노하우 4편
토지보상경매
실전활용

과세·체면사업자 법인CEO도 꼭 알아야 하는
세무조사
실무
Tax investigation
Practical affairs
Guide Book
가이드북
실전편

야생화의
기초 경매

국토도시계획을 활용한 부동산 투자법 A to Z
국토도시계획을 알아야
부동산 투자가 보인다

GLOBAL
REAL ESTATE
INVESTMENT & DEVELOPMENT BIBLE
해외 부동산
투자 & 개발 **바이블**
해외 부동산과 실전 국내 부동산이 보인다

만화로 들어 읽는 부동산 관련 판례 해설서!
부동산 경매
대법원 판례집

부동산 경매 전문 변호사가 꼭 알 필요 알려주는
유치권
깨트리는 法
지키는 法

부동산 경매의 성공을 위한 마지막 관문 - '유치권'
제대로 아는 것이 힘이다!

《100채의 축복》 저자 야생화의 세 번째 이야기
울보멘토
야생화의
경매이야기

경매, 공매, NPL을 한권에 해결하는
Perfect
퍼펙트
경매

부실채권의 기본부터 수익율 분석까지
NPL
투자분석과
계약실무
실전편
Non Performing Loan
실무 사례를 통한 실전투자분석서!

NPL
랭킹업
투자비법
Ranking Up, Ranking Skill, Ranking Junk을 넘어선
NPL의 지존이 되어라
'NPL배각 실무' 전격 공개!

전업투자자와 공인중개사를 위한
손품 팔아
부동산
보물찾기
블로그 마케팅 편

"누구나 쉽게 배우는 부동산 블로그 마케팅의
핵심 노하우를 담은 책"

경매컨설턴트 이영진의 실패 통한 진짜 경매이야기 ②
지지 않는
권리분석 vs
이기는
명도

기관투자자만 아는
부동산 투자 운영
매뉴얼

경매 땡땡땡!
학교종이
어서
모여라!

부동산 등기부 완전정복

DCM
dodreamedia
두드림미디어

(주)두드림미디어 카페
https://cafe.naver.com/dodreamedia

가치 있는 콘텐츠와 사람
꿈꾸던 미래와 현재를 잇는 통로

Tel : 02-333-3577
E-mail : dodreamedia@naver.com